梅毅说中华英雄史

宋辽金夏

刀锋上的文明

梅毅 著

天地出版社 | TIANDI PRESS

图书在版编目（CIP）数据

宋辽金夏：刀锋上的文明 / 梅毅著. —成都：天地出版社，2017.10（2024年11月重印）
（梅毅说中华英雄史）
ISBN 978-7-5455-3168-8

Ⅰ. ①宋… Ⅱ. ①梅… Ⅲ. ①中国历史－宋辽金元时代－通俗读物 Ⅳ. ①K244.09②K246.09

中国版本图书馆CIP数据核字（2017）第235330号

SONG LIAO JIN XIA: DAOFENG SHANG DE WENMING
宋辽金夏：刀锋上的文明

出品人　杨　政
作　　者　梅　毅
责任编辑　杨永龙　朱迪婧　陈文龙
装帧设计　水玉银文化
责任印制　王学锋

出版发行　天地出版社
（成都市锦江区三色路 238 号　邮政编码：610023）
（北京市方庄芳群园3区3号　邮政编码：100078）
网　　址　http://www.tiandiph.com
电子邮箱　tianditg@163.com
经　　销　新华文轩出版传媒股份有限公司

印　　刷　北京中科印刷有限公司
版　　次　2018年1月第1版
印　　次　2024年11月第7次印刷
开　　本　660mm×920mm　1/16
印　　张　35.5
字　　数　476千字
定　　价　85.00元
书　　号　ISBN 978-7-5455-3168-8

咨询电话：（028）86361282（总编室）
购书热线：（010）67693207（营销中心）

评 名

论 家

李国文（著名作家）

梅毅在评骘论定某段历史事实、审知识鉴某个历史人物时，与时下某些史学家、某些文学家，刻意要将历史写成某种样子，以达到取悦谁，讨好谁，达到获取更大利益的个人目的，是有着天壤之别的。……他宁愿坐冷板凳，啃硬骨头，溯本追源，寻出真情，回顾返视，以求真知。有什么说什么，秉持史学家的直笔；有多少说多少，体现文学家的良知，这是难能可贵的治学精神。

蒋子龙（著名作家）

梅毅英美文学专业出身，毕业后即入金融界工作，浸淫资本市场二十余载，风华正茂之年，信笔游缰，以“赫连勃勃大王”名头驰骋互联网，大哉壮哉！吾尝细谈其历史小说《南北英雄志》第一部《驺虞幡》，英伟雄健，如此笔力如此才，“茅盾文学奖”，不亦易乎！

高洪波（著名作家）

“梅毅说中华英雄史”的出现，让我们中国作家这个群体感到欣喜：因为，梅毅让我们看到了作为作家自我扩展的无限可能性，认识到作家书写历史，其实是自司马迁以来的传统！而作家梅毅所撰写的历史著作，无论从文笔还是史实，都可以称之为“好的”。一部“好的”历史书与“坏的”历史书的区别，就在于好的历史学家能够运用他自己独特的判断力去解析历史。

沈渭滨（复旦大学历史系教授）

要写活历史，除了扎实的史学功底和睿智的识见外，生动的文笔当不可少。我细读了“梅毅说中华英雄史”，感到梅毅的文笔确实生动，具有亦庄亦谐的感人魅力。他的一系列历史纪实体作品，似乎有着共同的写作风格：他力图继承太史公开创的历史文学余绪和评判史实的精神，努力效法历史演义家的结构布局和善于演绎的流风，倾心于散文、小说家捕捉细节、铺叙感受的技巧，试图熔于一炉。

王学泰（中国社会科学院文学研究所古代史研究员）

梅毅没有像过去有些历史学家那样，只要不利的资料，都否定。梅毅的书附的史料也很多，包括一些当时人的记载，包括内部文件，还包括一些外国人的记载，给我们开阔了眼界，为我们理解某一段历史提供了一个评价平台。

雷　颐（中国社会科学院近代史研究所研究员）

“梅毅说中华英雄史”有很重要的意义，他把史学界的成果大众化了。从前教条主义的教育，对梅毅来说没有形成一个框架，没有形成一个偏见。他的书里面的很多东西，虽然是近代史学界已经研究过的，已经谈得很多了，但是他的突出意义在于把它大众化。

张　鸣（中国人民大学国际关系学院教授）

梅毅虽然写得很通俗，有点像小说，但是一看就知道他是下狠功夫看过史料的，跟那些网络上完全演绎、完全口语化、变成现代化的历史叙述、根据一点东西进行演绎的东西，还是很不一样的。……梅毅很注意那种历史细微的细节，你一看就感觉挺有趣的，实际上史料都有，但是过去没有人揭示这个。

杨念群（中国人民大学清史研究所教授）

梅毅的书比较可贵的地方在于，在整个的叙事过程中，历史人物的悲欢离合和成败得失，是在历史的叙述中一环环展现出来的，没有马上就进入一种历史判断。……按照历史情景的本身来展现双方的对垒的过程，实事求是地，可以说是相对平实地去展示历史。这样出来的效果，相对来说是有一定的说服力的。

钱文忠（复旦大学历史系教授）

像梅先生这一批具有金融背景的人，可能更了解现代人在想什么。……梅先生“一方面沉醉于纸醉金迷的生活，一方面留恋于历史的幽暗光线”，这种生活状态，这么一种冲突，在一个写作人身上体现出来，经过微妙的递嬗后，又去影响他们的文字，而这种文字，以其独特的韵味来影响现代人的心志。

雷　达（著名评论家）

梅毅高产，又有见解，而且能辩证地看时代、文学的发展，这一点非常棒。最近这些年，我们国内关于历史方面非常“热”，电视热播、网络热聊、影院热映、图书热销。而他 2003 年底就已经开始写中国大历史，可见他极富预见性。

白　烨（著名评论家）

梅毅的历史写作，基本上还是正史的写法，同时有天马行空的类似杂史、野史的感觉，所以让人印象深刻。梅毅的大手笔，是他能在写事件时突出人物，以点带面，这种写法是他的首创。梅毅与众不同的历史写作，还在于他能用现代意识回顾以前的历史，他从人性角度细腻观察历史。

肖复兴（《人民文学》副主编）

梅毅讲述历史一点也不枯燥，正因为他是以人来贯穿的，并不是以从前传统的方式来进行断代史的研究。形象演绎是梅毅书写历史的专长，他写起历史来不仅好看，而且能活灵活现地把过去的历史再现于我们面前。

叶延滨（《诗刊》主编）

梅毅的历史写作有两大优点，第一，他确实有见识，他的历史观察力非常奇特。如果讲历史的真实性，人们宁肯去相信枯燥的教科书，但是人们读梅毅的历史著作，主要是想读作者的见识。第二个优点，梅毅的历史写作以文笔取胜。

刘鸿儒（中国证监会首任主席）

我看“梅毅说中华英雄史”的时候，符契相合，感到由衷的欣喜。在我们证券监管单位的梅毅，竟然打着一面“赫连勃勃大王”的大旗，成为声名显赫的历史学家，而且风生水起，已成“中国互联网历史写作先行者”。他不仅写出了几百万字的中国历史作品，可谓“著作等身”，而且坊内畅销，洛阳纸贵。从2010年开始，他又在中央电视台《百家讲坛》节目开讲《鲜为人知的杨家将》《隋唐英雄志》，好奇之余，我更多感到的还是欣喜。

朱伟一（证监会研究员、社科院法学所兼职教授）

读了梅毅的历史书，我觉得历史比小说更深刻。……梅毅的视角独特，让人读之津津有味。

曹可凡（著名电视节目主持人）

他（梅毅）发现了很多别人没有发现的材料，当然他更多的是可以从现有平凡的材料当中找出历史的端倪。这些可能显而易见，但是有时对显而易见的东西不忽略，反而可以找出历史的真谛，这是梅先生的书突出的地方。……作为一个传媒从业者或者一个普通的读者，通过这个书，我可以获得很多知识。

自序

英雄是民族最闪亮的坐标

2016年11月30日，我作为中国作协九大代表，在人民大会堂，亲耳聆听了习近平总书记的讲话："中华民族生生不息绵延发展、饱受挫折又不断浴火重生，都离不开中华文化的有力支撑。中华文化独一无二的理念、智慧、气度、神韵，增添了中国人民和中华民族内心深处的自信和自豪。"

话语入心，感受颇深！

联想到我本人的创作，从2003年到2015年，12年时间，正是为了弘扬中华传统文化，为了找回中华民族那份沉甸甸的文化自信和历史自信，在中国最物质的南方城市深圳，我坐着冷板凳，独立完成了10卷本、500多万字的《帝国真史》系列丛书。

抚今追昔，纵观历史，如今，我静下心来，俯首思之，得出这样的结论：我们这个民族之所以伟大，就在于我们是一个历史上有无数英雄的民族！

回望中国历史数千年进程，特别是朝代更迭的那些铁血岁月，英雄鹰扬，豪杰虎跳，确确实实让后人无限神往！在每一个令人目眩神迷的伟大时代中，各类英雄横空出世，他们之间的纠葛、交结、争斗，无不充满了动人心魄的感人故事，处处闪耀着人性的光辉，荡溢着历史的波谲云诡，迸发出惊人的感动力！即使在今天，无数中华历史英雄那些激动人心的时刻，肝肠寸断的瞬间，那些汗与泪倾泻而成的故事，依旧晶莹闪耀……

一个没有英雄的民族是不可想象的！物质时代，我们对中华民族的英雄崇拜，可以治疗拜金主义的“软骨症”，可以治愈蝇营狗苟的精神瘫痪，可以让我们在庸常生活中重新体味诗性的、崇高的人性大美与激情，可以一砖一瓦地重新建砌我们民族精神的巍峨华殿，可以让我们在对英雄人物的遭遇感同身受的同时，细细咀嚼诗性而永恒的苦难、孤独与崇高——一切的一切，就是要进一步提升和重铸我们伟大民族的精神风骨！

我在“以人为本”“以人带史”的独特历史讲述中，总会给大家展示历史洪流中那些血肉英雄的人生传奇。大哉英雄，他们离奇跌宕的命运和令人扼腕叹息的结局，他们之间的惺惺相惜和恩义散场，连我这样冷静的写作者都每每为之流泪动容。我希望能够以客观的、现场感的讲述，消除流水账式的干巴巴的教科书式的平铺直叙，一改宫廷史书荒诞不经的星宿下凡式的神化，一改旧时代民间叙事中英雄故事天命巧合的际遇铺陈，泯除昔日怪力乱神的“超现实”力量冲突——最终的目的，就是要重力突破传统中国通史写作那种老旧的格套，从崭新的、完全的、人性义理的角度，去描写、描摹历史中的“人”在乱世之中生存挣扎所遇到的矛盾、痛苦，从而进一步展示出那些伟大时代伟大英雄的反省、发愤、坚忍，展现乱世之中人性的恢宏壮美和平凡生命力的顽强不屈。

在两千多年中国历史的宏大画幅中，我们面对灿若群星的历史人物，有时候，确实不能以成败论英雄。波澜壮阔之间，我总会发现那些欢乐或悲伤英雄身上的熠熠闪光，他们高尚的友情、撼天动地的义气、深沉的亲情以及奋不顾身的勇气——所有这些，无不具体而形象地展现出我们国人一直以来崇尚的价值观，体现出我们最原始、传统的道德。他们的英雄传奇、他们的侠义勇武、他们之间的惺惺相惜，无不与我们中华民族传统的道德观相契合，故而历久弥新！

以历史的逻辑和历史的纵轴、横轴构建传奇化的个人经历，确实非常不容易。为此，如同入群山寻宝，我只能对史料细细爬梳，从汗牛充栋的史料中仔细挖掘，以历史真实为基础，增添合理想象，还原历史，润饰附会，撷取那些细微、深刻而又不经意处的细节，继而细细雕琢，默默推想，最终来张扬我们心目中的历史英雄楷模，体现出那些英雄们平凡中自然而然的感人情怀，挖掘出埋藏于历史深处的复杂而伟大的人性！

正如习近平总书记所言：“祖国是人民最坚实的依靠，英雄是民族最闪亮的坐标。歌唱祖国、礼赞英雄从来都是文艺创作的永恒主题，也是最动人的篇章。……对中华民族的英雄，要心怀崇敬，浓墨重彩记录英雄、塑造英雄，让英雄在文艺作品中得到传扬，引导人民树立正确的历史观、民族观、国家观、文化观，绝不做亵渎祖先、亵渎经典、亵渎英雄的事情。”

在十多年的写作过程中，我力避当下坊间最流行的群氓庸俗搞笑史观，扬沙弃砾，以历史守护者的角度，切入中华大历史活生生的血肉肌体之中，从中发现每个伟大时代各路英雄的英伟、自我突破，甚至是狂狷的人格状态，探究辉煌乱世大时代中作为个体的“英雄”的挣扎过程。

看啊，这些人，有血有泪，有悲伤有欢乐，有飞扬有落魄。看啊，这些历史长河中伟大英雄们短暂而辉煌、悲伤的人生历程，真实而丰沛的情感。今天的人们，肯定能够在谛听和仰视中，深刻感受我们伟大历史嬗变无常的命运，沉浸于历史戏剧性的快感中，体悟那些英雄在困境中的抉择和成长。

在我们为泪水所溅湿的笑声中，在惊回首的历史探望中，那些具有冰山大漠魂魄的英雄雕像，在中华民族雄浑壮美的历史背景映衬下，会越来越清晰而丰满！

2017 年 8 月 6 日于深圳

目录

导

读

不朽的斑斓回忆

说不尽的两宋文明

宋人笔记《蓼花洲闲录》中，有这样一则记载：

宋神宗因陕西方面对西夏用兵失利，迁怒于一个主管运粮的漕官。愤愤之下，他亲自书写御批，命令中书处斩此人。转日，宰相蔡确率群臣上朝。宋神宗问："昨日御批斩人，今已行否？"蔡确回答："为臣我正想向陛下奏告此事。"宋神宗闻言不悦："又有何疑？"蔡确回答："祖宗以来，未曾杀士人，臣等不欲陛下开此先例。"神宗皇帝沉吟半晌，说："那就把此人刺面，流放偏远恶地。"时任门下侍郎的章惇当廷接言："如此，不如杀掉此人。"宋神宗感到奇怪，问："卿何出此言？"章惇回言："士可杀不可辱！"一句话，激得神宗皇帝勃然大怒，声色俱厉道："朕快意事一件也不得做！"

龙颜雷霆大怒下，当朝的宰相、群臣不仅没有在"天威"震慑下惶恐，傲然顶嘴的章惇反而不咸不淡地回一句："如此快意事，不做也好。"宋神宗默然。

这样的场景，只是大宋王朝三百多年间一个小小的片段和插曲，但它包含着无尽的寓意。

首先，可以见出，大宋王朝是中国古代历史上最开明的王朝。即使口含天宪的帝王，也并非能够为所欲为、肆无忌惮。其次，时为侍郎的章惇，日后被史臣赫然列入《奸臣传》，说此人党同伐异，"老奸擅国”。同时，他又是大文豪苏东坡最好的朋友之一。这证明了历史人物的多面性：“坏人”不一定全坏，“好人”也不一定是完人。

当然，时人谈起宋朝，首先会想起“靖康之难”的奇辱和“厓山之役”的惨败。相较大汉盛唐、朱明大清，两宋的领土小得可怜，北宋最盛时也不足300万平方公里的国土。特别是赵匡胤开国以来“重文抑武”的国策，使得宋朝长期陷于“防御”的狼狈境地，积弱至亡，甚至出现同样的悲剧上演两次这种超级奇怪的现象。

其实，在我们拊膺叹息之时，大多数人忽略了这样一个事实：自晚唐以来，中原王朝的崩溃所导致的大分裂，致使北中国一直战乱频频。沙陀人石敬瑭更是把燕云十六州献奉给契丹人，深植下其后北宋王朝的滔天祸端。而后，契丹、党项、女真、蒙古诸族相继登上历史舞台，刀光闪闪，血肉翻飞。

宋代前所未有的物质文明和精神文明，皆在刀光剑影之下遭受了毁灭性的摧残。

连年不断的战争所造成的巨大消耗，以及两次亡国的痛苦过程，使得宋朝人民辛勤创造出的财富一而再地化为乌有。最重要的是，战争使无数百姓死于非命。13世纪初，金朝占据的北中国有五千多万人口，南宋所占的南中国有六千多万人口。蒙古号角吹响后，经过七八十年的杀伐，至南宋灭亡时，江南及中原地区的人口竟然从原来的一亿多变成只剩下不到六千万，这还有赖于元臣耶律楚材的一句劝说，蒙古大汗才没有施行把北中国“汉人”杀尽，以其地尽做牧场的政策。

由此可见，文明，尤其是刀锋之上的文明，是何等脆弱！

封建时代的“盛极而衰”的规律脉动，宋王朝也避免不了这种悲剧。它的文化水平在当时来讲太先进，文明程度太容易让人陶醉其中。即使囿于一隅，士大夫们仍觉得自己所居之地才是世界文明的中心。所以，自恋至极的宋朝人（当然他们有理由因自己文明的高度发展而自恋），像极了一个酒足饭饱、事业有成而又身体虚弱的中年男人。他太关注自身精神层面的至高享受，全然忘记体内的衰弱和“自恋”所引致的迟钝。

最让人恐惧的是，野心勃勃、充满活力的北方民族垂涎于宋朝人创造的物质财富，随时会蹴然一跃，扑向这些定居的、文明的好邻居。

暂时忘却那些宿命般的悲剧历史，回顾三百余年的文明成就，确实让我们对伟大的宋朝有慨然惊叹之感。遥想先辈，他们高度发展的文明两度被摧毁，国家一次又一次遭受惨烈的灾难，但华夏人民充满激情的创造力以及百折不挠的意志力，给我们后人留下了宝贵的物质遗产和精神遗产。

昔日的繁华，早已成为深埋于地下的废墟；从前的风华，也化为过眼烟云。我们却无法否认那个灿烂时代的不朽与光荣。往事越千年，我们仍能嗅到那三个多世纪汴梁与临安传来的梅花香气，还能依稀听闻诗人词家那一唱三叹的华丽吟咏。

伟大的宋朝，即使它崩溃的瞬间，也如流星陨落一般，照亮了黑暗，驱散了恐惧，足以启发后人的心智。在我们民族的记忆中，宋朝，伟大的宋朝，已成为永恒。

在慨叹了宋朝的辉煌成就之后，我们不得不回到沉重而不能回避的话题，即两宋惊人相似的灭亡。

“本朝（宋朝）惩五季（五代）之乱，削藩镇，建都邑，虽足以矫尾大之弊，然国以浸弱，故敌至一州则一州破，至一县则一县破，中原陆沉，痛悔何及！”

文天祥之语，触及的正是宋初矫枉过正的“抑武”国策。当然，王朝灭亡的原因多种多样，有必然性，也有偶然性。某个领袖人物的死亡甚至会改变整个历史进程，比如蒙哥汗死于钓鱼城下，就改变了世界历史的轨道。但除却天时、地利以外，人是历史行为的最关键因素。正是人为的懈怠、文恬武嬉、不思进取，最终导致了两宋的灭亡。

南宋亡国有三大根本因素：民穷、兵弱、财匮。但还有其他不可忽视的原因，正如王应麟分析的那样，皆源自当国士大夫的无耻。特别是，大敌当前，南宋朝野上下那种怡然自得的苟安心态，让人切齿扼腕。

作为一个甘于坐冷板凳的历史守望者，笔者试图突破“历史样板戏”写作的桎梏，仔细钩沉，复活那些淹没于茫茫时光中的血肉人生，把已被“格式化”的历史文字，转化为鲜活的、生动的，甚至是“现场的”！我的目的只有一个：恢复我们民族伟大的、不朽的记忆！

最后，我想以南宋遗民林景熙一首《京口月夕书怀》作结：

山风吹酒醒，秋入夜灯凉。
万事已华发，百年多异乡。
远城江气白，高树月痕苍。
忽忆凭楼处，淮天雁叫霜。

不老实的“厚道人”

宋太祖化家为国的事迹

“京油子，卫嘴子，保定府的狗腿子”，此句俗谚的出处及传播时期，如今已不是特别清楚。笔者估计是在清末流行。何者？北京多油滑狡诈的官吏，天津多兴风作浪、爱白话的码头青皮，保定多出太监及看家护院的武卫。

对于“京油子”“卫嘴子”，京津两地人士皆一笑释然，说保定人“狗腿子”，则会在当地激起众怒。保定民间“保名”人士经过“钩沉”，认为“狗腿子”乃“勾腿子”之误传，以讹传讹，把保定人武功盖世的“勾腿子”误传为“狗腿子”。话似有理，但也是一厢情愿。“京油子”“卫嘴子”皆是贬义词，怎会把一个褒义的“勾腿子”与之并列？明眼人一看，自然一笑哂之。其实，保定人大可不必因“狗腿子”一词气馁。现在的保定，辖区甚广，上至战国下迄抗战时期的名胜古迹众多，包括满城汉墓、燕下都遗址、紫荆关、定窑遗址、涞源阁院寺、曲阳北岳庙、古莲花池、清西陵、直隶总督府、保定陆军军官学校、曹锟故居、冉庄地道战旧址等。

说到人物，保定更是风云际会，人才辈出。特别是姓刘的：满城是大名鼎鼎的汉中山王刘胜的封地，此君儿子就有一百多个；涿州也是英雄发迹地，出过三国英雄“刘皇叔”刘备。

2005年春，我出游北京，正好闲暇，便借了一辆路虎吉普，与友人兴高采烈地去涿州探访刘关张“桃园三结义”之地。到达之后，由失望转为气愤：完全是人工假造的“古迹”，大瓦房似的庙宇虽不失庄严，年头却还不如我脚上的一双皮鞋久远。特别是号称张飞卖肉时使用的一口“古井”，简直就是平地掏个土窟窿，只作骗游客门票用。

气闷之余，我开着车往城外赶路。忽然，前面一辆面包车一个急刹车，我下意识狠踩刹车，仍旧“吻”在了“小面包”的屁股上一点点。面包车车门“呼啦”大开，一左一右下来两个人。右手边一人满脸胡碴儿，八尺身材，环眼怒睁，甭说，还真像猛张飞；左手边一人乃一浊黑胖子，乍看很厚道，说话时小眼缝里却凶光四射，虽然看不清眼白眼黑，却透露着无比的阴险……

最终，小面包车诈去我们一千元，得意而去。

车开数里，恍然大悟。我说那个浊黑胖子怎么那么面熟，那厮长相颇似赵匡胤！只是胖子当时穿了件对襟褂子，没有戴冠帽，穿的不是朝服。

同行友人哂笑，说，赵匡胤是开封人吧，北宋皇陵均在开封的巩义，连赵匡胤他爸赵弘殷的墓也在那里。为了打消我的疑虑，友人还加上一句：“我两个月前到洛阳出差，有人专门接我们去游览过巩义宋陵，除了被金人俘掠的宋徽宗、宋钦宗，北宋七帝八陵，都在那里趴着。”

我也笑，反唇相讥友人“知其然而不知其所以然”，开讲赵匡胤祖上乃“涿郡人也”，其人虽出生于洛阳夹马营，籍贯却是涿郡，慎终追远，北宋有两座“祖陵”一直在涿郡未迁。由于当时涿郡一带是北宋与辽国的主要战场，赵氏两个“先祖”又埋在平民的乱坟岗中，难以择认，故一直未迁葬。此外，还有一说，认为宋太祖先人墓应在与保定更近的清苑，文天祥被俘后由元人押送大都（今北京），曾作诗：

我行保州塞，御河直其东。
山川犹有灵，佳气何郁葱。

顾我巾车囚，厉气转秋蓬。

瓣香欲往拜，惆怅临长空。

现今，各地为了支持本地经济发展，获取门票收入，大打名人争夺战，最有名的当数诸葛亮“躬耕”地的襄阳、南阳，其次为争西施故里的萧山、诸暨，还有山东几个县为争“孙武出生地”也闹得沸沸扬扬。

不过，宋太祖赵匡胤的老家是涿州还是清苑却不重要，两地现在均属保定市。两个小地方“有话好好说”，大可择一地弄成一处人工景观，雕几个石人石马，通廊环绕，表一表开三百年大宋基业的赵匡胤，肯定能挣不少银子，也许还会慢慢消去“保定狗腿子”的不雅之名。

英雄出于乱世

赵匡胤的青年时代

观《宋史·太祖本纪》，赵匡胤高祖赵朓直至其祖父赵敬等人，自唐代起都是县令、刺史类的文官。直到赵匡胤之父赵弘殷，才在后周年间因军功显贵，后周世宗柴荣追赠赵敬为“左骁骑卫上将军”。

五代乱世，赵弘殷因受当时的大军阀“赵王”王镕指派，率五百铁骑驰援后唐庄宗，为庄宗所爱，荣升为禁卫军军官。此后，五代数姓更迭，赵弘殷依恃有马有枪，不仅没有在改朝换代的过程中被“清洗”，官还越做越大。后周显德年间，赵弘殷已“累官检校司徒、天水县男”，与其子赵匡胤共同掌管禁兵。老赵后来暴病而死，获赠“武清军节度使、太尉”荣衔。

可以想见，赵弘殷以上数世祖曾为县市级文官的历史也可能是编派出来的。五代乱世纷纭，英雄切莫问出处，只要力气大、脑子活、能上马抡刀使大枪，封王封侯倒是件容易的事情。

赵弘殷在长年的军人生涯中，不仅自己靠一刀一枪博得功名，也带携儿子辈在军旅的大熔炉中健康成长，成为将才。最最关键的是，赵匡胤、赵匡义（光义）兄弟自幼在禁军中长大，叔叔大爷、兄弟辈的军中同袍情谊，成为日后“陈桥兵变”中最有力的人员基础。

赵匡胤乃赵弘殷第二子，生于洛阳夹马营，其母杜氏。不必细说，真龙诞生，自然是“赤光绕室，异香经宿不散”，就连娃娃得的新生儿黄疸，也被史家绘声绘色描述为“体有金色，三日不变”。搁现在，如此严重的黄疸，得让父母愁死。待赵匡胤得了天下，老妈一叨咕昔日情景，才知道儿子是“金龙”转世投胎。

青少年时代，赵匡胤还有两件事让时人称异：一是曾身骑一匹烈马，不施衔勒，疾驰于城上斜道，“额触门楣坠地，人以为（赵匡胤）首必碎”，不料小伙子拍拍身上土，一跃而起，毫发无伤；二是与战友在房中赌钱，有两只鸟在外面啼鸣。赵匡胤想吃烤雀，出门捉鸟。刚刚出门，房子忽然倒塌——两件“传奇”，细分析也是稀松平常：骑马头碰门楣，可能是武将头盔上的铁尖绊挡，让赵匡胤跌落于地，否则，其人再神，也逃不过物理定律；人刚出屋墙就塌，虽属小概率事件，但相信会有一些人遇到。

无论如何，人要成了名，啥事都可以凭空附会，何况是开三百多年宋国基业的君王。

赵匡胤青年时代，英雄逢时，正赶上五代最后一位英明君主周世宗，有幸跟从这位伟大的皇帝东征西讨，得显威名。

其成名一战，当属周世宗登基后御驾亲征北汉刘崇的巴公原之役。当时，北汉军人数占优，后周军中又有右翼战阵的军将逃跑、投降。万分危急时刻，当时的赵匡胤虽只是禁卫军中级将官，表现却十分英勇，他向同伴大呼：“主危如此，吾辈怎能不誓死以战！”并与当时禁卫军统将张永德各率两千兵马，奋勇破敌。关键之时，周世宗柴荣亦临危不惧，手下又有赵匡胤、张永德这样的军将，最终大败北汉军，使得一旁

赵弘殷像

观战的北汉“盟军”契丹军见景夺气，也逃遁而去。后周军队终于取得此次战役的全胜。

战后，周世宗立封赵匡胤为殿前都虞候，领严州刺史。而后，赵匡胤跟从周世宗征讨南唐，平扬州、下寿春、得泗州，威震江南。周世宗北征，赵匡胤也是一马当先，踏平关南之地。

眼看后周军就要收复燕云之地，天不佑人，周世宗柴荣忽得暴疾，不得不拥众返回汴京。英雄大业，半途而废。

回军途中，周世宗支撑病躯阅示文件，忽然发现一个苇编袋子，里面有一块三尺长的木板，上有“点检作天子”五个字。

古人迷信，周世宗认为这是“天示”，马上想到自己的姐夫——时任禁军统帅的“殿前都点检”张永德，立马下诏免去姐夫的点检一职，转委平时看上去老实厚道又曾立战功的赵匡胤为殿前禁军统帅。

周世宗姐夫张永德军内外党羽众多，周世宗怀疑他可能在自己死后危及儿子的帝位。而赵匡胤寒门出身，应该没有人拥戴其篡位。周世宗聪明一世，糊涂一时，忘记了五代数位皇帝皆是军头出身，其养父（亦即其姑父）郭威也是由军士拥戴而移后汉国祚。“点检作天子”的木牌，应该是赵匡胤等人制作。不过，他们当初可能只是想“陷害”张永德，免得周世宗死后他因手中有禁兵而于宫中坐大。至于后来“赵点检”终做天子，倒是“弄拙成巧”的稀罕事。

周世宗死后，其第四子梁王柴宗训即位，是为后周恭帝，时年七岁。转年春天，周恭帝还未及改元，周世宗棺柩刚刚入土两个多月，真正尸骨未寒，本来要率兵北征契丹的赵匡胤兄弟自导自演大戏，在陈桥驿发动兵变，黄袍加身，“赵点检”果真做了天子。

在宋朝史官笔下，赵匡胤的帝位完全是天上掉下来的，事先毫不知情：

北汉结契丹入寇，命（赵匡胤）出师御之。次陈桥驿，

> 军中知星者苗训引门吏楚昭辅视日下复有一日，黑光摩荡者久之。夜五鼓，军士集驿门，宣言策点检为天子，或止之，众不听。迟明，逼寝所，太宗（赵光义）入白，太祖（赵匡胤）起。诸校露刃列于庭，曰："诸军无主，愿策太尉（赵匡胤）为天子。"未及对，有以黄衣加太祖身，众皆罗拜，呼万岁，即掖太祖乘马。太祖揽辔谓诸将曰："我有号令，尔能从乎？"皆下马曰："唯命。"太祖曰："太后、主上，吾皆北面事之，汝辈不得惊犯；大臣皆我比肩，不得侵凌；朝廷府库、士庶之家，不得侵掠。用令有重赏，违即孥戮汝。"诸将皆载拜，肃队以入。副都指挥使韩通谋御之，王彦昇遽杀通于其第。太祖进登明德门，令甲士归营，乃退居公署。有顷，诸将拥宰相范质等至，太祖见之，呜咽流涕曰："违负天地，今至于此！"（范）质等未及对，列校罗彦瑰按剑厉声谓（范）质等曰："我辈无主，今日须得天子。"（范）质等相顾，计无从出，乃降阶列拜。召文武百僚，至晡，班定。翰林承旨陶谷出周恭帝禅位制书于袖中，宣徽使引太祖（赵匡胤）就庭，北面拜受已，乃掖太祖升崇元殿，服衮冕，即皇帝位。迁恭帝及符（皇）后于西宫，易其（恭帝）帝号曰郑王，而尊符（皇）后为周太后。

仔细推敲陈桥兵变，其中秘密其实很好破解：其一，出京大军忽然返回，赵匡胤的好哥们儿、时任殿前指挥使的石守信大开城门，众人顺利入城。如果真是没有预谋的"事起仓促"，不会有哪个将军这么大胆，不顾九族性命开城纳"叛军"。其二，后周朝中大臣范质等人被胁迫拜见"新天子"，赵匡胤还指天划地表示自己"冤大头"，周世宗昔日的得力文臣陶谷却能即时从袖中拿出早就写好的"禅位诏"，语意清晰，文采斑斓。没有军头们事先许诺给美官做，陶学士不会这么从容不迫。

当然，毕竟后来两宋帝君待人不薄，后世才没怎么拿此事铺陈做文章。

由于赵匡胤在后周曾任归德军节度使，治所在宋州（今河南商丘），因而定国号为“宋”。

后周恭帝被宋朝改封为“郑王”。十三年后，柴宗训二十岁出头，“发病”而死，估计是被宋室暗害。赵匡胤又演一出“闻之震恸”，谥曰“恭皇帝”，把小伙儿葬在其父陵侧。周世宗有七个儿子，除老大、老二、老三被后汉隐帝杀掉，老六柴熙谨已在宋初不明不白死掉，老五柴熙让、老七柴熙诲皆“不知其所终”，估计也都被赵宋派人弄死。直到宋仁宗嘉祐四年，才下诏有司取阅柴氏谱系，“于诸房中推最长一人，令岁时奉（后）周祀”。所以，一般人皆为《水浒传》或其他民间演义所误导，以为柴进是后周皇帝的嫡系子孙，还一直获封“一字并肩王”什么的，其实柴荣并无直系后代得活世上。

当初，为了防止唐末以及五代诸朝藩镇推翻皇帝的“悲剧”重演，周世宗想方设法削弱藩镇的兵力，重金招募强兵猛将入京城守卫帝室。结果，柴世宗死后，帝位未失于强藩，却被禁卫军头子捡走，真是人算不如天算，防不胜防。可悲！可叹！

富贵险中求，赵匡胤一念成福，造就两宋三百余年基业，确是个人奋斗史上一个大大的“佳话”。

推论“翊戴”之功，石守信、高怀德、张令铎、王审琦、张光翰、赵彦徽皆得授节度使位号。细究这些“功臣”的原职，皆是殿前都指挥使、殿前都虞候这样的京城禁军官职。所有这一切，均明白无误地透露着一个信息：陈桥兵变是一场精心策划的不折不扣的政变！

建隆二年，赵匡胤罢去慕容延钊的“殿前都点检”一职，以免“点检作天子”的谶言重演。历史上的“大事”，往往前一出是“正剧”，后一出模仿的是“喜剧”，偏偏“黄袍加身”此等大戏，郭威和赵匡胤，两出都是“正剧”，且青出于蓝而胜于蓝。

石守信兵取北津关　图出《新镌玉茗堂批评按鉴参补出像南宋志传》

兵权释于杯酒

宋太祖“一手硬、一手软”的对内统治方针

登基不久，赵匡胤两次亲征，干掉和他叫板的两个人：镇守泽潞的后周昭义军节度使李筠和驻地在扬州的淮南节度使李重进。

赵匡胤建立宋朝后，本来先送李筠和李重进一人一顶“中书令”的高帽子，就怕他们两个首先捣乱。

封官的使臣到了潞州（今山西长治），李筠根本不见，马上要起兵。李筠左右切谏，这些人倒不是害怕主公“造反”，五代时换“皇帝”如走马灯一样，一家换予另一家并不稀奇，参谋们的本意是让他缓缓神再观察一下，不要轻举妄动。

李筠之子李守节泣谏父亲不要给“大宋”添乱，新君即位，最恨的就是首先出头的前朝“忠臣”。起先，李筠听劝，置酒张乐，大摆宴席，请宋朝使臣相见。但双方刚刚落座，李筠忽然命人于壁上高悬后周太祖郭威的画像，并亲到像前下拜，悲不自胜，泪下如雨。

如此，李筠左右谋士一时皆惶恐不安，忙向赵匡胤的来使解释：“李令公饮酒过多，表现失常，请勿怪罪。”

宋使也不好说什么，本来太监就胆小，特别是出使到“敌营”的太监，自然假装什么事情都没发生。

赵匡胤听得使臣回来一五一十地禀报，仍不想直接兴兵，亲自写诏“慰抚”，并召李筠之子李守节为皇城使（寄禄官，类似内务部管事的虚衔），以示对李氏父子的“无猜”。

李筠得诏，即遣其子李守节入朝，本意实为派儿子入朝侦伺情报。此招甚怪，既然反心已定，何苦要搭上儿子一条性命，亲送其入虎口？

得知李守节入朝，赵匡胤也出乎意料，迎头就问：“太子，你怎么来了！”

李守节大惊失色，忙跪地叩头，哭诉道：“陛下您怎么这样称呼我，朝中肯定有人讲我父子的坏话！”

赵匡胤倒有帝王气度，徐徐言曰：“我听闻你数次劝谏你父亲，皆不为其所听。你父亲遣你来京，是想让我杀掉你，彰显我的不仁，他也好有借口起兵。你回去吧，转告你父亲：我未为天子的时候，你父亲想做就做；既然现在我已为天子，他何不为了我而做出小小的退让呢？”

赵皇帝此语，语重心长，既无威胁，也无要挟，甚至有些哀求的意味在里面。

当时，北汉“皇帝”是刘钧，他家的“后汉”天下原为“后周”所夺，因此一直与中原政权为敌。听闻李筠要造反，他马上派人秘密联系，相约共同举兵。

再说李筠听了儿子回来后的一番汇报，又知北汉将派兵马来援，遂下决心，马上命幕府文士书写檄文，四处散发，历数赵匡胤“篡位罪状”，同时遣人到北汉求兵，正式起兵。

李筠精兵奇袭泽州，旗开得胜，杀掉留守的宋朝刺史，占领州城。

兵来将挡，水来土掩。赵匡胤不得不硬着头皮，派手下得力大将石守信、高怀德等人率大军进讨。临行，他心急火燎地嘱诫道：“千万别让李筠率军西下太行，要立刻引兵扼其关隘，否则，不能破敌！”

做皇帝后的第一仗，赵匡胤自然是用心谋划。

本来，李筠起兵之初，其手下谋士就劝他：“您孤军举事，其势甚危，虽倚河东（北汉军）之援，恐亦不得其力。大梁（宋军）兵甲精锐，难与争锋。不如西下太行，塞虎牢，据洛邑，东向而争天下，此乃上计。”

李筠不听。他觉得自己也有理：“我乃周朝宿将，与世宗（柴荣）义同兄弟。禁卫之士，皆我昔日属下，闻知我起兵，他们肯定临阵倒戈，何患不成功！”

大将有此书生气，不败也难。赵匡胤新朝甫建，大肆封官行赏。京城内定，大臣、兵头有名有分。特别值得一提的是，五代末的军将大都是名利之辈，谁还会响应李筠这位“老上级”做贼！

北汉“皇帝”刘钧深觉复国有望，就约契丹兵一起来援李筠。李筠“民族气节”倒保持得不错，婉拒契丹兵入境。于是，刘钧御驾亲征，“倾国自将”而来。临行，刘钧的大臣劝谏：“李筠举事轻易，事必无成。陛下扫境内赴之，臣未见其可也。”刘钧不听。

待到两方“友军”相会于太平驿，刘钧马上封李筠为“西平王”，位在其宰相卫融之上。吵吵半天真见面，李筠暗悔——北汉“皇帝”太名不副实，不仅仅“仪卫寡弱”，举止言谈也看不出有“真命天子”的样子。

李筠不爽，刘钧也不高兴。宴谈期间，李筠一口一个“不忍辜负周朝旧恩”，讲个不停。而后周郭威“黄袍加身”，篡的就是刘钧堂兄的后汉。汉与周是世仇，李筠如此表功言忠心，明摆着是不给自己面子。

虽如此，覆水难收，双方不得不联军，刘钧留宣徽使卢赞做监军，李筠心中恼怒，很讨厌这个友军派来的“监事长”。听闻李筠与卢赞不和，刘钧赶快派宰相卫融做和事佬前往调解。

眼见北汉军派不上什么用场，李筠悒郁之下，留下其长子李守节据守上党，自率三万军马南出，与宋朝争锋。

宋军大将石守信为百战良将，又欲在新朝立大功，勇谋兼施，两军在长平一照面，就大败李筠，斩首三千级。而后，石守信在泽州城外大破李筠大军，杀掉李筠手下大将范守图以及北汉的监军卢赞。

北汉援军数千人急匆匆赶到泽州，正赶上李筠兵大败，这些人不发一矢，均放仗投降。

石守信图省事，索性下令把这几千名降军杀个干干净净，既立威，又警示北汉不要没事派人来找死。

李筠大败之后，只能逃入泽州城内，凭城固守。不久，御驾亲征的赵匡胤赶至城下，他很想亲眼观看自己当皇帝后的第一次胜利。

皇帝亲自督战，宋军士气倍增，肉搏登城，终于攻陷泽州。李筠长叹一声，投火而死。

宋军入城后，顺便还生俘了北汉的宰相卫融。泽州已下，守卫潞州老巢的李筠之子李守节马上投降。其父不为宋朝“忠臣”，其子却甘为新朝“顺子”。

赵匡胤心情很好，赦之不杀，委任李守节为单州团练使（小伙子没过几年不明不白就死了，年仅三十出头，也不是什么善终）。

攻杀李筠，确实起到了“杀鸡给猴看”的作用。后周原先占据一方的节度使们，如成德节度使郭崇、保义节度使袁彦、建雄节度使杨廷璋、安国节度使李继勋等人，纷纷单骑来朝，无论是出于真心还是假意，都不得不向大宋称臣。

收拾完李筠，赵匡胤的目光马上转向下一个目标：淮南节度使李重进。

李重进是后周太祖郭威的亲外甥，从血统上讲，他实际比周世宗柴荣更接近“帝系”。因为柴荣只是郭威妻子的侄子，与老郭没有血缘关系。

后周世宗柴荣在世时，李重进就与柴荣的姐夫张永德争权，二人明争暗斗，搞得不亦乐乎。“点检作天子”那块木牌，当时很多人都怀疑是李重进派人放置以陷害张永德。鹬蚌相争，渔人得利。张永德被削夺禁军职权，李重进也没捞到大便宜。后周小皇帝刚上台，大臣范质等人就一纸诏书把他打发到了京城以外的扬州做节度使。

李重进折腾半天，与张永德争权夺利，反而最终让赵点检做了天子，典型的偷鸡不成蚀把米。当然，到底是老李还是老赵鼓捣的那块“点检作天子”木牌，也是千古之谜。诬陷他人的匿名信，自古至今，谁都不会主动承认。

赵匡胤称帝后，马上下诏，准备让老战友韩令坤取代李重进的位置。“（李）重进请入朝，帝（赵匡胤）赐诏止之”，老李心中愈加犯疑。

李筠起兵，李重进派帐下亲吏翟守珣怀密信前往交结。翟守珣没去见李筠，反而拿着密信到汴梁见赵匡胤。当时，赵匡胤唯恐“二凶并发”，两条战线上打仗，任谁都心中无底。于是，赵匡胤便厚赐翟守珣，让他回去劝说李重进不要轻举妄动。李重进犹疑之间，李筠已被平灭。

平李筠之后，赵匡胤就不再客气，正式下诏徙李重进为平卢节度使，并派中使陈思诲带着铁券赐予老李，以示安慰之情。李重进这才回过味来，软禁陈思诲，扯旗举兵。

同时，他派人向南唐求援。可惜，南唐中主李璟先前被周世宗柴荣打怕了，从心理上畏惧中原政权，不敢掺和造反，李重进只得孤军起事。

有了上次平定李筠的胜利，赵匡胤胆气倍增，再一次御驾亲征。

建隆元年（960年）十一月，宋太祖率百官六军，乘舟东下。

首攻扬州，即日拔之。扬州如此牢固坚城，竟然一天就被攻下，可见李重进起兵是多么仓促。

城陷后，有人劝李重进杀掉中使陈思诲，老李也不失厚道，“吾今举族将赴火死，杀此何益！”言毕，阖家自焚。陈思诲旋为乱兵所杀。

赵匡胤君临扬州，人主之气顿浓，露出狰狞面目，杀掉李重进同谋者数百人，把没有自焚而死的李重进兄弟和儿子皆送闹市砍头。

杀了李重进之后，宋太祖当时还真想一鼓作气，平灭南唐。

南唐中主李璟非常害怕，忙遣其重臣严续、冯延鲁等人分数批来“犒师”“买宴”，大献殷勤。

赵匡胤在扬州接见南唐使臣冯延鲁，鸡蛋里挑骨头，找碴儿寻衅，厉声责问：“汝国主（李璟）何故与叛臣（李重进）交通？”

冯延鲁不卑不亢，回答说：“李重进当时派密使，就住在我家。我们国主派人对他说：‘大丈夫失意而反，世亦有之，但应视地利天时。

当初中朝皇帝（赵匡胤）受禅之际，人心未定。上党乱起（指李筠起兵），您应该彼时作反。如今，人心已定，却想以数千乌合之众抵抗天下精兵，即使韩信、白起复生，也无成功之理。因此，唐国有兵有粮，不敢相资。’正因为我们国主不出援兵，李重进才这么快就兵败。”

赵匡胤碰了个软钉子，低首沉吟片刻，又蛮横言道：“虽如此，诸将皆劝吾乘胜渡江，你以为如何？”

冯延鲁躬身又是一礼，朗言道：“李重进自谓天下雄杰，陛下您神威一至，一战即灭；南唐小国，确实难敌天威神军。但是，本国侍卫数万，皆先主（李昇）亲兵，誓同生死，陛下如不惜数万将士性命与之血战，可能会成功。此外，大江天堑，风涛不测，假如大宋天兵进不能克城，退又缺军资，想必事情不是特别好办。”

一席话，貌似谦恭，实则凛然不屈。言外之意，你老赵别太得势不饶人，你有天时我有地利，万众一心，胜负还真说不定。

赵匡胤也笑道：“朕聊戏卿耳，岂听卿游说耶！”

他审时度势，国家新建，攻打南唐确实还没有把握，于是暂时打消了一鼓作气攻下南唐的念头。

虽如此，忧惧之下，加上先前周世宗在世时被迫“蹙国降号”，南唐中主李璟过了半年多就“殂”了，其子李从嘉袭位，改名李煜，是为大名鼎鼎的南唐李后主。

虽然搞定了二李之叛，宋太祖心中仍旧嘀咕。老赵人是宋朝开国君主，精神上还带着五代乱世的深深烙印，对于帝王易姓，他本人比谁都有更切身的感受。

一日闲暇，他召智囊赵普，问道：“自唐末至今数十年，帝王换了八家，战斗不息，生民涂炭，到底是什么原因呢？我欲息天下之兵，立国家长久之计，又怎样入手去做呢？”

赵普虽号称“半部《论语》治天下”，并不是什么大儒，可乱世之中他这种半吊子知识分子最切实际，进言道：“陛下您能言及此事，真乃天下苍生之福！世道纷乱，皆因方镇太重，君弱臣强。如果想安定天下，只有先从方镇大将下手，收其兵，夺其权，制其钱粮，如此，天下自安！”

赵匡胤不停点头。

一日，赵匡胤召集石守信、高怀德、王审琦等军中老哥们儿于内廷欢饮。酒酣，宋太祖屏去左右，对几个老友说掏心窝子的实话："没有你们，我今天不会坐在皇帝宝座上。但是，贵为天子，我还不如从前当节度使时快乐，可以这么说，我是终夕未尝安枕而卧！”

石守信等人虽美酒数杯下肚，脑子都还十分清醒，听皇上如此说，均离座下跪，叩首而言："今天命已定，谁复敢有异心，陛下何为出此言耶？”

"人孰不欲富贵，一旦有（人）以黄袍加汝之身，虽欲不为，岂可得乎！”

老赵一句话，吓得跪于当地的石守信等人如五雷轰顶。要知道，内廷宴饮，只要皇帝一个眼神，在座数人的脑袋就可能瞬间搬家。

老石连吓带惊，诚惶诚恐："臣等愚钝，万望陛下哀怜，指条生路。”

赵匡胤长叹一声，好言好语道："人生苦短，白驹过隙。众爱卿不如多积金宝，广置良田美宅，歌儿舞女以终天年。如此，君臣之间再无嫌猜，可以两全。”

石守信等人听此言，冷汗稍收，忙不迭地叩首连连，拜谢说："陛下能这样替我们着想，真是给我们这些该死的人一条生路！”

"明日，（石守信等）皆称病，乞解实权。帝（赵匡胤）从之，皆以散官就第，赏赉甚厚。”

诏旨一下，石守信等人各为大镇节度使（虚衔），皆罢军职，优游于家，全得善终。特别是石守信，晚年好佛，积财巨万，但全都拿去兴建佛寺，死后被追封为"威武郡王”。

比起日后的朱元璋，老赵“杯酒释兵权”，真是忠厚无比了。

罢去石守信等人的军权后，宋太祖想召符彦卿掌统军队大权。符彦卿，乃已故后周世宗柴荣的老丈人，是五代百战名将。很久以前，他就曾令契丹人闻风丧胆。其父符存审，也是当时名将。符彦卿 13 岁即精晓骑射，由于是老符第四子，当时人称“符第四”，骁勇无双。

符彦卿是后周世宗老丈人，按理讲宋太祖最应猜忌他，但这位老将军命好，其长女是周世宗皇后，小女又嫁给了宋太祖之弟赵光义，不知不觉中给自己上了政治方面的“双保险”，故而赵氏兄弟待之甚厚。

对于赵匡胤想让符彦卿领军一事，赵普不同意，押下任命诏书不发，力劝宋太祖深思利害。太祖皇帝不高兴，说：“我待符彦卿甚厚，他日后岂能负我！”

赵普马上回言：“周世宗待陛下也厚，陛下何以能负周世宗！”

一句话，赵匡胤默然，马上收回委任诏命。

符彦卿也算真正好命，宋太祖未让他掌军，其实最终也是保护了他，老爷子得以优游岁月，以 78 岁高寿善终于家。

另一个值得一表的，当属“点检作天子”谣言事件中的冤大头张永德。

张永德，字抱一，出身并州富豪世家。他 24 岁时，迎娶后周太祖郭威之女晋国公主为妻，得封驸马都尉，并任禁军要职殿前都指挥使。后周世宗首战北汉，张永德居功甚伟。世宗伐江南，驸马爷屡立战功，并被擢升为殿前都检点（皇家禁卫军司令）。世宗病危，“点检作天子”木牌突现，张永德大受其害，被解除兵柄。

后周恭帝这个小孩子即位后，张永德被朝中文臣外派为忠武军节度使。

宋太祖即位后，马上授予这位老上司侍中的高职。估计张永德一直认为那块木牌是李重进所为，对赵匡胤心中并无怨恨，很听话地入朝晋见，被宋廷改授为武胜军节度使。

宋太祖征伐李重进，他还连出数条妙计，对老李的怨毒之意，溢于言表。

想当初，张永德对赵匡胤这位手下非常好。赵匡胤的第一个妻子去世后，续娶王氏，张永德赠予这个“听话”的下属大量钱财。所以，在政治方面，张永德可能就是“被人卖了还帮人数钱”的主儿。当然，或许由于心内有愧，赵匡胤一直厚待张永德，君臣二人常于禁苑欢饮，太祖每以巨觥赐酒，呼为“驸马”而不称呼他的名字。

张永德对赵家也始终尽忠，为之东征西讨出谋划策。厚道人有好报，老张七十三岁时善终于府内。

软硬兼施之下，宋太祖终于坐稳了皇位。后来，他采用“更戍法”，使兵不知将，将不知兵，并把“抑武重文”作为基本国策确定下来。

重文事，抑武将，守内虚外，强干弱枝，虽然从根本上消除了内部对赵氏皇权的威胁，却也种下了日后两宋亡国的种子。

赵匡胤建宋之时，德不足以绥万邦，功不足以戡大乱，确实无大功大德积于世间。相比之下，曹操扫黄巾、击董卓、救献帝、夷平二袁，刘裕灭后秦、擒慕容、诛灭桓玄、击平卢循，此二人功劳显赫。而赵匡胤一乱世军头忽然建立一个王朝，可以想见当时他内心之中有多么不安。所以，他一定要建功立业，打好开国基础，才能使天下人心畏服。

先南后北定统疆

宋太祖的赫赫武功

后周世宗柴荣生前，采纳大臣王朴的建议，定收拾天下的方针为“先南后北，先易后难”。赵匡胤建立宋朝后，基本上仍沿袭后周的统一计划。

最根本的原因是，柿子先拣软的捏。削平江南和蜀地，一方面在政治上实现最低层次上的“大一统”，另一方面，江浙地区以及蜀地的经济力量，将来可以成为中原王朝用兵北方的巨大支撑。

战争就是无限的消耗，没有经济基础，都是纸上谈兵。当时，盘踞山西一隅的北汉虽是弹丸小国，仰契丹人鼻息苟延残喘，但它身后的契丹才是中原王朝最凶恶的敌人。至于南方，共有南唐、吴越、南平、南汉、后蜀这五个小国，加上福建一隅的军阀陈洪进和湖南一带的军阀周行逢。

怎样把这些小邦解决掉，是宋太祖首先要考虑的问题。

天假其便，宋太祖登基不久，湖南的军阀头子周行逢病死。其子周保权是个十一岁的小娃娃，继位之后，其属下衡州刺史张文表反叛，也想割据一方。由此，宋朝打着“救援”的旗号，要借道荆南（南平）。

师行一半，张文表已经被杀，宋军仍强行前驱，派出一股奇军直驱江陵。南平嗣主高继冲知道大势已去，只得举族“入朝”，献出高家割据数十年的三州十七县。

不久，宋军一路横进，攻克潭州（今湖南长沙），进围朗州（今湖南常德），最终把先前向宋朝求救的周保权也一并生俘，尽取湖南十四州土地。

至此，荆湖之地全入宋土，成为宋朝一个大粮仓，从物质上保障了宋军下一步的军事行动。

乾德二年（964年）年底，宋太祖诏命忠武节度使王全斌、武信节度使崔彦进为正副元帅，进讨蜀地的后主孟昶。

蜀后主孟昶在位期间，正值五代后唐、后晋更迭之际。中原多事，但在三十年左右的时间内，孟昶的后蜀一直没有什么大事发生。

964年11月，宋太祖命忠武节度使王全斌为主帅，率六路大军分路进讨。同时，他下令在汴梁的右掖门为蜀主孟昶修建宅邸，以待其归降，显示伐蜀的必克之心。

孟昶浑然不知灾祸将至，做了近三十年太平天子，总以为天佑神庇，加之蜀道险远，定能使宋师无功而返。

没有料到，宋军战斗力太强，连连克捷。

王全斌大军攻至成都升仙桥，孟昶只得备齐亡国之礼，跪于军门上献降表。

自宋军从汴京发兵，到孟昶归降，总共才六十六天。宋朝共得四十六州，二百四十县，五十三万四千户。后蜀亡。

965年1月，孟昶家族至汴京，于明德门外素服待罪。宋太祖下诏释罪，赐孟昶冠带、袭衣，并封他为开府仪同三司、检校太师兼中书、秦国公。七天后，这位蜀降王就暴卒于家。

蜀地入宋，自然南汉也要接着扫平。开宝三年（970年）十月，这个蕞尔小国竟然首先进攻宋朝的道州（今湖南道县），太祖不怒反喜，立刻命潘美、尹崇珂二人总领人马，进攻南汉。

此前，南唐后主李煜写信劝南汉主刘𬬮向赵匡胤归附，刘𬬮囚使回书，言辞不逊。为讨好宋太祖，南唐后主把刘𬬮的无礼回信交出，宋太祖大怒，找到了攻伐的借口。

南汉刘𬬮继位的时候才十七岁。他认为群臣因各有家室不能尽忠于他，因此一切政务皆委以太监。发现有才的读书人，都要阉割后才任命。所以，南汉的士子最倒霉，考取了前三甲，只有“金榜题名时”，再无“洞房花烛夜”。

刘𬬮平日最信任的是太监许彦真、女巫樊胡子以及一个波斯舞女。大臣得罪这几个人，下场只有一个——族诛。宦官还劝刘𬬮：“先帝所以得宝位传陛下，正因尽杀群弟。您也应该效法先帝。”刘𬬮大以为然，把几个弟弟杀个干净。这么一个酷虐的王朝，由于山高皇帝远，悬隔岭南，自刘隐至刘𬬮也经四世五主，近六十年。

宋军进攻，南汉唯一像样一点儿的抵抗，是都统李承渥在韶州带领十多万兵士摆大象阵。不料，宋将潘美令军士将劲弩集结在一起齐射大象，皮糙肉厚的大象先前未挨过如此粗劲的弩箭，狂奔折返，反而踩死了不少南汉军士。大败之下，南汉军十多万人被杀的杀，擒的擒，韶州又失。

宋军乘胜前进，连克英州（今广东英德）、雄州（今广东南雄）。

眼见宋军兵临城下，南汉主刘铱派人网罗十几艘巨舰，先把美妃、金宝塞满其中，准备从海上逃跑。但这个“皇帝”自己还没上船，一名叫乐范的太监率一千多名禁卫军先走一步，盗走了满装美女和金银财宝的大船，不知到哪个野岛做岛主快活去了，留下南汉主叫苦不迭。

情势如此危急，南汉宠臣龚澄枢等人不思如何集军退敌，反而在宫中商量：“北兵此来，主要贪图我国的财宝，不如把城内库藏一把火都烧掉，敌人占据空城，必不能久驻，肯定很快就回军撤走。”于是，哥儿几个找来一帮军士，纵火焚烧库府、宫殿，一夕皆尽。

城中大火刚灭，潘美的宋军已攻入城中，南汉主刘铱只得率众臣投降。潘美软禁南汉皇帝、宗室及高官九十七人，下令杀掉平日作威作福的宦官一百多人。

南汉平，宋朝又得六十州境土，共二百四十县。

开宝四年（971年）正月，宋太祖在汴京的明德门受俘，遣使臣斥责刘铱反复不臣以及焚烧府库之罪。

刘铱是个很会巧辩的人，这时候他临危不乱，辩称：“为臣我十七岁时承继伪位，朝权皆由龚澄枢等人把持，他才是真正的国主，为臣我万事仰其鼻息。”

宋太祖不管那么多，反正最后广州城内烧宫殿、焚宝物是龚澄枢等人的主意，罪不容诛。于是，宋太祖马上派人把几个佞臣推出去杀了，宽释刘铱，赐其衣服冠带，并授金紫光禄大夫等职位，封为“恩赦侯”。

之所以不杀刘铱这个亡国之主，宋太祖的目的在于招抚未平之国，拿他先做个榜样，以示大宋的“天恩厚泽”。

刘鋹这位小伙子“有口辩，性绝巧”，归降后，曾以留存的一批大颗珍珠扎制一个有二龙相戏装饰的超豪华马鞍，上献宋太祖。此马鞍做工极其精妙，宫中匠人看毕，都大相骇伏。

宋太祖也很高兴，赐钱一百五十万。他对左右叹道：“刘鋹喜好工巧，习以成性，假如他能以习巧之勤移于治国之道，何能亡国呢！”此叹，与隋文帝杨坚叹息陈后主作诗的巧思，如出一辙。

这位刘鋹“高工”不仅手艺好，而且性好佞上。每次宴集，他都是第一个到，积极得不行。一次，宋太祖宴群臣于讲武池，刘鋹又率先迎候，太祖一高兴，命人以金杯赐酒一杯。

刘鋹见此，不喜反惊。他在南汉当土皇帝时，常常以赐酒为名毒杀自己的大臣，见太祖赐酒，以小人之心度君子之腹，赶忙跪伏在地，泪下如雨，哀乞道：“臣承祖父基业，违拒朝廷，劳王师致讨，罪固当死，陛下先不杀臣，今见太平，为大梁布衣足矣。愿延（我）旦夕之命，以全陛下生成之恩，臣未敢饮此酒。”

情急智生，伶牙俐齿。

宋太祖见小伙子吓成这样，也笑了，说：“朕待人推心置腹，安有害人之意！”言毕，取金杯一饮而尽，命人再进一杯与刘鋹。刘鋹大惭，顿首谢恩。

后来，宋太宗继位后，聚群臣商议讨伐北汉一事。

刘鋹起座，大声嚷嚷：“朝廷威德遍及，四方僭窃之主，今日尽在座中，太原（北汉）不日可平，刘继元（北汉主）马上要来，为臣我率先来朝，到时候，我希望能执棒站在皇帝殿上，充当诸降王之班首。”

一席话，说得宋太宗大喜，对他赏赐甚厚。

当然，太宗赵光义当时欢喜，并不代表他会一直欢喜。

刘鋹于太平兴国五年（980 年）病死，时年三十九岁，似乎不是善终。其子刘守节、刘守正均是宋朝崇仪副使一类的清贵之官，后皆家贫。宋帝每每下诏，月给万钱，供这些败家子使用。

不过，给钱归给钱，连宋真宗也对大臣感慨："诸伪主子孙，大多不免贫寒，皆是因其父祖辈穷奢极欲的家风感染，后代不知稼穑艰难，挥霍无度而致啊。"

端掉南汉，自然就轮到南唐。

起先，赵匡胤对这个一直送钱送物帮助自己打仗的"江南国主"李煜还真下不了手。南唐长期以来，奉贡甚谨，从未失礼。

思来想去，老赵便下诏招李煜至开封来朝见。接诏后，李煜还真想去，其大臣陈乔、张洎皆劝阻，认为李煜此行，必为宋朝扣留。于是，李煜推称自己有病，不能上路。

宋太祖早就揣知李煜肯定不会乖乖就范，借口说南唐违命，命大将曹彬、潘美率军前往征讨。鉴于王全斌克蜀后部众滥杀人引起大乱，宋太祖严嘱曹彬"切勿暴掠生民"，并赐宝剑一口，"副将以下，不听令者皆可斩杀"。

开宝七年（974 年）秋，宋朝征伐南唐。

曹彬不负使命，破铜陵、克当涂，并于采石矶（今安徽马鞍山）歼灭两万多名南唐军。

本来，采石矶一带江水湍急，北来军队至此往往为江水所阻。可巧的是，一年多以前，南唐国内有个书生樊若水，屡举进士不第，上书言事又不被采纳，怨恨之余，天天假装渔夫钓鱼，用丝绳坠铁等工具把采石矶一带的水面、水底情况摸得一清二楚。然后，他潜往汴京，自称有取江南奇策。宋太祖很高兴，赐其进士及第并予以官职，并命李煜送樊若水老母及家人入宋。根据樊若水的建议，宋太祖命人修造大舰及黄黑龙船数千艘，至此，全都派上了用场。

曹彬等人根据樊若水的"水文报告"，在采石矶大造浮桥，堆石系缆，三日而成，尺寸毫厘不爽。宋兵踏过，如履平地。

长江天险，竟如此轻易得渡。

南唐君臣初闻宋军在大江之上建浮桥，都以为是"儿戏"，不料有樊若水暗中相助，宋军得心应手。

过江之后，宋军攻破新寨（今江苏江宁），拔溧水，并于秦淮河边大败南唐军主力十余万，直扑金陵（今南京）城下。

宋军进攻之始，南唐后主李煜听从张洎、陈乔建议，想坚壁清野，以老宋师。主意定后，他不以宋军为忧，天天在御花园与一帮道士、僧人讲论佛法和《易经》。

南唐的迎敌之事，均归一个名叫皇甫继勋的纨绔子弟掌管。皇甫继勋一直想投降宋朝，又不敢直说，只得严禁手下军将迎敌。他闻败则喜，终日逢人就说宋军强盛，不可与战。

一日，李煜自出巡城，忽见城下宋军旌旗满野，他又惊又怒，杀掉了皇甫继勋。

虽如此，大军指挥权皆归张洎等人，此辈文士，根本不晓军机。

窘急之下，李煜派大臣徐铉入汴京，想以口舌求存。宋朝大臣皆知徐铉乃江南才辩之士，提醒宋太祖要有准备。

太祖一笑，立招徐铉上殿，让他先说个痛快。

果然，徐铉理直气壮，上来就诉说“李煜无罪，陛下师出无名”。

太祖也不阻止，任他接着讲。

“李煜事陛下，如子事父，未有过失，为何要派军进攻？”徐铉得理不饶人。

看徐铉说够了，宋太祖接住话头，问：“既然亲如父子，现在父子倒是两家，你觉得这种情况应该吗？”一句话，徐铉哑口无言，只得悻悻而归。

李煜还想花钱消灾，忙遣使贡银五万两，绢五万匹，乞求宋军暂缓进攻，宋廷不报。

谈判归谈判，宋军一直未闲着，南唐的润州（今江苏镇江）在吴越军与宋军联手进攻下也被攻克。

南唐大将朱全赟破釜沉舟，自湖口率十多万军队缚木为筏，长百余丈，想隔断采石矶浮梁。天不佑南唐，长江恰值冬日枯水期，水浅，大船巨筏不能骤进，朱全赟只得从皖口（今安徽安庆）方向前进。

中途，遭遇宋军，朱全赟使“火攻计”，一开始还真烧毁不少宋军船只。俄而北风反焰，反而烧到了自己。可见，当年周公瑾赤壁火战，天时地利人和，千年一遇。

惶骇之下，朱将军投火而死。南唐最后一张大牌至此出尽。

绝望之下，李煜遣徐铉入汴乞求。

徐铉情哀辞切，向宋太祖极陈“江南无罪”。

赵匡胤耐着性子，摆事实，讲道理。

徐铉声气愈厉，和皇帝争论。

最终，惹得宋太祖大怒，按剑而起，言道：“不须多言！江南亦有何罪，但天下一家，卧榻之侧，岂容他人鼾睡乎！”

话糙理不糙，一派帝王气度。

至此，徐铉再有口辩也使不出，只得惶恐而退。

开宝八年（975年）十一月二十七日，宋军破城，李煜“奉表纳降”。李大才子本来于宫中积薪想来个全族自杀，经宋将曹彬一“安慰”，就不想死了。

于是，李后主连同宗族、群臣，一起被宋军押送汴京。至此，南唐十九州，近七十万户，尽入宋朝版图。

宋太祖坐明德门，有司上奏李煜应以南汉那样的献俘礼入见，太祖不许，表示“李煜一直奉大宋正朔，非刘鋹可比”，不让有司张贴书写南唐“罪恶”以及宋军大胜的“露布”（宣胜榜），算是给了李煜一点儿面子。

纳降之后，宋太祖下诏封李煜为光禄大夫，封“违命侯”，以惩示李后主最后抵抗的“不识抬举”。

后来之事众所周知，李煜亡国之主，仍写词弄曲不忘故国，被宋太宗一杯“牵机药”送入黄泉，终年四十二岁。

文人君主，难逃悲惨下场。

宋太祖平定江南，吴越主钱俶一直恭顺无比，又有宋朝赐予的“天下兵马大元帅”这顶帽子，出钱出物出兵，鞍前马后，最为孝顺。他常常派遣儿子带大量金银异宝向汴京入贡。

宋军攻打江南，钱俶助攻，李煜还亲笔写信劝他：“今日无我，明日岂有君？明天子一旦易地酬勋，王（指钱俶）亦大梁一布衣耳！”

钱俶不为所动，马上把信转呈宋太祖，以示“无私无畏”。

南唐平后，宋太祖召钱俶入京。钱俶不敢有违，马上与其妻孙氏、其子钱惟濬等人入朝，总共上贡白银二十一万两、绢十三万匹、绵一百八十万两、茶八万斤、乳香七万斤，其他金银宝物无数。

宋太祖高兴，待以殊礼：剑履上殿，书诏不名，并赐号钱俶之妻为“吴越国王妃”。宋朝官员认为异姓诸侯王之妻没有封妃的先例，太祖表示“行自我朝，表异恩也”。不顾群臣谏阻，宋太祖不食前言，放钱俶还国。

临行前，太祖赐钱俶一个黄锦匣，让他途中密观。钱俶打开一看，都是群臣奏请皇帝软禁钱俶的表章。又惊又吓又庆幸，钱俶更加感激、恐惧。

回国后，钱俶贡献频繁，可以说是对宋朝恭敬得无以复加。

宋太宗即位，钱俶又来入朝，上贡银宝金物无数。钱俶眼看割据军阀陈洪进纳土，北汉刘继元被俘，忧惧之下，钱俶上表，表示要入献吴越十三州。

假意推托一番，宋太宗照单全收，钱俶一大家子均被搬到汴京。

虽曾贵为一方国主，钱俶至此战战兢兢，他每天第一个上朝，常常假寐待旦，小心到了极点。他数次上表推辞“国王”的称号。

端拱元年（988 年），钱俶“暴卒”。宋廷追封其为“秦国王”，谥忠懿。

钱氏一族，割据一方多年，自后周起，吴越虽然自为一“国”，其实与中原政权的州郡差不到哪里去，因此对中原政权一直恭敬有加。听上去很厚道，实际上，八十多年以来，钱氏外厚贡献，内奢侈僭，对当地人民横征暴敛至极。所以，钱家为宋朝所吞，对当地百姓来讲，倒是件好事。赵宋官员一到，马上免除了多项苛捐杂税。

本来，宋太祖赵匡胤“黄袍加身”，篡人国家，乏善可陈。其后，他逐渐削平诸割据政权，一统南方，经营弘远，为后世留下了宝贵的政治遗产。由此观之，这个老赵不可不谓是一代开国明君。

他兢兢业业，朝乾夕惕，终于成就大功。更为后世所称道者，还在于他对孟昶、刘张、李煜等降王家族至少是表面上的“宽厚”。

大儒王夫之曾发慨叹，认为这几个降王，非能比西晋初期的刘禅和孙皓。刘备和孙氏家族保土奉宗，雅有政声，虽有孙皓之虐，刘禅之庸，晋室也不能不容其存活于世。而南唐、后蜀、南汉等国的开创者，皆是乱世“偷以自王”，广竭民力，所以，他们的子孙即使被俘后成为百姓白丁，也不算过分。宋太祖仁德，这些人亡国后个个享受大官之封，又被朝廷待以宾客之礼。可见，在这方面，赵匡胤其人的品质，值得称道，可以说是五代军人中罕有的宽厚。

“仁者之愚”致大惑

宋太祖“斧光烛影”的死亡之谜

宋太祖平定南唐后，遣吴越国王钱俶归国。兴致不错，他摆驾去洛阳巡视一番，再返汴京，筹划攻战北汉的军事活动。

当时赵匡胤年仅五十，盛壮之年，吃嘛嘛香，心情又好，有武人出身的健康底子，此前也没有任何身体不适的现象。

但是，开宝九年（976年）冬十月，“帝不豫”，似乎皇帝的身体一下子就不行了。

“壬子，命内侍王继恩就建降观设黄箓醮。是夕，帝召晋王（赵光义）入对，夜分乃退。癸丑，帝崩于万岁殿。”

史书对于宋太祖的死因，只此寥寥数笔，没有任何进一步的描述和解释。所谓“斧光烛影”之谜，乃与苏轼大约同时代的一个和尚文莹书中所载。此人著有《湘山野录续编》一书，其中有如下记载：

“……俄而阴霾四起，天气陡变，雪雹骤降，（太祖）移杖下阁。急传宫钥开端门，召开封尹（宋太宗赵光义）……延入大寝，酌酒对饮。宦官、宫妾悉屏之，但遥见烛影下，太宗（赵光义）时或避席，有不可胜之状。饮讫，禁漏三鼓，殿雪已数寸，帝（太祖）引柱斧戳雪，顾太宗（赵光义）曰：‘好做，好做。’遂解带就寝，鼻息如雷霆。是夕，太宗留宿禁内，将五鼓，伺庐者（宦官）寂无所闻，帝已崩矣。太宗受遗诏于柩前即位。”

记载虽生动，却太似小说家言。文中“斧”字，总让人联想起杀人用的大斧子，附会者总会想到是赵光义用此“凶器”把老哥劈死。

其实，文莹所记的“柱斧”乃“玉柱斧”，是一种手中把玩的文房用品，样子恰似一柄如意。君主平时用此在图上比比画画，既不锐利又不沉，用它杀人是不可能的。昆明大观楼孙髯所撰的著名长联“想汉习楼船、唐标铁柱、宋挥玉斧、元跨革囊”中的“宋挥玉斧”，正是引自《宋史》所记：“王全斌平蜀，以图来上。议者欲因兵威复越嶲，艺祖（赵匡胤）以玉斧画图曰‘此外吾不有也’。”——所以，大斧杀人，纯是后人因字误猜。

而且，睡前宋太祖还活蹦乱跳，睡后也鼻息如雷，至凌晨就“过去”了，此事过于蹊跷。

至于“太宗受遗诏于柩前即位”，也大露马脚，难道宋太祖睡着了知道自己要死，而在梦里写的“遗诏”？

文和尚多事，一段小记惹得后人猜测纷纷。但是，也不能说山野和尚自己瞎编，没准儿他师叔、师父当时在内廷为皇帝讲经说法，传出

宋太祖像

宋太宗像

些“秘闻”，这也并非全无可能。

鸿儒司马光在其《涑水记闻》中也描写了宋太祖“崩”后宋太宗的行为，但并非文莹和尚所记是夜宿宫中（即使是太子也不能居皇宫之内），而是讲他当夜根本不知情。

李焘《续资治通鉴长编》一书，根据两宋笔记、野史和正史勾勒出这样一出场景：

> 时夜已四鼓，宋皇后使王继恩出，召贵州防御使德芳（太祖之子）。（王）继恩以太祖传国晋王（赵光义）之志素定，乃不诣德芳，径趋开封府召晋王。见左押衙程德玄先坐于府门……扣门，与俱入见（晋）王，且召之。（晋）王大惊，犹豫不行，曰：“吾当与家人议之。”入久不出。（王）继恩促之曰：“事久，将为他人有矣。”时大雪，遂与（晋）王于雪中步至宫。（王）继恩使（晋）王止于直庐，曰：“王且待于此，继恩当先入言之。”（程）德玄曰：“便应直前，何待之有！”乃与（晋）王俱进至寝殿。（皇）后闻继恩至，问曰：“德芳来耶？”继恩曰：“晋王至矣。”后见（晋）王，愕然，遽呼官家（皇帝在内廷的称呼），曰：“吾母子之命，皆托于官家。”王泣曰：“共保富贵，勿忧也！”

依此所记，赵光义似乎对宋太祖的死全不知情，也是紧急情况下“被逼”为帝。这种记载，是赵光义和史官们低估了后世人的想象力、智力和判断力。

确实，赵匡胤“崩”前，没有立皇太子。其中原因，一是他正值盛年，还没想到“千秋万岁”后的事情；二是太祖的母亲杜太后临终有言，让几个儿子兄弟相传，以免重蹈后周世宗的覆辙。但杜太后让宋太祖兄终弟及的嘱咐，其实纯为宋太宗当皇帝后与赵普捏造的故事。

赵普此人，后人总记得“宋太祖雪夜访赵普”，似乎是唐朝魏徵一类人物。实际上，赵普是一个才干高、人品低的小人。他在太祖一朝把持朝权，与赵光义多有龃龉，并曾秘密上书太祖要警惕赵光义。结果，此事为他的政敌卢多逊所告。为了消除不利影响，赵普与宋太祖君臣演“双簧”，赵普公开上书“自陈”，太祖示之以众，并把书启“藏于金匮”，以示太祖、赵普对晋王赵光义没有疑忌。

宋太祖崩后，赵普地位岌岌可危。为了迎合新皇，赵普入见宋太宗，二人编出了杜太后临终嘱托太祖以帝位传弟的“金匮之盟”。而且，关键的内容还有一句，即杜太后所讲“汝与光义皆吾所生”，而不讲齐王赵廷美也是杜太后所生。也就是说，“兄终弟及”，传到赵光义也就打住了，赵廷美没有资格（赵光义后来还“私下”对近臣讲赵廷美其实是他的乳母之子，非杜太后亲生）。

其实，宋太祖死时，其子赵德昭已是成年人，绝非“幼子”，就其年龄来说，当一个继位之君绰绰有余。

谎话一编就要继续圆下去。为了帮太宗解决“传弟”的问题，赵普诬陷自己的老对头卢多逊与太宗之弟秦王赵廷美“暗中交通”，结果，两人均被远贬，赵廷美还被降为公爵，不久即忧悸而死，时年三十八岁。

史书上为了突出宋太宗的“仁德”，还讲他起初有意传位给赵廷美，是赵普提醒：“太祖已误，陛下岂容再误！”一句话，赵普的面目暴露无遗。

既然深悉“父子家天下”的治世真理，赵普这个太祖的“大忠臣”为何不在太祖活着时拼死力谏？“忠言”迟了这么多年，说明赵普确是个小人。

宋太宗如此迫害亲弟的行径，其长子赵元佐也觉过分，佯狂作癫，火烧宫殿，装疯卖傻以表示自己不堪“储君”之位。日后，宋太宗把儿子赵元侃（改名赵恒）立为皇太子，见京师百姓兴高采烈，他还愤愤言道："四海之心遽归太子，欲置我于何地！" 如此狭窄心怀，可见宋太宗赵光义绝非善类。

仅仅观看正史，宋太祖之死也让人疑窦丛生：

其一，太祖崩前与赵光义饮酒，那么棒的体格，当夜就挂了。

其二，太祖皇后宋氏派太监王继恩迎太祖之子赵德芳，表明当时没什么赵光义继位的"遗诏"。区区一个太监倒自作主张"以太祖传国晋王（赵光义）之志素定"，挺身相迎，简直近乎笑话！

其三，赵光义假意踌躇，而后"毅然"入宫。宋皇后见到这位小叔子吓了一大跳。他马上安慰对方"共保富贵"，显然早已成竹在胸，打好腹稿。

最大的可能，是赵光义买通太监王继恩等人，在与宋太祖饮酒时下毒，药死了兄长。此种手段，也符合赵光义日后的一贯行径，与李煜、钱俶、刘铱等降王之死，如出一辙。以此推之，宋太宗真乃世间一大"药剂师"也。

其实，纵观史实，宋太祖对弟弟宋太宗，一直仁厚至极。

如此有仁有义好哥哥，赵光义也真下得去手。日后，他借故奚落侄子赵德昭，小伙子回府后左思右想觉得郁闷，自刎而死，时年二十九岁。又隔两年，太祖另一个儿子赵德芳也不明不白死去，年仅二十三岁。

摊上如此狠心的弟弟，也算太祖赵匡胤倒霉。

然而，宋太祖之历史功绩，有目共睹，史臣也大加赞叹。

历史上，总以"弱宋"称呼强敌环伺、常以"岁币"买和平的两宋王朝，而且，言及北宋狄青、南宋岳飞的遭遇，人皆扼腕。殊不知，较之五代乱世中武人的飞扬跋扈之害，宋太祖的手段虽有些矫枉过正，也不失为英明远略。

终两宋之世，武人骄横、藩镇林立的情况几乎没有出现过。而且，自唐末离乱，朱温残害清流，后唐、后晋、后汉在中原干戈不息，千里丘墟；契丹铁骑蹂躏，犷悍相沿，弓刀互竞，中原的汉文明几至崩溃。开宋之初，宋太祖手下即使有赵普，也就是一干吏之才，如果论文采风流，道德文章，此人根本排不上队。宋太祖灭后蜀、平南唐，才使当地的文士、才人皆得归中原一统。文苑英华，博雅大儒，一时而至，中华文明又一个高峰期到来。

总之，两宋国势兵力虽弱，文明方面却是盛唐之后我们中华民族的又一个里程碑。

品德方面，宋太祖礼降王，行赈贷，禁淫刑，增（文人）俸禄，尚儒学。如此种种，宋太祖因而被大儒王夫之赞为汉光武帝之后的中华帝王第一人，确实不失公允。

雄龙雌凤相对决

宋太宗的北伐与萧太后的南征

北宋开国之初，宋太祖君臣以“先南后北”的政治方针，逐个拔掉南方各地的割据小国。但宋朝的心腹之患，夙夜之叹，仍然是雄踞北方而且占据幽云十六州的辽朝。

考据辽朝之兴，与中国历史上五代的后梁几乎同步，直到金朝崛起，才给这个“国家”以永劫不复的一击。

辽太祖耶律阿保机时代，与后唐常有战争发生，负多胜少，鲜有机会踏足中原地区。即便如此，当时吴越的割据者钱镠很有“远见”，于915年就曾派人迢迢千里向阿保机“入贡”。到了辽太宗耶律德光时代，契丹人很是风光：沙陀人石敬瑭为了代后唐而起，不惜给比自己小数岁的耶律德光当“儿子”，割让燕云十六州之战略要地，种下中原王朝数百年祸端。后来，耶律德光亲自率军灭掉不听话的后晋，生俘末帝石重贵。后晋大将刘知远建后汉，也不得不向辽国称臣纳贡。同时，江南的南唐国主李昇也“遣使来贡”。郭威推翻后汉建立后周，后汉“高祖”刘知远的同母弟刘崇在太原又建立了一个傀儡政权“北汉”，仍旧给辽朝当“儿皇帝”。

后周时代，辽朝正值穆宗时期，此人昏庸嗜酒，残暴好杀，但辽朝国力并未显现颓势，故而郭威一直未敢打北伐的主意。后周世宗柴荣继位，曾大败北汉主刘崇于高平，但接下来的晋阳之战，师老城下，又值溽暑疾疫，后周军队最终狼狈撤离，废损军人、辎重无算，失败而归。

后来，世宗采纳王朴“先南后北”策略，攻下后蜀、南唐数州要地，一时间使得诸国皆惧。

在后周即将统一江南时，辽朝兴兵击北，屡屡侵扰。世宗挟数万精师，下定决心伐击辽朝。959年，世宗出军不到五十天，几乎兵不血刃，就攻下易、英、瀛三州之地，正拟大举进攻幽州，世宗皇帝却忽遇暴疾，不得不下令班师回朝。

宋朝建立后，先后灭掉荆南、湖南、后蜀、南汉、南唐等割据政权，迫使泉漳和吴越也俯首归命，仍旧沿袭后周世宗“先南后北”的战略。

北汉作为宋与辽之间的缓冲地带，暂时让它存在也是宋太祖的计谋之一。

宋太祖在征南战争期间，与辽朝基本上采取“人不犯我，我不犯人，人若犯我，我必犯人”的策略。契丹入寇则严拒，但平时严禁边境宋兵主动挑衅对方。

当然，开宝二年（969年），宋太祖也曾亲征过北汉，并在阳曲和定州大败前来救援的辽朝军队。最终，仍旧因为太原城坚墙厚，又恐契丹大军后至，宋军还是未占什么大便宜，掉头而去。

审时度势，当时的北宋，确实没有力量贸然与辽朝相敌。军事方面，宋朝在开宝年间总军力达三十多万，但极其缺乏马匹；反观辽朝，传统的游牧民族，有轻骑约五十万众，又皆为能征惯战之士，可谓雄视北方。

经济方面，承五代乱世之余，宋初的经济实力用“捉襟见肘”来形容一点儿也不为过，加之连年兴兵，赋税难出，支撑大规模的消耗战根本无望；而辽朝方面，“幅员万里”，“冀北宜马，海滨宜盐”，特别是燕云十六州之地，人口众多，赋税来源丰富，连幽州也成为辽朝的“南京”。北汉与宋朝开仗，辽朝竟能一次就拿出20万斛粟对这个附庸国进行支援，可以想见其经济实力。

直到南方统一后，赵匡胤才在开宝九年（976 年）秋命令党进、潘美等大将兵分五路，准备统一北方。

唇齿相依，辽朝方面派大将耶律沙提大军入援，双方小规模地进行了一些接触战，宋军不敌，退军而还。许多迹象表明，这次出军仅仅是宋太祖的试探性进攻。不巧的是，同年年底，宋太祖就暴崩，没有实现他一统北方的大业。

书生总爱纸上谈兵。南宋的陆游就曾对宋太祖“先南后北”之举表示不满，认为宋太祖首先用兵南方诸地，使得师劳兵疲，最终在打北汉时已经力不从心。大儒王夫之也曾探究过宋太祖首先北伐的可能性，认为赵匡胤如果一开始就率大军与辽朝抗衡，说不定会有所成就……

所有这些议论，皆是事后诸葛亮，因为历史不能假设。即使在后周世宗所向皆捷的情况下，当时的中原军队也并未真正与契丹劲旅交过手。天假其年，如果世宗不得暴病，后周军队得以继续北上，鹿死谁手，还真不能判定。乍胜乍败，也是兵家常事。

赵匡胤建宋之初，国祚未稳，假使他挥兵北伐，万一有个闪失，很可能国内立即发生兵变，这种巨大的风险是王朝开国者承受不起的。所以，宋太祖先南后北之策，在当时也算合情合理。

降旗飘出太原城

宋太宗攻灭北汉

宋太宗赵光义得位不正，很想建立不世之功以立根本。此情此景，与唐太宗弑兄杀弟后极其相似。

南方割据诸国均已拔掉，北汉自然是宋太宗第一个下刀的目标。当然，这块肉非常不好切，北汉虽是弹丸小国，其身后却是强大的契丹。

宋太宗伐北汉，经济上已经不用发愁。赵匡胤时代，设置“封桩库”，储藏了大量金帛。这么一大笔财富，宋太宗一上台就刚好用上了。他把兄皇所置的“封桩库”改为内藏库，表示此举非为“自供嗜好”，而是要储积以待时缺。

当然，宋太宗最初看见封桩库内“金帛如山”时，对兄皇“储积太过”很有微词。“先帝每焦心劳虑，以经费为念，何其过也！”

慨叹这么多的财帛“何能用尽”，显然是刚当家不知柴米贵。只要一打仗，金银粮帛就会水一般哗哗淌出去。

赵光义征北汉之前，颇有疑虑，他问大臣曹彬：“周世宗与本朝太祖皇帝，皆亲征太原而不克，难道是因为其城池太过坚牢而不能接近吗？”

曹彬老将，经验丰富，回答：“周世宗时，大将史超在石岭关一战即败，人情震恐，不得不还军；太祖扎营于甘草地中，军人因水土原因多得腹疾下泄，也只得提军而返。太原城池虽坚完，但并非想象中那样不可攻克。”

由此，宋太宗北伐之意遂决。宰相薛居正等人劝谏，不听。

宋朝遣潘美、崔彦进、李汉琼、曹翰、刘遇等大将，率各路兵马直趋太原。

宋初时一直与契丹有和约，乍闻宋朝伐北汉，契丹君臣还真吓一大跳，忙遣使来问：“你们伐北汉，军出何名？”

太宗血气方刚，拍胸脯言道：“河东（北汉）逆命，正应兴师问罪！如北朝（契丹）不援，和约如故；否则，只有兵戎相见！”

此种豪言壮语，宋朝自太宗以后的近三百年间，再也听不到半句！

太平兴国四年（979 年），宋太宗车驾发自汴京，亲征北汉。

途中，有一“花絮”可表：师次澶州，有一名县级文官于路中献策言事，此人姓宋名捷。“宋捷，宋捷，宋朝大捷！”太宗见此姓名很高兴，认定必克北汉。

北汉此时是刘继元在位。宋太祖开国，当时的国主刘钧曾一度生出妄念，想重拾后汉旧河山，与李筠联合，结果是大败而返。

当时，宋太祖曾遣人转告他："君家（你们刘氏）与周氏（后周）为世仇，互相争杀也合情理。我大宋朝与你并无前嫌，何必因一家一姓之故困一方之人？如果你有志于中原，可以率军下太行山与我一决胜负。"刘钧学得也乖，派人回复说："河东（北汉）土地甲兵不足以当中国（中原王朝），我刘钧一家并非叛贼出身，守此区区之地，只是担心（北）汉社稷无人祭祀罢了。"

如此低声下气装孙子，让宋太祖不由起了恻隐之心，对来人讲："替我告诉刘钧，朕放他一条生路。"

所以，刘钧在世时，宋朝果然未曾出兵进攻。

刘钧日子很难过，南怕宋兵来打，北畏契丹逼迫，忧愤成疾，没多久就死了，可以说是吓死的，也可以说是急死的，年仅 43 岁。

刘钧本人无子，继位的是他外甥刘继恩。刘继恩本姓薛，年幼时被刘钧收为养子。刘继恩继位仅仅两个月就被人暗杀，其弟刘继元被众人推立。事实上北汉现在的继承人，已经不是真正的沙陀刘氏后人。

刘继恩的生父薛钊本是一莽撞军汉，娶北汉"高祖"刘崇之女为妻，一次酒醉，差点把公主一刀剁死。酒醒之后，薛军爷知道自己闯祸，畏罪自刭而死。公主再嫁一个姓何的，生下刘继元，所以这位北汉主原名应叫何继元。那位公主真够命硬，不久何军爷也病死，小继元被刘钧收为养子。

辽朝得知宋朝出兵，马上派出北院大王耶律奚底率兵守燕地，以南府宰相耶律沙等人率军入援北汉。

宋朝的云州观察使郭进为沙场宿将，早已率军于石岭南（今山西阳曲附近）扼守。辽朝耶律沙率前部人马行至白马岭，隔一条阔涧，正好看见宋军严阵以待。耶律沙想等后军赶至再进攻，但监军的辽朝宗室冀王耶律敌烈等人贪功，认定要趁宋军立足未稳，马上出击。

无奈，耶律沙只得下令辽兵进攻。倘若在平原，人如猛虎马如龙的辽军精骑忽然冲锋，肯定占尽大便宜。然山地崎岖，前面又是一条大涧横亘，辽兵丧失了突然发威的冲力，或下马，或边试水深浅边前行。

未等这些下半身皆湿的辽军上岸，郭进率宋军迎头猛击，大败辽军。耶律敌烈父子以及耶律沙的儿子均被杀死，耶律沙本人勉强逃得一命。

宋军穷追不舍，如果不是辽朝南院大王耶律斜轸及时带兵赶到，用劲弩射退宋兵，耶律沙等人也要被宋军割去人头。

此战宋军克捷，各路辽军气沮，纷纷退军。刘继元惊惶之下，又派密使把告急乞师信塞进蜡丸插入发髻之中，潜出太原城向辽朝方向狂奔。殊不料半路上，北汉密使被郭进逮个正着，郭进押着密使在太原城下游示。城中夺气。

不久，北汉的驸马都尉卢俊从代州遣人向辽朝告急，但辽朝败衄丧师之余，不再发兵救北汉。

宋军乘势再攻，连克太原周边重镇及战略要地。

五月下旬，宋太宗本人也赶至太原城下，慰劳诸将，指挥攻城。

宋太宗本人亲擐甲胄，不避矢石，指挥攻城。

宋军见皇帝坐镇，群情激奋，皆冒死先登。

刘继元帐下将校有不少人窬城投降，北汉守军渐渐不支。

宋太宗亲自草诏劝谕："越王、吴王献地归朝，或授以大藩，或位列上将，臣僚、子弟皆享官封，(刘)继元但速降，必保始终富贵！"

为了防止攻城宋军因伤亡生怒而屠城，宋太宗还指挥军队暂缓攻城。

穷窘至极，北汉主刘继元只得亲自于城北投降。

赵光义没有食言，释罪不杀，授刘继元检校太师，封彭城公，给赐甚厚。至此，宋朝灭北汉，得十州之地，共有三万五千多户。

刘继元虽是个动辄诛杀臣下全家的暴君，投降后却活得还不错，淳化二年（991 年）病死，临终把儿子刘三猪托付给宋太宗照顾。

当时刘三猪才六岁，宋太宗恻然哀之，赐三猪名为“守节”，授西京作坊副使，家居赐禄，好好养了起来。

刘继元乃一暗弱庸识之人，故而在太宗之世得以好死。

攻克太原后，赵光义下诏平毁太原坚城，改为“平晋县”，并派兵纵火尽焚太原庐舍，城中老弱趋避城门不及，焚死者甚众。可见，对于太原兵民的抵拒，太宗心中仍有好大一股邪火。

平灭北汉，乍看上去乃宋太宗一大成功。其实，福兮祸兮，不能光看一时一地之得失。

北汉不过是蕞尔小国，于宋朝而言，大敌乃契丹辽朝。如果宋太宗亲征北伐，首先攻下幽州，平定燕地，北汉必为掌中之物，弓矢不发就可能一举得之。此种战略，宋太祖在世时已经与赵普等文臣达成共识。而宋太宗急于求成，舍本取末，灭北汉得不偿失，已经为日后的伐辽失败埋下一大伏笔。

高梁河畔尝败绩

宋辽首次主力对决战

宋太宗所率宋军虽平灭北汉，但是，灭国擒王之后，宋军上下仍旧是五代军人习气，人人希赏。

宋太宗很想乘大胜之势，一鼓作气，攻取幽蓟之地，但诸将皆不愿行，又无人敢明言。

殿前都虞候崔翰奏言“此一事不容再举，乘此破竹之势，取之甚易，时不可失”一语，已中宋太宗下怀，高兴之余，他即刻命枢密使曹彬调发屯兵，准备收取“儿皇帝”石敬瑭丢失的汉人固有领土。

太平兴国四年（979 年）盛夏七月，赵光义率大队身心俱疲的宋军北征，他本人已驾发镇州（今河北正定）。由于军士意怠，扈从六军中不少人拖延。士气如此，宋太宗仍执意伐辽。

宋军入辽境后，开始进军还很顺利，辽朝的东易州刺史和涿州判官先后以城来降，宋军可以说是兵不血刃，岐沟关等军事要地已落入手中。此情此景，与当年后周世宗伐辽极其相似。

很快，宋军便包围了辽朝的“南京”——幽州城。宋太宗驻跸城南的宝光寺，指挥战斗。

在此之前，宋军在沙河之战大败辽朝北院大王耶律奚底所率兵马，生擒五百多辽兵，可以说是打了个开门红。

辽朝的北院大王孬种，南院大王耶律斜轸却智勇双全。他知道宋军很看不起耶律奚底，便令本部军高举北院大王的青色军旗，在得胜口（今北京昌平）一带佯装是败走溃兵，晃荡游走。

赵光义得知辽朝北院大王“残兵”还有不少，立刻麾兵进击，开始还很顺手，杀掉不少辽兵，但不久即陷入耶律斜轸的埋伏圈，受挫而返。耶律斜轸取得小胜后，也不轻易进兵，屯军于清沙河北。由此，此部辽军牵制住不少准备进攻幽州城的宋军。

为避免夜长梦多，宋太宗分遣诸将攻城。宋渥、崔彦进、刘遇、孟元喆四将分别率军进攻幽州的南北东西四面城防。幽州城墙坚厚，方圆近五十里，自辽太宗以来一直是重镇。当时带领辽军守城的是辽朝燕王韩匡嗣之子韩德让，此人很有智略。

韩德让的祖父韩知古原为契丹皇室从汉地掠走的汉人，先被当作家奴，后来被耶律阿保机赏识提拔，官至中书令。韩德让之父韩匡嗣深受辽景宗宠信，但他只是以医术见宠，并无军事才能。偏偏庸父有佳儿，韩德让不仅相貌堂堂，又深习边事，对契丹皇室尽忠效力。他与城内官将日整器械，随宜备御，不敢有丝毫放松。

虽如此，宋军气盛，日夜攻城不息，连辽朝的一个都指挥使李扎勒灿（此名甚怪，应是蕃人）也逾城出降。

辽朝皇廷得知南京（幽州）危急，忙遣南京宰相耶律沙将兵去救援。名将耶律休哥闻知消息，自动请缨，遂被辽廷遣来替换耶律奚底，一同奔赴幽州。

幽州方面，韩德让守军勉强守住城池不失，但情况十分紧急：辽朝的建雄节度使刘延素和蓟州知州刘守恩先后投降宋朝，告以辽朝边备虚实。

虽如此，盛夏炎炎，坚城久攻不下，宋军战斗力明显衰退，将士多怠。

辽将耶律沙首先率军驰至，在高梁河（今北京西直门外）与宋军展开遭遇战。宋军迎击，打得耶律沙一部不敌，仓皇退走。

在此危急时刻，新出炉的北院大王耶律休哥率部赶到战场。由于他所带人马不多，时值傍晚时分，耶律休哥下令其属下骑兵、步兵双手持火炬，边行军边挥舞手中的火炬，使得宋军不知道辽兵多寡，非常恐惧。

很快，耶律休哥就与紧随其后赶来的辽朝南院大王耶律斜轸会师，一左一右，两翼包抄，向宋军奔杀过来。

夜色中作战，辽军精骑手中钢刀飞舞，火炬乱飞，已经困怠多日的宋军早在心理上输了一截。

交手没多久，宋军阵脚已经松动。同时，幽州城内的辽朝兵马登城举火，大声宣威，声震天地。守将韩德让等人四开城门，列阵鸣鼓，大有里应外合、夹击宋军之势。

宋军心怯，辽军势猛。南北两院大王奋勇当先，先前败走的耶律沙重整兵马又返战场。耶律休哥身受三处伤创仍旧纵马驰杀，不一会儿，宋军不支，崩溃四散。

大败之下，宋太宗本人也身中流矢，狼狈得乘驴车狂逃，总算保全了性命。

此次高梁河大战，宋兵被斩首的就有一万多人，辽军缴获兵仗、符印、粮秣、货币，不可胜计。据宋人笔记《默记》所记，“（宋）太宗自燕京城下军溃，北虏（辽军）追之，仅得脱。凡行在服御宝器尽为所夺，从人宫嫔尽陷没。（太宗）股上中两箭，岁岁必发。其弃天下（日后死亡）竟以箭疮发云”。

可见，宋太宗此役大腿上两处入骨箭伤，成为他日后病死的主要原因。

惊惶加郁闷，宋太宗郁郁返回汴京。由于北征辽朝大败，平灭北汉的封赏也压下不提，军将多有怨言。

宋太祖的儿子武功郡王赵德昭入宫见叔皇，请求朝廷行太原之赏。宋太宗本来就心烦，看见这个侄子，更烦。征辽期间，宋军曾有一次夜间惊扰，大乱之中找不着宋太宗所在，不少军将就想拥赵德昭为帝（此举非有谋反之意，大军入敌境，忽然失去身为主帅的皇帝，大家不能不惊）。不久，宋太宗现身，慰抚受惊扰的军将。知道军中之人曾有扶立侄子为帝的意思，宋太宗很不高兴。

此时，不当不正，赵德昭入宫进谏，宋太宗脸蛋子一沉，说：“等你自己做了皇帝，再行封赏不迟！”听叔皇如此说，赵德昭惶恐至极，回到他自己的王府后，闯入厨房，从里面把门闩紧，操起一把刀就抹了脖子。

赵光义听说侄子自杀，抱尸大哭。估计他也是演戏。小伙子如果不死，以后还真拿他不太好办。

“雍熙北伐”再无功

宋太宗二次伐辽的失利

宋军败走之后，辽朝得势不饶人。于同年十月派南京留守、燕王韩匡嗣率耶律沙、耶律休哥南伐，以报复宋军先前对幽州的包围。

宋朝的云州观察使刘延翰匆忙提师迎敌，崔彦进、李汉琼、崔翰等将随后也赶来赴援。

宋太宗还想“遥控”战斗，派人送阵图，宋朝诸将依据“钦制”阵图分军为八阵。

不久，宋辽双方军队陆续到达满城，准备开战。宋将赵延进登高望远，察觉即将开打的战场地面空阔，而根据宋太祖阵图摆设的军阵，每阵相距百余步，真正打起来，各不相顾，很有被分割包围吃掉的危险。而且，辽军骑兵势猛，冲荡之下，宋军势必惊溃。于是，赵延进建议宋军合八阵为一阵，合力击敌。

崔翰等人知道赵将军所讲极有道理，但仍旧犹豫：“万一合阵出了差错，怎么向皇上交代？”赵延进表示：“如果军遭败绩，责任由我一人担当。”崔翰等将仍旧不决，修改排阵计划是要负“擅改诏旨”罪责的。

最后，还是镇州监军李继隆（此人乃宋太宗大舅子）拍板：“兵贵适变，安可预定！违诏之罪，由我李继隆独当！”

有这么一个“大头”出头，众将心定，便改八阵为二阵，前后相接。布置完毕后，宋朝诸将派人向辽军先行诈降之计。

辽军的实际统帅韩匡嗣信以为真，马上安排迎降。北院大王耶律休哥久经战阵，劝说道：“宋军军整气锐，不可能投降，这肯定是麻痹我们的诱降计，应该严兵以待，不能松懈。”

韩匡嗣其实也就是个皇家“保健医”的材料，文才武略远逊其子韩德让。他认定宋军是真投降，根本不听耶律休哥的劝说。

辽军刚刚放松，对面的宋军忽然一齐呐喊鼓噪，尘起涨天，正要骑马以“轻裘缓带”的儒雅风度纳降的韩匡嗣顿时心惊，仓促不知所为。

大军没有统一的号令和指挥，必然大乱。眼见本来说好要“投降”的宋军红着眼抡刀挺枪杀过来，辽军士卒将领大眼瞪小眼，心理一输，全军就乱，被宋军杀得人仰马翻，大溃惊逃，逃跑途中掉入山坑悬崖摔死的就有数千人之多。

宋军获得“满城大捷”，斩首一万多人，获马千匹，生擒辽军大将三人。韩匡嗣弃旗鼓遁回，余众走还易州。

败军中，唯独耶律休哥所统部伍不乱，边打边退，损失不多。

辽景宗看见老韩狼狈而返，大怒，面数其罪，唤卫士推出斩首。幸亏景宗的皇后萧氏多方解劝，老韩才得保一命。萧皇后之所以力保老韩，估计也是看在老韩儿子韩德让的面上。老韩窝囊，小韩玉树临风，又多文武才略，让人一见就喜。

转年四月，宋将杨业和潘美合兵，在雁门（今山西代县）大败辽军。这位杨业，就是评书《杨家将》中的“老令公”杨继业。其父是北汉的麟州刺史，他自己青少年时代就以勇武闻名，颇立战功，当时有“杨无敌”之称。北汉刘钧在位，曾以杨业为义子，所以他与北汉主刘继元一样，同是“继”字辈。宋太宗灭北汉，杨业一直力战。宋太宗喜其骁勇，让已经投降的北汉“皇帝”刘继元亲自写信招降，杨业才向宋太宗投降。忠臣良将谁都喜欢，宋太宗立授其为右领军卫大将军，复姓为杨氏，去中间的“继”字，还原为杨业。

深知杨业久习边事，宋太宗任杨业为代州一带的全权大将，以抵御契丹。当时，宋将潘美为三交都部署，实际上他还算杨业的上级。

这位潘美，即评书《杨家将》中被丑化为大奸大恶的“潘仁美”。其实，潘美乃有宋一代不可多得的文武德兼备的良将，自年轻时代就倜傥不群。宋太祖建国后，潘美受命，单人独骑入陕，说服一向以凶悍著称的后周节度使入朝觐见，当时传为美谈。而后，讨李重进、平江南、灭北汉，潘美皆有大功。北汉被灭后，潘美潜师奇袭宋辽边境战略要地固军，安定北部边境。潘美第八女嫁与宋太宗之子宋真宗（当时宋真宗还是王爷），是宋真宗的原配夫人，年仅 22 岁即病死。真宗当皇帝后，追谥其为章怀皇后。可以想见，这位潘皇后一定是个贤淑貌美的好女子。在后来的评书演义中，潘氏倒成了“西宫娘娘”，阴险毒辣，这完全是艺人胡编滥造。

辽军入雁门，潘美一方面派出杨业率数千骑下井陉绕至雁门之北，他自己率兵奋击，大破入塞辽兵。

杨业方面，也率奇兵南向，临阵杀掉辽朝驸马一人，并生擒上将一名。辽军大败，宋军取得雁门大捷。

此战之后，宋太宗封潘美为代国公，升杨业为云州观察使。自此一战，契丹兵十分惧怕杨业，远远看见杨业的军旗就慌忙遁走。

所以，雁门之战，杨业、潘美二人确实同心协力，配合默契，仗打得十分漂亮。

太平兴国五年（980 年）年底，辽景宗御驾亲征，亲至南京（幽州），发动新一轮南侵。

瓦桥之战（今河北雄县），耶律休哥在辽景宗面前露足了大脸。他跃马出阵，大刀挥处，宋朝守将张师的人头登时落地。辽景宗亲赐耶律休哥玄甲白马，夸赞鼓励。

耶律休哥遂率精骑渡水奋进，大败宋军，一直追杀至莫州，杀得宋军尸横遍野，数将被擒。大喜之下，辽景宗亲赐耶律休哥御马金杯，说："爱卿你勇过于名，若人人如卿，攻天下如摧枯拉朽耳！"不久，辽景宗拜耶律休哥为"于越"。"于越"是契丹最高的荣誉勋衔，位在南院、北院大王之上。

听闻瓦桥之败，宋太宗又怒又惊，下诏北巡。"关南言大破契丹万余众，斩首三千余级"，北宋史书把虚报战功的猫腻委婉写出，一个"言"字活灵活现。估计是小规模遭遇战，小败辽兵而已。

不知是何种原因，宋太宗自将而来，先前主动御驾亲征的辽景宗打起退堂鼓，引兵而返。宋太宗稍感自己面上有光，作诗一首，其中有"一箭未施戎马遁，六军空恨阵云高"之语，想必也是自我安慰。

当然，宋太宗也有过趁辽军退师的机会再进攻幽州的意思，但朝廷文臣多谏劝，认为应广积储，缓用兵。太宗心知幽州难克，便下诏返军。

回京后，又有文臣武将议论说宋军不应回师，应该速取幽燕，太宗闻言陡生悔意。

太平兴国七年（982年）四月，辽景宗亲率大军南侵。此次辽军又在满城遇败，守太尉希达里在阵中被乱箭射死，多亏耶律斜轸率部左突右驰，才避免了辽军更大的损失。未得便宜又丧师，辽景宗郁郁回军。同年秋，辽景宗在云州游猎途中忽得暴疾，不治而亡，年三十五岁。

闻知景宗皇帝崩逝，时任辽朝南院枢密使的韩德让立刻率其亲属、兵士赶赴御营。萧皇后见到韩德让，心中顿安。很快，耶律斜轸也赶到，二人帮助萧皇后易置大臣，拥立辽景宗长子梁王耶律隆绪继位，是为辽圣宗。

耶律隆绪当时才十二岁，凡事皆由萧太后（儿子称帝，萧皇后自然升一级成为太后）与韩德让、耶律斜轸做主。

萧太后初秉国权，七上八下心不宁，她向大臣泣言："母寡子弱，族属雄壮（指契丹皇族势力），辽防未靖（宋军威胁），我可怎么办呢！"

韩德让、耶律斜轸忙跪前表忠心："但请信任臣等，何虑之有！"

于是，萧太后命韩德让统掌御府禁卫军，掌管皇帝宿卫。韩德让不仅掌领皇家宿卫大事，而且很快就和萧太后睡在一起，成为名副其实的"宿卫"。据野史记载，萧太后小时候曾为萧家允诺长成后许配给韩德让，当然，这可能属小说家言。但是，辽景宗死后，韩德让与萧太后出双入对，这倒是铁一般的事实。

不过，在《辽史》中如果按目录查索"韩德让"三个字，根本找不着。此人载于《辽史·列传第十二》，名字是耶律隆运，比大名鼎鼎的耶律休哥还排在靠前一位。"耶律隆运"是萧太后后来赐他的名字，萧太后将其改为国姓，入为皇族，位于诸亲王之上。当然，韩德让对于辽朝"功德盛大"，非一般只会取悦女主的男宠。

辽朝小皇帝继位后，在萧太后操纵下，改元统和，并把国号由

"辽"更为"契丹",此举可能是想更好地加强对北方各游牧民族的统治。

虽然幼主在位,太后主政,辽朝的政事却非常平稳,忠于萧太后的韩德让与耶律斜轸分掌南、北枢密院。萧太后为了"独占"韩德让,竟派人把他的妻子毒死,由此"妇唱夫随"。两个人起居一处,周遭有数百名专门伺候他们的宫廷仆妇,大小国事皆是两人说了算。

萧太后对韩德让这个汉人没有任何嫌猜,韩德让对于契丹政权也一直效忠至死。虽为汉人,韩德让却一点儿不怵契丹贵族。一位名叫耶律虎古的契丹皇族权贵,先前曾得罪过韩德让的父亲韩匡嗣,又在朝中与他顶嘴,韩德让从卫士手中夺过大铁骨朵,迎头把这位宗室贵族砸得脑浆迸飞。此举吓得辽朝群臣战栗。

相对于契丹权贵,萧太后的心更向着老情人,其实她心中实恨背后"惦记"他们母子的耶律皇族。一次,韩德让打马球,有个契丹将领纵马冲撞。看见老相好大头朝下摔于尘土之中,萧太后心疼得不行,立命从人把那个冒失的契丹倒霉蛋拉出砍头。

当然,好事不出门,坏事传千里。萧太后与韩德让这些"秘事",外人也有耳闻。宋朝的雄州知州贺令图、其父岳州刺史贺怀浦父子相继上表宋太宗,称"契丹主年幼,国事决于其母,韩德让宠幸用事,国人(契丹人)疾(嫉恨)之,请乘其衅以取幽蓟"。

奏章屡上,惹得宋太宗又动了北伐之心。

其实,契丹风俗与汉族不同,国母的"私生活"一点儿不影响朝政,而且萧太后虽淫但不毒,驾驭臣下有方,对自己的儿子圣宗皇帝又慈爱有加,辽朝实力仍旧处于蒸蒸日上的时期。

此时在宋朝,宋太宗逼死了侄子赵德昭,又害死了另一个侄子赵德芳,其已被贬逐至房陵的弟弟赵廷美也忧郁而卒,在内部可以说是清除了各种心腹之患。文治方面,太宗编成《太平御览》(原名《太平总类》),就差赫赫武功来洗刷昔日高梁河之耻了。

伐辽之前，宋太宗还遣使去渤海和高丽，约两地头领共同夹击辽国，但均无结果。高丽不必讲，辽太宗耶律德光时，就被打得向辽朝割地求和，一直贡赋不断。渤海国于698年建国，全盛时有五京十六府，号称“海东盛国”，但于926年被耶律阿保机消灭，并以其地封其长子耶律倍，建东丹国，为辽朝附庸。由于多受辽朝贵族猜防，渤海人多次起兵造反，均被镇压。但是除东丹王耶律倍之妃是渤海大氏家族以外，辽景宗、辽圣宗都曾娶大氏为妃，可以猜想，当时的渤海残余势力不会死心塌地和宋朝联合。所以，虽有“三人渤海当一虎”的勇猛，虽然他们对辽朝怀有破国杀主之恨，但要他们和相隔迢迢的宋朝联合，实是不切实际的幻想。

雍熙三年（986年）春天，宋太宗又一次亲征北伐：命曹彬为幽州道行营前军马步水陆都部署，向雄州、霸州方面推进；命米信为西北道都部署，率军出雄州（今河北雄县）；以田重进为定州路都部署，出飞狐峪（今河北蔚县）。

同时，宋太宗以潘美、杨业为正副统帅，率领云、英、朔诸州宋军出雁门伐辽。

辽朝方面，萧太后、韩德让等人并不慌怯，马上下令让南京留守耶律休哥率军迎曹彬，以耶律斜轸为都统，率兵迎击潘美、杨业的宋军。萧太后带自己的儿子辽圣宗，亲征而行，驻跸于驼罗口（今北京南口）。

历史惊人地相似。雍熙北伐一开始，宋军诸路皆捷：曹彬一路攻克固安南城，田重进于飞狐北破辽兵，潘美在西陉痛击辽军，克辽朝寰州。不久，曹彬攻克涿州，潘美克朔州、下应州、破云州。米信方面，宋军于新城大败辽军。

由于先前吃过数次败仗，宋太宗在诸将出发前，嘱诫他们“持重缓行，毋贪小利以要敌”。

不久，宋军诸路捷报继至，宋太宗不喜反忧，深恐契丹军会乘间断阻宋军补给线。结果，他的忧虑成真，曹彬十万大军在涿州待了仅仅十几天，就吃尽了军粮，不得不退师雄州。

宋太宗闻报，大骇："岂有敌军在前不顾而退军待军粮的道理！"他忙遣使制止曹彬，并告诫曹彬不要再向前进军，率军沿白沟河与米信宋军会兵，按兵蓄锐，以张西师之势。

宋太宗本意很好，想等潘美等人尽得山川土地之后，田重进再东下与曹彬、米信会合，全师制敌，与契丹大军决战。

但是，曹彬统下诸将听说潘美、田重进等部连战连捷，深耻己军无功，主动请战。老将曹彬一时也没了主心骨，便顺从诸将之意，让士兵携带五日粮，往攻涿州。

当时，辽朝萧太后、韩德让、辽圣宗等人在涿州东五十里的地方扎下御营，听闻宋军来击，便遣耶律休哥轻兵疾行，阻击宋军。

宋军边急行军边迎战，路上足足用了四天时间，才得以进至涿州。当时盛夏炎暑，军士疲乏，缺水少粮。无奈，宋军得城不能坚守，又弃之而去。

曹彬先遣人马率涿州百姓退走，他自己率大军殿后。由于人多兵疲，缺粮少水，宋军战斗力极度下降，连个像样的殿后军阵都组织不起来。

耶律休哥率辽朝生力骑兵一路尾随，边杀边追，边追边杀，一直追到岐沟关。辽军发动总进攻，宋军大败。曹彬收拾残兵，连夜抢渡拒马河，于易水南岸扎营，准备休整一下喘口气。耶律休哥引兵追至，幸亏宋将李继宣死战，使得小股宋军逃得活路。但是，数万宋军，或被杀，或掉入河中溺死，或被俘，损失巨大。丢弃的戈甲，堆积如丘陵。

辽军战后打扫战场，耶律休哥收集宋军尸体"以为京观"。

辽朝上下大喜，进封耶律休哥为宋国王。

宋太宗闻军败，愤恨不已，深责众将。曹彬、米信等人回朝后，皆被贬官。

由于东路主力大败，宋太宗合围幽州的战略意图再难实现。

辽朝方面开始反扑。耶律斜轸统十万大军赶至安定西，与宋朝雄州知州贺令图相遇，双方大战，宋军又败，被杀一万多人。辽军乘胜攻陷蔚州、寰州等地。

深知西路军已经获胜无望，宋太宗下诏指示潘美，让他与杨业一起引兵护送云、朔、寰、应四州百姓内迁。

得知辽军已攻陷寰州，杨业建议应避辽军锋锐，分兵应州以诱辽军主力，然后以千名强弩手扼守石竭谷口（今山西朔州附近），以保全数州军民安全。

潘美沉吟，但时为监军的蔚州刺史王侁大表异议，讥讽杨业："领数万精兵，而怯懦如此！"他认为宋军应急趋雁门北川，鼓行而进，奔战马邑。潘美不表态，宋将多人附和。

杨业百战边将，深悉敌情，力争道："这样做绝对不行，一定会打败仗！"

王侁冷笑："您一直号称'杨无敌'，现在敌军在前，却逗留不进，莫非杨公有什么异志？"

杨业性直气刚，闻言瞋目大怒："我杨业非畏死之人，只是现在非进攻时机，白白杀伤士卒，肯定不见成功。既然诸君怕我不死，我先带兵杀敌表个态！"于是，杨业率兵从大石路直趋朔州。

临行，杨业向主帅潘美泣诉："此行肯定不利。我杨业本太原降将，主上施恩不杀，待以上将，我一直想立大功报恩。现诸君责我避敌怯懦，我杨业一定战死沙场以自明！"

然后，杨业伸手，指着陈家谷口（今山西宁武）说："希望诸君能在谷口两边埋伏下强弩手，等我率兵转战至此，诸位以强弩射敌，突出夹击敌人，否则的话，我所率兵士肯定会被杀尽。"

潘美觉得杨业说得很有道理，立即指挥诸将在谷口设伏。

耶律斜轸接到情报，得知杨业率宋军前来搏战，忙派副将在路边埋伏精兵，他本人拥众近前，假装要与杨业接战。

两军甫交，耶律斜轸即假装不支，掉转马头就跑。

此时，一心想杀敌求死的杨业早已置生死于度外，明知辽军是圈套，硬着头皮往上冲。

果然，辽军伏兵四起，宋军被围截在当地陷于苦战。耶律斜轸掉转马头，麾兵又杀个回马枪。

宋军大败，退至狼牙村。

陈家谷口方面，宋将王侁干等了几个时辰也得不到杨业的军讯，派人登高远望，看不见任何辽军足迹。他认定辽兵败走，就想争功，引兵离开谷口。

潘美见王侁军没打招呼就走，无奈之余，也领军沿灰河往西南行进。不久，听闻杨业军败，潘美为了保存实力，马上挥兵后撤。

至此，陈家谷口已无宋军一兵一卒把守，更甭提什么弩手埋伏了。

杨业一路力战，自中午杀到傍晚，最终撤退到陈家谷口。看见谷口两边根本没有人影，杨业拊膺大恸。

当时，他见手下还剩士卒百余人，便说："汝等各有父母妻子，不要与我一起死！"但军士们皆为杨业忠义所激，无一人逃走，誓与俱死。

杨业儿子杨延玉与岳州刺史王贵俱战斗而死。王贵73岁老将，为辽兵重围，援弓射杀数十人，矢尽，张空拳犹击杀数名辽国壮汉，最终被乱枪捅死。

很快，杨业坐骑因连中枪刀，不能继续奔跑，老英雄只好往密林中匿避，准备乘乱逃出，再伺机杀敌。

不料，紧追不舍的辽将远远望见杨业袍影，张弓一箭，射中杨业。辽兵拥上，生擒了这位英雄。

杨业长叹："皇上对我恩遇如山，本想捍贼立功，反为奸臣所嫉，逼令赴死，致使王师败绩，我还有何面目活在世上！"

被俘之后，杨业绝食三日，不屈而死。

杨业对得起宋太宗，宋太宗其实也对得起杨业。平灭北汉后，宋太宗收到不少讲杨业要反叛的“情报”，皆密封后派人转送杨业，以示不疑之心，把杨业感动得一塌糊涂。如此，不为其死也难。至于潘美，与杨业多年正副关系，似乎没有特别的过节和隔阂，雁门之战二人还配合得当，共立大功。如果说有“坏人”，王侁倒真算一个。其实，王侁是后周功臣王朴（为后周世宗制定“先南后北”战略的那位）的儿子，曾在宋初对南唐的征战中立功不少，还曾率军大破河西三族首领的叛乱，因军功领蔚州刺史。

杨业死讯传至宋廷，宋太宗痛惜不已，削潘美三级，把王侁除名流金州、刘文裕除名流登州。

此时，潘美也已是六十六岁的老将，转年虽官复原职，仍旧悒悒不乐，数月而卒。

潘美生前没有什么特别对不起杨业的地方，陈家谷口也是王侁先离开而致使缺守，潘美日后被评书艺人丑化成奸邪嫉功的大坏蛋，也真是让人始料不及。

《宋史》传中，潘美与曹彬同传，处于列传第十七的位置，不仅是因为这两个人的女儿或孙女是皇后，更因为他们武功赫赫。如无平岭表、定江南、征太原、镇北门的大功，潘美万万不能被置于如此重要的位置。

反观杨业，其名仅在列传第三十一，排名差了许多。作为同时代的良将，对于宋朝的功劳，杨业还真的比潘美差许多。但是，经过评书、戏剧的渲染，现在很少有人知道潘美的功绩，只知道“杨家将”的事迹。

杨业有七个儿子，除杨延玉战死外，还有杨延昭（本名杨延朗）、杨延浦、杨延训、杨延瓌、杨延贵、杨延彬。其中，杨延昭最知名，一直在边地抵抗契丹。他在边防二十年，契丹人深惧之，号为“杨六郎”。

至于契丹人为什么称杨业长子为杨六郎，殊不可解。如果是叔伯兄弟大排行，也不见宋人如此称呼他，辽人也不像汉人爱以大排行称呼别人。现在有学者认为古代往往以天上的星宿比拟世间有本事的人。辽朝称宋为南朝、南国，所以夸赞杨延昭为南斗。南斗六星在宋朝初期是习惯用语。这样，久而久之，就直呼为六郎了，这种称呼与辽人称杨业为“杨无敌”是同一意义。

此外，《太平御览》卷六引《大象列星图》称北斗六星中的第六星主燕。燕地当时是辽国所在之地，而杨延昭镇守河北正是为了对付辽国，契丹人惧怕他，因而把他比喻为震慑本国的大星。以后杨延朗的“朗”字渐渐演化为“郎”，于是就称他为杨六郎了。但种种说法，都有牵强之嫌。

杨延昭死年五十七岁。将门出将，其子杨文广曾随狄青南征，后又被委派至泾州、镇州为将。但杨文广三十岁左右即病死，英年早逝。至于评书、戏曲中所讲的佘太君、穆桂英和诸位“杨门女将”，史无记载，全属文艺创作。

有一点值得一提，文艺作品中一直与杨家将为敌的萧太后，正是杨业被杀时的辽国实际统治者萧绰（小名燕燕）萧太后。

986年年底，耶律休哥在望都大败宋军数万人。

雄州刺史贺令图是力促宋太宗北伐的首谋之一，此人本性贪功生事，轻而无谋。耶律休哥派人持秘信见贺令图，骗他说“我因功高震主，获罪于上，愿投附宋朝”。如此伎俩，小孩子都骗不过，贺令图偏偏相信，派人赠送耶律休哥贵重礼品。看见此鱼上钩，耶律休哥在军中放言：“愿得见雄州贺使君！”傻不拉叽的贺令图闻言，忙率部下数千精骑，出城“迎降”。辽军大营洞开，贺令图一行通畅无阻，行至主帅帐前，贺令图下马，只见耶律休哥斜踞胡床，指着他大骂：“你一直称善于经营边事，今天竟能亲来送死！”于是，尽遣猛士上前，杀尽贺令图左右随骑，把这位贺知州当成“战利品”押回辽国。

自岐沟关大战后，宋军从进攻转为防守。辽军后来又不断兴兵，或大或小，侵扰宋境。

端拱元年（988年），辽圣宗亲征，连下数城，幸亏宋将李继隆等人在唐河（今河北定州）附近击败了辽军，遏制了辽军的攻势。端拱二年七月，宋将尹继伦率千余骑奇袭耶律休哥数万辽军。当时，耶律休哥正在吃早餐，慌忙弃箸而逃，手臂被宋兵砍了一大刀，几乎断掉整条胳膊。此次大败，辽军死伤惨重，自此数年没再大举南下。由于宋将尹继伦是个黑脸膛汉子，辽兵相诫道“当避黑面大王”。

至道元年（995年），辽军进攻麟州（今陕西神木市），未得手，损兵折将。

宋太宗末年，西夏扰边，四川李顺乱起，所以宋朝无暇再与辽朝发生大规模战事，就派使臣向辽朝表示要恢复从前的“友好关系”，辽朝不报。

997年，宋太宗病死，死因正是在高梁河战役中受的箭伤复发，引发内脏感染。

导致宋太宗伐辽失败的原因，林林总总，不一而足。

幽蓟之地，确实应该收取，何者？燕地不收，河北不固；河北不固，河南可危。山河险关终陷于敌国，攻取无成，只能怪宋太宗时运太差。此外，由于宋朝君王对武将极其猜忌，大将们胜则自危，避功避权，畏首畏尾。如此将帅，在关键时刻想得过多，不可能集中全力去拼杀。

另外一个原因，在于宋太祖“先南后北，先易后难”方针的弊端——宋军与南兵交战，得胜太过容易，其志骄，其情逸，忽然与北方辽朝魁梧的马上骑兵相遇，乍败乍胜，很容易气沮意沉，丧失必胜之气。

打仗就是靠“气”。“气者，非可教而使振者也”，无畏无惧的“方新”之气，才是取胜关键。这种精气神，对于宋军将士来讲，尤其缺乏。

宋军战败后，对宋朝最大的打击还是心理上的，即举国上下患了一种“恐辽症”。本来能打赢的仗，在关键时刻也会因心理懦弱而莫名其妙地输掉。

懦弱与妥协：一种心理距离

“澶渊之盟”前后的宋辽两国

边城寒早。恣骄虏、远牧甘泉丰草。铁马嘶风，毡裘凌雪，坐使一方云扰。庙堂折冲无策，欲幸坤维江表。叱群议，赖寇公力挽，亲行天讨。

缥缈。銮辂动，霓旌龙旆，遥指澶渊道。日照金戈，云随黄伞，径渡大河清晓。六军万姓呼舞，箭发狄酋难保。虏情詟，誓书来，从此年年修好。

这首政治“吹捧”词，名为《喜迁莺·真宗幸澶渊》，作者为北宋末的名臣李纲。后人议论，诸如“议论性与叙事性有机结合”“词意境界雄奇”等等，皆是见人下菜碟，拍前人马屁。

从艺术角度讲，这首词作功力平平，而且从内容看大话连篇，百分百是歌功颂德之作。倒是其间流露的作者对当年寇准力谏宋真宗亲征的羡慕之情，还可称道。

古代诗人词客，描写个人境遇、怀古念旧、发泄牢骚，皆出于真情实感，辞藻铺陈，为情生文。倘若涉及政局，言及“本朝”，则少不了饰美溢彩，施粉涂金。

我们现在回顾当年的“澶渊之盟”，没见有什么“虏情詟”，倒是真宗皇帝心虚得不行，更甭提“箭发狄酋难保”了。

契丹强悍，兵强马壮，萧太后、辽圣宗母子二人亲跨骏马，人如金刚马如龙，皆一时人杰。这对辽朝母子，真是威风凛凛，杀气腾腾。

聪明英悟之主

登上龙椅后的宋真宗

宋真宗是宋太宗赵光义第三子，其母为元德李皇后。真宗本名叫赵德昌，后改名赵元休，又改名赵元侃，至道元年被立为皇太子后，才改名赵恒。

宋真宗幼年时即与一般孩子不同，姿表英特，气质不凡，与诸位同辈的小王子嬉戏时，总爱排兵布阵指挥“战斗”，并常自称“元帅”。宋太祖赵匡胤很喜欢这位侄子，养育于自己的皇宫之中。五六岁时，赵德昌有一次去万岁殿玩，大模大样一步一个台阶，直接就朝龙榻上走去，安然端坐。阶旁布列满宫廷禁卫，大家见此情景暗觉好笑。

宋太祖刚升朝，见小侄子坐在自己的宝座上玩，像模像样，便笑问道：“天子好当吗？”小孩子眨眨眼，回答道：“作天子全由天命。”宋太祖“大奇之”，叹赏良久。

后来，赵光义继位。在皇储位上，赵恒尊礼儒臣，每见李至等文臣，必先下拜，迎送降阶。他还留心狱讼，致使京狱屡空，得到宋太宗屡诏褒美。可见，赵恒是个有才干的青年，勤恪修谨，躬亲政事。

宋太宗弥留之际，太监王继恩（时任宣政使）差点搞成宫廷政变。早在建皇储之前，王继恩的亲信潘阆就劝说：“寿王（赵恒当时封寿王）自认为当立为皇太子，事成，他也不会感激我们；如果皇帝（太宗）与大臣谋议太子，应该推荐本来不当立的皇子上去，那样的话，新君继位，肯定感激我们的拥戴之功。”王继恩不停地点头称是。

此后，他不停地在宋太宗面前说赵恒坏话，几乎使这位寿王立太子一事泡汤。后来，由寇准等大臣力保，赵恒才得立为储君。（王公公的这个心腹潘阆，人品虽坏，却是宋朝有名的大词人。他的《酒泉子·长忆观潮》可谓脍炙人口：“长忆观潮，满郭人争江上望。来疑沧海尽成空，万面鼓声中。弄潮儿向涛头立，手把红旗旗不湿。别来几向梦中看，梦觉尚心寒。”词境辽阔，艺术水平很高。）

眼看宋太宗快咽气了，王继恩与时任参知政事的李昌龄等人谋立楚王赵元佐。幸亏宰相吕端入宫问疾，眼看宋太宗快不行了，皇太子赵恒仍不见人影，心知此情可疑，忙在象牙笏板上写“大渐（病危）”二字，让手下人急赴太子宫，催促赵恒马上入皇宫“侍疾”。

看见御床上的宋太宗断气，王继恩在内宫与当时的李皇后（明德皇后）商量撇开太子，立赵元佐为帝，然后他亲自到中书省召宰相吕端，要与吕宰相一起商议新帝之事。

吕端早就知悉王继恩的阴谋，就假装亲热，骗王继恩说中书省的密室中已经有太宗在世时写的立储密诏原本。王大太监不疑，抬起脚就迈进了小黑屋。

“咣”的一声，吕端用一柄大锁把门紧紧锁住，任凭王公公在里面拍门、叫骂、哀求、威胁。

吕端立刻入内廷，见李皇后。这位李皇后，并不是那位“元德李皇后”。元德李后是宋真宗与楚王赵元佐的生母，太宗时元德皇后的位号只是一般的夫人，此妇人命苦，早死，时年才三十四岁。

赵恒的嫡母明德李皇后人品其实也不差，她恭谨庄肃，抚育诸子，但当时她惑于王继恩之说，认为太宗崩逝后应该立比真宗年长的楚王赵元佐。所以，看见吕端，李皇后说：“宫车晏驾（皇帝死亡），立嗣以长，顺也。今将奈何？”

吕端正色道：“先帝立太子，正为今日，岂容再有异议！”

意思是讲，赵恒皇储名位已正，不可能再妄论拥立别的王子。

明德李皇后默然无语。妇人无主心骨，先前出坏主意的王公公又不知去向，李皇后自然听吕宰相的意见。

于是，太子赵恒得以柩前继位，是为宋真宗。

仪式之上，吕端仍旧不放心，立于殿下不拜，命宫卫卷起御前的珠帘，升殿审视，确认龙座上确是皇太子本人后，他才降阶，率群臣呼万岁。

这位吕端，就是日后被毛主席赞不绝口的“大事不糊涂”的那位爷。

宋真宗新帝继位，大行封赏，并追复先前被父亲宋太宗贬死的皇叔赵廷美的秦王爵位，追赠自杀的堂兄赵德昭为太傅，追赠被太宗毒死的小堂兄赵德芳为太保。

当然，太监王继恩不能轻饶。宋真宗下令对其抄家，搜出不少王公公从蜀地私运回来的后蜀小朝廷中的“僭侈之物”，但真宗皇帝也只是把这位太监流放均州。换了别的记仇的帝君，估计怎么也得灭这位公公三族。

继位之后，宋真宗极其勤政。他每见吕端等大臣，总是肃然拱揖，不敢直呼其名。吕端是个大胖子，为了便于老宰相宫中行走，宋真宗命人把宫中陡峻的台阶搭上专用木板，专门为宰相建成“特殊通道”。数件小事，可以想见真宗的谦恭和厚道。

宋真宗很重视人才。扬州知州王禹偁上书言事，希望朝廷谨边防、裁冗兵、精选举、汰僧尼、远小人。宋真宗览奏大喜，立召王知州还朝为官。当然，求贤若渴之际，不免良莠不分，有才少德的奸佞小人王钦若也被召入朝廷，主掌粮税财物。

咸平二年（999 年）十月，辽圣宗与萧太后等人至幽州，以圣宗之弟梁王耶律隆庆为先锋，南伐宋朝。途中，北院枢密使耶律斜轸病死。此人多年征战，功名仅在耶律休哥之下。萧太后大恸，亲自临哀，并让老相好韩德让兼知北院枢密使事。由此，韩德让就成为辽国第二人（萧太后第一、韩德让第二、辽圣宗第三）。

辽朝伐丧，宋朝君臣都很愤怒，大臣柳开恳切上言，请求宋真宗亲征。

新帝气锐，宋真宗果真亲自率军，御营在中，前后大军护卫，车驾浩浩荡荡，直奔大名府。

辽朝此次南伐，见好就收，大掠淄、齐而去。宋将范廷召本来损兵折将，见辽军自还，赶忙飞表上奏，自称宋军大破契丹于莫州。

宋真宗不知情，以为自己御驾亲征出奇效，把辽军吓走，马上吟《喜捷诗》，群臣称贺。

没高兴多久，宋真宗刚从大名府起驾还师，就有蜀地王均造反的消息传来，忙派人去镇压。

咸平四年冬，辽圣宗又率军南伐。

此次辽军运气差，长城口之战，宋将王显奏率军与辽军激战，一战大胜，杀辽军两万多人，生擒辽朝大将铁林。

咸平五年夏天，辽朝从泰州等地向宋军发动进攻，小胜而返。咸平六年四月，辽将萧挞凛等人又率军进攻定州，激战之后，生擒宋朝云州观察使王继忠，得胜后，辽军还师。王继忠是真宗皇帝当藩王时的亲信，贴身护卫将。时传王继忠已经战死，宋真宗“闻之震悼”。

不仅辽朝年年来攻袭，西北方面，党项族首领李继迁也不时攻城陷地，杀伤不少宋军。于宋真宗而言，咸平年间诚为多事之秋。

见“好”就收

“澶渊之盟”时的宋真宗

深知辽军肯定还会反复攻扰，宋廷在定州和大名府等地屯结重兵，以防辽军对河朔地区的攻掠。同时，又在今天的保定至天津一带挖河决塘，使其地成为泥泞水泽，以图延缓辽国骑兵的冲驰。

辽朝数次侵袭，似乎并无真正要占据宋地或对宋朝政权施以致命性打击的意图。他们忽来忽走，来得容易去得快，很让人摸不着头脑。

其实，萧太后和韩德让根本不想与宋朝长期交战。只要有战争，契丹上层军事贵族的地位就会上升，这对于巩固皇权来说并非好事。而且，萧太后因与韩德让一直通奸，北俗再粗犷，太后的私生活总是有污点，驭下统治总感不理直气壮。所以，仗打得越多越大，对于萧太后与韩德让来讲风险就越大。

于是，北朝这一对最佳男女拍档，绞尽脑汁想出来一条上策：以攻求和。他们深谙“进攻是最佳的防守”，所以，一战再战，找寻机会迫和，以使宋辽双方都能下大台阶。

1004 年，宋真宗景德元年，辽统和二十二年十月，萧太后与辽圣宗又一次率大军南伐。

凑巧的是，此年九月，宋真宗刚刚任命毕士安与寇准同为“同平章事”，用以为相。

寇准，华州人（评书艺人天天在电台里称寇准为“寇老醯”，以为他是山西人，其实老寇是陕西人），19 岁时就因精通《春秋》而考取进士。

宋太宗时，寇准尤为受重用。一次奏事，太宗心情不好，不答应寇准所奏，并因怒拂衣而起。大胆寇准，竟然上前拉住宋太宗御服，“令帝复坐，事决乃退”。寇准如此“鲁莽”，倒得宋太宗赏识，叹道：“朕得寇准，犹文皇（唐太宗）之得魏徵也。”直臣易贬，寇准后来果然被贬外任。至道元年（995 年），宋太宗箭伤复发，忙从青州召寇准还京，流泪给他看自己红肿溃烂的伤口，并问：“朕诸子孰可以付神器者？（我哪个儿子可以继统？）”寇准回答：“陛下为天下择君，谋及妇人、中官（太监）不可也；谋及近臣，不可也；唯陛下择所以副天下望者。”宋太宗低头想了半天，试探地问：“襄王（赵恒）可以吗？”寇准回答：“知子莫若父，陛下认为可以，希望您马上做出决断！”于是，诏下，以襄王赵恒为寿王，立为皇太子。拜庙还宫，东京民众夹道聚观刚刚出炉的新太子，纷纷指言："此少年天子也。"宋太宗听说后，老大不高兴，对寇准说："人心遽属太子，欲置我何地！"寇准再拜称贺："此社稷之福也！"宋太宗仔细思之，知道天下人心已定，释然而笑。于是，君臣二人在内殿共饮，大醉方毕。不久，由于寇准与大臣冯拯争执，宋太宗恼怒，把他贬为邓州知州。

宋真宗继位后，一直想用寇准为宰相。时为参知政事的毕士安听说宋真宗要擢自己为相，就推荐寇准与自己一道共享此封。宋真宗说："听闻寇准此人好刚使气。"毕士安是厚道人，回禀道："寇准忘身殉国，秉正嫉邪，故不为流俗所喜。方今边境不息，辽寇来侵，正宜用寇准为相。"于是真宗下决心用寇准。

其时辽军势猛。先锋大将兰陵郡王萧挞凛和六部大王萧观音奴（辽朝人佞佛，连名字都是"观音奴"）二人率大军进攻宋威虏军（今河北徐水）和顺安军（今河北高阳）。受挫后，他们进击北平寨、保州等地。不久，萧挞凛攻破遂城，生俘宋将王先知。而后，萧挞凛与萧太后、辽圣宗会合，并力攻定州。

宋军凭守坚城，辽军见无法克定州，便于阳城淀（今河北望都）扎营，号称二十万众，伺机行事。

"辽师深入，急书一夕五至，寇准不发，饮笑自如。"

转天，宋真宗览报，大骇，忙召问寇准。寇准不慌不忙，回答："陛下欲了此（事），不过五日尔。"于是，他趁机提出要宋真宗亲征澶州（今河南濮阳）。

犹豫半天，宋真宗勉强应承。

寇准不惧，可吓坏了当时的参知政事（副相）王钦若和佥署枢密院事（副参谋总长）陈尧叟。王钦若是江南人，他密请皇帝逃往金陵（今南京）；陈尧叟是蜀人，就主张真宗前往成都。

宋真宗被二人说动，当时就把寇准唤至内殿，问自己"幸"哪个地方好。

寇准见王、陈二人在真宗身边，心里已明白八九分，厉声问："是谁给陛下出这样的主意？"

宋真宗不好"出卖"王、陈二人，说："爱卿你也别问是谁，就说朕外出避敌是否可行？到底去哪里才安全？"

寇准瞅瞅王钦若和陈尧叟，说："陛下实该斩杀出这种馊主意的人！皇帝神武，将师同心，倘若您亲征，敌人必遁。即使陛下不亲征，下令我军坚城固守，以老敌师，无论如何也到不了皇帝您逃避他方的地步！"

宋真宗连连点头。

良久，宋真宗向寇准询问可以派谁去镇守大名。寇准深知王钦若是个能说会道的老滑头，怕他在皇帝身边总出外逃的坏主意，便乘此机会"推荐"他。

虽恨得牙根痒痒，王钦若官小半级，只得悻悻而出。此公在天雄军守地，闭门束手无策，只知道吃斋诵经。多亏安肃军和广信军的宋将顽强拒守，才使辽军不能攻克坚城，守住了这个战略要地。

辽朝方面，二十万左右军队人食粮马吃料，驻久也非易事。

先前在定州被辽朝俘虏的宋朝云州观察使王继忠并未死节，萧太后爱其材勇，授他户部使一职，又赐美女一名妻之。

王继忠在武将中官职虽不高，但他是宋真宗做王爷时的心腹，自然非比一般军将。当时，听闻王继忠"死讯"，震悼之余，宋真宗下诏追赠这位"烈士"为大同军节度，并诏录其四子为官。

效力辽朝军中的王继忠见当时辽、宋两国呈胶着之势，便乘间劝萧太后与宋朝讲和。此言正中萧太后下怀，她早有厌兵之意，便遣小校四人持信箭，带着王继忠的亲笔信去见宋朝方面的莫州部署石普。

石普不敢怠慢，马上派人把信转呈宋真宗。

宋朝君臣廷议，吕端等人认为此信可疑，是诈伪之书；毕士安认为契丹兵出无获，请和不假。宋真宗还是有主见：“卿等但知其一，未知其二。辽人入侵无成而请盟好，得请之后，必有进一步要求。朕屈己安民，以财物换和好，大可答应。但朕所虑者，辽人盟好之后必以关南之地为辞，要求割还。如果辽方想出此种要求，朕一定治兵誓军，亲行征讨！”

于是，宋真宗亲写诏书给王继忠，表示为双方百姓利益，可以修好，但要慢慢商议，拒绝了王继忠要宋朝立即派出正式使节的要求。

宋辽两国虽开始接触进行“和谈”，双方的军队却一直没闲着。

十一月，辽军在朔州为宋军大败，包围岢岚军的辽军也因粮草不继仓皇撤军。为了在谈判桌上争取更多的主动权，辽军主力齐集瀛州（今河北河间）城下，悉力进攻，昼夜不停，轮番肉搏攻城，萧太后本人也亲自击鼓督战，激战十多天未下。

宋军守将是季延渥，这位将门之子拼死守城，指挥得当，亲自绕城指挥，不顾箭雨，派守兵四处抛滚巨木，张弩泼油，辽兵纷纷从城头滚落。最后，辽军死三万人、伤三万人，瀛州城岿然不动。无奈，辽军只得从城下撤走。

萧太后十分郁闷，但是，也有好消息传来，萧挞凛、萧观音奴二人率军攻克宋朝的祁州，俘获大量宋兵。由此，萧太后等人率辽军主力，与萧挞凛等人会合，合力进攻冀州、贝州（今河北清河）以及宋朝的天雄军。

宋廷也立即做出反应，诏督诸路兵及澶州戍卒与天雄军合兵，把防线全面南移。

当时，宋真宗驻跸韦城。听闻辽军步步深入，不少大臣私下劝说宋真宗南幸金陵以避兵锋。

耳根子一软，宋真宗又召寇准商量：“朕南巡如何？”

寇准一脸严肃：“群臣懦弱无知，真如乡老妇人一样。今敌骑迫近，四方危心。陛下唯可进尺，不可退寸。河北诸军日夜企盼龙驾亲至，必定士气百倍。若陛下回辇数步，则万众瓦解，辽人蹑乘其后，金陵亦不可得至！”

宋真宗低头不言，良久，说自己再考虑考虑。

寇准出御帐，遇殿前都指挥使高琼，忙上前拉住对方的手，问：“高将军世受国恩，何以报国？”

高琼答：“我本武人，愿效死以报！”

于是，寇准拉着高琼重进御帐，对依旧犹豫不决的宋真宗讲：“陛下如不信为臣之言，请问高琼。”

高琼马上进言跪禀：“随驾军士（禁卫军）父母妻子尽在京师，必不肯弃而南行（金陵），中途皆会逃亡殆尽。愿陛下亟幸澶州，臣等必竭死力，契丹不难破！”

宋真宗虽从小爱玩打仗游戏，长大之后其实是个彬彬帝王，真让他上战场还是很不容易。此刻，他又扭头看自己的贴身侍卫王应昌。

王应昌是武将，勇武有智，马上回答：“陛下奉将天讨，所向必克。如果我军逗留不进，臣恐敌势益张。”

至此，宋真宗才下决心赶赴澶州。

剑拔弩张之际，宋辽双方使臣接触频繁，但军事行动仍旧一刻未停。

辽军攻克德清（今河南清奉）后，步步为营，从三面包围了澶州。宋将李继隆指挥得当，在城四周关键部位布置了许多劲弩（当时的“重机枪”）。

辽朝统军萧挞凛身为方面大将，又想在萧太后面前立功，恃其勇敢，率数十轻骑在澶州城下转悠，巡视作战地形。当时，宋威虎军一个小头目名叫张瓌，正坐在一张巨大的床子弩上发呆。忽然，他看见骑坐高头大马，身着黄金甲、大红袍的萧挞凛，心中猜测这肯定是个大头目，于是，脚踩踏板，床子弩上的数支大头箭应声而发。

也真巧，一支大弩箭不偏不倚，正中萧挞凛脑门，登时就把这位辽朝统军射于马下。

如果是一般的箭，还不一定百分百把人射死，但床子弩的大箭，劲大头粗，如同被现在的AK47子弹打中一样，萧挞凛脑袋中间被打了个大洞。甭说华佗转世，就是用时光机器把他运到现在的美国也救不活。

尸体拖回，萧太后等人痛哭不已，为之辍朝五日。萧挞凛是个文武全才，当初宋将杨业朔州的败亡，他功劳不少。

此人之死，其实是辽宋最后讲和的关键，连《辽史》都这样讲："将与宋战，（萧）挞凛中弩，我兵（辽兵）失倚，和议始定。或者天厌其乱，使南北之民休息者耶！"

这位爷一死，辽军夺气，战胜之心顿泯。

宋真宗一行抵澶州后，本想在南城扎下御营，但寇准坚持要皇帝临北城："陛下不过河，则人心益危，敌气未慑，非所以取威决胜也。四方军将继至，为何疑而不往！"

高琼将军在一旁，也力劝皇帝过河幸澶州北城。

站在真宗皇帝身边的文臣冯拯斥责高琼无礼（寇准官大，他不敢呵斥）。高将军怒道："冯公您以文章得官，今敌骑逼近，犹斥我无礼，何不赋诗一首以退敌！"

不待冯拯还嘴，高琼马上指挥禁卫军扛起御辇前行。

到了浮桥边上，扛辇的军士面有难色，停下回望。高琼用马鞭猛抽辇夫，斥道："还不快走！今已至此，又有何疑！"

宋真宗也不好再迟疑，在辇上命军士立即过桥。

皇辇抬至澶州北门城楼，禁卫军升起皇帝的黄龙旂。宋朝诸军皆呼万岁，声闻数十里，气势百倍。

恰巧宋军缚送辽军间谍至前，真宗皇帝即命斩之，抛首楼下。

与宋军对阵的契丹人先听欢呼，后见血淋淋人头，相顾怖骇，心理上已经产生严重动摇。

萧太后又急又气，忙派出数千精骑攻城，想给宋真宗来个下马威。

宋真宗下诏，大开城门，出军迎敌。

有皇帝坐在城上观战，宋军奋勇冲杀，杀掉来犯的辽军大半，余众遁返。

得此“开门红”，宋真宗内心稍安，回到城内行宫休息，留寇准于北门城楼做阵前总指挥。

宋真宗不放心，派人偷看寇准在干什么。过了一会儿，太监回报，说寇准和大臣杨亿（此人“神童”出身，十一岁就当进士）在城楼上喝酒划拳，歌谑欢呼。

“宰相如是，吾复何忧！”宋真宗这才放心。

宋朝使节曹利用入辽营，有幸第一次目睹萧太后真容。萧太后虽是半老徐娘，风韵犹存，与宰相韩德让同坐一车之中，辽圣宗反而与群臣扎堆坐立下首。至此，宋朝大臣才确信传闻“都是真的”。

双方讨价还价。萧太后派辽朝使臣韩杞随曹利用入澶州，面见宋真宗，索要“关南地”，即后周世宗柴荣从辽朝手中攻取的十个县。

宋真宗很“坚持原则”，认为金帛可给，决不割地，并当面再三嘱诫曹利用在土地问题上决不让步。

宋真宗对辽使韩杞不错，赐他袭衣、金带以及鞍马。临辞行，韩杞作为辽朝的“外交官”，很想保持本朝“气节”，依旧穿回自己原先的“左衽”衣服。

负责接待的宋朝学士赵安仁不高兴，质问他为什么不穿大宋皇帝的赐服。韩杞推托说赐衣过于长大，穿在身上不合适。赵安仁半是警告半是劝说：“您将上殿接受我国国书，天颜咫尺，如不穿皇上的赐服，您觉得有这可能吗？”

话里话外，一是警告他大宋皇帝可能一不高兴会撤回和议；二是吓唬他扈卫武将见他这么不懂礼貌可能会上前一刀砍了他。毕竟“外交人士”大多灵活，韩杞马上穿上宋朝服装上殿谢恩，拜受国书。

寇准雄心勃勃，以他当时所计，不仅准备不与契丹钱帛，还想逼迫契丹方面向宋朝称臣，割献燕云十六州给宋朝，“如此，则可保百年无事，不然，数十年后，虏（辽国）又生他念！”

宋真宗没有这种远略，不想在和议方面进行“拉锯战”，推托说：“数十年后，当有扞御之（辽国）者，吾不忍生灵（百姓）重困，姑听其和可也。”

于是，宋真宗告诉曹利用，议和底线以岁币百万为限。

曹利用临行，被寇准唤至自己营帐。“虽然皇帝有口谕可以答应百万岁币，但如果你复命时数额超过三十万，我必斩汝不饶！”寇准警告。

老寇关键时刻之所以不敢再坚持自己的想法，是因为当时宋真宗身边已有人放出谣言，说寇准想拥兵自重，意思是打大仗寇准好从中得大便宜抓大权。

皇帝再英明，只要出现“君疑臣”的情况，想不死也难。对此，寇准不得不考虑。

曹利用与辽使韩杞同回辽营，再次进行外交斡旋。

萧太后说：“（后）晋割关南地给我们，（后）周世宗夺取，今应归还。”

曹利用真是个外交人才，回答道：“晋、周之事，本朝不知。即使是岁币问题，我都不知道皇帝答不答应。至于关南土地之事，想都不要想，我根本不敢和我们皇上提及此事。”

辽国的政事舍人高正始突然出班，对曹利用大言：“我们大辽引众而来，就为恢复故地，如果只得金帛即归，回去后愧对国人！”

曹利用白了高正始一眼：“不知您是否真正为辽国打算。如果坚持要钱要地，两国兵祸不息，对谁都没益处！”

萧太后不死心，派其监门大将军一人前往澶州复议关南十县之地，遭到真宗皇帝严拒。

知道不得再妄求，萧太后就与曹利用讨价还价，最终议定宋朝每年给辽国十万两银、二十万匹绢以为“军饷”，宋与辽结为兄弟之国，宋真宗为兄，辽圣宗为弟，真宗皇帝称萧太后为叔母。

说实话，从面子上讲，宋朝还真没吃什么亏，宋真宗比辽圣宗大两岁，称兄可也。比起当年后晋皇帝石敬瑭管小自己十几岁的辽太宗叫爹，不啻天上地下。

曹利用回澶州，宋真宗正在行宫内吃饭，没有立刻接见。但是他又关心岁币数目，就边吃东西边派内侍去询问曹利用到底向辽朝许了多少银帛。

曹利用对宦者说：“如此机密事，只能当面对皇上讲。”

宋真宗也气，嘴里含着饭，怒催小宦官：“姑且问个大概数！”

曹利用也倔，就是不讲，急得小公公“咕咚”一声给他下跪。

曹利用见此，伸出三指示意。小宦官“嗷”的一声掉头跑进去，大声嚷嚷：“三百万！”

宋真宗闻言，手中筷子都掉在地上。“太多了！”

很快，宋真宗面色和缓，自我安慰道：“既然能结束战争，三百万也可以了。”

澶州的行宫不是真皇宫，曹利用在外仅隔一道大布帷幕，估计连真宗的自言自语也听得清楚。

不一会儿，宋真宗食毕，唤他进门入对。

宋真宗心中稍觉沉重，想确定是否是三百万岁币。

曹利用还卖关子，连称：“为臣该死，为臣许辽人银帛过多！”

“到底多少？”宋真宗实际上在心中已经接受了三百万的数字。

“三十万！”

听曹利用报出这个数，宋真宗喜得脸蛋上的肉直哆嗦，不敢相信自己的耳朵。

宋辽和议，至此大功告成。

宋真宗大散财物，赏赐有功将士。契丹萧太后也派人送来御衣、辽国食物。

宋真宗起驾前，嘱诫诸将，不要无事生非，邀击辽军，唯恐两国再生事端。

退一步海阔天空

宋辽“澶渊之盟”后的双赢局面

“澶渊之盟”签订，后人以及当时的一些汉族士大夫“愤青”“愤中”们，每逢讲起此事皆愤愤不平，认为宋朝在战场上占优势，竟然在关键时刻软弱，反向辽朝支付岁币，以金钱换和平，太不划算。

其实，如果宋辽双方真的继续打下去，结果还真殊难预料。战场形势，瞬息万变。先前虽死了个辽将萧挞凛，没准日后大仗一打，宋真宗又在御营，万一有个闪失，估计宋朝最后的结局就是北宋提前变南宋了。

仔细分析，“澶渊之盟”类似日后康熙同俄国签订的《尼布楚条约》，事后双方都认为自己吃亏，其实最多是互相没占得大便宜而已。这样的结果，最终还是有利于交战双方。

从宋太祖起，直至宋真宗初年，宋辽两国交战，大小无数次，互有胜负，双方均负担沉重的军事开支，不仅消耗巨大，而且由于河北一带一直是战场，丁壮毙于传输，膏血涂于原野，正常的农业生产根本进行不了，人们想过一两年安生日子都不能。

战争结束，宋朝与辽朝边境的数州人民才得以过上正常的生活。而且，三十万岁币对于当时的北宋来讲，算不上太大的负担。北宋宰相王旦的一句话透出这样的信息：“国家（指北宋）纳契丹和好以来，河朔生灵，方获安笃，虽每岁赐遗（给辽朝岁币），较于用兵之费，不及百分之一。”

这些话，绝不是宋朝君臣的自我安慰。因为宋朝每年给辽朝三十万的岁币，绝大部分可以从边境“榷场”（宋辽交易集市）中收回来，“取之于虏，而复用之于虏（辽朝）”。

所以，从经济角度讲，“澶渊之盟”对于宋朝还是划算的。

从政治方面讲，对于一直讲究“面子”的中原王朝宋朝来讲也还算过得去，自己是“兄”，辽圣宗是“弟”，反正兄打不过弟，同辈相亲，没什么丢人的。

和议的第二年，宋朝派人去辽国贺萧太后生辰，宋真宗致书时“自称南朝，以契丹为北朝”。为此，大臣还上言“《春秋》传中的夷狄外国，封爵不过是子爵，今承认其辽国国号，已经足够了，何必并称南北两朝”，对于宋真宗在国书中把两国置于平等位置很是不满，但宋真宗还是坚持已见。

此种做法，不能说真宗是出于懦弱，应该说还是从大局出发。

当然，从辽朝方面讲，“澶渊之盟”应该说是喜出望外的大收获。虽说“关南之地”没得手，但三十万岁币，对于经济并不发达的游牧民族来讲，亮晃晃的银子闪彩彩的绢，看着就让人心花怒放。

仅仅是辽圣宗一世，岁受宋朝馈遗，内府之储，珍异山积。他们坐拥燕云文明发达之地，不用打仗，不用任何消耗，每年邻国都于秋天按时交付银绢，除非脑子有病，料谁也不会不高兴。

所以，其后百余年间，宋辽基本上没什么大的战争发生，可以用“百年和好”四字来概括两国关系。

有此巨大收获，萧太后与老情人韩德让在国内的威望无以复加，再不用担心有人看不惯他们两人的行为而暗中搞政变什么的。

回朝后，萧太后就赐韩德让为耶律皇姓，封为晋王，赐以大片采邑。辽朝统和二十七年，萧太后病死，终年五十七岁。

此后，辽圣宗对“后爹”韩德让也一直敬崇有加，绝无亲妈一死就干掉干爹的事情。不久，老韩也因悲痛过度，撒手人寰，辽圣宗命把这位“晋王”陪葬于老妈的坟陵。

如此一对真心实意的爱侣，一段关涉汉、契丹两族的美好情事，千百年来人们竟不宣扬、表扬加演义，诚为憾事。

萧太后为人，深有机谋，善驭大臣，得其死力。她每次打仗，都亲自披甲督战。辽宋通好，也是她拿大主意。其实，我们演义中的“佘太君”和“穆桂英”的形象，真正的原型，倒来源于敌对方的这位契丹巾帼英雄。

辽圣宗的儿子辽兴宗在位时，宋朝和西夏打得欢，辽兴宗想得更大便宜，又想以“关南之地”为辞，对宋朝进行讹诈。经宋使富弼的劝说，加上辽朝大臣的劝谏，辽兴宗自然顺坡下驴，再从南边每年多索取了二十万岁币。

辽道宗继位，听从臣下建议，用每年多增的二十万银绢，充值以减燕云十六州人民的租赋，大得人心。这也显示出，普通老百姓不是知识分子“愤青”，而是哪边赋税低心向哪边。

辽朝皇帝对辽宋关系自然非常看重，辽道宗临咽气，还特意嘱咐继位的孙子天祚帝耶律延禧，说辽宋通好岁久，切勿生事。

一个巴掌拍不响。宋辽双方的“兄弟情谊”，双方都尽力维持。118年间，可谓礼尚往来，通使殷勤，正史所记的双方互使，共达380次之多。同时，双方都以最高礼仪接待对方来使，帝后生辰、正旦、祥节、婚庆、皇子诞生，只要能找到借口，双方马上借机互使那么一下子，走亲戚串门一样，相见甚欢。甚至辽朝边地发生饥荒，宋朝也会派人在边境赈济，派衣派粮。即使是宋徽宗，其登位初期还有些政治头脑，也曾警告边将不要轻开边衅。

辽朝方面，萧太后、韩德让自不必讲，对宋朝亲热得不行。辽圣宗也是子随母志，大力发展两国友好关系。后来，宋真宗崩逝的消息传来，辽圣宗马上召集大臣举哀，泪下沾襟。辽圣宗的眼泪，百分百真心实意，他一口一个“皇兄”，好不伤心，对辽臣流泪数次。不久，在签署官员委任状时，见名册中一人的名字犯了宋真宗赵恒的讳，辽圣宗大怒，“狗辈岂不知我兄皇讳字”，马上抹去这位本应升官的倒霉蛋，使此人终世不能再涨“工资”。

这位辽圣宗统治辽朝四十九年（当然，前二十七年基本当萧太后的乖乖仔），实施了多项政治、经济改革，发展农业，减免赋税，变奴为民，整顿吏治，起用贤才，抑制契丹贵族特权，使辽国由一个奴隶制国家基本上变成了一个封建制国家。

辽圣宗死后，其子辽兴宗仍遵循南北修好的大方向，并曾当着宋臣的面弹奏琵琶，为宋帝祈祷长寿。接着的辽道宗也一样，此人已经完全汉化，据说他曾用黄金自铸佛像，在像后铭文：“愿后世生中国（中原王朝）。”

与他同时代的宋仁宗崩逝消息传来，辽道宗竟然悲痛得不顾帝王礼仪，拉着宋朝使节的手号哭道：“四十二年不识兵革矣！”

宋辽双赢，皆大欢喜。

平心而论，上述八个字，可以概括“澶渊之盟”的一切后果。

至于对促成“澶渊之盟”有大功的王继忠，辽圣宗和宋真宗都对他非常好。和议完成后，每次凡是宋使到辽国，都会带给王继忠一份真宗皇帝亲笔御封的上好茶叶和名贵中药。当着萧太后与辽圣宗的面，王继忠每次皆自称“未死臣”，哭拜不起，跪受赐物。太后与辽主也以王继忠是忠臣所为，没有嫌猜。

据辽朝史书记载，王继忠“姿仪雄美”，萧太后赐他为妻的美女，应该是宗室皇族。王继忠数次对宋使讲，要宋真宗出面写信给辽圣宗放自己回宋朝。宋真宗为避免生事，不许，手诏答复他说：“如果国主（辽主）自己主动答应放还爱卿，朕当重金相谢。”意思是宋朝不会主动索要。辽圣宗待王继忠甚厚，也不放归他。后来，辽主又赐其姓名为耶律显忠，《宋史》称“（王继忠）日后不知其所终”，估计只是王将军后来的事迹无人记载罢了。

想当初，宋真宗做王爷时，王继忠等人随侍左右，入闹市私访。宋真宗唤算卦人来给诸从人卜相，唯独到了王继忠，看相人大骇："此人真让人吃惊，半辈子食汉禄，半辈子食胡禄。"宋真宗等人当时还大笑，谁知后来果然应验。

喝饱就忘挖井人

寇准的结局

人活一口气。无论古人还是今人，自我感觉最重要。

澶渊之盟后，辽人高兴，宋真宗感觉也不错，至于真宗亲征的策划人寇准，"颇自矜澶渊之功"，平时上朝，脑袋上仰角度都比往常要高八度。

寇准专爱选拔资历低的人越级当官，自然引起同僚不满。同僚不满归不满，谁也不能拿寇相怎么样，连真宗皇帝都对他另眼高看，大家当然只能背后叫骂撒气而已。

但是，王钦若就不一样。

对于寇准，王钦若恨得要死，嫉妒得要命。一次朝会，众人议事完毕，寇准先退，真宗皇帝目送大宰相下朝，一脸敬容。

王钦若走近御榻前，问："陛下如此敬重寇准，是认为他于社稷有功吗？"

"当然。"宋真宗立刻回答。

"澶渊之役，陛下不以为耻，反认为寇准有功，好奇怪啊。"王钦若不阴不阳地补了一句。

宋真宗吃惊不小："爱卿你这话怎讲？"

王钦若这个多才小人，旁征博引，言道："城下之盟，《春秋》耻之。澶渊之举，乃城下之盟。陛下以万乘之贵，屈尊与辽朝定城下之盟，实乃大耻！”

宋真宗想了想，王钦若所讲还真有道理，愀然不悦。

见皇帝色变，王钦若知道自己之言已有成效，添油加醋地说：“陛下您懂赌博吧。赌博的人，输急眼的时候，就把他所有身家全部押上，这就叫‘孤注’。澶渊之役，寇准就是拿陛下您当作‘孤注’，细想一下，为臣我真为陛下捏一把汗！”

不必再多说，自此之后，真宗皇帝逐渐不待见寇准。人心中一有成见，印象马上就变。从前看老寇是一脸忠贞，现在，经王钦若讲后，真宗皇帝再在朝中见寇准，总觉他虚头巴脑，总想起这位老寇拿自己“孤注一掷”。

没多久，宋真宗借故罢去寇准相位，外派陕州，改用王旦为相。

宋真宗大渐时，太监周怀政想拥皇太子为帝，杀丁谓等人，并准备启用寇准为相。事泄，周怀政被杀，寇准虽不知情，仍为此案牵连，降官远贬。

寇准此人，恃才傲物，特别容易得罪人。

曹利用做他的副手时，只要两人意见相左，寇准就呵斥对方：“你一个武夫出身的人，岂解国家大事！”这位老曹是澶渊之盟搞成功外交的功臣，见寇准总这样挤对自己，不觉心生愤恨。此外，丁谓做老寇副手时，特别谄媚。一次，寇准在中书省边理事边吃饭，喝汤时，汤汁流到了胡须之上，丁谓很“懂事”，过来就拿巾帕为老寇拂拭胡子上的汤汁。寇准不道谢，反而大笑，说：“参政乃国之大臣（参知政事是宰相的副手，但也是副相，级别很高），想不到你为长官拂须！”后世溜须拍马之词，此即出处之一。看见寇准在众同事面前如此拿自己开玩笑，丁谓当时脸上讪讪，心中恨得要死。因此，待寇准被牵连进周怀政案后，老曹、老丁等人，连同先前讨厌寇准的一帮人，玩儿命地往死里整他。

新君宋仁宗继位（刘太后秉政），数位在朝大臣联手，把寇准贬为雷州司户参军。后来又贬为衡州司马。反正是哪儿远哪儿热哪里路不好走，就把老寇往哪里贬。

这一路上，瘴气蒸腾，暑气侵袭，犯官又不能坐轿遮阳，只得骑马颠簸，果然没多久寇准就病死，时年六十三岁。寇准死后，贬往衡州的命令才到，于是归葬洛阳。

十一年后，老寇才被“平反”，恢复太子太傅之衔，赠莱国公，谥“忠愍”。

寇准为人，史载“少年富贵，性豪侈，喜剧饮，每宴宾客，多阖扉脱骖。（其）家未尝爇油灯，虽庖宴所在，必燃巨烛”。

所以，从老寇身上仍可见魏晋名士的影子，根本不似近世的评书艺人塑造的那种形象。

史鉴不远。五代之时，后唐末帝李从珂亲往怀州与契丹交战，大败后归而自焚；后晋末帝石重贵亲征契丹于相州，诸将内叛而被俘。这估计都是让宋真宗产生“孤注”遐想的最近的例子。

寇准在澶州北城，饮博自若，大似当年淝水之战前的东晋宰相谢安。仔细推想，寇准心中胜算，比起谢安还要多出数分，所以他能安然不惊。契丹当年灭李从珂，是因为有“儿皇帝”石敬瑭那个内鬼。契丹生俘石重贵，也是后晋大将赵延寿等人卖主求荣。世易时移，辽圣宗时的契丹人，实力已大非昔日可比，加上耶律休哥那样的能将已经作古，上下安于怡嬉，其实契丹人当时的主要想法就是以战迫和、索要钱帛，并无决胜的斗志。此外，宋真宗亲征，“六军之士，欢呼震野”，恃此宋军斗志，寇准当然深知胜算在握。王钦若讲他是拿皇帝当“孤注”，确实是冤枉他。

寇准乃“真宰相”，有才有度，但其所作诗词却清丽柔美，意境纤丽，大不似其人风格，现录其中一首：

踏莎行·春暮

春色将阑，莺声渐老，红英落尽青梅小。画堂人静雨蒙蒙，屏山半掩余香袅。

密约沉沉，离情杳杳，菱花尘满慵将照。倚楼无语欲销魂，长空黯淡连芳草。

过于严肃的滑稽剧

宋真宗君臣的“天书降神”及泰山封禅

宋真宗在位近二十六年，人不是坏人，但实话实说，他除“澶渊之盟”之外也没做过太多好事。

后人一想到他，只有两件事情让人“惦记”：一是澶渊之盟；一是“天书封祀”。

“澶渊之盟”虽是“城下之盟”，仔细推之，利大于弊，对于特别爱面子的中原汉族统治者，也不是特别过不去或者丢脸的事情。偏偏王钦若这个小人，为了排挤陷害寇准，硬把“澶渊之盟”说成耻辱不堪的事情，让宋真宗为此郁郁寡欢，吃不香，睡不着，天天与自己较劲，越想越闷，总觉得应该再办成一件漂亮事冲淡“澶渊之盟”带来的心中阴影。

从性格上讲，宋真宗属于那种感性的君王。从智商上讲，宋真宗更是中上之君。正因如此，宋真宗心中一有疙瘩，还就真难解开。

郁郁寡欢之间，宋真宗就问王钦若：“我现在该怎么办？”

王钦若善揣人意，知道宋真宗心中厌战畏战搅成一团，便先用话来激：“陛下您如果能再亲自带兵北伐，攻取幽燕之地，肯定能洗刷澶渊之盟的城下之耻！”

宋真宗更不高兴，心想哪壶不开提哪壶，如果有这魄力，当时我就不与契丹讲和了。这些“心里话”还不好直接和臣下说，宋真宗便敷衍："河北百姓，刚刚喘口气，我不忍心再起战事把他们陷于死地。爱卿你再想想还有没有其他能让我扬眉吐气的事？"

王钦若摸着自己脖子上的肉瘤，故作沉吟状，良久，他回答说："陛下如果不用兵，就只能做出一项大功业，恃此镇服四海，夸示夷狄。"

"什么事能是大功业呢？"宋真宗问。

王钦若出主意："封禅，这就是大功业……但是，要封禅，必须得在天降神瑞的前提下才可以施行……"老王边自言自语边"恍然大悟"："呵，对了，天降神瑞，哪有那么巧的事，前代帝王不过皆是以人工制造祥瑞罢了，古代贤君也是以神道设教，借上天的名义干大事情啊。"

宋真宗一个劲儿点头。如此容易的"大功业"，令人怦然心动。恰巧，前几日刚刚有个汀州黥卒（类似劳改兵士）名叫王捷的，自称在南康山路上遇见一个姓赵的神道，授给他一个"小镮神剑"。据王捷讲，那个道人就是天上的"司命真君"。此事由宦者刘承珪上报宋真宗，真宗马上赐王捷名王中正。当月，"司命真君"又在王捷家显灵，自称是赵家先祖。

王钦若恰当其时提出"封禅"之事，估计也是善揣上意，知道宋真宗要找心理寄托，马上借题发挥，皇帝一高兴，自己自然会因此加官晋爵。

宋真宗脸上笑意荡开，显然开心不已。但是，他还有顾虑，就问王钦若："宰相王旦万一不同意怎么办？"

王钦若拍胸脯："我转告他，说这是陛下您的本意，他应该听话。"

果然，王旦得知皇帝要搞"造神运动"，也不好明确表示反对，对王钦若支支吾吾，勉强表示同意。

宋真宗心里还是不踏实。过了几天，他晚上到秘阁（皇家图书馆）闲逛，遇见值班的大臣杜镐，便忽然问："爱卿你知识渊博，学富五车，古代天降'河图''洛书'的事情，确有其事吗？"

杜镐乃一老儒生，不知道宋真宗话外的意思，他就事论事，回答

宋真宗像

说："那些都是古代君王以神道设教罢了，应该不是真有其事。"如此之说，恰与先前王钦若之言偶然相合。

既然古代圣君都这么干，我依样画瓢应该不会出岔子，宋真宗作如是想。

他回宫后，不顾天色已晚，马上派人召宰相王旦入宫，把酒言欢。临别，宋真宗又亲执一把黄金壶，对王旦说："此酒味道极美，您回家后与妻儿老小一起享用吧。"

王旦回府，打开酒壶一看，里面满满一壶大粒珍珠。王宰相是明白人，知道皇帝以此买自己不再说"不"，从此再不发言反对，天书、封禅之事始作。

转眼到了第二年，即大中祥符元年（1008 年）——宋朝的年号很好玩，基本上一个年号就是那一时期皇帝的所思所想以及国家大事的浓缩。大正月，宋真宗就把宰相王旦、知枢密院事王钦若等一帮臣子叫到崇政殿，煞有介事地说："朕在寝殿睡觉，帘幕府帐皆是厚厚的青色织锦，基本上不透光。去年十一月二十七日，半夜时分，朕刚要入眠，忽然卧室满堂皆亮，我大吃一惊，仔细观瞧，见到一个神人忽然出现，此人星冠绛袍，对我说：'下个月，应在正殿建一个月的黄箓道场，到时会降天书《大中祥符》三篇，勿泄天机！'朕悚然，起身正要答话，神人忽然消失，我马上用笔把此事记了下来。十二月一日，朕蔬食斋戒，在朝元殿建道场，整整一个月恭敬等待，唯恐错过神遇。真巧，皇城司上奏说，左承天门屋南角，有一条黄帛挂在鸱吻尖上。朕马上遣人去看，是二丈多长的黄帛，捆扎一物，恰似书卷形状，缄封处隐隐有文字，我估计，这可能就是梦中神人所讲的'天书'吧。"

看见真宗皇帝这个"主角"演员说了这么多"台词"，王旦等人知趣，马上跪贺："陛下至诚，感动上天，果然有祥瑞出现"。于是，诸人皆再拜称万岁。

然后，为了更加"入戏"，王旦还依据事先准备好的"台词"，说：

“天书启封前，应屏去左右旁人。”

真宗皇帝摇头：“说不定天书内容是上天示警，告诫朕施政有缺失，朕岂敢隐瞒呢，还是众大臣一起敬观。”

于是，各位演员各就各位，宋真宗本人也步行至承天门，焚香望拜。

两个太监身手敏捷，蹿上梯子捧下“天书”（估计就是这些人放置的，熟门熟路）。

王旦跪奉，真宗再拜受书。转悠半天，才命陈尧叟启封。

这“天书”还真有字在上面，字古意明：“赵兴命，兴于宋。居其器，守于正。世七百,九九定。”

甭说，如果“世七百”，仅作“七百年”讲，南北宋加起来，一天当两天算，还差不多是这个数。

待众臣大眼小眼都瞧清楚了，“天书”封藏于“金匮”之中，君臣又再庆贺了一番，并改承天门为“承天祥符门”，依此正式改元。

“大戏”开始，再不能停。

以兖州“父老”吕良为代表，有一千二百八十七人“诣阙”请愿，要求皇帝封禅。这些“群众演员”很卖力，真宗皇帝亲自接见，假模假样地推让：“封禅大事，历代罕行，难徇所请。”“父老”演员们一万个“不答应”：“国家受命立国五十年，已致太平，天降祥符，天人感动，应封禅以报天地。”

对答之后，皇帝下诏，广赐缗帛。群众演员们欢天喜地，拿着赏物跳踊而去。

很快，兖州及各路进士孔谓等八百四十人“诣阙请封禅”。当了好久“分会场”指挥后，兖州知州“又率官属抗表以请”。最后，宰相王旦率文武百官、诸军将校、州县官吏、蕃夷等“全国各族人民”二万四千三百七十人，跪在东上门，上表五次，恳请封禅。

这么大的“集会”，组织起来肯定费了不少劲。集体请愿，死活“要求”真宗皇帝封禅。

锦上添花，天书喜讯又传来，内廷功德阁又降“天书”。于是，大中祥符元年四月一日，宋真宗下诏当年十月要去泰山封禅，并命王旦、王钦若等人为主要的大礼使。

虽迷狂如此，宋真宗本性不是坏人，还真怕“封禅”这一形象工程太费钱，便问时任权三司使（代理财务部长）的丁谓，此行开支是否会超出本年度“预算”。

丁谓是个大奸之人，专以媚上为己任，马上“义正词严”地回禀：“以为臣计之，绰绰有余，不必担心费用问题。”

真宗皇帝闻言大喜。

一个多月后，宋真宗又向大臣们说，自己又梦见神人，告知四月上旬已于泰山又降天书。

王钦若识趣，回去马上安排，当天连夜入宫急奏：“四月甲午，有木工董祚于醴泉亭北发现材木上有黄帛，上面有字，但常人不认识。皇城使闻讯前往，见天书上有皇帝御名，故而马上驰告。”

于是，宋真宗命王旦为“导卫使”，前往泰山“奉迎”天书。此行队伍也是大张旗鼓，广设仪卫，唯恐天下人不知道。

“天书”迎回后，真宗皇帝再拜而受。大臣陈尧叟启封。

别人不认识上面的字，唯独这个澶渊之盟前建议皇帝逃往成都的老陈“认识”，他高声朗读上面的“吉文”：“汝崇孝奉，育民广福。锡尔嘉瑞，黎庶咸知。秘守斯言，善解吾意。国祚延永，寿历遐岁。”

刚刚读毕，又有事先安排好的小太监踉跄而入，上气不接下气，大声禀告说刚才御花园中有五色祥云，宣示天书时，恰恰有一朵金黄色云朵幻化成凤凰形状，在殿上久驻不去。

大家抬头，其实什么都没看见。

一切酝酿得差不多了，十月辛卯，宋真宗一行从东京出发，直向泰山而来。这支封禅队伍浩浩荡荡，一路奏乐，大张仪仗，好不热闹。

半路，还有一位高价雇请的“外国演员”（大食商人）献玉圭，自称其祖爷爷的爷爷得自“西天”，一直是传家宝，老祖宗并有遗言：“好好保护宝物，待中国圣君行封禅礼，马上驰往上贡。”

如此神神秘秘的“跳大神”，花费亿巨，雇用了如此多的“演员”参与，知道底细的人越来越多。其实，大戏主场没开始，庄严已经变成了滑稽。

当时，泰山的道路还未似今日皆以石梯护栏沿导，回马岭至天门，道路险绝。每个参加封禅的官员都要专门役夫负责，每人官给横板两条，两首施彩帛，亲卒抬上。

虽然侍从人等皆疲顿不堪，总导演宋真宗却“辞气益壮”，老小伙子健步如飞，指点江山，激扬文字，煞是兴奋。可见，精神的力量真是无穷。

皇帝封禅，不是现代人想象的群臣百官都跟着，而是为数不多的赵家皇族与礼官陪同，众官皆于山间谷口等待。

封禅礼仪很烦琐，三献、读玉册、封金玉匮、阅视，等等。一帮人冻得直哆嗦，心里骂骂咧咧。

终于等到山上称贺之声，大家知道苦时辰挨过去了，“山下传呼万岁，震动山谷”。

其实，宋真宗此次封禅最大的贡献，是对今天泰山旅游业的“支持”，泰山的岱庙和碧霞祠两大建筑群，均由宋真宗创建。倘若宋真宗当时不在那里大兴土木，估计泰山旅游日后还真难成气候。

一路走了 17 天，登了半天山，花费八百万贯钱，患感冒风寒者数千，宋真宗终于演完了这出封禅大戏。

回京后，宋真宗接受群臣所上尊号，宰相王旦等人各自加官晋爵，可以说是皆大欢喜。

大家都得到自己想要的，只是国库越来越空。

“帝（真宗）自东封还，群臣献贺功德，举国若狂。”

“举国若狂”四字道出了中国特有的政治生态：只要上层喜好某事，

必定会引致群体效应，一发不可收。

祭完天，下一步，当然就要去汾阴祀后土。群臣锦上添花，陕州官员进奏说："黄河清。"大词人晏殊也凑热闹，献《河清颂》。"黄河清，圣人出"，中国这句古话，完全是没有任何科学根据的神话。

不过，并非朝中所有大臣都阿谀取容，龙图阁待制孙奭就上言进谏，列举汉武帝、唐玄宗"夸示后世""崇尚虚名"的前鉴，一针见血地指出，群臣虽然"率皆称贺，退而腹非窃笑者，比比皆是"。

北宋皇帝倒有一个好传统，即从不因大臣沮议而滥杀滥罚，仅仅是"不听""不从"而已。

大中祥符四年（1011 年），真宗又带大帮人到汾阴祭祀后土，耗费一百多万贯钱。

这些造神活动，大多是由时称"五鬼"的王钦若、丁谓、陈彭年、刘承珪、林特等人牵头操办。特别是王钦若，其人短小丑陋，脖子上还

《大驾卤簿图》（局部） 北宋

有个大肉瘤，他本性矫诞，但智数过人。真宗皇帝特别喜爱此人，一日不见，惘然若失。

由于真宗皇帝喜欢天书祥瑞此类事情，宋朝道教繁盛，各地建起道观无数。同时，为安放“天书”，宋真宗还在丁谓建议下批准修建昭应宫，极侈土木，规模宏大。

有群臣劝谏，丁谓对真宗皇帝说：“陛下富有四海，建一宫崇奉上帝（道家神灵），有何不可。您现在还未有皇嗣，于宫城内乾地营宫，正可以祈福。如再有大臣谏阻，以此谕之，谅他们不敢再多言。”

昭应宫按计划要十五年才能建成，但丁谓等人不计财用，勒令工匠加班加点，七年就盖成了这组巨大的皇家道观群，有房屋近三千间，穷极壮丽，诚为宋朝装点门面的宫殿。修建过程中，追求尽善尽美，稍不满意，必毁而更造，有司不敢计其费。

如此巨大的工程，基本没有任何实际意义。当然，屋子建得富丽堂皇。

奇特的是，丁谓让人用上等好玉重刻天书内容立于昭应宫的宝符阁内，还雕刻宋真宗塑像“侍立”，皇帝金像“站岗”，历史上真不多见。

大中祥符五年（1012 年），宋真宗对群臣讲：“我梦见神人传玉皇旨意，告诉我授天书的人是我们赵家先祖赵玄朗。转天，我在延思殿设道场，亲自拜见了先祖。先祖告知我们赵家乃轩辕黄帝之后，还尽述发家历史。然后，先祖乘五色祥云离去。”

真宗皇帝此时真是走火入魔，谎越撒越大。从前还都是梦中相见，现在，他连清醒时都能和“先祖”座谈了。

于是，群臣“再拜称贺”。真宗还下诏天下避“玄朗”之讳。所以，“杨六郎”，原名杨延朗，因此才改名杨延昭。而且，宋朝人以后写东西，皆以“元”代“玄”。

皆大欢喜之间，也有“不和谐”之事。大中祥符八年，真宗皇帝的八弟荣王赵元俨的王宫起火，大火绵延，把皇宫内的左藏库、朝元门、崇文院、秘阁都烧成白地。此次火灾损失巨大，连宋真宗本人也跺地嗟叹：“两朝所积，一朝殆尽，诚可惜也！”特别是烧毁的左藏库和秘阁，一个是真金白银，数量可能够支付辽朝岁币几十年，一个是绝世藏书，中华文化的精髓，肯定因之焚毁不少。毕竟是皇家藏书，全是稀世珍本。

不久，经过“有关部门”调查，发现大火竟然是荣王赵元俨的侍婢韩氏所为，这个姑娘从王宫中偷盗金器，又怕主人点数事发，索性放起一把火毁灭证据，结果，惹出天大的灾祸。“劳动人民”贪图几个金镯子，竟然焚毁了几亿个金镯子的财物，皇帝大怒，审讯过后，下诏砍断韩氏手足，示众三日，再凌迟处死。阴间地狱里，这位韩姑娘再也戴不了金镯子了。

再回封禅事上。众臣唯唯之间，大臣孙奭一直力持反对意见，一个劲儿上书劝谏，以唐明皇为例，讲他直至马嵬兵变才醒悟，悔之无及，奉劝真宗皇帝勿蹈覆辙。

宋真宗智商不低，人品秉性也属善良，亲自召见孙奭，做说服工作："封禅祀地，并非始于唐明皇。但即使现在的礼仪，也因袭当时的《开元礼》，不能以天宝之乱就否定一切。秦朝以暴虐著名，但现在的官名、诏令、郡县之法，皆是沿用秦朝旧制，万万不能因人废言！"

见说服不了老孙，宋真宗夜间又达旦不寐，亲自写作，著《解疑论》以示群臣。

估计戏演到最后，真宗皇帝本人入戏太深，连他自己都觉得天书祥瑞什么的皆是真实存在。如此精神状态下，众臣附和，真宗本人文笔不错，估计《解疑论》写得也是"白马非马"，让人云里雾里。

观宋真宗自己作的诗文《励学篇》，感觉这位帝王不失好玩和厚道："富家不用买良田，书中自有千钟粟。安居不用架高楼，书中自有黄金屋。娶妻莫恨无良媒，书中自有颜如玉。出门莫恨无人随，书中车马多如簇。男儿若遂平生志，五经勤向窗前读。"

此诗意境虽不高，但语意平实，从根本上反映出宋代对士人的尊崇，也显示出整个社会文质彬彬的精神面貌。

天禧元年（1017年），宰相王旦病死。临终，他对儿子说："我一生没有大过错，唯恨不谏皇帝纳'天书'。我死之后，当削发披缁以殓。"

老头子数年来每逢天书"大神"把戏开演，因身居首辅，自然要领头表演，为此常悒悒不乐。如今，他懊悔得不行，临死还要求以僧礼入葬。

乾兴元年开春（1022年），宋真宗崩，时年五十五岁，在位二十六年。其子宋仁宗继位，史臣称："（宋）仁宗以天书殉葬山陵，呜呼贤哉！"

此话也是不知就里，宋仁宗继位时是个十三岁的少年，万事由真宗皇后刘氏做主。娘儿俩知道"先帝"酷爱天书才把这些东西陪葬，如同以王羲之真迹陪葬唐太宗一样，而并非是想为宋真宗“遮丑”。

又过七年，宏丽的昭应宫因被雷电击中，燃起大火，连烧几天几夜，成为一堆灰烬。刘太后本想再建，大臣范雍等人力谏，以“天”说事，认为这是上天示警，不能再殚民力重建。

“天书封禅”千百年来为人诟病，主要是因为宋真宗君臣荒诞不经，劳民伤财。但是，从实际情况看，天书降神和祭祀活动伤财未动筋，劳民未伤骨。而且，“天书封禅”，从某种意义上讲，在外交政治上于北宋还有“积极”意义。这一点，元朝撰编宋、辽、金史的史臣早就有所发现。

所以，针对辽朝上层好神信鬼的习气，宋真宗君臣搞的这些大把戏，确实也让辽朝使臣看得眼花缭乱，实生羡慕感叹之情。宋朝在当时代表“文明大化”，大臣们虽然绝大多数附和，积极参与“表演”，但基本上没人相信，连给宋真宗首先出坏主意的王钦若也一开始就明确表示这是“以神道设教”，是高级愚民术。

但是，笃信萨满类原始宗教的契丹人，对“天书”“天神”“祥瑞”之事，宁可信其有，绝不信其无。

已是友好邻邦的大宋国天书频降，符瑞遍地，皆是使臣亲眼所见，回国后一经渲染，说不定还对辽国君臣有一定的震慑作用。

贺兰铁马彻地来

狼子野心的西夏“开国者”们

中国历史，总以尊奉“正统”为原则。13 世纪，蒙古统治者入主中原后，由于他们本身就是“夷狄”，所以，元朝的史家们奉命同时修《宋史》《辽史》《金史》，给人一种三朝皆是“正统”的感觉。

后来，到了清朝，自康熙起，清朝皇帝的汉化已经到了骨子里。他们对“夷狄”“胡”等字眼十分敏感，然而对于宋朝的历史还是很“客观”。

特别是乾隆，大兴文字狱之余，也认为宋朝在当时才是正统。这一点难能可贵，因为清朝本身是以金朝的后裔、继承人自居。

无论如何，当时及后世的历史学家对于与辽、宋、金同时代的一个西北政权西夏，似乎都有意无意地忽略或弱化了这个政权的存在。

蒙古人修史，也没把西夏当成一个“国家”来修（成吉思汗正是在出征西夏时病死，这可能是原因之一）。

细究史实可以发现，西夏盛时，其领土包括今天的宁夏全部、甘肃大部、陕西北部、青海东部以及内蒙古的一些地区。

西夏人口的成分十分复杂，有党项（党项羌）、汉、吐蕃、回鹘、鞑靼、吐谷浑、契丹等族。如果从唐末拓跋思恭拥有夏州之地算起，至最后被蒙古所灭，西夏历史长达三百四十七年。与之相比，宋朝（南北宋）为三百二十年，辽朝为二百一十年，金朝才一百二十年。

西夏，以当时的“政治地理”来讲，确是一方胜国：它东北有狼山、阴山，中有贺兰山、六盘山，西南有祁连山；滔滔黄河，直贯国中；都城兴庆（今宁夏银川）更是凭河依山，形胜地固。

“西夏”，乃宋朝对它的称呼。元昊建国称他的“国家”为“大夏”，承袭五胡乱华时代的匈奴大王赫连勃勃。当时这位爷在今天的宁夏及周边地区建立过一个“大夏”政权。可笑的是，西夏主体民族是党项羌，但元昊皇族出自拓跋鲜卑，与北魏同源。拂拭历史的尘埃，可以发现，赫连勃勃大王的“大夏”，当年正是为北魏太武帝拓跋焘所灭。

时隔六百余年，拓跋氏后裔又在相同地点复活了与昔日敌国国名相同的“大夏”，是意外的巧合，还是历史的一个黑色幽默呢？

鄂尔多斯大草原的主人

党项羌早期的“奋斗史”

党项，据考是羌族的一个支系，《隋书》上载“党项羌者，三苗之后也。其种有岩昌，白狼，皆自称猕猴种”，估计是体健爱跑喜欢爬树什么的。西晋时期，羌族被整治得厉害，“或臣（于）中国（中原王朝），或窜于山野”，跑得远一点儿的就归附了吐谷浑。

唐朝太宗时期，由于吐谷浑为吐蕃所灭，缺怙少依的党项羌请求内附，被大唐徙于松州（今四川松潘）安置。渐渐地，这些党项羌人形成数个较大的部落族种，有拓跋氏、野利氏、米擒氏、费听氏、往利氏、颇超氏、细封氏等，其中拓跋氏最强大。他们的地盘，大概在今天的甘肃东部、陕西北部地区。

唐朝开元年间，居于今天青海和甘肃南部的一些党项羌人非常害怕那些嗷嗷乱叫、四处劫杀的吐蕃军队，向唐玄宗求救，被集中迁至庆州（今甘肃庆阳）。

安史乱起，各地胡人蠢蠢欲动。大英雄郭子仪怕这些异族豺狼聚合在一起揽大事，就建议唐代宗把当时在庆州的拓跋朝光部党项人迁至银州以北和夏州以东地区，大致相当于今天鄂尔多斯的东南。这一地区，正是南北朝时匈奴人赫连勃勃的“大夏”国旧地，当时称平夏。所以这一部拓跋所统率的党项羌人就称“平夏部”。日后西夏皇族，正是源出这一部党项。

当时，唐朝还迁另一个部落（首领拓跋乞梅）于庆州，这一部党项羌人就称“东山部”（因为他们所居的庆州在六盘山以东）。唐僖宗时，平夏的酋长拓跋思恭被朝廷封为夏州节度使。由于赶上唐末大乱，拓跋思恭追随沙陀人李克用，曾一度帮助唐王朝“收复”长安，因功被封为夏国公，并赐皇族姓“李”，夏州地区的党项武装，被称为“定难军”，总括夏、绥、宥、银四州。

由此，以夏州为中心，鄂尔多斯以南的广大地区，皆成为拓跋部的私人领地。

拓跋氏一直争取“保境固守，伺机发展”的策略，完全是墙头草，谁势大就倒向谁，谁称帝就向谁称臣，只要承认他们在夏州一带广大地区的统治地位即可。

五代之始，陕西北部被平夏部拓跋氏纳入版图，又添盐州和延州之地。

五代的后梁时期，平夏部首领李思谏（拓跋思谏，此时已经以“皇唐”的国姓自称）向朱温称臣。后唐灭后梁，当时的平夏部首领李仁福马上“归顺”，得封朔方王，仍旧在原来的地界为霸一方。后来，李仁福病死，其子李彝超继任。后唐趁人之丧，想借机拔掉这个“钉子”，派大军突袭夏州，结果反被早已有准备的平夏部党项羌人打得大败，悻悻而归。按理，后唐是沙陀种，也被唐王朝赐姓李，一笔写不出两个“李”，曾经还是老战友，但这些人利欲熏心，唯利是图，彼此没有任何信义可言。

后晋、后汉、后周几个政权在中原地区走马灯一样换，平夏部党项羌人任谁称皇帝，皆“俯首”称臣，换来的是自己在这一地区的无上地位和大笔大笔的金银财宝等“赏赐”。

狼子野心，勃勃欲发。

待到赵匡胤建立宋朝，夏州地区已经在平夏拓跋（部）手中经营了二百多年，这里广袤的牧场，不仅养育了无数牛羊，更重要的是出产良种战马。特别是地斤泽地区，处于鄂尔多斯腹地，水草丰美，牛羊马无数，成为党项羌族的肉库和天然马厩。同时，由于与汉族杂居，党项羌人的农耕业也不逊色，与宋交界的七里平等地，满眼皆是西夏的储粮仓。

另外值得一提的是，鄂尔多斯南部还盛产当时可作货币使用的上好青盐，且产量巨大，一年能有一万五千斛左右。有兵有粮有马有盐，天时地利人和，平夏部自然是一方主人。

宋太祖初登基，平夏首领李彝殷立即遣使上贡，并把自己的名字改为李彝兴（赵匡胤之父叫赵弘殷），以“避讳”之举表忠心。宋太祖见这位西北豪酋如此“懂事”，大喜，仍旧承认李氏（拓跋氏）家族对当地的统治权，并诏命党项羌出兵骚扰北汉，以配合宋军作战。

建隆元年（960 年），李彝兴献良马三百匹，此举如同现在奉献三百挺机枪一样，正是宋军所急需。宋太祖高兴之下，亲自监制了一条玉带给李彝兴。这位老李是个腰带十围的巨胖，一定耗费了宋廷不少上等美玉。

乾德五年（967 年），李彝兴病死，宋太祖“震悼”，赠太师，追封其为夏王，并授其子李光睿为定难军节度使。

得知宋太祖不断削夺方镇大将的权力，又听说仁德的皇帝“杯酒释兵权”，李光睿又惧怕又心存侥幸，遣使入朝献宝献马之余，上表表示自己要入朝觐见宋太祖。

当时，北汉未下，宋太祖还需要李光睿这一方豪酋替他出力，便

“优诏不许”，让他出兵助宋军攻北汉。李光睿还没出兵，北汉主刘继元自找倒霉，派军进攻银州，被党项羌击走。

生气之下，李光睿亲率军队出击，配合宋军作战，夺取北汉两座雄关，斩首近千，缴获不少辎重物资。

宋太宗继位，李光睿与其父一样，为避赵光义的名讳，马上改名李克睿，态度诚惶诚恐。太宗高兴，加封他为检校太尉。太平兴国三年（978 年），李光睿病死，其子李继筠承袭定难军节度使之职。这位爷命不好，当了两年多节度使就病死，其弟李继捧袭位。

一直以来，李氏一族野心并不大，无非是甘心情愿当一方诸侯，小日子过得挺滋润。宋太祖虽然削夺方镇的兵权，对西北地区的少数民族，仍“许之世袭”，各地的大小豪酋们又有厚赏又有世袭官职，孝顺得不行。而且，西北等边疆地区不同于中原、江南、岭南地区那样形势复杂，征讨一无借口，二无必要，因此，施恩取信于人，是当时宋朝最为稳妥的计策。

但是，李继捧继位后，形势赫然出现了变化。

喂不饱的群狼

从李继迁到李德明

李继捧当上节度使才一年多，竟然于太平兴国七年（982 年）六月率一大家子入朝。

看见西北边地这位小诸侯能束身归朝，宋太宗大感意外。李继捧的祖母独孤氏向太宗皇帝呈献玉盘等宝物。大喜之下，宋太宗赐赏李氏一家金银无算。

坐下细聊，方知李继捧袭位后，其叔父辈以及兄弟辈不少人虎视眈眈，认为他没有资格承继其兄李继筠的节度使之位。大概读过一些书，李继捧知道唐末的藩镇首领往往为保自己一家活命，偷偷跑到京城向皇帝效忠，得赐大官好宅金银，于是他也表示自己“愿留京师”。

李继捧一家入京，确实是好事。宋太宗急于求成，就想让人把李氏亲族皆一锅端到京城，彻底根除西北这一大盘踞势力。

愿望是好的，却是极不现实的。搬迁一棵两百年老树，还需仔细清理盘根错节。从根上挖取一个有两百年地方统治史的大家族，难免百密一疏。

而且，这一举措最大的错漏，在于使当地的李氏族人和地方大小豪酋产生戒心：连李家都被迁入京城了，我们何时也要结束世外桃源的美好生活呢？

其实，当宋太宗问李继捧怎样统理夏州诸部时，这位老兄老实回答：“羌人鸷悍，但羁縻而已，非能制也！”连李继捧都不敢说自己有直接管治诸部党项羌人的能力，宋太宗想直接在当地施以郡县式管理，就近乎天真。直到清朝雍正时期，对南方少数民族的“改土归流”工作还阻力重重，宋太宗竟那么早就想用这种方法，真是太超越时代了。

李继捧既然“上献”银、夏、绥、宥四州土地，宋太宗就授宋臣曹光实为四州都巡检使，准备进行接收。

宋朝负责搬迁李氏家族入京的使臣到了银州，李继捧的一个族弟名叫李继迁，当时的官职是“管内都知蕃落使”。此人狼子野心，志向不凡，深知一家人被迁入京城，无异于蛟龙失水，再无折腾的可能。于是，他诈称出城为其乳母送葬，趁机率数十人遁入茫茫鄂尔多斯大草原中的地斤泽。

这位李继迁年方二十岁，血气方刚，有勇有智，一口气狂逃三百里，成功演绎了胜利大逃亡。

刚刚出逃，这帮人虽然纠结了一些人马，还不大成气候，不久，就被夏州知州尹宪与都巡检使曹光实乘夜攻袭，斩首五百余级，烧毁四百余帐落，李继迁只与其弟逃脱，其老母和妻子均被生俘。

宋朝方面获胜后，很是松懈，觉得逃跑的这小股匪帮没什么能耐，折腾不起来。但实际情况是，李继迁小伙子年纪虽轻，很有政治头脑，连娶数位当地豪强的女儿作妻妾，一下子与那些首领成为亲戚，在很短的时间内勾结在一起，势力渐盛。

李继迁很会做说服劝导工作，他大宴诸豪酋，先是大讲特讲李氏一家的赫赫战功和两百多年"光荣"历史，然后，言语沉痛："我们李氏家族世世代代拥有西土，殊不料如今一日绝之。如果你们能不忘李氏旧恩，敢和我一起兴复光大我们李氏家业吗？"

党项诸酋没有过多顾虑，又与李继迁成为"亲戚"，自然异口同声答应。

雍熙二年（985年），李继迁与其弟李继冲向宋将曹光实诈降。

老曹认为这俩穷寇是绝望之下来归顺，丝毫不疑，大大咧咧地仅带数十人前往葭芦川（今陕西佳县西北）与李氏兄弟会盟。还没下马，李氏兄弟与党项羌人就弯弓搭箭，把曹光实与数十宋兵均射死在当地。堂堂宋朝一个大军区司令长官，就这么糊里糊涂被人弄死。

李继迁杀掉曹光实后，袭据银州，复破会州，焚掠城郭而去。豺狼之性，一曝无遗。不久，宋将王侁带军出银州北，大破李继迁，斩首五千余级，李继迁逃窜（这位王侁正是日后导致老令公杨业败亡的那位爷）。

眼见和宋朝闹翻，李继迁脑瓜好使，向辽国"请降"，被契丹人封为夏国王，并把义成公主嫁给李继迁为妻。

至此，西夏在立国的道路上迈进一大步，左右手搭上宋辽两国，凡事就更好周旋其间。

端拱元年（988年），宋太宗采纳赵普建议，把本来外任为崇信军节度使的李继捧召还京师，赐姓赵，改名保忠，授其为夏州刺史，充定难军节度使，目的是想以毒攻毒，派李继捧（赵保忠）回老窝，代表中央去讨伐他那个叛走的族弟李继迁。

李继捧回到老家，暗中与族弟勾结。过了数月，他上表奏称李继迁要归降，宋太宗便下诏委任李继迁为银州观察使，赐名赵保吉，但李继迁根本无降意。两兄弟小打小闹，怎么也得做样子给宋朝看看。

安庆泽一战，李继捧与李继迁演戏，但“道具”皆是真家伙，一不留神，李继迁屁股上中了一支大箭，仓皇遁去。

未几，李继迁率大批党项羌人，猛攻夏州。估计那一箭把李继迁射急眼了，这次他可是动真格的。李继捧心慌，忙遣使求援，宋朝派大军来救。

战事胶着，宋太宗知道李继捧不顶事，便派自己的大舅子李继隆率大军征讨。这位李继隆看名字好像是李继捧、李继迁的兄弟辈，其实，他与西夏的李氏没有任何关系。李继隆之父李处耘是宋太祖朝功臣，为攻破荆南高氏割据政权的首功之人。李继隆的妹妹是宋太宗正妻明德皇后，他既是功臣之子，又是皇帝至亲。李继隆并非高干纨绔子弟，在太祖、太宗两朝皆立过大功，可称是百战良将。此次，他被宋太宗委任为河西行营都部署（河西军总指挥），专门进讨李继迁。

此前，由于宋朝实施禁盐，西夏诸族有盐不能卖钱，大都急红了眼，四十二族的蕃人皆跟随李继迁在环州一带大肆寇掠，多次打败宋朝边将。

后来，李继迁想把绥州居民迁往平夏城，但因为宋朝已经解除盐禁，各族有了经济好处，再不想与李继迁一起做“贼”，于是其部将高文率众掉头反击李继迁。

李继迁受挫后，仍在当地打转，围堡砦，掠居民，焚积聚，率众猛攻灵州。

在夏州心怀鬼胎的李继捧听闻李继隆率宋军将至，慌忙带贴身的数百党项羌随从出城，于城外扎下营垒，并把自己的老母、妻子、儿子均带出城，诡称要与李继迁讲和解怨，并声称李继迁已经答应投降，要求朝廷撤回援兵。

他真正的意图是害怕李继隆所率大部宋军入夏州后，会马上削夺他的军权，甚至会察觉他与李继迁暗中往来而逮捕他。

宋太宗不受骗，立命人送信督促李继隆进军。李继捧是个倒霉蛋，一天半夜，其族弟李继迁突袭这位一直与自己暗中勾通的族兄，杀掉数人，并俘获了李继捧的母妻及儿女。

惶惧之下，李继捧从被窝里爬出，跳上一匹马，单骑逃回夏州城。一入城，守城宋将就把他关进小黑屋，稍后进城的李继隆见到这个西北白眼儿狼大骂，把他关进囚车押往汴京。

宋太宗念他当初主动入京归附，赦罪不杀，封“宥罪侯”，赐第京师，其实是把他软禁起来。后来，宋廷外派他到岳州、复州等南方州郡当官。虽怏怏不乐，李继捧也无可奈何。景德元年（1004 年）李继捧病死，临终还上表称自己儿子李永哥不孝顺，要朝廷把儿子发配。可见此人贪残，父子亦不免猜忌。

李继迁与李继隆所率宋军相持之际，大玩两面派伎俩，遣其弟李延信入京献马，宋太宗抚赉甚厚，回赐金银茶药等物。

同年，宰相吕蒙正建议：“夏州深在沙漠，奸雄常常据此生事，自赫连勃勃筑城以来，常为关右之患，倘废此城，乃万世之利也！”于是，宋太宗下诏，隳毁夏州城。因此，昔日赫赫有名的统万城，如今只剩下残垣断壁，但其坚厚结实程度仍令后人遐想无限。

至道元年（995 年），李继迁派手下的汉人张浦带着一大群马驼等牲畜，以贡献为名，入汴京觇窥宋朝虚实。

宋太宗使出耀武扬威的老把戏，弄出一大帮军队杂技团，大玩“翘关、超乘、引强、夺槊”的硬气功、特务训练等把戏，万里挑一的宋军大力士力挽两石大弓，意气扬扬。

观毕表演，宋太宗问张浦：“羌人（党项羌）敢与这样的队伍打仗吗？”

张浦人精一个，自然溜须拍马：“羌部弓弱箭短，看见皇朝这些高大孔武的汉子早就吓跑了，又怎敢与他们打仗啊。”

宋太宗的虚荣心得到了极大的满足。于是，他派使节持诏拜李继迁为鄜州节度使，并勒令他归还从宋朝各边境州县抢走的财物。

李继迁知道宋朝奈何不了他这个辽朝的“大夏王”，又嫌宋朝封官太小，对宋廷的“恩诏”，笑而不受。

宋太宗没办法，封张浦一个郑州团练的官，把这个西夏人的“智囊”软禁在汴京。

不久，李继迁上表说宋朝守将郑文宝诱降党项酋长，宋廷为免生事，竟把郑文宝召回贬官。

李继迁仍不消停，自率大军进攻宋朝的清远军（驻地在今甘肃环县），被守将张延击败。

至道二年（996年），宋太宗为了加强灵州（今宁夏灵武附近）的实力，派洛苑使白守荣押送四十万斛粮草前往。

临行，宋太宗特别嘱诫白守荣要把运粮车分成三大队，丁夫发给弓箭自卫，护送兵士以方阵前进，“遇敌则战，可以无失”。同时，宋太宗下令会州（守地在今天的甘肃靖远）观察使田绍斌率兵应援。

不料，白守荣嫌三队费事，索性编为一个大的车队，役夫军士交混，完全没有应急的准备。运粮大队行至浦洛河，李继迁早已埋伏精骑于林中，忽然出击，麻痹大意的宋军士兵役夫根本没有思想准备，登时大溃，四散奔逃，把四十万斛粮草扔在当地。

假使会州的宋军将领田绍斌依计划护援，杀个回马枪，兴许能转败为胜，但这位田将军为求自保，根本没有出军。至此，四十万斛粮草顿成李继迁手中之物。很快，他集大军包围了灵武城。

宋太宗大怒，立刻派大将李继隆为环州、庆州等都部署诸将，五路出军，目标是平夏城（今宁夏固原）。

李继隆自作主张，没有按计划出环州（今甘肃环县），认为从那里出军太绕路，提军从青冈峡绕灵武直趋平夏。

李继隆本意很好，以“围魏救赵”之计，想急行军奔抵平夏的李继迁老巢，一方面灵武之围自解，一方面可以在平夏捣毁李继迁的根据地。

本来，宋将相约五路军于乌白池（今宁夏灵武东南）一带集结，但盛夏行军，地旱人渴，李继隆半路只遇见宋将丁罕一部，合军一处，走了十天，也没看见一个党项兵的影子。至此，军队食水、给养基本用光，只得狼狈还军。

另两路宋军，延州的范延召与夏州的王超二人误期，最终合军于乌白池，但忽遇以逸待劳的党项羌兵。王超老将，“持重不进”，其实是心里发虚，幸亏他十七岁的儿子王德用激昂求战，请为先锋，激战三日，终于打跑了与宋军交阵的党项人。

范延召一部宋军，与西夏兵大小数十战，互有胜负，但最终因粮草不济，缺乏饮水，仅仅自保而已，根本谈不上破敌。

此次五路攻夏，以失败告终。

转年，宋太宗崩，宋真宗继位。为息事宁人，宋朝遣返从前扣留的西夏使臣张浦，并割让夏（陕西横山）、绥（陕西绥德）、银（陕西榆林）、宥（陕西靖边）、静（陕西米脂）五州予李继迁，实际上承认了西夏的独立地位。

李继迁派其弟李瑗入朝“谢恩”（实际上是索要赏物），未几，又出兵到宋境抢掠。

抢掠成性，李继迁可算是猖狂至极。

宋真宗咸平五年（1002 年），李继迁率领诸藩部落，终于攻陷宋朝重镇灵州，并改名为西平府。灵州正处黄河与浦洛河交汇处，据形胜之地，“北控河朔，南引庆（州）、凉（州），据诸路上游，扼西陲要害”。

灵州失陷前，宋朝大臣杨亿、张齐贤、李沆等人认定灵州必不能守，劝宋真宗下令灵州守将提前与当地军民携力，搬空此城，退保环州。真宗皇帝新继位，气锐性刚，仍旧下令守将王超等率六万大军驰援灵州。结果，清远军都监段义叛降于李继迁，王超大军还没赶到灵州，城池已经陷落。

灵州之败，不仅是一城一州之失，而且是宋夏关系的转折点。从此，西夏一下子有了立国的本钱，昔日时叛时降的宋朝边境诸少数民族部落也铁了心跟随李继迁，抱定了党项这条粗腿。

最最重要的是，从此西域通路断绝，党项人不仅隔绝回鹘等国给宋朝的入贡，还禁止各蕃落向宋朝卖马。古代战争中，战马是决定战争胜负的关键性因素之一。

灵州陷落，关中地区一下子失去屏障，受到极大威胁。

攻克灵州后，李继迁一下子不可自抑，建国称帝，似乎指日可图。他不顾宋朝割五州之地的友好表示，自率大军进攻麟州（今陕西神木），遇挫后，老哥们儿并不气馁，回军而西，渡黄河，跨贺兰山，进攻凉州，大有把河西走廊一统域内的野心。

凉州治所西凉府（今甘肃武威）当时由宋朝派去的知府丁惟清管理，但周边广大地区皆是吐蕃六谷部酋长潘罗支的地盘。这位吐蕃人是亲宋派，加之凉州当地吐蕃人汉化较深，汉蕃关系很不错。

李继迁声东击西，先扬言要进攻环州，实际上主力党项军马不停蹄地向凉州飞驰。

咸平六年（1003 年）年底，猝不及防的宋朝凉州知府丁惟清早晨刚刚醒来，就有兵卒仓皇跑进府中，报告城中已冲入党项兵。没等丁缓过神，党项骑兵已经冲入知府衙门，一刀将其砍死。至此，宋朝又一西北重镇凉州也被李继迁攻取。

凉州城虽被党项人攻下，周遭的吐蕃部落并未完全降服。

李继迁正部署军队准备进击，忽然接到吐蕃首领潘罗支的降书。他约李继迁出城，在一块山谷之地举行仪式，正式向李继迁归附。

谋士张浦等人认为潘罗支是诈降，劝说李施反诈降计，突然集兵冲入约降地点杀尽吐蕃人。

李继迁被胜利冲昏了头，认定潘罗支是力屈而降，认为杀掉他们会伤害那些准备投降的吐蕃诸部之心。

李继迁率大军出凉州城，浩浩荡荡，毫无防备地向约降山谷挺进。远远地，就望见潘罗支等人站在当地“恭候”。

刚刚想扭头和左右人等夸耀自己的战功，吐蕃人埋伏的劲弩和弓箭一时齐发，有几支大箭“嗖嗖”而来，把李继迁身体几处洞穿。党项军大败，奔还灵州。

半路，李继迁伤重而死，时年四十二岁。满打满算，这位爷在西北折腾了二十二年，终于为子孙挣得了日后发家立国的本钱。

李继迁死，其子李德明得立，时年二十三岁。

李德明小名叫阿移，其母为野利氏。李德明初立，心中无底，属下又有一些部落头人投奔宋朝。见势不妙，李德明派人奉表“归顺”。由于宋朝当时与辽国的战事吃紧，就积极同西夏讲和。

李继迁临死前，特别嘱托儿子一定要与宋朝讲和，“一表不听则再请，虽累百表，不得请，勿止也”。李继迁很有政治头脑，虽然恃功冒险受重伤，他对当时的“国际形势”还是心中有数。

景德三年（1006年），宋朝封李德明为西平王，任夏州刺史，并授检校太师兼侍中的荣衔，赐金银绢茶一大批。同时，诏令李德明遣子弟入传（即送直系亲属入汴京当人质）。此令遭到李德明“婉拒”，但他仍派人上献御马二十五匹以及一批良马、橐驼之类的土产。

李德明同时也向辽国示好，被辽朝封为“大夏国王”。他两边买好，得到双份厚赐。

脚踏宋、辽两只船，西夏更加进退自如。

当时，宋将曹玮上表宋真宗，认为应该趁李继迁刚死、其子李德明新立之时，出奇制胜，倾大兵而进袭，一举捣毁西夏老巢。但是，宋朝君臣当时注意力皆在抵御辽国的军事进攻上，不想两个战场同时打仗，没有听从曹玮的建议。

此后，由于宋辽签订了澶渊之盟，李德明更不想自触霉头，对宋朝和辽朝“称臣”的同时，只想对这两个冤大头国家打“经济”算盘。除每年从两朝得到大量赏赐外，李德明派出的“贡使”还大肆走私，售卖马匹等物。对此严重扰乱本朝经济的举动，宋、辽两国还睁一眼闭一眼，都“顾全大局”。

李德明在榷场与宋朝进行正常交易的同时，鼓励西夏人在边境地区大卖青盐、粮食等违禁品，获利颇丰。不仅如此，西夏军队还时常拦截来自西域的商人和使团，明抢贡物和金珠，唯利是图。

无论如何，李德明在位二十余年，宋夏没有发生大的战事，仅仅在大中祥符三年（1010 年）因夏州发生饥荒，李德明上表宋朝，索求百万斛粮食，大有兴兵勒索的意思。

对此，宋朝君臣很不好拿捏，是下诏“切责”还是服软“输粟”，一时举棋不定。幸亏宰相王旦出主意，下诏明示李德明：“已敕令有司在京师聚粟百万，可遣众来取。”

不卑不亢，李德明见诏“大惭”，嘴里念叨“朝廷有人”，遂不敢再妄加讹诈和勒索。李德明在位时，虽然与宋、辽“交好”，没有大的战事，但他也没闲着，倾力向河西走廊发展，南击吐蕃，西攻回鹘，大大拓展了党项羌族的生存空间。

凉州的吐蕃头领潘罗支用诈降计大败李继迁后，不久，他本人竟也同样被党项两个部落的头人以“诈降计”干掉。

潘罗支虽死，其弟厮铎督仍然与西夏为敌。景德四年（1007 年）以及大中祥符四年（1011 年），李德明两次派兵进攻凉州，均未得手。1016 年，本为吐蕃友军的回鹘人突然杀入凉州，打跑了吐蕃人。1032 年，李德明命儿子李元昊率军征讨，终于打败回鹘，把凉州纳入西夏版图。在此之前，李元昊于 1028 年还夺取了回鹘所据的重镇甘州（今甘肃张掖）和瓜州（今甘肃安西）。

有了收降的回鹘精兵和缴获的吐蕃骏马，李德明如虎添翼，西夏国势蒸蒸日上。

自 1010 年起，李德明已在傲马山一带大修宫室。1019 年，经过认真考察，李德明选定怀远镇（今宁夏银川）为都城，改其名为兴州，督建起巍峨壮丽的宫殿群。

他对外仍向宋、辽称臣，对内则完全是帝王气派。每有宋使到来，李德明也做做样子，让人撤去宫殿匾额，背朝外放在台阶上。一俟金银赏赐到手，宋朝使节刚刚出宫，李德明马上换上皇帝才能穿的赭黄龙袍，关上宫门仍做天子。

1032 年，李德明病死，时年五十一岁。其子李元昊继位。

李元昊这个铁血大魔头，将为北宋与西夏带来无数人命与财产的巨大损耗！

西北烽烟连年起

元昊的十数年战争

元昊（又名曩霄），小名嵬理（西夏语为“惜富贵”，似汉语小名“来福”之意），其母为卫慕氏。

由于当年率党项骑兵袭取回鹘甘州城成功，元昊凯旋后即被其父李德明立为太子。此人本性雄毅，多大略，可以讲此人生下来就是个人上人的料子。

元昊圆脸高鼻，个子不高，面相很似藏画上的人物。他自年轻时就爱奇装异服，穿长袖绯衣，戴黑冠，让人望之森然。从智力方面讲，元昊是个通才，通晓佛教义理，精通吐蕃语、汉语，明悉法律，智勇双全，是个罕有的冷静、冷酷且逻辑缜密的政治人才。

当皇太子时，元昊多次劝其父李德明不要向宋朝称臣。李德明表示：“我们长久以来一直处于战争状态，国耗民疲。而且，我们党项人三十年能衣锦服绮，都是宋朝的恩赐，不可轻易辜负。”元昊大言：“衣皮毛，事畜牧，乃我们蕃人的习俗。英雄在世，当图王霸大业，何必介意绵绮细事！”

狼子野心，可见一斑。

继位后，元昊励精图治，申明号令，以兵法勒诸部，对党项诸部进行了更为严厉的控制。他恩威并施，常与部众会猎议事，很有亲民作风。同时，元昊对西夏内部的官制下大力气进行改革，设立了中书、枢密、三司、御史台、翊卫司等一系列府衙，分由汉人、党项人统管，并分设蕃学和汉学，培养后备人才。

当然，中央官制方面，元昊大多是搬袭宋朝的官制，但俸禄方面比宋朝差得远。

元昊继位后除改名为“曩霄”以外，又自称“嵬名兀卒”，即党项语的可汗号（“兀卒”在党项语中有“青天子”之意）。“嵬名”之意，众说纷纭，据欧阳修所记，应是拓跋鲜卑“元”姓的党项音译。元昊不姓李，不姓赵，一抛唐宋两大中原王朝的赐姓，改为拓跋鲜卑的“皇族”姓（北魏孝文帝改制时，把“拓跋”皇姓改为“元”姓），显然是为称帝做精心准备。

1032 年，是宋仁宗“明道元年”，元昊认为“明道”的年号犯其父亲李德明之讳，自己在国中称“显道”。景祐元年（1034 年），改元为“开运”。

依礼，当时元昊的西夏是宋朝藩属，当然不能有自己的年号。可笑的是，“开运”是五代后晋的倒霉年号，施行后才有汉儒指出此年号不吉，元昊改为“广运”。自此之后，西夏便自行一套年号体系。

在官制等方面推行汉化的同时，为了增强党项的民族意识和身份识别，元昊强行发布“秃发令”，并以身作则，自己先把脑袋顶上一圈头发剃光（有点像日本战国时代的武士），三日为限，不从者杀之。

当然，让党项人秃发并非一件难事，不似清初汉人剃发那么有心理障碍。秃发之举，完全是元昊验证自己的统治力和突出民族特征的一种手段。同时，元昊对党项官民服饰进行了严格规定，文官“幞头、靴笏、紫衣、绯衣”。武官则冠金帖起云镂冠，或银帖间金缕冠，衣紫襕。一般百姓只能穿青绿服色。

元昊自己的打扮也很独特：“衣白窄衫，毡冠红里，冠顶后垂红结绶。”怎么看怎么像日后李自成的装束。

接着，元昊自制西夏文字。要建立国家，创制文字一般都是必不可少的步骤。西夏文字结构十分复杂，相较于汉字，大有床上架屋、画蛇添足之势。估计西夏文字并非由元昊“创制”，应是由野利仁荣主持，他有一套“班子”专门研究创制西夏文字。西夏皇族后来皆为蒙古人殄灭无余，但后世出土以及敦煌文献中存留的实物十分丰富，特别是《番汉合时掌中珠》，完全类似现代的双解字典，西夏文、汉文双解，成为后世阅解西夏文字最珍贵的“工具书”。

做毕这些礼仪、制度、文字等方面的工作，元昊还需要显示一下自己的武功，于是，派大将苏奴儿率二万五千名党项劲卒进攻吐蕃的唃厮啰政权。

唃厮啰是昔日强盛的吐蕃王国赞普的后裔，他本来生于高昌，少年时代被一个羌人当作“奇货”带到河州（今甘肃临夏）。知道其身份后，当地人名其为“唃厮啰”——吐蕃语是“佛儿”的意思。当地吐蕃诸族重血统，唃厮啰因此被拥为“赞普”。后来，唃厮啰与拥立的吐蕃酋长发生内讧，自行出走，后在青唐（今青海西宁）建立起政权，附近诸族纷纷归附，拥众数十万人。

唃厮啰一直接受宋朝册封，采取抗夏附宋的策略，常年与西夏兵戎相争。此次进攻，西夏的苏奴儿一军遭到吐蕃军强烈反击，败死殆尽，苏奴儿本人也被俘。

气急败坏之下，元昊亲自出马，率数万大军猛攻猫牛城（牦牛城，今西宁西北）。打了一个多月，党项兵也攻不下坚城。元昊用计，诈称要和吐蕃人约和，待其守城主将开城门准备宴饮盟誓时，元昊突然进攻，杀进城中，把城内居民和守兵杀得一干二净。

紧接着，元昊自率西夏大军，在吐蕃境内昼夜不息，转战四方，四处攻城。虽然吐蕃的青唐都城未被攻下，但元昊取得瓜州、沙州和肃州三个战略要地。南还时，元昊怕吐蕃兵蹑追，又举兵猛攻兰州诸羌部，并于各州筑坚城，以免他日后侵宋时吐蕃兵会从他背后进击。

元昊很有雄略，他在黄河以北布军七万，以备辽国；在盐州路布兵五万人，以备环庆等地的宋兵；在宥州路布兵五万人，以备鄜延等地的宋军；在甘州路布兵五万人，以备吐蕃和回鹘。同时，他精选善骑射的壮士五千人，号为“御围内六班直”，以充御林军。

至此，元昊拥有了夏、银、绥、宥、野、静、灵、盐、会、胜、甘、凉、瓜、沙、肃十数州之地，他自居兴州，依山阻河，于宋宝元元年（1038年）正式称帝，时年三十岁。

当然，称帝之事，怎么也要向宋朝有个交代，元昊便派使臣去汴京，宣告自己称帝一事。

虽然元昊上奏的语气不乏谦恭，但对于宋朝来讲，藩国一下子变成“友邦”，国王变成皇帝，是万万不能接受的大逆不道之事。

元昊称帝前，已经清洗了西夏内部对他地位有威胁的部族首领，不仅把反对他的卫慕族首领山喜整族人扔进黄河淹死，而且连自己的亲生母亲也不放过（元昊的母亲就是卫慕族人），以毒酒毒死。一个母后也不能容，元昊确实是非常残忍。

不仅如此，元昊把自己的妃子卫慕氏（也是他表姐）连同卫慕妃为自己生的儿子也一并杀死，斩草除根，狠到连自己的骨肉也不放过，元昊真是残忍至极。

称帝前，由于分掌西夏左右厢兵的大将山遇惟亮劝说元昊不要与宋朝翻脸，元昊准备诛除山遇一族。这位老臣得知消息后，携家属20多人准备逃往宋朝边将李士彬处（李士彬本人也是党项族）。中途，宋朝的延州知州郭劝抓住山遇惟亮一家人，怕收留他们惹起边事，竟然派人把山遇一家人押还给元昊。元昊大怒，把山遇惟亮及其儿子缚于树上，与众军将一起，弯弓搭箭，把这位老臣及其儿子射成刺猬，然后戮尸泄愤。

元昊称帝，宋廷上下非常愤怒，马上下诏削夺元昊官爵。但是，众大臣还没有意识到西夏威胁的严重性，认为“元昊小丑，出师征讨，旋即诛灭！”。

朝臣中，唯有谏官吴育一人忧心忡忡：“元昊已经称帝，不可能自己再改回原先的称号，而且他一定做好充足的战争准备。当今之计，应暂且答应他的要求，让他没有口实兴兵，同时严命边将抓紧战备，争取时间，待其发兵来攻，兵祸还可能不会太深。”

当时，张士逊任宰相，认为吴育迂腐可笑，不听。

不仅削夺元昊爵号，宋朝还立刻断绝双方的互市，在边境张贴告示，称有斩元昊之首者马上授予定难军节度使一职。

元昊闻讯一笑，宋朝的反应早在其意料之内。他派遣使臣，把宋朝先前赐予的旌节和诰敕皆封匣送回，书表语气傲慢无礼，再不拿宋朝当回事。

此后数年，对宋朝，经延州之战、好水川之战以及定川寨之战三大战役，元昊率党项兵歼灭宋军精兵数万人；对辽朝，元昊又在1044年河曲大战大败携十万精兵御驾亲征的辽兴宗。

这样，元昊完全奠定了宋、辽、夏天下三分的局面，西夏的独立成为铁板钉钉一样的既成事实。

大战之一：延州之战

当河西广大地区为西夏占有后，元昊对西夏军队也花费了不少精力进行整治和重新编制。首先，他以黄河为标界，在西夏国内把军队划为左、右两部厢军，设十二监军司，分别命以军名，规定驻扎地（宋朝也有类似厢军设置，如同今天的“军区”)，由此，健全了西夏军队的指挥体系。其次，元昊开发并固定了几个新兵种：铁鹞子、擒生军、卫戍军、泼喜军。

铁鹞子又称“铁林”，是西夏最精锐的骑兵部队，此种部队配以最良的战马、最精的盔甲，总人数三千人，分为十队；擒生军，是西夏为了在战争中俘掠对方百姓专门成立的部队，此种部队为西夏“原创”，人数极多，有十万之众；卫戍军是西夏禁卫军，共五千人，皆为西夏贵族子弟充任；泼喜军是“炮兵”，主要在攻城时用抛石机协助进攻，人数最少，才二百人。

此外，最富于心机、最缺德的元昊军制，是他特意挑选被俘汉人组成“撞令郎”军。日后，蒙古人、日本人都采用过此法：以“伪军”为先头部队，让他们冲在本族主力军队前面充当炮灰，最大限度减少西夏党项兵士的伤亡。

总而言之，元昊立国之初，西夏总军力已达五十万人，这还不包括打大仗时从各部落征民为兵的人数。可以讲，元昊当国时，西夏全民皆兵。

元昊不仅拥有坚实的军事后盾，最重要的是，他还拥有一个主要由汉人组成的智囊团。西夏立国之初，“主谋议”的六个人，除嵬名守全是党项人，其他均是汉人：张陟、张绛、杨廓、徐敏宗、张文显。而且，教诱元昊以“大略”侵宋的主心骨也是两个汉人：张元、吴昊。

这两个人，《宋史》中只模糊言及二人的家姓，“华州有二生张、吴者，俱困场屋，薄游不得志，闻元昊有意窥中国，遂叛往，以策干之，元昊大悦，日尊宠用事，凡夏人立国规模，入寇方略，多二人教之”。

这两个久试不第的读书人，自恃胸中文韬武略，本来想投靠宋朝边境献计献策立功名，但一直不受重视，气愤之余，二人就联袂叛逃，亡入西夏。

他们入西夏也颇有戏剧性，二人到达兴庆后，天天在一家豪华酒馆

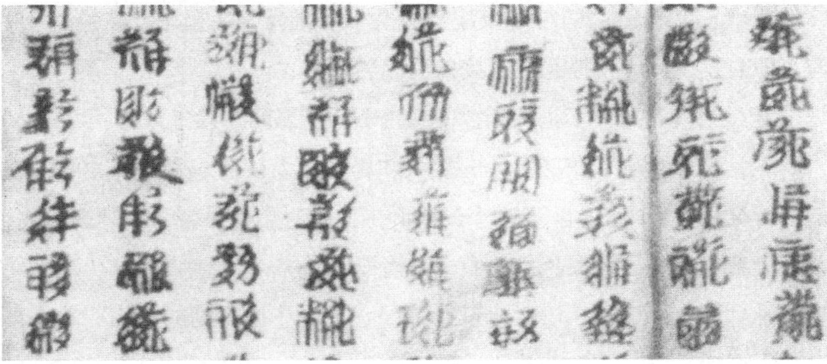

12 世纪西夏文活字印刷品

榆林窟窟顶壁画　西夏

痛饮欢歌，又在雪白的粉壁上用笔墨大书“张元、吴昊来此饮酒”，被西夏便衣发现，连夜抓起，直接押往元昊处。

元昊知道此二人不是凡人，便亲自审问，怒问二人怎敢犯其名讳。

张、吴二生鲜衣华裘，皆一表人才，虽然人被捆成个粽子，两张嘴仍旧伶牙俐齿：“你连自己姓什么都不在乎，何必在乎名呢！”一句话，杀人大魔头元昊大惊失色，正戳中其痛处——唐朝五代直到宋初，元昊一族姓“李”，而后，元昊一族姓“赵”，皆是中原王朝的“赐”姓，真是一大疮疤。

于是，他亲去二人绳索，好言相对。

三人顿时言语甚欢，张、吴二人成为他侵宋最重要的谋士。

张元、吴昊二人虽是书生，却熟知中国历史和军事战略，他们力促元昊进取关右之地，占领关中，向中原腹地挺进。同时，与辽国联合，让契丹人在河北进袭宋朝，最终使宋朝两面临敌，“一身二疾，势难支矣。”这乃是一剑封喉的毒招，一旦成功，宋朝就会有亡国之忧。

“莫道书生空议论，头颅掷处血斑斑”，张、吴二人，也是中国知识分子中的一种异类。

当时，宋朝在西北的主要负责人，一是泾州知州夏竦，二为延州知州范雍，此二人不仅仅领文职，同时皆“加兼经略使、步骑军都总管”，是西北方面人、财、物、军一把抓的两大巨头。

夏竦当然不是什么好人，但此人极富才干，颇有远谋。对当时西夏的形势，他有非常中肯的分析。

夏竦针对西北边境形势，进呈十条建议：

一、教习强弩以为奇兵；二、羁縻属羌以为藩篱；三、诏唃厮啰父子并力破贼；四、度地形险易远近、砦栅多少、军士勇怯，而增减屯兵；五、诏诸路互相应援；六、募土人为兵，州各一二千人，以代东兵；七、增置弓手、壮丁、猎户以备城守；八、并边小砦，毋积刍粮，贼攻急，则弃小砦入保大砦，以完兵力；九、关中民坐累若过误者，许人入粟赎罪，铜一斤为粟五斗，以赡边计；十、损并边冗兵、冗官及减骑军，以舒馈运。

夏竦人奸，但此十条建议有理有利，多被朝廷采用。

但是，当时的朝中大臣和边境将领，多数人主张军事打击，反以夏竦所议为怯。

宋仁宗宝元二年（1039年）年底，元昊命西夏军队进行试探性进攻，首先攻击宋朝的保安军（治今陕西志丹县）。不巧的是，保安军当时的巡检指挥使狄青善战，把西夏军打得溃败而走，没有捞得任何便宜（当然，元昊也是声东击西，主要是想攻金明寨，进攻保安军属于“佯攻”）。

狄青，字汉臣，汾州人，由于善骑射，多武艺，他得以在皇家御林军服役。元昊称帝后，狄青以“延州指使”的官职被发往边疆效力。四年之间，狄青大小二十五战，身中八创，破金汤城，屠灭叛服无常的岁香、毛奴、尚罗等部落，很像日后的左宗棠。此人无妇人之仁，有大将之度，恩威并施，敌莫敢犯。狄青打仗，身先士卒，常披散头发，面带一狰狞铜面具，出入贼中，所向披靡。

后来，狄青由经略判官尹洙推荐给负责西北边事的韩琦、范仲淹。二人一见奇之，接连提拔他。范仲淹亲自把自己所研读的《左氏春秋传》赠予狄青，励劝道：“为将不知古今忠义之事，只不过是匹夫之勇。”日后，皇祐年间，狄青率军击破侬智高叛乱，回朝得封枢密使，此是后话。

康定元年（1040年）开春，元昊自率大军，以宋朝延州为目的地，揭开了大规模战争的序幕。

当时，时任振武军节度使、延州知州的范雍正在延州。这位范老夫子人品不差，颇有政声，但兵事方面欠缺远略深谋。

范老夫子得知元昊西夏大军要拿自己的延州开刀，大惧，忙上表奏称：“延州最当贼冲，地阔而砦栅疏（周边防御工事少），近者百里，远者二百里，士兵寡弱，又无宿将为用，请益师。”

范雍要求增兵的表奏并未引起朝廷重视。

元昊选择范雍的延州为攻击目标，并非仅仅因为范老夫子怯懦，而是经过深思熟虑做出的精心布置。

宋夏两国以横山为界，东起麟州（今陕西神木），西到原州（今甘肃镇原）、渭州（今甘肃平凉），绵延一千多公里。元昊称帝后，宋朝在这条边界线上不断派军驻防，经过数次进兵侵扰及试探性进攻，元昊选定延州（今陕西延安）为攻击目的地，他看中的，正是鄜州（今陕西富县）、延州一带通路畅阔，便于进攻。

元昊展开军事行动后，首先派使人送信于范雍，表示自己要与宋朝议和，老夫子听信，再不防备。同时，元昊猛攻延州外围的李士彬所率各部军事据点。

李士彬当时是宋朝的金明都巡检使，他本人就是党项族酋长，掌有十八寨近十万众的彪悍羌兵，驻扎于延州北面的金明寨。对于这个党项老敌手，元昊把暗杀计、反间计、奇袭计等全用个遍，一无所成。最后采用“骄兵计”成功了。西夏军每逢与李士彬交战，没打几下就“溃退”，还高声叫唤：“铁壁相公（李士彬的外号）来了，我们赶快逃命吧。”如此一来，李士彬颇为自负。

元昊派遣一批又一批党项部落向李士彬“投降”。面对汹涌而来的党项人，李士彬自己不好处理，就上报“上级”延州老夫子范雍，要求把这些党项降人迁居到远离西北边境的南方安置。

范雍一介文士，没有军事计谋，反想“以夷制夷”，厚赏这些西夏降人，并让李士彬把他们编入金明寨周围的各个军事据点。

李士彬不好违背上级命令，只得照办，这就等于在宋朝的各个砦堡安置了为数众多的“定时炸弹”。

果然，安排停当后，一声炮响，元昊诸军突然发动攻击，事先诈降的党项人纷纷而起，金明寨等十余个延州以外的宋朝军事据点皆被西夏人占领，李士彬父子也被擒杀。

元昊大军乘胜追击，直至延州城下。

范雍肝胆俱裂，一面命人紧闭四城拒守，一面派人带信急召当时屯守庆州（今甘肃庆阳）的鄜延路副总管刘平和石元孙。

刘、石二人闻信仓促提兵，直趋土门（今陕西安塞）。这部宋军未得休息，途经保安、万安镇向延州方向驰进。鄜延都监黄德和、巡检万俟政以及巡检郭遵都接到范雍的告急书，也同时往延州方向集结。

元昊早已得知宋军动向，便在三川口（今延安西北）设下埋伏，静待诸路入套的宋军。

刘平与诸将会合后，集步骑一万多人，结阵东行。走了五里，终于遇见严阵以待的西夏兵。当时，天下大雪，平地积雪数寸。

两军均摆偃月阵，一时相持。

很快，西夏军渡水而前，改为横阵，宋将郭遵率骑兵荡阵，不能攻入。刘平指挥宋军全力压上，杀敌百人，西夏军退却。

忽然，西夏军蔽盾为阵。宋军发动进攻，击却西夏军，夺其盾牌，西夏军被杀及溺水死者几千人。

混战之中，刘平的脖子和耳朵皆被流矢射穿，血流遍体。初为小胜，又至日暮时分，宋军兵校纷纷手持人头，牵着所缴获的马匹拥至刘平面前请赏。

刘平忙说："现在敌人未退，你们各部自己人记下功劳，战后一定各加重赏。"

话音未落，西夏兵忽然又来一拨，轻兵薄战，宋军稍稍引却。

其实，时前时却，是交战中常见的事情。关键时刻，远居后阵的宋将黄德和心怯，见前军小却，他马上召集麾下往后狂逃。宋军溃败。

完全出于一时间的从众心理，本来一直在搏战中占上风的宋军忽然就掉头一齐往后跑。

刘平见状，马上派自己的儿子刘宜孙乘马追赶黄德和，拉住他的马缰苦劝："万望将军勒兵回击，并力击贼，不要再跑。"黄德和不听，纵马驰奔而去。

刘平无奈，急遣军校持剑，阻挡逃跑士兵，得千余人。他们转斗三日，西夏军退还水东。可见，宋兵此时的战斗力仍很强。特别是宋将郭遵，独出奋击，手持大槊横冲直撞，如入无人之境。西夏军知道此将不可挡，派数人在一狭窄处持数条长绳欲拦截郭遵，均为这位猛将挥刀斩断。最后，西夏特派一股部队，边斗边佯败，诱郭遵深入，然后万箭齐发，才把这位猛将射死。

刘平率众退至西南山，立七栅以为防御工事自固。

半夜，西夏集大兵围攻，四出合击，把宋军一分为二。宋军苦战不支，绝大部分战死，刘平、石元孙皆为西夏军生俘。

三川口之战，西夏虽大胜，但因天降大雪，加之延州城坚，并未能一举攻克延州。不久，得知其余几路西夏军遇败，补给不济，元昊只得下令退兵。

范雍老夫子也算命好，延州守兵才几百人，竟然能得以保全。当然，三川口大败，他难辞其咎，被降职处分。

范雍为人宽恕，好谋而少成。此类人只宜在朝中当清闲之官，真让他干实事其实很难有所作为。但范夫子善于荐士，是位好伯乐。宋朝大将狄青为小校时，一次犯法当斩。范夫子惜才，当时饶其不死，成就了狄大将军日后的千秋万世英名。

大战之二：好水川之战

三川口大败后，宋廷在中央也追究责任，罢张士逊的相位，以吕夷简接任。同时，宋廷任命韩琦为陕西安抚使，协助总统西北防御的陕西经略安抚使夏竦，委任范仲淹为陕西都转运使。

由于先前与宰相吕夷简不和，范仲淹被斥为"引用朋党"，贬到饶州、越州等地为官。正是韩琦力荐，他才得以被重新起用担当大任。

不久后，宋廷下诏任韩琦和范仲淹同为陕西经略安抚副使，韩琦主管泾原路，范仲淹主管鄜延路。

范仲淹到任，首先改变御敌策略。

先前，敌军来攻，宋军军官总是最小的武将先出御。对此，范仲淹深恶痛绝："将不择人，以官为序，取败之道也。"他大阅州兵，简选一万八千名精锐，派六将分领，日夜训练，量贼众寡，使他们轮流出战。如此，既通过战斗练将，又通过实战练兵。

西夏人知道新来的范仲淹不好对付，相互诫道："今小范老子（范仲淹）腹中自有数万甲兵，不比大范老子（范雍）可欺也！"

范仲淹派人四处修建防御堡垒，并建鄜城为康定军，加强抵御西夏的军力。"塞下秋来风景异"一词（《渔家傲》），即是此时所作。

康定元年（1040年）十月，元昊连下乾沟、乾福、赵福三大军事据点，咄咄逼人。

韩琦马上命令时任环庆副总管的宋将任福率兵七千人，夜行军七十里，突袭白豹城，击败驻守的西夏士兵，焚其积聚而还，给西夏人以震慑。

鄜州判官种世衡审时度势，急率军赶赴距延州东北200里的宽州，筑垒营墙，起清涧城。

庆历元年（1040年），鉴于元昊攻势转剧，宋仁宗遣使向主持西北军政要务的夏竦问计，夏竦派副使韩琦和判官尹洙诣阙入对，呈上攻守两个方案，任凭宋仁宗选取其一。

宋仁宗当时年值青壮（三十二岁），认定要对西夏展开攻势。他不顾朝中大臣的反对，下诏鄜延、泾原（两路）会兵，准备正月进讨。

范仲淹上奏，认为正月塞外大寒，应该慎重行事。宋仁宗点头，下诏让西北诸师"应机乘便"，择时向西夏进攻。

进攻还是防守，韩琦与范仲淹各执己见，且各有各的道理。

范仲淹认为："战者危事，当自谨守以观其变，未可轻兵深入！"

主张防守。

韩琦认为，如果一味固守，将士必无进取锐志。而且，元昊倾国入寇，不过四五万军士。其老弱妇女，举族而行。如果大军并出，鼓行而前，乘敌骄惰，击破他们不难。

韩琦派尹洙亲至延州见范仲淹，范仲淹坚持己见，认为防守乃最上之策。

宋朝边地主帅，范雍、夏竦、韩琦、范仲淹，皆是儒臣出身，所以，他们不能身当行阵，身先士卒。

宋朝立国以来的国策就是在最大程度上限制武将权力，但此举矫枉过正，使狄青等有勇有谋的能将总是处于接受命令的地位，缺乏大战中能身临前线、知兵知将的军事统帅。

当然，韩琦、范仲淹绝非怯懦文士，二人胆识皆备，但时兮命兮，造化弄人。

庆历元年（1041 年）二月，韩琦巡视军务走到高平，元昊派军进攻渭州的消息忽然传来，兵逼怀远城。

韩琦闻报，马上驰至镇戎军（治今宁夏固原），尽出其兵，招募勇士一万八千余人，交予环庆副总管任福统领，以耿傅为参谋长，泾原都监桑怿为先锋。

韩琦在任福出发前交代得一清二楚：自怀远城经得胜寨（今宁夏西吉东南）直趋羊牧隆城（今宁夏西吉西北），之后对西夏军发动攻击。各堡垒相距才四十里，道路便利，辎重在近，审时度势，能打就打，不能打就据险置伏，阻截敌人归路。韩琦所述，足见其成竹于胸，文韬武略，确实不同凡响。

宋将任福率轻骑数千先发，直奔怀远捺龙川（今宁夏固原彭堡），与镇戎军西路的两位宋将合军，在张家堡以南打败西夏部队，斩首数百。

刺探情报的宋军尖兵来报，声言西夏兵很少，任福等人顿失警戒之心。宋将武英认为西夏兵可能有埋伏，诸将不听。

傍晚时分，任福与桑怿合军，在好水川（今宁夏隆德）屯军。朱观、武英也屯军于五里以外的笼络川（今宁夏西吉东南），相约“明日会兵川口，必使夏人匹骑无还”。

其实，元昊率十万大军，已经沿瓦亭川南下，在好水川、姚家川西侧的谷口设下埋伏，先前西夏“败军”，就是引宋兵深入的“诱饵”。

道路既远，粮饷不继，宋军人马乏食。由于轻装奔袭，未带足够的粮草，宋军人困马乏，沿好水川西行。他们出六盘山下，在距羊牧隆城五里的地方，忽然发现已经列阵以待的西夏军。

诸将此时方知中了敌人的计谋，势不可留，只能硬着头皮上前交战。

前锋桑怿发现道中有数个封闭紧严的银色泥盒，其中有跳跃扑腾之声。任福赶到，桑怿请示后才敢启开泥盒，原来是腿上有哨的家鸽万余。这些鸽子从盒子里面飞出，盘旋军上，西夏军伏兵四起。

这种以信鸽当诱引，让对方上当自己开启以充进攻号令的缺德伎俩，实乃元昊原创，前无古人，后无来者。

虽知中伏，宋军并未气馁。桑怿首先跃马冲阵，想给任福争取时间布阵。

西夏部队毕竟已等候多时，准备充分，立刻派出铁骑轮番突阵，冲荡多时，终于把宋军阵形冲乱。

宋军见势不妙，众将校还算稳重，各自指挥部众分头冲杀，想占据有利地形制敌。

突然，山上忽然竖起西夏创制的鲍老旗，左挥，左边伏兵起。右挥，右边伏兵起。西夏的埋伏军士皆凭高而下，自山背冲下猛攻，宋军士卒多被杀或堕下山崖摔死。先锋桑怿等人首先战死。

西夏拨出数千精兵断绝宋军退路，形成合围之势。

任福力战，身中十余箭，仍挥四刃铁简，挺身决斗。其属下小校劝他乘间突围，任福表示：“吾为大将，兵败，以死报国尔！”

最后，西夏兵涌上，混战中一枪直贯其颊。任福知大势已去，抽刀自刎。

双方合战时，宋将王珪自羊牧隆城引四千名宋军驰援。在宋将朱观的军阵西侧布阵，并屡屡身先士卒，荡突敌阵，但西夏兵多，阵坚不可荡破。知道大势已去，王珪东望再拜以示必死之心，然后他重新冲入战阵，手杀数十百人，鞭铁挠曲，手掌尽裂。他三次换马，击杀成百的西夏兵，最后眼睛中箭而死。

宋将武英、赵津等人相继英勇战死，宋军士卒死者共一万零三百人。

诸路宋军，唯朱观一部率千余人退保于民垣，凭掩护向四处射箭击敌，恰值日暮，西夏兵引退。

此次战役，宋军前后损失任福等多名大将，士卒死伤七万多人，消息传出，关右大震。

追究责任，韩琦先上书自劾。夏竦派人收拾宋军尸体，在任福的衣装中得到韩琦嘱诫诸将的公文，上表称好水川之役失败责任不在韩琦。

韩琦回军路上，阵亡将士家属数千人遮马号哭，抛撒纸钱，向空中哀诉：“你们先前跟从韩招讨出征，现在韩招讨回来了，你们都死了，希望你们的亡灵也能跟韩招讨一起回来！”哀恸之声震动天地，韩琦本人掩泣恸哭，驻马不前。

范仲淹闻此，叹惜道：“此情此景，韩大人再难置胜负于度外！”

西夏军大胜后，元昊的军师张元看见好水川内遍布的宋军尸体，大喜。他趾高气扬地在界上寺墙壁上题诗一首：“夏竦何曾耸，韩琦未足奇。满川龙虎辇，犹自说兵机。”自得之意，溢于言表，并在诗后题言：“（西夏）太师、尚书令、兼中书令张元随大驾至此。”

数万同胞的尸体，成就了奸贼张元所谓的不世功名。

大战之三：定川寨之战

好水川大胜后，元昊派使臣送书信于范仲淹，语极悖慢。范仲淹气愤，在夏使面前烧毁来信。

宰相吕夷简认为：“人臣无外交，范仲淹先前擅自与元昊通信（劝元昊与宋和解），今得其书又焚而不奏，别人哪敢这样干！”

于是，朝廷下旨，调查范仲淹与西夏通使焚书之事。

范仲淹辩称：“我先前与元昊通书，意在诱谕其归顺。任福军败，元昊来书悖慢，为臣以为，朝廷如见书而不能讨，则辱在朝廷。故而我当着僚属之面焚毁来书，以使悖慢之辞不得见于朝廷。”

话虽有理，宋廷仍降范仲淹官一等。

庆历元年（1041 年）秋，宋廷免去夏竦的西北统帅之职，重新划设秦凤、泾原、环庆、鄜延为四路，以韩琦知秦州，王沿知渭州，范仲淹知庆州，庞籍知延州。分别领兵命将，以抵御西夏的进袭。

夏竦本想复返汴京做执政。在西北三年，他除了上奏“十事”之外，基本没有任何建树。他外出巡边常在军营中带美婢玩乐，几乎导致军变。

范仲淹到庆州后，招抚诸羌，以诏书大行犒赏。由于范仲淹曾为龙图阁学士，羌人敬称其为“龙图老子”。他在庆州西北的马铺寨筑大顺城，并派遣其年方十八岁的儿子范纯佑与兵将前往，抵拒了西夏兵的数次侵扰。

深秋时节，兵强马壮之时，张元撺掇元昊向镇戎军进攻，最终目的是经渭州长驱直入，进击关中地区，目的是东阻潼关，隔绝两川贡赋，攻陷长安。对于张元，元昊自然是言无不从，他立刻点集十万精兵，两路出兵，准备合师攻镇戎军。

渭州知州王沿虽不太知兵，手下毕竟参谋不少，马上下令副总管葛怀敏率诸寨兵出御西夏军，分兵四路，直奔定川寨（今固原以北，葫芦河以西）。

同好水川之战一样，元昊早已在定川寨布置好埋伏，烧断河上木桥，堵住宋军的突围必经之路。

如同事先约定一样，九月二十一日，葛怀敏刚刚与诸将于定川寨会合，四周就涌出无数西夏兵马，拔栅逾壕，四合进攻。

西夏军阻断定川水泉上流，截断了宋军的水源。无奈，葛怀敏只得硬着头皮出寨，布下军阵。

西夏军猛攻中军，宋军不动。西夏军掉头，又猛攻东北隅的宋将曹英一军。关键时刻，忽然刮起东北风，宋军迎风列阵，一时大乱，军阵遂溃，兵士皆掉头往定川寨里面奔逃。

宋将曹英面中流矢，被射翻于城壕之中。葛怀敏手下亲军见之奔骇。更倒霉的是，由于宋军往回逃，正在阵中指挥的葛怀敏被溃兵挤下马，踩踏几死，幸亏被卫士抬回寨中，良久乃苏。

宋军逃回寨内，据守城门，杀掉不少西夏兵，虽然敌众稍却，但宋军斗志已经完全丧失。

当晚，西夏兵在寨外四面举火，高呼要宋军投降。

葛怀敏、曹英等诸将商议良久，也决定不了从哪边突围。直至凌晨，葛怀敏准备结阵而出，向镇戎军方向突围。有宋将认为应该迂回行军，葛怀敏不从，执意要直接突围奔赴镇戎军。

宋军还算英勇，近万人马冲出重围，向东南竟然还跑出二百里地。但是，到了长城濠一带，宋军发现西夏军早已切断退路，以逸待劳，从四面冲杀过来。

激战过后，全部宋朝官兵近万人，包括葛怀敏、曹英等将领 16 人，皆力战而死。

击败葛怀敏宋军，西夏军取得大胜，元昊长驱抵达渭州，六七百里间，西夏军队焚荡庐舍，屠掠民畜而去。

当时幸亏诸路宋军坚壁固守，范仲淹率军来接，加之陕西诸路 20 余万驻兵的牵制，以及吐蕃诸部在西夏背后的“埋伏”，元昊才没能重新上演一出五胡时代天翻地覆的大戏。

定川寨大败之后，宋廷上下彻底死心，再没有进攻的妄念，专心守土。

特别是韩琦与范仲淹，二人号令严明，爱抚士卒。对当地羌族土著推诚抚接，使得他们感恩畏威。

当时，西北民众有民谣："军中有一韩，西贼闻之心胆寒；军中有一范，西贼闻之惊破胆。"

其实，"西贼"（西夏兵）既未胆寒也未破胆，只是杀人一万，自损三千。因为多年战争，西夏的国力也因战争大损，民不聊生，故而暂缓了对宋朝的军事进攻。

同时，由于宋朝答应每年给辽国增加二十万"岁币"，辽朝拿到好处，不再向宋朝施压，反而"义劝"西夏收手。在此情况下，如果再发动大规模战争，元昊自己也不敢保证契丹人会做出什么事情。

宋夏三次大战，皆以西夏胜利告终。总结原因，不外有如下几点：

其一，元昊总兵数虽少于宋军，但每次大战皆是集中优势兵力，五指成拳，以人数之胜，一举歼灭宋军一部主力；反观宋朝，战线拖沓，兵力分散。

其二，知己知彼，百战百胜。宋军的动向以及作战地形，西夏军皆事先成竹在胸；反观宋军，数次贪功冒进，连间谍、尖兵侦知的情报都不实，不败才怪。

其三，游击战术，转战不疲。元昊常常声东击西，偏师屡出，令宋军如坠云里雾里，屡屡受骗。

大战之四：河曲之战（夏辽之战）

庆历三年（1043年）春，由于连年征战，西夏国力已臻衰竭，元昊乘机派出使臣上书宋朝商谈和议。

宋仁宗密诏庞籍与元昊谈判，元昊闻之大喜。

谈来谈去，关键问题仍然是元昊称帝的问题，宋朝坚持要元昊自削“僭号”。元昊恼怒，大言：“（我）如日方中，止可顺天西行，安可逆天东下。”

经过拉锯谈判，元昊派使臣至延州上书，自称“男邦泥定国兀卒，上书父大宋皇帝”，他更名曩霄而不称臣。

虽不称臣，元昊以儿子自居，总算给了宋朝一个台阶下。

正当宋朝准备答应与西夏的和议，辽朝派来使臣，要宋朝不要与元昊讲和。两难境地下，宋朝的礼部郎中吴育发表意见，顿解愁结：“契丹受恩，为日已久（指宋辽两国自澶渊之盟以来一直关系友好）。不可纳一叛羌（西夏元昊），而失继世兄弟之欢。今二番自斗（夏辽关系吃紧），斗久不懈，可观形势，乘机立功。万一吾朝速纳元昊，为臣恐契丹窥兵赵魏（河北），致使宋辽战事又起。”

接着，吴育出主意，宋朝可派使臣到西夏，告诉西夏要一如既往与辽朝和好，宋朝方许约和。同时，又派使臣去辽朝，告诉契丹人，宋朝已经命令元昊向辽朝道歉，在此前提下，才接受西夏的求和，否则，当再兴兵征讨。

宋廷依计施行。果然，此举奏效。西夏、辽朝皆无借口向宋朝发威，宋朝总算在外交上取得一次成功。

辽朝方面，早在 1031 年辽兴宗即位之初就把辽朝的兴平公主（辽兴宗姐姐）许配给元昊，但夫妻二人关系一直不睦，只有政治婚姻带来的冷淡与疏隔。后来，兴平公主病重，元昊仍旧搂着别的美女狂欢，对公主不闻不问。直到公主病死，元昊才向辽国“汇报”此事。

辽兴宗闻讯大怒，当时就派人持诏“切责”元昊。元昊正忙于攻宋，只好低头装孙子，献贡献宝讨好辽兴宗。

辽朝从宋朝每年多讹诈二十万岁币后，很为宋朝方面说话，劝阻元昊不要伐宋。元昊恼怒至极。再往后，夏辽两国因边境地区的党项部落归属问题发生争执，最后发展到元昊劝诱辽国的党项人叛逃。辽国派使臣令元昊归还，元昊不从，双方翻脸。

既然与辽国闹僵，自然要加快与宋朝的和议。1043 年夏天，宋仁宗派使臣到夏州，答应册封元昊为夏国主，还岁赐西夏绢十万匹，茶三万斤。虽然说是“赐”，文字游戏而已，实则是花钱买平安。

大臣蔡襄上言：“元昊自称兀卒，有时又自译为‘吾祖’，以此凌侮朝廷，万万不可许和。”

宋仁宗厌战，不听，并下诏召韩琦、范仲淹还朝为官。

大臣富弼上言劝宋仁宗应留韩、范之中的一人守边，但当时的执政晏殊等人“厌兵”，答应了元昊的一切要求。

转年，1044 年 5 月，辽朝国内党项族叛乱，辽朝派军前去镇压。元昊派兵救援，竟把辽朝的招讨使也杀掉。大怒之下，辽兴宗在国内征调人马，准备亲征西夏。

在此情况下，西夏更急于与宋朝讲和。最后，在元昊的加码要求下，宋朝把“岁赐”提至“银、绮、绢、茶二十五万五千”，西夏答应奉宋朝为正朔，并在高平寨与保安军设立榷场。

其实，宋朝使臣前往，西夏只是在宥州“接待”他们，从来未到过兴州，元昊依旧关门做皇帝。他爹李德明还会在宋使来时把“皇宫”内的匾额暂时撤下来一会儿，元昊索性连这道手续也免了，根本不让宋使入“首都”。

宋夏议成的当年十月，辽夏两国开始大打出手。

辽兴宗怒气冲冲，连出三路大军，共十万精兵，渡过黄河，直朝西夏境内杀来。大军一直前进四百里，未遇任何抵抗。最终，辽军在贺兰山北麓发现元昊部队，辽军纵兵进击，把夏军杀得大败。

元昊与宋军打惯了胜仗，初遇和自己实力差不多的辽军，自然压力倍增，尤其是当他看到辽朝源源不断的增援士兵时，心中大惧。

于是，元昊使缓兵计，派使臣向辽兴宗谢罪请降。

辽兴宗想见好就收，其臣下韩国王萧惠等人不答应，劝辽兴宗一鼓作气，扫平元昊，以免日后他再生祸患。

思来想去，辽兴宗点头。于是，辽军以韩国王萧惠为前锋，直朝元昊西夏军杀去。元昊见势不妙，边撤退边坚壁清野，烧掉一路上所有的粮草和居所，连撤一百里之遥。

这种焦土政策管用，辽朝十万大军本来要以战养战，这样一来，后勤顿失保障，人粮马料皆成大问题。特别是辽朝战马，因缺草料，病亡大半。此时，元昊抓住时机派人“请降”。

辽国君臣正在大营计议，元昊忽然发起猛攻，直袭萧惠大营。萧惠不孬，忙整军出战，把元昊又打得败退。

辽军正待追击，忽然天起大风，吹扑向辽军。

古人迷信，契丹人更是信神信鬼，大风一吹，兵将皆心惊肉跳，一时军中大乱。

元昊已经习惯了自己地盘上这种风沙乍起的天气，立刻下令反攻，把辽军打得大败，俘获数十名辽国贵族、大臣。辽兴宗只与数十骑勉强逃脱，差点成为这位妹夫的阶下囚。

此次大战，发生于河曲（今内蒙古鄂尔多斯），故称为“河曲之战”。

“河曲之战”在各种史书上记载矛盾，《辽史》更是支支吾吾，含糊其词。据《辽史·伶官传》所记，辽兴宗败后，仓皇逃命，其身边有个戏子名叫罗衣轻，生死关头还挺幽默，趁着辽兴宗驻马喘息时，刻意搞笑：“陛下您看看鼻子还在吗？”夏辽之间发生战争，夏人总爱把被俘的辽人鼻子割掉再放归，罗衣轻以此为乐想逗辽兴宗开心。辽兴宗此时刚捡得一命，听罗衣轻如此说，怒上心头，叱命旁人（卫士无多）把罗衣轻宰了。时为太子的辽道宗赶紧解劝：“插科打诨的不是黄幡绰（有名的搞笑戏子）。”罗衣轻顺口接声：“行兵领队的也不是唐太宗。”仍旧不肯服软，继续拿辽兴宗找乐。辽兴宗闻言也笑，知道此次大败全怪自己该断不断。

从《伶官传》的记载，可见辽兴宗确实大败而归。败后，辽国人害怕宋朝人知道后耻笑，还在幽州等地大贴告示，夸耀大败西夏，元昊服软纳贡，但宋朝边地探子不少，自然洞悉实情。

虽然大胜，元昊毕竟人精一个，知道辽国仍旧有倾国再来的可能，到时候，不一定再这么好运。所以，元昊仍旧低姿态，派使与辽朝讲和，并送回西夏军俘获的辽朝驸马等贵族大臣。

辽兴宗窝了一肚子火，也不好发作，知道元昊不好惹，只得“暂从其请”。

河曲之役，辽朝所受打击不浅，其属下的女真、渤海等部落也终于发现，作威作福的契丹人并非不可战胜。

天让谁灭亡，先让谁疯狂

元昊的下场

元昊数次大败宋军，获取无数“赐物”。接着，他大败辽兴宗亲征劲军，赢取边境安宁。

元昊虽然“臣服”于宋朝，在国中仍旧称皇称帝，惬意得不行。

他的谋主汉人张元病死后，替他出“远谋”大主意的人不多，加之西夏疆土已经不小，同北宋、辽朝完全可以鼎足而立，昔日雄才大略的元昊，便开始追求享乐。他不顾国内民力凋敝，大兴土木，四处修建奢侈的宫殿，往往边游猎边玩乐，反正到处是行宫。

本来，元昊已经立野利氏所生的宁令哥为太子，此人相貌酷肖元昊，深得元昊喜爱。后来，元昊想为宁令哥娶没氏为妻。谁料，婚礼开始后，元昊见没氏貌美如花，淫心顿起，自己就当起了新郎官，太子宁令哥恨得不行。

西夏当时的国相是没藏讹庞，此人当官完全是靠裙带关系。其妹没藏氏原是西夏豪酋野利遇乞的老婆。野利遇乞全族人被元昊杀掉，没藏氏出家为尼。元昊早就知道没藏氏貌美，常常以拜佛为名出入尼寺与没藏氏幽会，还不时带她外出巡游玩乐。

1047 年，没藏氏在陪元昊游乐的途中早产，因为当时御营扎于两岔河边，生下来的孩子就取名宁令两岔。宁令，在西夏语中是“欢喜”的吉祥意思。“两岔”后来就以音变音，成为“谅祚”。但是，据《辽史》所载谅祚小名也是“宁令哥”，与元昊的大太子同名。

有南宋人著书，表示元昊凡七娶：“一默穆氏，舅女也，生一子，以貌类他人，杀之；二索氏，始曩霄攻牦牛城，讹传战没，索氏喜，日调音乐，及曩霄还，惧而自杀；三多拉氏，早死；四密克默特氏，生子阿哩，谋杀曩霄，为鄂桑格所告，沉于河，杀密克默特氏于王亭镇；五叶勒氏（野利氏），约噶从侄。颀长，有智谋，曩霄畏之，生三子。长曰宁明，喜方术，从道士修篁学，辟谷，气忤死；次宁凌噶（宁令哥），貌类曩霄，特爱之，以为太子；次锡狸，早死。六耶律氏；七摩移克氏（没氏），初欲纳为宁凌噶妻，见其美，自取之，号新皇后。宁凌噶愤杀曩霄，不死，劓其鼻，曩霄因创死。”

记载此事的李焘是南宋著名历史学家，其《续资治通鉴长编》于此应该有严密考证，且南宋距元昊时代相隔不远，西夏依旧存在，他的资料更为可信一些。

国相没藏讹庞非常狡猾，见太子宁令哥（宁凌噶）郁郁不乐，其母野利氏又被废，就挑唆这个小伙子去杀元昊，并答应元昊死后立宁令哥为帝。

其实，没藏讹庞的如意算盘打得很好：宁令哥杀掉元昊，自然宁令哥得死，可立自己妹妹的儿子谅祚为帝；宁令哥事败，被元昊所杀，新太子自然也是自己的外甥谅祚。此宝好押，押在哪边都能赢。

宁令哥小伙被怒火烧红了双眼，又有手握实权的国相没藏“支持”，他杀心顿起，拎一把大刀就冲入内宫。

当夜，正是夏天授礼法延祚十一年（1048 年）元宵节，元昊刚与数位美女肉搏完毕，一身香汗未褪，犹自捧金杯痛饮。忽然一股寒风扑面，元昊下意识一闪，宁令哥的大刀已把他爸爸的鼻子头全部削掉。

元昊酒醒，满殿乱跑，鼻子发齉大叫“抓贼”。这位西夏王数年割掉无数辽人的鼻子，料想不到有一天自己的鼻子也被割去，“主刀人”还是亲儿子宁令哥。

宁令哥年轻莽撞，看见父王一张大血脸，心下也慌，扔下刀就跑出后宫，奔入国相没藏讹庞家躲藏。

国相二话没说，马上逮捕宁令哥，顺便还捎上他亲妈野利氏，立即处死。

元昊方面，如果别的地方受伤还好救。大鼻头被割，血流如注，不仅剧痛难忍，也止不住血，因为鼻子的血管太丰富。

最终，他活活失血而死。

元昊死时年四十六岁，庙号“景宗”。临死，他虽言语不清，仍表示要大臣立其族弟委哥宁令为帝，国相没藏自然一万个不答应，威胁利诱，终于把自己外甥谅祚推上帝位，是为夏毅宗，当时还不到一岁。

元昊为人，阴险毒辣，不仅把党项贵族成族诛杀，而且鸩母、杀妻、杀子、杀叔，众人只要稍稍不顺适其意，立刻就会被弄死。最终，这么一个残暴的恶君为其儿子所弑。

不可否认的是，元昊智商极高，天性聪颖，开疆拓土，可称得上是人中龙凤。

一个人的“改革”

王安石变法

说起王安石，很多国人会想起列宁。因为中学历史课本上，有列宁的“金口玉言”：“王安石是中国11世纪的改革家。”

于是乎，知道“熙宁变法”的国人没几个，但大都知道“王安石变法”。

中国古代一些史官言“王安石变法”，贬义很明显，直指是他“一个人”的变法，乃是不得人心的“变法”。

其实，列宁对于王安石到底是谁，估计也不甚了解，而列宁“夸奖”王安石的一句话，原本出自这位伟大导师一篇文章的小注，文章全名是《修改工人政党的土地纲领》。

在此文中，列宁对当时俄国社会民主工党的第二类土地意见表示怀疑：“俄国社会民主工党的土地纲领应当要求没收地主土地，但不应要求任何形式的土地国有。”紧接此段文字的括号里，列宁加上一句：“持这种意见的大概有芬恩同志，可能还有普列汉诺夫同志，虽然他的意见不明确。”紧接着，列宁大力赞许俄国农民对地主土地所有制的反抗，竭力支持第四类意见：“在一定政治条件下实行土地国有。”列宁毕竟是知识分子出身，在阐述完自己的观点后，他又在上述言论后引出小注放在文章后面，对于普列汉诺夫的“意见”，列宁在注释里写道：“普列汉诺夫同志在《日志》第五期中警告俄国不要重蹈王安石的覆辙。”紧挨这句话，列宁还加一个括号，括号里面才是广被中国人断章取义引用的话："王安石是中国 11 世纪的改革家。"

纵观之，这句话只是说明意义的表述文字，并非赞语或评定语，有些人只取半句，完全是生吞活剥。

列宁在注释中还说："（普列汉诺夫）力图证明，农民的土地国有思想，按其根源来说是反动的。这种论据的牵强是一目了然的……如果 20 世纪的俄国可以同 11 世纪的中国相比较的话，那么我们同普列汉诺夫大概既不必说农民运动的革命民主主义性质，也不必谈俄国的资本主义了……"

其实，不仅列宁对王安石不甚了解，普列汉诺夫本人也不甚了解，他在《论俄国的土地问题》一文中反对土地国有化，认为"这种制度无非是一切东方大专制国家所依托的经济制度的莫斯科版……"。他抨击了法国无政府主义者雷克鲁从俄国汉学家扎哈罗夫那里搬抄中国宋代土地"共产主义"的故事，把当时俄国社会民主工党中主张土地国有的人讥讽为"俄国的王安石们"（也喻指列宁等人）。

列宁对此当然不服气，反言相击，意思是你普列汉诺夫别拿"王安石"说事。

可见，无论是列宁还是普列汉诺夫，对王安石变法并没有深入了解，正如有些人常常说起亚里士多德、赫拉克利特、柏拉图等人，但对于这些"高人们"真正的思想，根本不知就里（倒是知道柏拉图的"精神恋爱"）。

王安石变法，从来没有主张"土地国有"的一丝一毫内容，倒是其反对派诸如大儒程颢等人一直主张倒退到中国上古的"井田制"，那才是真正的"土地国有"。

王安石变法，近一千年来，臧否不一，众口纷纭，好的说他"富国强兵"，坏的说他"剥民兴利"。其实，现代以来，对王安石最为推崇的是孙中山和他的国民党。三民主义中的"民生主义"就与王安石"抑制兼并”“均济贫乏”的主张相合。而后，国民政府的“保卫团法”基本就是王安石“保甲法”的现代版。

王安石是个什么样的人？王安石变法到底有哪些内容？变法的前因后果又如何呢？所有这一切，当从宋真宗崩后加以交代。

宋朝太后也垂帘

真宗皇后刘氏的十一年执政

宋真宗晚年，得了半身不遂的毛病，凡事多决于刘皇后。

说起这位刘皇后，那真是历史上一大传奇式人物。她的故事是典型的中国版灰姑娘遇王子，好梦成真的大美满真人剧。不知为何，后世评书艺人和劳动人民不买账，又有戏剧《狸猫换太子》对她大肆“诬蔑”，把她刻画成阴险妇人，真是匪夷所思。

刘皇后是益州人，完完全全不掺假的川妹子，她之所以编出其祖父从太原来的谎话，无非是想冒充北汉刘氏皇族的支属，抬高自己的门第。其祖其父也没有做过什么将军、刺史，皆是小买卖人，土得掉渣的蜀地汉人，绝非北汉刘氏沙陀种。

《宋史》又讲，刘皇后自小就父母双亡，由姥姥养大，擅长“播鼓”。实际上是做小买卖时摇拨浪鼓以招徕客人。“蜀人龚美者，以锻银为业，携之入京师。”正史中这句话更有猫腻，银匠龚美为何把刘氏这么个少女带入京师做买卖呢？实际上，是刘氏家穷，十二三岁即把她卖给了龚银匠做老婆，播鼓招徕顾客。时为襄王的宋真宗微服行于街上，看见这位川妹子貌美如花，很快就勾引到手，给老实人龚美不少金银，把刘氏弄入自己的襄王府中藏娇。

当时，别人没说什么，同是劳动人民出身的宋真宗乳母王氏不干，认为刘氏出身太微贱，向宋太宗告状。太宗不满，时为太子的宋真宗不得不忍痛割爱，把刘氏小姑娘送出王府，送到与自己关系不错的张耆家中躲避。宋真宗即位，马上把刘氏迎入宫中立为美人，后又进为德妃，最后封为皇后。

宋真宗待刘皇后前夫银匠龚美也不薄，让他改姓刘，以刘氏的兄长相称。后来，这位“刘美”一直做皇家包工头，还做到武胜军节度观察留后的大官。六十花甲之年，老刘才善终病死。

宋朝皇帝就是仁德，如果放在北朝或是以后的明朝，肯定要诛杀成千上万的人来保守这个“秘密”，真宗皇帝竟如此“和平”解决了“同情兄”的问题，让人大跷拇指！

刘皇后不仅仅是漂亮，而且通晓书史。宋真宗退朝，阅天下封奏，多至中夜，刘皇后多陪他批决奏疏。可见，刘皇后虽没受过什么系统教育，却冰雪聪明，不是那种只有漂亮脸蛋子的无脑美女。

真宗皇帝多病，刘皇后当权，大臣寇准、李迪深以为忧。真宗皇帝的病时好时坏，一次，他清醒时，枕着太监周怀政的大腿，与这位公公商议太子监国的事情。

周怀政本人就是太子宫属，当然希望小主人（日后的宋仁宗）秉政，就出宫与寇准等人密议。寇准酒后失言，消息泄露，周怀政颇不自安，就与几个太监密谋，要杀掉丁谓，以寇准为宰相，拥真宗为太上皇，让当时还是太子的宋仁宗为帝，罢黜刘皇后。

与周怀政共谋的太监想立功，反而密告丁谓。丁谓连夜行动，派人逮捕周怀政等人，并把审讯结果上呈真宗皇帝和刘皇后。

宋真宗听说周公公想把自己架空，自然很恼怒，下诏杀掉了周怀政。丁谓也添油加醋，把本不与谋的寇准也外贬，并欲置诸死地。想当初，丁谓正是由于寇准的提拔才得以入朝任参知政事，却恩将仇报，这自然是小人惯有的行为。

真宗皇帝下诏，表示军国大事仍旧由自己亲决，“其余皆委皇太子同宰相、枢密等参议施行”。

皇太子当时是十来岁的小孩子，朝中大事其实是刘皇后和丁谓说了算。

寇准虽是大忠臣，但他只想着怎样去掉母后干政的威胁拥立太子，没有想深一步——天下治道，以孝为先。刘皇后乃太子嫡母，总不能把妈杀了，再立一个少年为帝吧。

真宗皇帝崩，遗诏太子赵受益更名赵祯，柩前即位，是为宋仁宗，时年才十三岁。

大臣王曾奉遗诏入殿庐草拟制书，“命皇后权处分军国事，辅太子听政”。丁谓想去掉“权”字，因为“权”是“暂时”的意思。王曾力争，认为“权”字不可去，不得坏祖宗成法。丁谓无奈，只得依从。其实，丁谓之意，并非给刘太后手中加权力，而是想打着刘太后的旗号，自己可以长期在朝中掌政。

丁谓大权在握，马上结交时为“内押班”的太监雷允恭，密请太后降手书：“帝（仁宗）朔望见群臣，大事则太后召辅臣决之；非大事，则令（雷）允恭传奏，禁中画可以下。”如此，丁谓完全可以自决政事，扯虎皮做大旗，凡事以“太后”说事，同列官员则“不敢争”。

此举还有另外一个恶果，就是太后、皇帝两宫，都要以雷允恭这个太监作为宫内外的“传话筒”，他想怎么说就怎么说，所以逐渐恃势专恣。

一朝权在手，就把令来行。丁谓马上贬寇准于雷州。

但是，丁谓太轻看了刘太后，以为刘氏一妇人，皇帝一孺子，凡事皆是自己和雷允恭两人说了算，高兴没半年，这两个人，一个死，一个贬。

其实，丁谓之贬，表面上看，是因为太监雷允恭以“宜先帝子孙”为名，擅自命人把真宗皇帝的陵墓改址上移，致使泉水涌出，冲毁陵址。丁谓当时附和雷允恭，自然有连带责任。但丁谓真正遭贬，还是因为他有两件事得罪了刘太后。其一，有一天宋仁宗小孩子爱睡觉，刘

宋真宗皇后像

太后传旨中书省，想一个人上朝见群臣，丁谓闻知，坚称不可，刘太后为此愤恨；其二，丁谓算计内宫的花费财用，太后更加恼怒。

妇人之怨，易怒难消，加之刘太后是聪明人，她知道丁谓与雷太监一里一外想架空她，盛怒之下，处死雷允恭，贬丁谓于崖州。本来，刘太后还想处死丁谓，有大臣认为仁宗皇帝刚继位就处决大臣“影响不好”，才“从轻”发落。

丁谓“机敏有智谋，险狡过人”，沦落到这份儿上，仍然算计。当时，他家属皆在洛阳，于是，他修书一封，在信中把自己大骂一顿，称自己“深负国恩”，嘱咐家人不要埋怨“国家”。然后，他把这封信直接寄给洛阳的地方首长。

这么一个大罪人有信来，洛阳的官员当然不敢亲自开启，怕惹上与丁谓“交通”的罪名，就直接上呈朝廷。刘皇后与小皇帝见信后生出怜悯之情，就下令把丁谓移至更近些的雷州。机关算尽，数年后丁谓以“秘书监”的身份致仕，但再也未能“东山再起”。

刘太后垂帘听政，实际上如同皇帝一样，要说她完全没有“想法”，也不实际。一次，她问参知政事鲁道宗：“武则天是什么样的帝王呢？”鲁道宗是正派人，当然听出刘太后弦外之音，直言道：“武后，乃唐朝罪人，差点毁了社稷国家！”刘太后默然。

上朝时，又有小官趁机巴结，要刘太后立刘氏七庙以显尊崇，鲁道宗反驳：“若立刘氏七庙，皇帝家该立几庙？”

还有一次，刘太后、宋仁宗一同去拜佛，刘太后想安排自己的凤辇在小皇帝的仪仗之前，鲁道宗上谏：“夫在从夫，夫死从子，妇人不能在前。”刘太后顿了顿，想了想，还是依礼在宋仁宗后面礼佛。

鲁道宗直谏，但总给刘太后“面子”。当时的秘阁校理范仲淹不然，他上书认为，宋仁宗在宫内朝拜刘太后，是行家人礼，当然可以。但是，天子与百官同到朝上向刘太后施礼，是亏欠君主礼仪。

宰相晏殊听说后，吓得够呛，他把范仲淹叫来训斥：“你这小子如此狂率邀名，这不是连累我吗，后悔当初荐你为官。”

范仲淹正色言道：“我正是怕别人议论您推荐我当官而不称职，才直言上疏，不料今日反以忠直得罪您！”

晏殊无言以对。

不久，范仲淹又上书让刘太后还政于宋仁宗，朝廷不报。

刘太后不喜欢这个倔直的臣子，便把他外放为河中府通判。即使身在朝外，范仲淹仍上书，请刘太后还政于皇帝。

明道元年（1032年），“先帝”宋真宗的一个普通嫔妃李氏病死。此人在真宗时只是个“婉仪”，仁宗即位后，一群“后妈”皆进位，李氏得封为“顺容”。病重临死，李氏才进位“宸妃”。

按理讲，皇帝嫔妃众多，死一个并非什么大事。但是，宰相吕夷简闻知此事，即刻入宫见刘太后。李氏之死之所以能惊动当朝宰相，是因为其中还隐藏着一个天大的秘密：李氏不是平常人，她是当今皇帝宋仁宗的生身之母！

李氏本是杭州人，入宫后做真宗刘皇后的侍女，地位卑贱。真宗皇帝一次兴起，顺便就把刘皇后的这个俏丫鬟给“幸”了，李氏怀上了日后的宋仁宗。

孩子生下后，当时还是德妃的刘皇后就把孩子养为己子。真宗皇帝自己不对别人说，别人当然更不敢张扬。而且，刘氏当时把小孩子养为己子，实际上无形中也提高了这孩子的地位。

刘皇后养仁宗为子，也不是我们想象的那样天天喂奶换尿布，只是她对外宣称这孩子是自己所生，一切养护工作皆由她亲如姐妹的杨淑妃进行。

李氏日后又被真宗皇帝“幸过”，生有一女，刚生下来就死掉了。虽然与“真龙”有过数次云雨之欢，还育有龙子，但李氏地位微贱，无论真宗皇帝生前死后，她都默然处于一大堆嫔妃之中。

其实，按当时人的心情，李氏心中已经非常满足，自己一个丫鬟出身，能得幸于天子，为皇帝诞下龙子，已是天大的恩宠。

仁宗当皇帝十年，已经二十三岁，仍旧以为刘太后是其生母，对李氏一事全然不知。

宋仁宗不知道，身为宰相的吕夷简却知道这个秘密。听见刘太后在内宫要以一般宫人的丧仪埋葬李氏，老吕赶忙入宫，建议朝廷对李氏的埋葬礼仪规格要“从厚”。

刘太后一惊，忙让仁宗皇帝先下去，自己留下与吕宰相商议丧仪之事。

宋仁宗不知就里，他对父皇的这位李妃根本没有印象，自然乐得清闲，出殿游玩去了。

刘太后站起身，隔帘问吕夷简：“死了一个宫人，怎么劳您宰相问此事？”

吕夷简回答：“为臣乃宰相，事无内外，都应该过问。”

刘太后听出老吕话中有话，怒问道：“相公您要离间我们母子关系吗？”意思是你想通过厚葬李氏来捅破这层窗户纸吗？

吕夷简当然是厚道人，他回答：“为臣所以劝太后您厚葬李宸妃，是想日后保全您刘氏宗族啊。”

刘太后默然，仔细思之，深觉老吕说的有道理。

宫中太监为了讨好刘太后，上下都不好好地为李宸妃治丧。吕夷简亲自对主管丧事的太监头说：“李宸妃是当今皇上生母，如果不以适当的礼仪埋葬，以后必有因此获罪的人，到时别怪我吕夷简没打招呼。应该以皇后的服饰和礼仪埋葬，棺中充以水银。”

太监赶忙转告刘太后。此时，她也完全想明白了，于是下诏以皇后礼下葬李氏。

李宸妃死后，刘太后心中郁郁。转年，病重期间，她服天子衮冕，到太庙行礼，平生第一次过了“天下第一人”的瘾。

不久，刘太后病重，口不能言，数次自抚其衣向侍病的仁宗皇帝示意。大臣薛奎听宋仁宗这么说，忙解释道：“太后身服天子仪服，怕死后在地下不好见真宗皇帝。”

宋仁宗大悟，下诏以皇后仪服埋葬刘太后，并以四个字“庄献明肃”来追谥。宋朝旧制，皇后皆两字谥，四字谥自刘太后始。

刘太后死后不久，就有人告知宋仁宗，他并非刘太后亲生，并说其生母李宸妃“死于非命”。

恸哭之后，为了查明真相，宋仁宗派人挖出生母棺木，亲自启视。他亲眼看见生母身着皇后服饰，加之水银灌棺保护，颜色如生，没有任何中毒等迹象。

宋仁宗长叹：“朕怎能轻信人言呢。”转而更厚待刘太后宗族。

寻找多日，仁宗知道自己还有个舅舅李用和在世，忙召入宫中，立授节度使之职，赏赐无数。

此时，范仲淹被召回朝廷。此人真乃正直之士，从前他虽为刘太后贬为外任，现在反而在仁宗面前为太后说好话：“太后受先帝遗命，调护陛下者十余年，今宜掩其小故，以全大德。”

仁宗也是厚道人，下诏禁止追究太后垂帘时的是是非非。所以，戏曲《狸猫换太子》一事，完全是瞎掰。

刘太后出身虽然低贱，但号令严明，恩威加于天下，施政方面没有什么缺失。而且，她行事有理有节，每赐刘氏宗族宫内御食，皆易以寻常器皿，常说：“勿使皇宫器物入吾家也。”

真宗皇帝二妹入见，刘太后见之亲礼，赐珍珠头帕。与太后关系不错的润王妃李氏也要求得一珠帕，刘太后立刻拒绝：“二公主，乃先帝之妹。你不过是赵家老媳妇，怎能和皇姑相比？”

最可称道的是，三司使程琳曾经谄媚，上献《武后临朝图》，刘太后掷之于地，怒斥：“吾不作此负祖宗事！”

四面边声连角起

从宋仁宗到宋英宗

宋仁宗在刘太后死后，终于真正当上了皇帝，开始亲政。

没过几年，西夏的元昊称帝，宋夏战争轰轰烈烈地展开，最终双方都大伤元气。特别是宋朝，除给辽朝“岁币”外，又要每年向西夏“赐”岁币，平添了经济负担。

不仅边事吃紧，宋朝国内还爆发了大小不一的“起义”，沂州的王伦和商州的张海等人揭竿而起，很让北宋君臣伤脑筋。

内忧外患之下，范仲淹上呈《答手诏条陈十事》，宋仁宗开始了“庆历新政”的改革，中心点在于整顿吏治。但折腾了不到一年，范仲淹、韩琦等人悉数被罢出朝廷，最后以“朋党之争”的定论结局。

无论如何，宋仁宗统治时代，北宋名臣辈出，仁宗皇帝本人也“恭俭仁恕”，非刻薄寡恩之君，所以，在他当朝的年代，涌现出各种类型的忠直之臣。

当然，搞政治的臣子们，秉性脾气不尽相同，有各种各样的性格缺欠和道德“瑕疵”，但大体上还是良臣多，奸臣少，范仲淹、韩琦、吕夷简、晏殊、薛奎、杜洐、包拯、文彦博、富弼、狄青、欧阳修等等，或文或武，皆一时人杰。此外，在文学、哲学以及科技方面，柳永、宋庠、梅尧臣、苏洵、蔡襄、周敦颐、二程兄弟、沈括、毕昇等等，皆生活于宋仁宗时代，真可用“灿若群星”来形容这一时期的各类人才。

在历史上，似乎总出现“好人无好报”的现象。宋仁宗如此一位仁君，在位四十二年，竟然一个儿子也没有。

继承人问题是帝国最最重要的事务，在大臣韩琦、司马光等人的坚持下，宋仁宗只能立其堂兄濮安懿王的儿子赵宗实为太子，改名赵曙。

转年，1064 年，宋仁宗病死，其堂侄赵曙即位，是为宋英宗。

宋英宗身体很差，精神上也有遗传病，他在位最重要的政治事件是类似明朝的“大礼仪之争”，即英宗想把他死去的生父濮安懿王也升格为“皇帝”，朝臣们为此大打嘴仗，争执不休。

最后，宋英宗还是未敢追尊其生父为“皇帝”，只是把老爸的坟园称为“陵”。比起明朝嘉靖皇帝为此事杖死十来位大臣的行为，宋英宗要仁义得多。

英宗皇帝在位仅4年即病死，其长子颍王赵顼继位，是为宋神宗。

此时，宋朝的国力已大不如前，方方面面都呈江河日下之态。

首先，宋朝对士人太好，恩赏太厚，整个官僚机构臃肿得不行。宋朝帝王比较“厚道”，从来不想怎么“消肿”机构，总是慷慨地赠予大臣金银珠宝。

到宋真宗咸平年间，已经有具体数字，天下“冗吏”多达十九万五千人。而且，那些带有“使相节度”荣衔的大官，光薪俸支出就大得惊人。以三班院（供奉官、左殿直、右殿直）为例，宋初只有官吏僚员三百人，宋真宗时已有四千多人，宋仁宗时人数已经过万。

宋仁宗统治时代，开科取士，进士加诸科就近一万人。这一万人看似数字不大，但都是官员之选，而宋朝一般官员的薪俸都可让诸朝士人眼红。不仅如此，还有那些皇族、外戚、功臣等的后代，在“恩荫法”的庇佑下，一大群人生下来就有级别，有级别就要有俸禄，这帮人有钱有闲有精神，更有时间“制造”人，子孙人数呈几何级数上升。

宋仁宗自己生不出儿子，皇亲国戚们的生殖力却一个胜似一个。皇帝驾崩，还“遗赐大臣各值百余万”，“厚道”得太过分。

宋代文臣武将，生活极其优裕，只要不犯谋逆等重罪，干出多大的坏事，最重的处罚就是远流偏僻地方做小官，“过海”和“过岭”几乎就是最重的责罚。“过海”指被罚至海南，“过岭”指被罚过梅岭到岭南。

制度如此宽容，知识分子们又爱风花雪月，而风花雪月最费钱。

北宋历史上以正直著称的名臣，也都是豪奢的主儿。寇准在家，天天在庭院燃巨烛，耀如白昼，“座上客常满，樽中酒不空”；吕蒙正，是酷嗜“鸡舌汤”的大美食家，每餐必喝此汤，当然不是冰冻鸡舌，吕家厨房一天要杀成百上千只鸡，才能供吕宰相一汤之用；宋祁大文士，天天“体验生活”，夜夜拥歌妓饮美酒，无日不醉，其兄宋庠捎话让他检点些：“不要总这么骇人听闻地花钱嘛，还记得从前我兄弟俩在州学内天天吃粗饭咽咸菜的事吗？”宋祁大笑回复：“请回禀兄长，当年寒灯苦读，吃糠咽菜，不就是为了现在能活到这份儿上吗！”翰林学士蒲宗孟“性犹侈”，其家每天吃饭最少要十头猪十只羊，消耗三百支巨烛用以照明。就连洗脸洗脚洗屁股这样的小事，蒲夫子都有“小洗面、大洗面、小濯足、大濯足、小大澡浴之别。每用婢子数人，一浴至汤五斛。（其）他奉养率称是”。连苏东坡都写信劝他要“慈俭”。

这位蒲爷，还有个故事很出名。一次，他接见一位一百多岁的老道人，问对方养生之法。老道说，要清心寡欲，戒酒，戒色，戒贪，戒纵乐。蒲先生低头想了想，说：“如果这样，即使活上一千岁，又有屁用！”

上述例子，举的还都是世人眼中的“好人”，有德有功的大臣，可以想见，贪官污吏的日子，肯定会更加耸人听闻。

除支撑一个巨大的官僚机构外，北宋还要供养一支无比庞大的军队。

宋太祖赵匡胤时，禁军为宋朝精锐军队，人数不到二十万。宋太宗时，禁军已有三十五万人，宋真宗时，数目又达四十三万人。到了宋仁宗时期，禁军竟达八十三万人。所以，《水浒传》内容虽百分之九十为虚构，但豹子头林冲为“八十万禁军教头”，绝非虚拟，宋仁宗时期确实已经有八十多万禁军。除此以外，加上厢兵等其他正规军和“后备役”，仁宗皇帝时期宋朝有近一百三十万的兵要靠国家养活，政府岁入的四分之五都要用于军费支出。

西夏战事起，宋朝禁军虽多，但昔日的英雄们早已老死、病死，仁宗一朝的禁军大都是花架子，特别是京城禁兵，鲜衣骏马，只知领取俸禄，连出操等简单操练都罕有。更过分的是，这些人每月领俸粮，自己都扛不动，要雇挑夫帮他们扛。这样的士兵，派到西北与虎狼一般的党项人对阵，后果可想而知。

花费巨亿，宋朝就养了这些“造粪机器”。

所以，到了宋英宗时期，宋太祖、宋太宗时期金帛山积、“骇人耳目”的封桩库、左藏库等国库，变得空空如也，连耗子都不见一只。

以宋英宗治平二年为例，这一年宋朝岁入虽达一亿一千万之巨，官费、军费等支出却达一亿二千万，已经是入不敷出了。

宋朝对盐、茶、矿产皆实行“官卖”的垄断制度，商税极高（甚至达百分之五十以上），收入不可谓不厚。但开源而不节流，任凭是哪个人当家做主也禁不住这么糟蹋，最终国力一步一步走向衰弱。

自宋真宗开始，宋朝上层其实已注意到日用渐亏的事实，不少大臣都上书言事，提出各种各样的主张和方案：真宗朝王禹言“五事”；仁宗朝宋祁提出“三冗三费”问题；范仲淹推动“庆历新政”；文彦博要求“省兵”；王安石上过“万言书”；司马光也上过“三札”。这些上书大都是讲开源节流，减冗兵，裁冗吏，抑兼并，细理财，但起起落落，最终也没有收到任何明显的实效。

宋神宗继位没几天，向主管财政的三司使韩绛问起“国用”，才知道国库中什么都没有，“百年之积，惟存空簿”，只剩下档案文件类的账本了。

血气方刚的神宗皇帝想富国强兵打胜仗，一听没钱，立感泄气，所以，有病乱投医，谁能给政府弄来白花花的银子，谁肯定会得到重用。

至此，王安石终于登上了中国历史的大舞台。

“安石不出，奈苍生何！”

吊起来卖的青年王安石

“安石不出，奈苍生何！”这句话，本来是讲东晋宰相谢安的，谢安，字安石。当时这位谢公也是吊起来卖，就是不出来做官祸害老百姓，于是当时人士都叹惋。

王安石年轻时，也是如此，可叹的是，“安石一出，苍生奈何！”

王安石，临川（今江西抚州）人，他年轻的时候，好读书，善属文，是个学问大家，这一点今人古人皆无异议。

当时，“唐宋八大家”之一的曾巩阅读他的文章后很佩服，拿给大文学家欧阳修看，欧阳修到处赞誉他，擢王安石进士上第，授淮南判官。可见，曾巩、欧阳修两位大家，对王安石皆有荐拔之恩。

依宋朝官制，王安石干满一届判官，就可以上呈文表到京城求职。但王安石一反常态，不削尖脑袋往中央钻，反而去鄞县当知县。他兴修水利，为地方干了不少好事，广为人所称赞。

朝中大臣文彦博很欣赏王安石这种安于基层的作风，就要把他破格调入中央，岂料小王拒绝。欧阳修大异，深觉此种人才不可多得，推荐王安石当谏官，小王又以祖母年高为由推辞。

好家伙，小伙安心基层，专心本职，又一心孝养，欧阳修被感动坏了，在朝中不停地赞扬他，并要给他安排俸银丰厚的“群牧判官”，王安石照样推却，只求外补。

于是，朝廷委任他为常州知州。在知州任上，王安石得与大儒周敦颐（写《爱莲说》的那位爷）相知，声誉日隆。

宋仁宗嘉祐五年（1060年），王安石终于入京，为三司度支判官（财政部高级官员）。

王安石入朝的消息传来，闻者莫不喜悦，都认为这个大能人来，能力挽狂澜。

吊起来卖了这么久，王安石上任伊始，也要烧上三把火。他呈递了《上仁宗皇帝言事书》，其大意即“因天下之力以失天下之财，取天下之财以供天下之费”。时兮命兮，其时恰值宋仁宗末年，暮气已重，览而置之，没怎么拿王安石的建议当回事。

历史、机遇、君臣际会，有时只是因为某件不足为人道的小事而改变。

宋仁宗之所以不“待见”王安石，是因一件小事对他产生成见：一天，宋仁宗与诸大臣在御花园边赏花、边钓鱼、边宴饮。宦者们把鱼食用金碟装盛，各置于矮几之上。王安石信手拈来，竟把一大碟鱼食吃个精光。宋仁宗看在眼里，当时也没说什么。转天见辅臣，他讲出自己对王安石的看法：“王安石，乃一奸诈人也，假使他误食钓饵一粒，也就算了。此人竟能把鱼食吃尽，太不近人情，做作得过分。”正是基于对他为人的鄙视，宋仁宗憎人而恶其文，对他的主张自然不看重（此事见于《邵氏闻见录》，非正史所记，但作者邵伯温是宋朝大儒邵雍之子，记载非常可信）。

王安石见“三把火”没烧着，悻悻之余又与当政大臣多不和，赶上其母病死，便以母丧为名去职。

英宗在位四年，王安石一直不受召，在家乡守丧。先前有了一次京城之行，王安石深知吊起来卖的重要性，时机不到，再不肯轻易露头。

宋仁宗认为王安石吃光鱼食是“作秀”，其实，也未必。王安石不爱洗澡，不喜穿新衣，吃饭即使是一大桌子菜，他也只吃离自己手边最近的那一碟。著书用心之时，更心无旁骛。有一次写东西，王安石边吃边写，手中东西吃完也不觉，仍旧一口一口干啃，把自己的指头嚼得血肉模糊也不自知。

人与人的关系很微妙，估计宋仁宗看见王安石感觉就不好。对于仁宗皇帝，王安石也心怀愤恨，在日记中对这位先帝大加鄙薄，总将之比为汉武帝。

宋神宗当颍王时，韩维在他手下任记室（秘书长或办公室主任），只要宋神宗夸他见解好，韩维必称：“这不是我本人的见解，是我朋友王安石的主张。”

年长时久，宋神宗耳朵起了茧，对“王安石”这个名字熟得不能再熟，特别想见这个能人。

继位之后，求才若渴的宋神宗马上下诏召王安石入京为官，但王安石仍逗留在家。

宋神宗问大臣曾公亮：“王安石闻名先朝，屡召不至，有人讲他这样做是大不敬。现在朕下诏召他，又推辞不至，是真有病吗，还是有所托呢？”

曾公亮马上回言：“王安石确是辅相之才，必不欺罔！”

其实，当时韩琦为宰相，曾公亮与之不和，想调入王安石这个“新锐”，借机挤对韩琦。

于是，宋神宗下诏任王安石为翰林学士。

知道好机会终于来到，机不可失，时不再来，王安石不是真隐士，自然应召。

韩琦三朝良臣，知道有人一直在背后议论自己专权，力辞宰相出朝，以司徒兼侍中出判相州。宋神宗对力拥自己登位的韩琦既尊重又感激，临别泣问：“卿去谁可属国者，王安石何如？”

韩琦有知人之明，回答说：“王安石当翰林学士则有余，处辅弼（宰相重臣）之地则不可。”

宋神宗默然。

王安石虽答应入朝，却并不表现得猴急，而是慢慢悠悠，7个月之后才赴职。

此次他心中有底，因为他儿子王雱居于汴京，总爱去大臣韩维家串门。韩维向王雱转达宋神宗求贤若渴之意，王雱又转告父亲王安石，老王这才“有备而来”。

神宗熙宁元年（1068年）夏，宋神宗终于见到了他慕名已久的王大才子。

君臣一见面，宋神宗就向王安石请教“为治所先”，即施政的大原则。王安石回禀："择术为先。"宋神宗点头。又问："唐太宗怎么样？"王安石又答："圣上您当以尧舜那样的古代圣君为榜样，干吗要当唐太宗。"

几句话下来，宋神宗非常满意。然后，君臣二人又就"小人""君子"相互研讨了半天，气味相投，相谈甚惬。

当年岁末，诸臣廷议，王安石发表见解："国用不足的原因，是朝廷未得善于理财的人才！"

与王安石私交不错的大臣司马光驳斥道："天下安有此理！天地所生财货百物，不在民，则在官，如凭空增设法规夺利于民，其害甚于加赋重敛。"

于是，两人在廷上争执不已，"变法派"与"保守派"之争，已见端倪。

转年开春（1069年），宋神宗以王安石为参知政事（副宰相）。为了使自己的主张畅行无阻，老谋深算的王安石建议宋神宗新设一个"制置三司条例司"，这一新机构设置后，施行新法的大权皆掌于己手。

王安石推荐一直力赞己议的泉州人吕惠卿为助手。同时，章惇、曾布等人也大受重用。这三个人，事后证明，没一个是善茬儿。

任用王安石之前，宋神宗向侍读学士孙固征求意见。孙固说："王安石很有文才，当翰林学士一定称职。但是，如果当宰相，应选气度弘量之人。王安石狷狭不容人，非为佳选。陛下若择相，司马光、韩维皆可充其任。"

宋神宗不以为然。

不久，神宗召见王安石，还做老好人，说："别人都不理解爱卿你的为人，总讲你只知经术学问，不晓世务。"

王安石也不客气，勃然道："胸中有经术才可以经纶世务！为臣我恨时俗浅薄，变风俗，立法度，正是当今之急！"

偏执狂的生存之道

王安石大行“新法”

王安石推行“新法”的前夜，朝堂之上确实是暮气沉沉的景象，执政大臣分别是宰相曾公亮、富弼以及副相唐介、赵抃等人，他们被当时人戏称为“生、老、病、死、苦”诸人。“生”，当然是指王安石。

宋神宗新锐之君，自然看着这帮“老成持重”的官员不顺心，与王安石一拍即合。

熙宁二年（1069 年）八月，宋廷下诏在淮、浙、江、湖六路实行均输法。

均输法主要针对当时税收制度的弊病，目的是抑制富商大贾的收入，其主要内容为：增设发运使官，负责东南六路的赋入情况。大凡榷买、税敛、上供物品，可根据实际情况，“徙贵就近，用近易远”。发运使还可以根据汴京库存的实际情况，“从便变易蓄买”，存储物品以备需要。如此，即可达到“稍收轻重敛散之权”的作用，最终目的在于使国家财政丰盈，民用不匮。

对“均输法”，大臣刘琦、苏辙等人马上表示反对，认为此法太苛，渔夺商人毫末之利。其实汉代桑弘羊早已做过此事，这么做当然有敛财的功能，但法术不正，给老百姓以朝廷“惟利是嗜”的坏印象。不久，苏辙等为此辞官而去。

当年十月，王安石推出青苗法。青苗法，实际上唐代宗时已经有此名制，“税青苗钱以给百官俸”。宋代的陕西转运使李参，因为“部多戍兵，苦食少，令民自度麦粟之赢余，先贷以钱，俟麦粟熟输之官，号青苗钱。经数年，廪有余粮”。但仁宗时已经弃置不用，唯恐此法用久生弊。

王安石的青苗法，是在夏秋未熟之时，借钱给农民，以酌中粮价折合，收获庄稼后加息十分之二还粮或者还钱，每年夏秋两次，随两税交

宋神宗像

纳官家。实际上，越穷的民户，借额越少，而有田有地的人家借额反多，为此，又辅以“抑配”等方法，下死规定，强迫借贷交息。

此法一出，司马光大力反对，他指出其中的弊病：闾里刁蛮富民借钱给穷人收利息，还能蚕食穷困之人，何况以国家的名义依仗法令之名强要人借钱，此举太过分。

大文豪苏轼也上书，指责制置三司条例司本身的创建就是床上架屋，最终会造成吏民惶恐惊疑，所以青苗法完全是“亏官害民”之举。

苏大学士反对新法不遗余力，常常作诗讥讽，也得罪不少人。“乌台诗案”中，老苏被人告发，御史弹劾，险些掉脑袋。多亏神宗祖母曹太后相救，神宗本人也宽厚，苏轼才免挨一刀。汉代以来御史台又称“乌台”，“乌台诗案”即由此得名。

反应最强烈的当属外出做官的老宰相韩琦，他一一罗列青苗法之弊，有理有据。

别人的话可以不听，韩琦是三朝重臣，宋神宗非常犹豫：“朕始谓青苗法可以利民，怎料到会糟到这个地步！”

王安石嗅出当时政治气氛有不利于自己的味道，非常愤恨，在朝廷上怒言：“臣论此事已十数万言，陛下尚不能无疑，天下还有何事可为！”

转天，王安石就称病不出，以“撂挑子”来施以颜色。

一心想富国强兵的宋神宗权衡再三，把王安石叫到宫内，推心置腹：“青苗法，朕确实为众论所惑，犹豫不决。寒食假中，静思此事，一无所害。”

有了宋神宗明确表态，王安石信心大增，更加卖力地推行“新法”。

熙宁三年（1070年）年底，王安石任同中书门下平章事，正式拜相，这也标志着他变法高潮的来临。

此后，他接连推出免役法、市易法、方田均税条约以及保甲法，并对天下兵制进行了大手笔的改革。

熙宁三年王安石任相初始，便在全国颁行保甲法，规定乡村民户以十户为“一保”，五十户为一“大保”，十大保为一“都保”，由其中“有财有才”之人充当保长、大保长和都保正，负有巡夜、练武、捕盗的职责。同保内有人犯罪，知而不告者以连坐罪论处。保甲法的实施，使宋朝一下子多出近七百万的“民兵”，此法对于民间治安确实收到一定成效。

熙宁四年（1071 年）年底，宋朝颁行免役法。原来衙前等各种差役，民户可不再亲自服役，改为向政府交钱，由政府再用钱雇人服役。原本不负担差役的官户、女户、寺观、未成丁等户，也要按规定交纳半数费用，称为“助役钱”。此举，确实让国库的银子增加不少。

转年，推出市易法。宋廷在汴京设立市易务，以一百万贯作本钱，开始对商业贸易实行“宏观调控”：根据市场行情，市易务评估价格，向商人买卖货物；市易务向商人行贷，以其产业作抵押，年息二分。

同年，方田均税条约也出台：规定每年秋天由县官丈量土地，详细记录土地的肥瘠质色，分成数等，按等级交纳税金。此举倒是查出大量隐漏未登记的土地，增收不少税钱。

熙宁六年（1073 年），宋廷颁行保马法，目的是“省国费而养马于民”。

宋朝以及先前诸朝，皆是由国家专门的牧监养马，王安石等人认为公家养马太浪费田地，于是制定保马法。保马法先在京东等五路施行，义勇保甲愿意养马的人，每户可给一匹饲养，家产多者可以给两匹。如果马匹死亡或生病，保主及保社要赔偿。明朝洪武年以后，也曾实行过此法。

养马于民看似合理，其实最后皆流于虚诞。养马需要规模，需要专业的技术，只有国家才有能力承担。如同现在的军事科技开发，如果把导弹、特殊钢以及制导坦克摊发到各个民营小厂去研制，结果肯定是笑话。

此外，王安石等人还对宋廷的兵制进行了大刀阔斧的改革。首先，减兵并营，把全国的五百四十五营合为三百五十五营，裁减各地服杂役的厢兵，使全国总兵力从英宗皇帝时的一百二十多万减至八十万。如此，省却了大量军费开支；其次，置将练兵。下令京东武卫等六十二指挥辖下禁军，分隶诸路，派主兵官进行分部训练，并允许各地将官自专军政，当地州县不准干预。这一点最“进步”，因为宋太祖开国以来严禁兵将专权太过。

王安石变法，宋神宗在背后支持，但赋敛愈重，天下骚然。

一开始对王安石攻击最猛烈的，当数御史中丞吕诲，他上疏抗言：“大奸似忠，大诈似信，（王）安石外示朴野，中藏巧诈，骄蹇惘上，阴贼害物……究（王）安石之迹，固无远略，惟务改作，之异于人，徒文言而饰非，将惘上而欺下……误天下苍生，必斯人也！”

范仲淹之子范纯仁也表示：“小人之言（王安石之计）。听之若可采，行之必有累。盖知小忘大，贪近昧远。”

司马光对王安石的评价较为公允：“人言（王）安石奸邪，则毁之太过，（他）但不晓事，又执拗耳。”

司马光由于 与王安石关系不错，便反复再三写信相劝，但王安石依然我行我素，还弄出封《答司马谏议书》（中学课本有此文）。

宋神宗用王安石行“新法”，代价不可谓不大，御史刘述、刘琦、程颢、刘挚，谏官范纯仁、李常、孙觉等诸多朝臣，相继因其不纳忠言而去职。最后，欧阳修、富弼、文彦博，包括荐用王安石的曾公亮，都被王挤对出朝。

“于是吕公著、韩维，（王）安石借以立声誉者也；欧阳修、文彦博，荐己者也；富弼、韩琦，用为侍从者也；司马光、范镇，交友之善者也：悉排斥不遗力。”

王安石人品，由此也可见一斑。

有宋神宗撑腰，王安石行为举止也非常狂妄。一次，上元夜，王安石从神宗皇驾，乘马直入宣德门。被卫士呵止。人臣再牛，毕竟是人臣，乘马入皇宫，太有违礼制。

王安石大怒，上表要神宗皇帝“逮治”卫士。御史蔡确等人认为卫士之举是尽职尽责，不应获罪，但宋神宗最终还是杖责卫士。王安石依旧气势汹汹，认为责罚太轻。

新法既行，天下喧嚷。特别不利于王安石的是，恰值新法施行的几年，连年大旱。当然，王安石认定“天变不足惧”。但宋神宗与当时的士大夫暗忖变法是否触犯了“天怒”，才以此示警于人。

富弼的女婿冯京入为参知政事，竭力反对新法。地方官员也纷纷上疏反对，兴州司法参军郑侠上呈《流民图》，以图解方式谏劝神宗皇帝收回新法。同时，王安石小圈子的内部也开始恶斗，其助手曾布、吕惠卿二人争权夺利，打得你死我活。

曹太后和高太后也流泪劝神宗收手，认定“王安石变法乱天下”。

面对蝗旱涝灾，宋神宗只得颁布《罪己诏》。

在此情势下，王安石自己求去。于是，1074年夏，神宗下诏让王安石“出知江宁府”，“安心休息”。

王安石怏怏离京，过江后与随官饮酒消愁，发现有人已事先在要摆酒的赏心亭墙上写诗一首：“青苗免役两妨农，天下嗷嗷怨相公。惟有蝗虫倍感德，又随钧旆过江东。”

老王大怒，查了半天也没找到作者。

已离朝四年的司马光听闻朝廷有废法之议，兴奋莫名，激动得涕泪横流，他上书指斥“新法”之弊：第一，青苗之法，人民负债，官无所得；第二，免役敛钱，养浮浪子弟；第三，置市易司，与小民争利；第四，熙河开边，得小失大；第五，保甲扰民，不得休息；第六，水利大兴，劳民伤财。

但宋神宗毕竟反复，不久，他再召王安石入朝。

只是此次入京，形势对王安石已经大大不利。入京途中，夜泊瓜

洲，老王作了那首脍炙人口的诗：“京口瓜洲一水间，钟山只隔数重山。春风又绿江南岸，明月何时照我还。”

与其说是心怀喜悦，毋宁说洋溢着淡淡哀愁。不祥的预感，已萦绕于王安石心头。想当初，“不畏浮云遮望眼，只缘身在最高层”，那种刚刚大权在手的惬意，一扫而尽。

不仅王安石的变法班子内部形同水火，宋神宗对新法也逐渐产生怀疑，再无先前雷厉风行的态度。

为此，王安石也哀叹：“天下事如同煮粥，烧一把火，又泼一大勺冷水，怎能把粥煮熟呢？”

《纺车图》 北宋 王居正

王安石心灰意冷之际，仍旧在那里死撑。但是，熙宁八年（1075年）十一月，天上彗星出现。彗星出现，在古代预示不是死皇帝就是有大祸事出现，上层下层都害怕。特别是两个老太太，曹太后与高太后，更是吓得不得了，天天哭劝神宗皇帝再不能用王安石。

曹太后是神宗奶奶辈，高太后是神宗亲妈，两个人的话极有分量。王安石呢，仍旧认为天文之变有灾的说法是上下附会。

神宗皇帝认定“天变不敢不惧”，并下诏命群臣直言朝政阙失。所以，当年的大扫帚星，是王安石最终失意离朝的最关键因素。

王安石后来几次表演“因病不能视事”，但用多了就不管用了。神宗熙宁九年（1076年）年底，王安石自请罢相归田。

神宗皇帝最后顺势，下诏让王安石出判江宁府。

此次出京，于老王来讲也是永别，他再没机会回到汴京。

王安石离朝，实际上标志着他变法的失败。1085年，宋神宗崩，其子赵煦继位，年仅十岁，是为宋哲宗，真正掌权的是其祖母高太后。高太后马上召回司马光。

中国政治家自古以来都喜欢矫枉过正，有“司马牛”之称的司马光其实在偏执方面比王安石好不到哪里去。他一执政，便尽废新法，连同免役法、青苗法这两项利大于弊、初见成效的条例也一并废除，史称“元祐更化”（宋哲宗年号“元祐”）。由此，也揭开宋朝党争的大幕。

1086年5月，王安石病逝。年底，尽废新法的司马光也病逝。

北宋灭亡后，逃到江南的宋高宗最恨王安石，认为他误导宋神宗，尽乱天下，并派人编《神宗实录》二百卷，对王安石“盖棺论定”，认定此人是“万世罪人”。特别是王安石那几句“天变不足畏，祖宗不足法，人言不足恤”三语，最为正统封建士大夫所诟病。

当然，从南宋的陆九渊到清朝的龚自珍，也有不少人认为王安石“英特高迈，不屑于流俗”，对他予以很高的评价（特别是诸朝王安石的江西老乡们，对王安石都赞不绝口）。到了20世纪，孙中山和他的国民政府对王安石敬崇有加，而后的新文化运动干将们更认为王安石是“社会主义先行者”。其实，他们都是看中了王安石“摧抑兼并、均济贫乏”这一“思想内核”，而对老王当时对宋朝社会、政治、经济造成的混乱忽略不计。

其实，很多理论都是这样，当时有利，对后世未必有利；当时多弊，对后世可能有利。就看后人如何对这一理论进行“乔装打扮”了。当然，这种打扮皆可假“去芜存精”之名行之。

每个时代的大哲硕儒，如果想震唬世人，要不就自立门庭，要不就大肆为古人翻案，以博取注意力，思及此，我们就更应该冷静地站在当时当地去评价某个历史人物。

明朝大哲学家李贽对王安石的评价最为公允："（王）安石欲益反损，使（宋）神宗大有为之志，反成纷更不振之弊。此胡为者哉？是非生财之罪，（乃）不知所以生财之罪也！"（《富国名臣总论》）

君臣开边意未已

宋神宗末年对西夏的两次战败

新法受阻，王安石罢相，神宗失去精神寄托，转而去搞官制方面的改革，即后世所谓"元丰改制"。此举收效不是很大，无非是例常的裁冗减员而已，但对军兵保甲制度的改革深化了许多，对不从者施以重法。

王安石变法之初，王韶向朝廷呈《平戎策》，表示"欲取西夏，当先复河（今甘肃临夏）湟（今青海乐都）"，如此，则可使西夏腹背受敌。同时，河湟地区吐蕃诸部不相统属，如果宋朝不攻，日后为西夏所得，更会成为大患。当时，王安石赞成此计，于是，熙宁五年（1072年），宋廷派王韶招抚吐蕃诸部，又打又拉，竟也能在熙河地区拓地一千多里，招抚吐蕃各部三十余万人，这就是所谓的"熙河开边"。

当时，吐蕃大头领唃厮啰已经病死（死于1065年），其子董毡继位（后世称这一血系的吐蕃政权皆为唃厮啰政权）。董毡继位后，仍旧保持与宋朝的友好关系，联宋抗夏，并曾在熙宁三年助宋攻夏，解了宋朝的环庆之围。王韶到任后，接连把熙（今甘肃临洮）、河（今甘肃东乡）、洮（今甘肃临潭）等地占领，实际上是侵蚀了唃厮啰政权原来控制的地盘和部落。

政治关系一向以利益为先，董毡于是倒向西夏一边，与西夏联姻，并在河州杀宋将景思。董毡的侄子木征也率其部落进攻河州。不过，王韶出奇兵，大败吐蕃军，并生俘木征送入汴京。毕竟宋与吐蕃昔日是老朋友，宋神宗招降木征，赐名赵思忠，并委任为官。熙宁十年，董毡派人与宋朝恢复关系，但是，相较于从前，双方内心都不大舒服。所以，熙河开边，从长远角度看，失大于得。北宋削弱了吐蕃的唃厮啰政权，自己又不能在当地实行长期稳固的统治，实际上倒是帮了西夏以及后来的金朝的大忙。

西夏方面，元昊死后，其幼子谅祚（夏毅宗）继位，实际统治权在其舅没藏讹庞手中。后来，没藏太后淫荡无度，为其面首李宗贵所杀。没藏讹庞为巩固权力，又把女儿嫁给谅祚为皇后，既是皇帝的舅舅、国丈又是国相，他诛杀由己，臣民都怕他怕得要死。

谅祚成人后，对老丈人很不满。往来之间，谅祚又和没藏讹庞的儿媳梁氏暗度陈仓，这位国相很恼怒儿婿（外甥）给自己亲儿子戴绿帽，杀心顿起。梁氏慌忙通知谅祚，少年皇帝抢先一步，杀掉没藏讹庞一家（连同他自己的没藏皇后），终于亲政，立梁氏为皇后。

谅祚执政后，一面大力推行汉化（改用李唐赐姓"李"），一面整顿军务，对宋朝和吐蕃进行军事侵扰，但两方面他都没得大便宜，还失去绥州（今陕西绥德）之地。

于是，小伙子又与吐蕃盟好，向宋朝"谢罪"。1067 年（北宋治平四年），谅祚病死，年仅二十一岁，庙号"毅宗"。这小伙一岁即位，亲政没几年，但在西夏的文治方面建树甚多。

谅祚死后，其子秉常继位，年方七岁，自然又是其生母梁太后掌权。梁太后的弟弟梁乙埋为国相，梁氏宗族气焰熏天。

梁太后虽为汉人，但她废汉仪，开历史倒车，改回元昊时的蕃仪。为建树威权，梁太后亲自发动对宋战争，攻打秦州、环州、庆州等地。熙宁四年（1071 年），宋将种谔率宋军深入横山要冲啰兀，大败夏兵，并筑起啰兀城（在无定河边）。见宋人如此深入国境，梁太后与其弟梁乙埋倾尽全国之力，经过血战，夺下啰兀城。虽然取胜，西夏国内经济凋敝，梁太后只得又与宋廷议和。

1076年，小皇帝秉常已十六岁，理应亲政，但其母梁太后仍不放权。秉常喜欢汉文化，一度下令取消蕃礼改汉仪，却因梁氏的反对而作罢。1081年，梁太后幽禁了想向宋朝归还河南地的儿子秉常。皇帝被困，西夏内部一时纷扰，不少部落拥兵自固。正是在此情况下，宋神宗五路伐夏，准备收复灵武。

元丰四年（1081年）七月，宋神宗以秉常被幽囚为借口，兴师问罪，发五路大军伐夏。其中，熙河经制李宪任主帅，他统领熙秦七军加上吐蕃的雇佣兵共三万出熙河；王中正领兵六万出麟州（今陕西神木）；种谔率九万多人的军队出绥德；高太后的伯父高遵裕带近九万兵出环庆；刘昌祚率五万兵出泾原。

但是，只要知道了宋军的主帅李宪与另一方面大将王中正二人皆是太监，是人就能够知道此仗不可能打赢。而且，“熙河开边”的主要人物王韶闻知朝廷兴兵，力劝不要无事生非。神宗恼怒，该帮忙的人不帮，把王韶降职。不久，这位功臣即病死。

宋朝打西夏，还是逃不出历史的怪圈，即开始时肯定是捷报频传，往后就会有一巨坑在那里等着。

李宪公公也不孬，带大军攻克兰州；王中正公公攻取宥州；种谔克米脂；高遵裕收复清远军；刘昌祚在磨齐隘大败梁乙埋主力西夏军。至此，宋军五路捷报飞奏入京，宋神宗大喜，要诸路兵马即刻向兴州、灵州发起总攻。

刘昌祚一部宋军很能战，率先杀入西夏国境，一路斩将夺旗，杀至灵州城下。但是，高遵裕暗急刘昌祚得灵州首功，严命他不要攻城，待双方合军再一起进攻。由此，黄金机会丧失，灵州夏军做足了防御准备，又掘黄河七级渠水猛灌宋军，切断宋军补给线。水淹、缺粮、冻饿交加，攻城又死伤惨重，十万宋军，狼狈撤退时只剩一万出头。宋将种谔的九万多人马，也因西夏人的坚壁清野战术损失严重，最后只剩三万多人。王中正部宋军死亡二万多人。只有李宪公公所部军很小心，全军而还。至此，宋军五路攻西夏以大败告终。

此次大败，如果宋朝君臣静心思过，休养生息，还可以从失败中汲取教训。但是，宋神宗急火攻心，第二年又发动了大规模攻西夏战争。结果，永乐大败，宋军再次损兵折将，铩羽而归。

这次对西夏战争的败事之人总共有三人：徐禧、种谔以及沈括（《梦溪笔谈》作者）。

本来，种谔和沈括（时任延州知州）都主张在横山地区经营，种谔建议在银州筑城，然后依次规划夏州、盐州、会州、兰州。沈括建议在夏州以西八十里筑城，此议得到宋神宗同意，派给事中徐禧等人前往指挥。

徐禧到西北，与沈括相谈甚欢，二人最终决定先筑永乐城。这两个文人无军谋，永乐距银州故城不远，三面绝崖而无水泉，地虽险却欠缺最致命的水源。种谔表示反对。徐禧官大，不听，并把种谔调往延州。

元丰五年（1082 年）九月，徐禧发兵民二十多万人，用十四天就筑好了永乐城，宋神宗赐名“银川寨”。然后，徐禧、沈括等人返回米脂，只留八百多人守卫。

西夏闻报，深知永乐城处咽喉要地，即刻集结二十多万步骑前来争夺。

徐禧闻讯，留沈括守米脂，自领万余大军前往永乐城，并于城前列阵。徐禧此人，在熙宁初年作《治策》二十四篇呈王安石，得以跻身朝廷。其实，徐禧是个志大才疏之人。闻西夏人倾国而来，他还不信，大言道：“如敌寇多来，正是我立功名取富贵的大好机会。”

飞蛾扑火一般，徐禧直奔永乐城。

西夏军渡永定河，大将高永能建议乘其半渡发起进攻，徐禧竟有宋襄公之仁，回答道：“你知道什么，王师不鼓不成列。”说着话，徐学士竟然“执刀自率士卒拒战”，亲临最前线。

想当年元昊病死，宋朝边将就曾建议要趁其国内动荡兴兵征讨，宋臣程琳也是食古不化的书生，表示“幸人之丧，非所以怀柔远人”，丧失了攻取西夏的绝好机会。

不久，后继的西夏兵越来越多，无边无沿，宋军将士皆有惧色。宋将曲珍建议收兵入城以避兵锋，徐禧不听。很快，双方接战。宋军的先头部队本来最为骁勇，他们锦枪锦袄，看上去光彩耀目。但是，遇见这么多狼一样的西夏军，这些人心中生怯，接战不久就失败。西夏军乘胜，杀得宋军大败。

徐禧这才慌忙入城，被西夏兵团团包围。

众多宋兵，困守愁城，食水很快耗尽。此城险是很险，平地凸起，但要钻出水来比登天还难，没多久，士卒渴死大半。宋军确实英勇，大多数人仍旧持兵器拒斗。

曲珍劝徐禧趁还有些实力突围，徐禧不听；高永能劝他尽出金帛招募敢死队血拼，又不听。

结果，一夜大雨，多处城溃，永乐城失陷，徐禧、高永能皆死于乱兵，宋军只有四将逃免。

此次大败，宋军损失将校二百三十人，精兵万余，最可怜的是十多万名筑城后未及回去的役夫，也皆成西夏兵刀下之鬼。

永乐之围，种谔观望，没有及时救援。不久，种谔疽发后背而卒，时年57岁。他是名将种世衡之子，勇敢善谋，永乐城之败，他早已有所预见。

但是，此人也是急功近利之辈，为人“诈诞”，年前宋军五路攻西夏，正是他撺掇神宗皇帝，说：“夏国无人，秉常孺子，臣往持其臂以来！”神宗因此“壮之，决意西讨”。所以，两年两大败，种谔难辞其咎。

坐镇守卫米脂的沈括，本应率军救永乐，但听闻西夏军数万奔袭绥德，危及关中，他便去奔救绥德。由于他先前附和徐禧筑永乐城，战后，他被贬为均州团练副使。元祐年间起复，沈括只做过光禄少卿分司这样的虚官，政治生命彻底完结。

当然，他闲居润州八年，才有时间写出《梦溪笔谈》这部巨著。虽然在中小学课本中常常能看到他的画像，在史传上他并不是知名之人，仅列于《宋史》列传第九十一文臣沈遘的附传中。

王安石在位时，沈括为访察使，回京后必盛赞良法大为便民。王安石罢归，沈括为三司使，马上向宰相吴充呈上新法的种种弊端，宋神宗很厌恶他的为人。

沈括与苏轼一直是老同事，苏轼外放杭州，沈括作为两浙访察使，临行，宋神宗嘱咐他“善遇苏轼”。苏轼见到老朋友，非常高兴，两人亲切话旧。沈括请苏轼把到杭州后所作的诗文给自己一份以“拜读”，苏轼马上答应。结果，沈括在苏轼诗文中用朱笔一一评点，密呈御史台与苏轼有过节的李定，表示苏轼在诗文中有很多讥讽朝廷的话。差点要了苏轼的命的“乌台诗案”，实由沈括而起。

永乐之役后，沈括闲废润州，又同没事人一样，对苏轼迎谒“甚恭”。

特别值得一提的是，这位今古无二的大科学家沈括，畏妻如虎，常常被其妻张氏打得满脸血肉模糊。张氏病死后，大家都为沈括庆幸，殊不料，沈括受虐惯了，母老虎一死，他天天精神恍惚，还要跳水自杀，不久，郁郁而亡。可以想见，撰写《梦溪笔谈》的沈括几乎是天天捂着血脸在艰难“创作”。

宋神宗闻败讯，涕泣悲愤，好几天吃不下饭。早朝时，他又对辅臣痛哭。确实，自熙宁开边以来，只得西夏国葭芦、米脂等 6 个堡寨，但灵州、永乐两次大败，宋军兵民役夫以及边境归附的熟羌竟有 60 万人死于争战。至于宋朝的花费支出，更是个天文数字，算也算不过来，绝对是吐血赔本的大买卖。

宋神宗过于有“大略”，假使打败西夏，他肯定还会用兵河北同辽朝开战。所以，王安石变法，一定程度上是神宗皇帝想积累财帛与西夏打仗而导致。

变法以后，国家实力稍有积累，但天下元气已伤，接着连续两次大败，实际上宋朝陷入更加困顿的局面。

不久，西夏来“讲和”，宋朝只得按数“赐”岁币，仍旧每年交给西夏大把大把的银帛以“买”和平。

忧愤之下，不到3年，宋神宗即撒手人寰，年仅38岁。

最后，再总结一下王安石的为人。在个人操守方面，老王勤俭无奢欲，天天日理万机，百分百是宋朝一心扑在工作上的好干部典型。但是，这个人，“起大狱以报睚眦之怨也，辱老成而奖游士也，喜谄谀而委腹心也，置逻卒以察诽谤也，毁先圣之遗书而崇佛老也，怨及同产兄弟（王安国，与王安石政见完全相反）而授人之排之也，子死魄丧（其子王雱先死）而舍宅为寺以丐福于浮屠也”——所有这些，均成为当时后世士大夫所不齿的把柄。

王安石晚年落寞，但所作诗词雅丽，清新脱俗。仔细读之，则有森然幽冷之气，现摘其小诗一首，以展示其当时心境：

荒凉烟雨助人悲，染湿衣襟不自知。
除却春风沙际绿，一如送女过江时。

王安石变法的悲剧，其实也是时代的悲剧。宋仁宗在位达四十二年，“解散天下而休息之”。与民休息是好事，坏就坏在“解散以休息之”。天下人心懈怠，对西夏、辽国以“岁币”买和平，大输钱帛以买苟安，全国上下沉浸于一种虚假的宁静氛围中，没有奋发有为的精神氛围，这才是最为可怕的事情。

此后，宋朝上下就怕言兵，兵事成为忌讳。

宋神宗继位，天天为国贫而忧心忡忡，所以轻信王安石聚敛变法之谋，弄得天下扰动，富国的目的也没有真正达到。

宋神宗、王安石君臣的富国强兵之计，从本质上说是“聚财”二字，以为有钱有粮就可以无敌于天下，完全忽视了精神的作用。

关于这一点，中国历史上的“经验”不胜枚举：汉高祖刘邦小亭长出身，身无余粮，最终统一中国；秦朝有六国积储，敛九州赋财于关中，一宵瓦解；南朝宋的开国者刘裕，内忧外患，只以三吴一地财力，破后秦，杀慕容超，吓得北魏也屏息蹑足；安禄山得势，拥长安，据险关，金银山积，唐肃宗地处僻远灵武，最终仍旧复国。

由此可见，宋朝之患，“实不在贫也”。宋神宗之时，如果守先朝之小康，增强国民的忧患意识，不急于求成，不贪图小利，不打肿脸充胖子，积累二十年，西进北讨，或可一举成功。

西夏方面，夏惠宗秉常虽象征性地得以复位，梁乙埋又把自己的女儿给这位倒霉皇帝当皇后。梁乙埋不久病死，其子梁乙逋袭封国相。同年，梁太后也病死，但朝权仍在梁氏宗族手里。

转年，夏惠宗秉常郁郁而亡，其子乾顺被扶上帝座，又是一个三岁的娃娃，是为夏崇宗。同时又是一个新出炉的梁太后主政（梁乙埋之女）。

皇后“偷汉”的政治性后果

辽国皇后萧观音“通奸案”始末

余生也晚，智也愚，行也鲁，读书趣味也“形而下”。忆往昔，峥嵘岁月稠。笔者曾经钻图书馆、找收藏家，良莠不分，文白不弃，几乎把唐、宋、元、明、清以来的“禁毁文学”读个遍。

由于笔者当时花特多时间专注于明、清以来的禁毁小说和《玉台新咏》等艳诗集，对于辽、金等马上民族的“思想糟粕”就不大留意，以为那些哥们儿、姐们儿只知道黄金白银杯盏罗列，饮羊羔美酒，跳草原大转圈舞什么的。记得曾经匆匆浏览过一首《十香词》，写女人身体各个部位的十种香气，言语简约、素净，暗蕴淫靡，以为是晚明的哪位无聊文人逛完青楼后的感怀，当时不以为意。

一日，忽然翻开辽朝文人王鼎撰写的《焚椒录》，才知《十香词》的作者乃辽朝鼎鼎大名的懿德皇后萧观音，好奇之余不禁大惊失色：竟然有契丹女人在一千多年前用如此流利、婉约又深富文学韵味的汉语词汇写出这样的好诗，不能不让人击节叹赏！

青丝七尺长，挽出内家装。不知眠枕上，倍觉绿云香。
红绡一幅强，轻阑白玉光。试开胸探取，尤比颤酥香。
芙蓉失新艳，莲花落故妆。两般总堪比，可似粉腮香。
蝤蛴哪足并，长须学凤凰。昨夜欢臂上，应惹领边香。

和羹好滋味，送语出宫商。安知郎口内，含有暖甘香。
非关兼酒气，不是口脂芳。却疑花解语，风送过来香。
既摘上林蕊，还亲御苑桑。归来便携手，纤纤春笋香。
凤靴抛合缝，罗袜卸轻霜。谁将暖白玉，雕出软钩香。
解带色已战，触手心愈忙。哪识罗裙内，销魂别有香。
咳唾千花酿，肌肤百合装。无非啖沉水，生得满身香。

细细咀嚼，婉约风流，无雕砌，多逸思，虽为艳歌，不减雅致。如隔翠玉琉璃观冰玉美人，寒暑流易，遥睹朱颜，令人神往。

金漠银水逞英豪　亦有契丹能赋诗

漫述辽代汉诗的发展

由于《说岳全传》《岳家将》等评书的流行，市井坊间普通百姓对金朝并不陌生，什么金兀术、完颜阿骨打、粘罕、哈迷赤等亦真亦虚的名字许多人耳熟能详。言及辽朝，一般人想半天也就只能想起评书《杨家将》里有个萧太后，能说出名字的还有一个耶律楚材（其实此位辽朝皇族后代已是由金入元的人）。

其实，不仅仅是当代人对辽代历史知之不多，回溯金朝末年，灭辽而起的金人对辽国历史已经常常有如坠五里云雾之惑。满肚子大学问和一脑子诗词歌赋的大才子元好问，在当时已经大抒感叹："呜呼，世无史氏久矣……泰和中，诏修《辽史》，书成，寻有南迁之变，简册散失，世复不见。今人语辽事，至不知起灭凡几主，下者不论也。"大概蒙古铁骑滚滚，南逃的金朝史官们已经把辽代史料丢失殆尽。蒙古兵将只知以烧杀抢奸为乐，绝大多数辽国史籍在瓦砾场中皆成为烧烤羊肉的引火之物。即使有存留，也多是散佚不全的"历史残片"。在元好问时代，大半知识分子连辽国有多少位君主都搞不清楚，可以想象后世幸存的辽国实打实的历史资料确实很不齐全。

辽朝是由耶律阿保机于907年创立，国号为“大契丹”（当时中原是朱温建立的梁朝）。947年，契丹主耶律德光灭后晋，备法驾入汴京，建国号“大辽”，改元“大同”。耶律阿保机时代，由于这些留着奇怪发型的哥们儿主要是以游牧方式称雄塞北，故号“大契丹”；占有燕云十六州之后，不少汉地纳于版图，耶律德光也曾经穿着大袖飘飘的汉帝法服在殿堂上找过感觉，而后“大辽”这一国号自然就沿袭下来。但对于漠北诸族，契丹上层仍沿用“大契丹”这个威风凛凛的国号。

辽朝之所以自命其国为“大辽”，据说是源起自辽水。以“大辽”为国号，一是彰显其祖先不同凡响的神异之处，二来点出族属源流。（金国的取名也大抵如此。其发迹处女真语为“阿禄祖”，是金子的意思。其水出金沙，而名之为大金，“犹辽人以辽水名国也”。）

契丹人属游牧民族，即使“发迹”后，文化水平也确实不敢恭维。契丹人虽和中原汉人一直打交道，但其语言与大多以单音节词为主的古代汉语大相径庭。契丹语有大量的多音节字，很像现代的西欧诸国语。在其口语之中，好多还要用现代日语中类似“训读”的方法来诵诗念文。

辽朝流传下来的歌谣诗词，大多是以汉字形式保留下来的。契丹族人最早是“刻木为契”，这是跟“结绳记事”和“象形”差不多的原始方法。耶律阿保机立国后，才让族人在汉族士人的帮助下创造契丹国文——契丹大字。

契丹大字是在增益汉字笔画偏旁的基础上创立，难懂如天书，不能普及。阿保机的弟弟迭剌借用回鹘文，创制契丹小字。契丹小字“数少而该贯”，比较简约易学，确实还通行了不短的时间。即便如此，到了今天，国内外懂得契丹大、小字的专家寥寥无几。现在，辽国古墓常常有出人意料的考古发现，出土器物上也明白地刻有标志墓主人身份的铭文，但专家可识读的很少，整个句子能串通下来的几乎没有。

即便在当时，930年前后，契丹使臣带着两份以契丹文字书写的书信上呈给当时的五代君主后唐皇帝李嗣源，老哥们儿东瞧西看，翻来覆去，和满朝文武、蕃汉大臣研究半天也不明白上面写了什么，契丹文字太难懂了。

至今，契丹大字一千多个发音符号中，能识读的只有不到两百个；契丹小字约有五百个发音符号，可识读的也只有一百六十多个。与之相比，西夏文化几乎被蒙古人灭绝，但存世有不少西夏文与汉文双文的石碑和铭刻，甚至敦煌藏书中还有西夏文、汉文双解字典（现存俄国）。至于契丹文，则根本找不到任何成文成制的依据。

据2007年8月的统计数字，全世界研究契丹文字的专家只有十个人，可见其文字之难，流传之稀少。

宋朝建立后，和辽国又文又武地广泛交往。辽国当时的汉化也很迅速，市里乡间也有不少人开班授课，讲习汉语“托福”。宋使访辽，回来后赋打油诗一首：“此老方扪虱，众雌争附火。想当训诲间，都都平丈我。”可以想见，一契丹或契丹化的汉人老儒摇头晃脑，在火炉旁边捉虱子边烤火，一旁也有几个契丹女人挤在火边取暖，外围不少契丹子弟手捧《论语》跟着老师诵读，也摇头晃脑，十分陶醉，只是把《论语》中的“郁郁乎文哉”误读成“都都平丈我”。

虽然契丹人读汉语书错字连篇，但亦可见汉化确实是辽人挡不住的趋势。宋朝大文豪洪迈在其巨著《夷坚志》中，记载契丹儿童是这样朗诵贾岛诗的：月明里和尚门子打，水底里树上老鸦坐（鸟宿池边树，僧敲月下门）——多像古代倭人对我中华的牙牙学语啊。

其实，辽代皇族和上层贵族一直就很“汉化”。辽国奠基者耶律阿保机自己就会说汉语，其长子东丹王耶律倍和辽太宗耶律德光兄弟两人更是能诗能文。当然，这兄弟俩的汉语水平还处于中级阶段。耶律倍因为太后偏心不能继位为契丹主，逃往中原，并作诗一首以示心境：

"小山压大山，大山全无力。羞见故乡人，从此投外国。"言虽浅白，意何深远！

耶律倍是耶律阿保机的长子，常从父征伐。征服渤海后，耶律阿保机改渤海国为东丹，封耶律倍为"人皇王"，名其城曰天福，命其专统一方。耶律倍袭天子冠服，建元"甘露"，置百官，仿依汉制建立王国。耶律阿保机死后，耶律倍深知太后母亲意在让皇弟耶律德光为皇，赶忙让出皇位。耶律德光袭位后，很不放心这位皇兄，把耶律倍迁于东平软禁，广置卫士侦伺其一举一动。为了韬光养晦，耶律倍在西宫起书楼，作《乐田园诗》以避祸。但耶律德光不断施压，中原的后唐明宗李嗣源又数次派人带信给耶律倍让他去"作客"，权衡再三，耶律倍写下那首著名的"小山压大山"汉诗后，逃往后唐。后唐明宗以天子礼仪欢迎耶律倍，把后唐庄宗的皇后夏氏下嫁给他，先赐其姓曰东丹（因其曾为东丹王），后赐为国姓李，又赐其名为"慕华"，并拜其为怀化军节度使。

后来，耶律倍移镇滑州，遥领虔州节度使。后唐明宗李嗣源死后，其子后唐闵帝李从厚和李嗣源的义子李从珂发生内讧，结果李从珂杀掉李从厚，继位为帝，是为后唐末帝。后唐末帝李从珂猜忌李嗣源的女婿石敬瑭，逼反了这位沙陀哥们儿。为了能得帝位，石敬瑭以割燕云十六州为条件，哀求耶律德光出兵来扶持自己。耶律倍此间也派密使要皇弟派兵讨伐"篡弑"其君的李从珂。耶律德光的契丹军队加上石敬瑭的军队一进攻，后唐末帝李从珂"心胆坠地"，在举族自焚之前，不知搭错哪根筋，下诏召耶律倍一起做陪葬。从来只听过请人喝酒吃饭观舞听歌，没见过请人一起火化升天的。耶律倍当然不从。

虽然马上就玩完，但李从珂在禁宫内还是皇帝，就派壮士一刀结果了耶律倍。耶律倍死时三十八岁。辽国后谥其为"让国皇帝"，庙号"义宗"。

耶律倍确实是个"汉迷"，他藏汉书万卷，筑望海楼贮之。此人通阴阳，知音律，精医药、针灸之术。他还善画本国人物，宋代禁宫秘府里藏有他不少画作，宋徽宗就常常把他的画当成学习的样本。但这个人性情“刻急好杀”，婢妾微有小过，他都会亲自用刀割刮，或以烙铁烧灼，此种变态心理，估计也和他以太子之尊常受弟弟和母后欺压有关。

辽圣宗耶律隆绪在开寿年间喜得传国玉玺，他用很规整的汉语作诗如下：“一时制美宝，千载助兴王。中原既失守，此宝归北方。子孙皆慎守，世来当永昌。”此人通汉诗，晓音律，又喜丹青，十岁时就能出口成章，有御制歌诗五百多首，只可惜流传下来的很少。

辽兴宗耶律宗真汉语水平也不差，重熙二十四年，宋使来贺节，为了让辽朝的司空郎思孝赋诗在宋使前炫耀，辽兴宗自己先赋诗挑之：“为避绮吟不肯吟，既吟何必昧真心。吾师如此过形外，弟子争能识浅深。”臣子怕在宋人前露怯，皇帝自己反而兴致盎然，即兴赋诗一首。

辽朝皇帝之中，汉诗意境臻至上乘的当属辽道宗耶律洪基。辽朝汉臣李俨（曾被赐国姓，又称耶律俨）秋日作《黄菊赋》上呈道宗，道宗览之大喜，文思翩翩，挥笔写下《题李俨黄菊赋》：

昨日得卿黄菊赋，碎剪金英填作句。
袖中犹觉有余香，冷落西风吹不去。

此诗格高调远，意境高妙。

李俨原诗早已散佚不闻，而辽道宗此诗至淡至真，挥洒自若，余韵悠长。

辽代诗歌作品，大多见于《全辽文》《辽诗话》以及一些分散的宋、元笔记中，贯读下来，愈觉其佳作不少，且越往后水准越高。

到了辽末，文人雅士所作诗词，已经可以与宋人并驾齐驱，不分伯仲：

三河道中

十载归来对故山，山光依旧白云闲。

不须更读元通偈，始信人间是梦间。

齐天萧后怀恨死　传弟传子兴宗疑

从辽兴宗到辽道宗

辽圣宗崩后，其皇后萧菩萨哥的地位顿时岌岌可危。继位的辽兴宗耶律宗真年仅十六岁，他的生母不是这位齐天萧皇后，而是一名叫萧耨斤的宫女。

齐天萧皇后十二岁就嫁给辽圣宗，她不仅模样漂亮，还有巧思，曾主持制作九龙辂、白金浮屠等物。

萧皇后生过两个儿子，皆早夭。宫女耨斤生辽兴宗后，齐天萧皇后马上抱过来当作亲生儿子抚育。

辽圣宗还没咽气，辽兴宗的生母萧耨斤就咬牙切齿，当面辱骂萧皇后："老娘们儿这回再没人宠你了吧！"于是，她派左右太监把萧皇后软禁起来。

辽兴宗继位，萧耨斤自立为皇太后，她就是后世所称的"钦哀皇太后"。这种情况，在汉族皇朝几乎是不可能的事，因为汉礼重嫡统，皇太子继位，仍要尊其父嫡后为皇太后，排名怎么也会在其生母之前。辽朝毕竟是草原民族，部落遗风严重，自然新皇帝亲妈权最大。

萧耨斤主政后，马上让自己的家奴诬告齐天萧皇后的弟弟北府宰相萧钽不里与族人欲同齐天萧后谋反，杀掉数人，打击萧后的家族势力。然后，她下令把齐天萧皇后押往上京软禁。

辽兴宗虽然是个少年，但已经懂事，哀求生母："皇后侍先帝（辽圣宗）四十年，抚育朕躬，当为太后。今太后当不成，反而得罪，是否太过分？”萧耨斤驳斥：“此人若在，当为后患。”话里话外充满杀气。辽兴宗无奈，求情道：“（齐天）皇后老而无子，虽在，无能为也。”所以，齐天皇后得以暂时不死。

不久，趁辽兴宗外出捺钵巡游，萧耨斤唯恐儿子念齐天萧后养育之恩日后再放掉她，就秘密派人去上京杀掉萧皇后。密使到达宣旨，齐天萧皇后表示：“我实无辜，天下共知。卿等我浴，而后就死，可乎？”使者同意。齐天萧后入内室沐浴，然后上吊自杀。

萧耨斤当上皇太后以后，大用诸兄弟，卖官鬻爵，杀戮异己，把辽国政治败坏得一塌糊涂。四年之后，她总觉辽兴宗这个齐天萧皇后养大的儿子与自己不亲，就暗中策划拥立自己的二儿子耶律重元为皇帝。

这位兴宗二弟倒不敢造次，暗中把消息透露给大哥。愤恨之下，已经成人的辽兴宗争取了禁卫军的支持，包围并软禁了萧耨斤，然后把她押至辽圣宗墓所软禁。后来，虽然辽兴宗又把亲妈接回京城，仍旧心怀戒备，母子嫌隙，至死不泯。

辽兴宗四十岁即病死，萧耨斤无丝毫悲痛之色，反而责怪儿媳崇圣皇后：“你这么年轻，干吗如此悲伤！”阴险老妇，连亲生骨肉死掉也不痛心，真乃残忍政治动物。

辽兴宗在位二十四年，曾借元昊攻宋之机，向宋朝索要关南十县，宋朝只得答应每年增十万岁币。总体上讲，辽宋关系仍旧还算不错。

西夏的元昊因为辽兴宗要自己停止伐宋，两家闹翻。辽兴宗第一次亲征西夏，十万大军几乎全军覆没。元昊死后，辽兴宗再次亲征西夏，虽然生俘元昊皇后没氏及贵族三十多人，却也没占多大便宜，悻悻而归。除此之外，兴宗嗜好唱戏和打猎，并没有特别出格地折腾，他亲策进士，大修法律，进一步汉化，大体还算得上是位“贤君”。

辽兴宗死后，其子耶律洪基继位，是为辽道宗。

春来草色一万里　绝色红颜正愁余

懿德皇后萧观音的汉语诗词创作

萧观音（1040—1075），是辽钦哀皇太后之弟枢密使萧惠之女，萧家世为皇后家族。史载，她“姿容冠绝，工诗，善谈论。自制歌词，尤善琵琶”。

由于生下皇太子耶律浚，萧观音更是宠逾众妃，为辽道宗的“红颜知己”。

作为契丹民族金字塔的塔尖，除个别功劳非常大的臣下赐姓耶律以外，耶律氏肯定是皇族，萧氏肯定是后族。“耶律”源自河流名。“世里没里”，即今天西辽河上游西拉木伦河。此河周边有世里氏、遥辇氏、大贺氏三个血缘最近的部族，在当时当地最为强盛，号“三耶律”。“世里”和“耶律”，是同义不同译，最终汉译固定为“耶律”。

至于萧氏，在耶律阿保机之前似乎就有“同姓可结交，异姓可结婚，以为萧氏”的说法。但最普遍的说法是，“太祖（阿保机）慕汉高皇帝（刘邦），故耶律兼称刘氏，以乙皇、拔里（两家功臣家族）比萧相国（萧何），遂为萧氏。”阿保机为霸一方，以其妻兄萧敌鲁任北府宰相，所以，一直到辽亡，萧氏后族一直把持宰相之位，确实应了“比萧相国”的说法。

辽亡之后，耶律改为“移剌”，萧姓改为“石抹”。

由奴隶制部族发展而来的辽人，姓名很有意思，有叫耶律猪儿的，有叫石抹狗狗的，有叫耶律九斤的，还有叫耶律家奴的，甚至有叫耶律驴粪的（叫猪粪的也很多），与近世中国人“狗剩”“狗儿”之类的小名相似，有“名贱命长”之意。此外，由于辽朝佞佛，与佛教相关的名字也非常普遍，什么文殊奴、观音奴、菩萨奴、道士奴、老君奴、佛奴，还有萧和尚、耶律和尚等名。至于本文主角萧观音，一看就是那个特定时代、特定国家的特有姓名。

萧观音四岁就嫁给当时为燕赵国王的耶律洪基为妃，真称得上是青梅竹马的一对夫妻。辽道宗继位后，伉俪情深，即使出外巡游打猎也常常带着萧观音一起去。一次，耶律洪基在伏虎林纵猎完毕，饮酒高会，身为皇后的萧观音即席赋汉诗一首："威风万里压南邦，东去能翻鸭绿江。灵怪大千俱破胆，哪叫猛虎不投降！"

锦句出玉口，在座的辽帝辽臣，无不叹服。此诗气势雄浑，彰显出萧观音女中豪杰的气概和北国女子的飒爽泼辣。

辽道宗清宁十九年，皇太叔耶律重元与其子涅鲁古在与道宗一同打猎的路上谋反。当其时也，萧观音临危不乱，主政内宫，特别展现出巾帼豪杰的风采。

耶律重元本是辽圣宗次子，其人眉目疏朗，材勇绝人，寡言少语，本是个持重稳健的美男子。辽圣宗死后，钦哀皇太后喜爱这个小儿子耶律重元，在临朝称制时与数位朝臣密谋立其为帝。耶律重元当时深明大义，竟飞速把此密谋报告给已袭位的哥哥辽兴宗。兴宗高兴，封他为皇太弟，赐以金券誓书。辽道宗继位，册封他为皇太叔，免拜不名，为天下兵马大元帅，尊宠无比。

看来，毕竟辽人汉化未到根底，并未认定父子家天下，辽兴宗封其为"皇太弟"，应有死后让他袭位之意。辽道宗又封他为"皇太叔"，就有些让他干等的意思了。如果辽道宗再驾崩，这位"皇太叔"可能就被封为"皇太叔爷"了，等到死也没个头儿。

耶律重元有耐心，他那生性凶狡的独生子涅鲁古却等不及，在秋猎时伙同四百多军将诱胁弓弩手于皇帐外列阵，想把辽道宗干掉。关键时刻，叛兵们悔惧，各自奔溃。

被裹胁的耶律重元自知事败，北亡大漠，仰天叹道："涅鲁古使我至此！"穷惶之下，他抽刀自杀。想当初他亲妈太后推立他当皇帝，他坚辞不受，其兄其侄父子家天下坐稳后，他在儿子的撺掇下倒有了反心，可见也是个死催的倒霉蛋。

如果中间不出个大奸臣耶律乙辛，萧观音和辽道宗夫妻欢好，伉俪情深，又有聪慧贤明的太子耶律浚，虽然辽道宗有沉迷打猎的嗜好，但辽国皇家应该不会发生太大的变故。

耶律乙辛是辽朝五院部人，到他爸耶律迭剌那辈，家里一贫如洗，部落里的人都叫耶律迭剌为“穷迭剌”。《辽史》很有意思，汉族史料往往以神异事附会帝王英杰，但《辽史》却记载了这个辽朝第一大奸臣出生时的不少“异兆”：

其一，耶律乙辛母亲怀孕时，梦见自己与一只羚羊相搏，拔其角尾。早晨找巫师解梦，巫师说：“这是个吉兆。羊字去角尾为王字，你以后会有儿子被封为王爷。”（看来这巫师还是个汉化的巫师。）其二，耶律乙辛早产，从娘肚子里出来时一家人正在移牧途中，无水洗浴。正忧愁间，车轮迹下，忽见涌泉。其三，耶律乙辛小时候放羊，很晚没回家。其父迭剌寻找，看见乙辛正在草间睡得舒坦，过去一脚把偷懒的小乙辛踢醒。乙辛大怒说：“怎么把我惊醒呢！我刚在梦中见到神人给我吃太阳和月亮，已把月亮吃掉了，正咬太阳半块入口，你把我惊醒！”可见此人小时就黠慧，明明梦见吃烧饼，倒骗老爸说自己正在吃太阳。

耶律迭剌也很迷信，以为这个儿子不同凡人，从此不再让他牧羊。长大后，耶律乙辛身长八尺，美风仪，相貌堂堂，但这个人“外和内狡”，正有大奸之风。

辽兴宗时，耶律乙辛为文班小吏，掌管太保印章。后得当时皇后抬举，见其风度浑然，如同很有修养的老成官员，慢慢予以升迁。兴宗朝，耶律乙辛已升至护卫太保（卫队总指挥）。

辽道宗即位后，因耶律乙辛是先帝旧臣，加以宠任，迁为同知点检司事，慢慢迁至枢密副使（副宰相）。清宁五年，又为南院枢密使，封赵王。

清宁九年，皇太叔耶律重元的党羽、驸马都尉萧胡睹在朝中结党，想把重臣耶律仁先排挤出朝，让其外放做西北路招讨使。辽道宗不明就里，很想听从。事前，他顺便征询耶律乙辛的意见。当时的耶律乙辛不知是出于忠贞还是想赌博“押宝”，劝谏道：“为臣我新参国政时间不久，耶律仁先乃先帝旧臣，不可遽离朝廷。”这宝果真押正。

皇太叔耶律重元之乱平定后，辽道宗想起耶律乙辛昔日的劝谏，加上他在乱中的镇定表现，拜其为北院枢密使，晋封“魏王”，并赐号“匡时翊圣竭忠平乱功臣”。

自此，耶律乙辛官运亨通，后又加守太师。至此，他已经有随意调动军队、任用官员的权力，势焰熏天，大肆贪污受贿。凡是阿谀奉承投奔门下的，耶律乙辛一概予以举荐升官；凡是禀性忠直不听话的，一概被他斥出朝廷。

辽道宗把国事全权交予耶律乙辛等人，自己便终日在外打猎游乐。大康元年（1075 年），辽道宗与萧观音所生的皇太子耶律浚开始参与朝政。

这位太子爷聪慧美姿容，一时间得到众臣的拥戴和赞赏。大权久掌的耶律乙辛一下子很不适应，权柄旁移不仅让他感到失落、愤懑，心中还充满新君登位后找自己算账的忧虑。想来想去，他就想先找萧观音这位皇后的碴儿，然后顺藤摸瓜，再把仁明聪颖的太子废掉。

辽道宗统治后期，终日畋猎饮酒为乐，已经对这位貌美才多的原配萧观音逐渐疏远。宴饮之余，辽道宗有时还以掷骰子的方式任用大臣，简直拿国事当儿戏。辽道宗也是大才子的风流品性，常冒用萧观音的名义把大臣李俨的老婆邢氏叫到宫里淫乐（难怪辽道宗亲自在李俨诗后题写诗赋，大概也是出于一丝与臣下妻子偷情的愧疚吧。不过，李俨也喜欢皇帝给自己戴大绿帽，邢氏进宫前他常常叮嘱老婆用心把皇帝伺候舒坦，不用操心家里）。

深宫寂寞，夜深人静，萧观音灰心之余，也尝试唤起夫君旧情，并作《回心院词》十首，力欲重现二人昔日之脉脉温情、云雨缠绵的快乐时光，想让老公回心转意。

《回心院词》十首与庆贺辽道宗猎虎成功的七言绝句风格大异。从一个侧面，也可见萧观音的艺术才华已臻至境，既能豪放，亦可婉约。

《回心院词》的句式也为萧观音首创。哀婉之余，萧皇后又自谱成曲，教人演唱，以抒幽怀。

由于曲调幽雅，演奏难度很大，宫中伶人皆知难而退，唯独一名叫赵惟一的汉族伶人技法高妙，能把此首幽怨之词演绎得丝丝入扣，荡气回肠。如果这位赵惟一是个女官或是个太监也就罢了，偏偏他是个仪表俊美的小伙儿。

虎狼之年，幽旷已久，闲着也是闲着，皇后女作家自然是干柴遇明火，一来二去，自然就“那个”起来。

龙床不容小蛇出　宫闱秘事有人知

辽朝版《斯塔尔报告》的出台

缠绵败火过后，萧观音还觉不过瘾，在《十香词》后又手写《怀古诗》一首：“宫中只数赵家妆，败雨残云误汉王。惟有知情一片月，曾窥飞燕入昭阳。”

其诗中隐含有赵惟一这个小白脸情人的名字，恋恋之情，不绝如缕。

记述萧观音事件最详细的王鼎是辽朝末期的文人，书中的故事大多据他老婆的乳母讲述，《梦椒录》所载也大多为史实。但王鼎认为《十香词》是耶律乙辛派人伪造，并让宫人骗萧观音照抄一遍，哄骗道：“此为宋国忒里塞（皇后）所作，如得皇后御书，即可称为二绝。”“（皇）后得而喜之，即为手书一纸，纸尾复书其所作《怀古诗》一首。”这些皆是王鼎的“想当然”，是小说家的揣度臆测。

宋朝皇后何等人也，汉族女人教养深厚，怎能作出大胆露骨的艳诗。萧观音又是冰雪聪明，怎能中此拙劣的圈套。

“解带色已战，触手心愈忙。哪识罗裙内，销魂别有香。”分明是写音乐家赵惟一与萧观音通奸时战战兢兢的窘急之状，此诗作者非萧观音莫属！

通奸之事本末，可详见于《全辽文》中耶律乙辛的奏章——《奏懿德皇后私伶官疏》：

> 大康元年十月二十三日，据外直别院官婢单登，及教坊朱顶鹤陈首。本坊伶官赵惟一，向邀结本坊入内承直（官名）高长命，以弹筝琵琶，得召入内。沐上恩宠，乃辄干冒禁典，谋侍懿德皇后御前。忽于咸雍六年九月，驾幸木叶山，惟一公称有懿德皇后旨，召入弹筝。于时皇后以御制《回心院》曲十首，付惟一入调。
>
> 自辰至酒，调成，皇后向帘下目之，遂隔帘与惟一对弹。及昏，命烛，传命惟一去官服，着绿巾，金抹额，窄袖紫罗衫，珠带乌靴。皇后亦著紫金百凤衫，杏黄金缕裙。上戴百宝花髻，下穿红凤花靴，召惟一更入内帐，对弹琵琶。
>
> 命酒对饮，或饮或弹，至院鼓三下，敕内侍出帐。（单）登时当值帐，不复闻帐内弹饮，但闻笑声。（单）登亦心动，密从帐外听之。闻（皇）后言曰：“可封有用郎君。”惟一低声言曰：“奴具虽健，小蛇耳，自不敌可汗真龙。”（皇）后曰：“小猛蛇，却赛真懒龙。”此后但闻惺惺若小儿梦中啼而已。
>
> 院鼓四下，后唤（单）登揭帐。曰：“惟一醉不起，可为我叫醒。”（单）登叫惟一百通，始为醒状，乃起，拜辞。（皇）后赐金帛一箧，谢恩而出。其后驾还，虽时召见，不敢入帐。

（皇）后深怀思，因作《十香词》赐惟一。

惟一持出夸示同官朱顶鹤。朱顶鹤遂手夺其辞，使妇清子问（单）登。（单）登惧事发连坐，乘暇泣谏，（皇）后怒，痛笞，遂斥外直，但朱顶鹤与（单）登共悉此事。使忍含不言，一朝败露，安免株坐，故敢首陈，乞为转奏，以正刑诛。

奏章将当时的偷情场景描述得细致入微。耶律乙辛虽是大奸臣一个，但让他冒家族被诛的危险捕风捉影，诬称当朝皇后（又是太子之母）偷汉子，想必借他八个胆他也不敢。

落棋虽险，但一出必杀。何者？有实有据有人证。辽道宗虽是个爱玩爱酒爱文学的庸君，但绝非臣下可以玩于股掌之上的昏君。

《奏懿德皇后私伶官疏》与弹劾克林顿的《斯塔尔报告》相比，在细节描写方面不遑多让，且用词用句斟酌再三，笔法老辣，言虽简而意极赅。试想，皇帝每天俗事缠身，写长了，皇帝会心烦看不下去；写短了，皇帝会觉得证据不足，臣下胆敢捕风捉影，诬称皇后偷汉子，没准就把一行上告者推出去斩了。所以，此奏折字字珠玑，有声有色，故事性极强，镜头感极好，简直就是摄影脚本：

时间：大康元年十月二十三日夜。

人物：宫女单登（侍随）。皇后萧观音。伶官赵惟一。

服装：萧观音，身穿紫金百凤衫（透明），杏色黄金缕裙，发型为百宝花髻。脚穿红凤花靴。赵惟一先着伶官官服（略），后换穿窄袖紫罗衫，腰系七宝珍带，脚登乌靴。头戴绿色巾，金抹额。

场景一：萧观音与赵小伙隔帘对弹琵琶，互送秋波。

场景二：黄昏时分，烛灯高照，两人面带春色。

场景三：赵惟一入皇后内帐，相对饮酒，间或共弹琵琶。热肉相凑，淫心见于脸面。

场景四：深夜。萧皇后命侍女出帐。侍女单登在帐门外偷听，帐内笑语娇声，隐约依稀。

艳戏演至此，如果萧观音春风一度也就算了，即使有孕，大可说是真龙之子，当时又无DNA鉴定术，谁也不敢怀疑皇后的肚子。

偏偏萧观音作了首《十香词》，暗中赐予赵惟一。赵惟一也是个轻浮不知天高地厚的浪子，手持《十香词》向同事朱顶鹤显摆。肯定出于“同行是冤家”的心理，朱顶鹤劈手夺过萧观音手迹，又派老婆追问当时值班的宫女单登。事已至此，不败露才怪。

耶律乙辛正千方百计谋陷太子，而太子亲妈萧观音此刻出了这么一档子事，估计耶律乙辛当时会高兴得跳起来大叫：“天助我也！”

人证：侍婢单登、赵惟一、伶官朱顶鹤；物证：艳诗《十香词》及含有赵惟一姓名的《怀古诗》。

两证齐具，辽帝大怒，命张孝杰与耶律乙辛穷治其狱。

张孝杰是辽朝的汉人高官，曾为进士第一名，官至北府宰相，封陈国公，是汉官中最受尊宠的一位。他是一个佞臣，注定会和权相耶律乙辛大相表里。加上萧观音一案实情实据，皇帝被戴大绿帽，千古罕有。

狱成，萧观音被赐白练巾绞死，赵惟一被族诛。

自尽之前，萧观音乞求面见辽道宗，不许。怨悔之下，遥拜宫禁，作《绝命词》一首。

赋诗完毕，自挂东南梁。一缕幽魂，飘向阴间去也。

《绝命词》其实也是一首哀怨的“自供状”，何者？其中“虽衅累兮黄床”之句，表明女作家确有“偷汉子”之事。

皇后因偷汉子而死，皇太子耶律浚的地位马上岌岌可危。

除掉萧观音后，耶律乙辛等人仍旧心怀惴惴，因为太子耶律浚并未马上被废掉，还有当皇帝的可能性。宫廷护卫萧忽古等人恨耶律乙辛专权，密谋杀掉他。事发，数人被捕下狱。时为殿前副检点（御林军副指挥）的耶律乙辛心腹萧十三乘间对耶律乙辛说：“现今太子犹在，民心所向。大王您在朝内基础不深，现在又有诬死皇后的嫌怨。如果太子得立，大王您将如何是好，应该从长计议啊。”

一句话点中耶律乙辛的心头事，他叹息道：“吾忧此久矣。”

于是，耶律乙辛等人密谋陷害皇太子，就派护卫太保（御林军支队队长）耶律查剌诬告耶律撒拉等人密谋弑君，迎立太子。这一次诬告没有成功，查了半天没有任何实据，耶律乙辛及其党羽只得作罢。

按常理，诬告是不小的罪过，何况对象是当今太子。但刚刚过去的萧观音一案使辽道宗很愤怒，明诏百姓众官皆可上言告密，言者无罪。因此，耶律乙辛诸人并未因告发不实而获罪。而且，为了掩饰自己的罪行，只有千方百计证明太子有罪这一条大路可去。

不久，已升为殿前都检点的萧十三又派牌印郎君（仪仗队长）萧讹都斡亲自到辽道宗面前“自首”：“耶律撒拉等人确实想谋反，小臣我也预谋其中，本来是想杀掉耶律乙辛等人，立太子为帝。为臣害怕事发坐诛，所以来自首求活。”

眼见身边平日鞍前马后举仪仗的侍从官首告，辽道宗不由不信，连忙下诏派有司鞫审。

在耶律乙辛安排下，被诬众人皆被屈打成招。

为了完全打消辽道宗的疑虑，耶律乙辛在有司庭院内“公审”数名犯人。三伏暑天，涉案诸人身负超重的枷锁，身后又有卫士用细绳勒住这些人的脖子，每每到犯人快窒息时才稍稍松手，“人人不堪其酷，惟求速死”。

因此皇帝派来复查案件的太监问这些人还有什么话要说，个个都讲“谋反是实”，别无异辞。

惊怒之余，辽道宗派人把皇太子耶律浚囚于别室，命耶律燕哥鞫审。

太子当然连称冤枉，上言道：“吾为储君，尚何所求！公当为我辩之。”

但耶律燕哥和萧十三一样都是耶律乙辛死党，伪造了太子认罪的状书，上呈辽道宗。

道宗大怒，诏废太子为庶人，并下令把太子关押在上京。人的心理就是复杂：从前夫妻和美恩爱，辽道宗看见太子肯定是喜欢得不得了；现在绿帽一顶头上撂着，看见耶律浚就会想起他那红杏出墙的妈妈。这样的心理下，太子不能不厄运当头。

母后刚刚以白练上吊而死，心中血眼中泪皆未干，就已经轮到自己被人一勺烩掉。被押出宫门时，耶律浚仰天叹息："我有何罪，竟至于此！"

墙倒众人推。气势汹汹的萧十三吆喝昔日的皇太子快些进入槛车，随后一脚把门踢上，押往上京。

堂堂昔日皇太子，按理说沦落如斯，软禁起来也罢，却被这一帮奸贼以砖石垒砌其囚所，禁止旁人探视。

不久，耶律乙辛害怕太子东山再起，派两个壮士潜入囚所把时年 20 岁的皇太子活活掐死。此两人为向耶律乙辛复命，还用快刀割下太子首级，装在匣子里星夜带回给耶律乙辛验察，领取封赏。

耶律乙辛的死党、上京留守萧挞得给上报说太子因病亡故。

辽道宗听见儿子死讯，却也悲从中来，想起昔日父子亲密之情，下诏命太子妃返京。耶律乙辛抢先一步，派人伪装成盗贼，在半路杀掉了太子妃，免得她面帝诉冤。

辽道宗时代的皇后案及太子案，尤其是后者，株连甚众，一方面是耶律乙辛等奸臣排挤异己，陷害忠良，一方面也确实是辽国高层的党同伐异之争。朝臣互为朋党，非此即彼，杀来杀去，屡兴大狱，造成巨大的内耗，这也是导致辽朝最终灭亡的根本原因之一。

又过了两年，辽道宗大康五年（1079 年），耶律乙辛开始失宠。一次，道宗出猎前，耶律乙辛奏请留皇太孙于京都。忠于王室的大臣萧兀纳上奏："窃闻车驾出游，将留皇孙，苟保护非人，恐有他变。果留，臣请侍左右。"

至此，辽道宗忽然转过味来，觉察到耶律乙辛朋党阴谋的气味，于是带着皇太孙一起外出，并由此开始怀疑耶律乙辛，下诏降其王爵为郡王。

大康六年，辽廷把奸臣张孝杰削贬至安肃州，断掉耶律乙辛的左膀右臂。大康七年，辽帝下诏把张孝杰削职为民，并以“鬻禁物于外国”的罪名，把耶律乙辛逮捕，将其浑身挂满大铁链，囚禁于来州。

大康九年（1083 年），身陷囹圄的耶律乙辛还不老实，想乘间逃奔宋国，被辽帝下诏缢死。

也真是一报还一报。当初皇后萧观音一条白练挂美人，老头子如今被人用一根牛筋送上西天。

1101 年，萧观音的孙子耶律延禧继位，是为天祚帝。为了替父母报仇，他派人发掘耶律乙辛、张孝杰、萧十三等人的坟墓，戮尸解恨。同时，下令族诛这几个人的宗亲，以他们的族产分赐天下。

这几个人当中，以张孝杰家中财产最多，他在世时有一次与亲戚喝酒作乐，说：“无百万两黄金，不足为宰相家。”至此，百万两黄金与亲戚宗族一时化为乌有。

殿角泥香留萧字　仍旧花铃深夜语

萧观音身后的辽朝国祚

辽道宗耶律洪基 1055 年即位，在位四十六年，至 1101 年才驾崩，时年七十岁。如果是个锐意治国的皇帝，活到古稀之年肯定是王朝福分。但辽道宗在位日久，沉湎酒色，虽然在写作方面有那么几下子，但真正的文治武功都不及格。特别是他统治后期的皇后案、太子案，株连甚众，大臣戮死，从根本上伤了辽朝的元气。

皇帝爷爷一死，萧观音的孙子，时年二十六岁的耶律延禧即位。

估计是得了爷爷奶奶的遗传，耶律延禧既像萧观音那样能歌善诗，又像耶律洪基一样酷爱打猎，渔色不已。

现在的河北张家口坝上地区，有一个安固里淖旅游区，在辽朝时其地名为鸳鸯泺（“安固里淖”蒙古文原意也是鸳鸯湖的意思），是辽国帝王最喜欢游猎的地方。

当时的鸳鸯泺美丽似仙境，湖水充盈，草原广阔，走兽成群，飞禽四集，环境还没有因垦荒而遭到破坏，比起今日的情景要壮观百倍。据《辽史》记载，仅此一处，天祚帝在位时就带大队人马来过7次，“捺钵”游猎。契丹语“捺钵”即“行营”的意思，在王都之间往来巡视，游猎取乐，同时处理政务。

天祚帝耶律延禧身上的游牧民族天性难改，很喜欢打鱼射猎。当时的鸳鸯泺东西宽八十多里，水面飞禽无数。天祚帝常派成群的卫士鸣鼓惊吓飞禽，待湖面上空遍布天鹅等禽鸟时，就会亲自纵放一种名叫“海冬青”的猛禽。

“海冬青”是一种隼类猛禽，能够由人饲训，放飞后直飞霄汉，搜寻目标后，会箭一般直落，以利喙啄落天鹅。辽帝左右卫士此时会蜂拥而前，手执尖锐的“刺鹅锥”一阵乱捅，获得第一只鹅头的人会获得丰厚赏赐，皇帝也会“与民同乐”，大摆“头鹅宴”。

好玩是好玩，但谁也不曾想那爪白体健的大鸟“海东青”正是招致辽国灭亡的“勾命鸟”。

“海东青”当时只在女真部落出产。深受辽国契丹人盘剥的女真人每年都要进献大量上好的“海东青”作为贡品。索贡的辽国使臣“银牌天使”也凶横残暴，以皇使身份到处搜刮勒索，理直气壮地污人妻女，并常常去榷场中强买强卖女真人的贡品，还找乐似的称之为“打女真”。

“仇恨的怒火”暗中蓄积，只待机会炽燃燎原。

辽天庆二年（1112年）二月，天祚帝大老远地游幸到混同江（今松花江）钓鱼玩耍。依照辽朝礼制，四周各部落的酋长此时都要来拜会这位大朝天子。

酒宴之间，天祚帝喝得高兴，命各位头人挨个跳舞助兴，偏偏有个女真酋长完颜阿骨打一脸沉静，推辞不能。这种举动，比起现在领导劝酒不喝的后果严重得多，大皇帝让小蛮酋跳舞取乐，是天大的面子，阿骨打竟敢说不会跳，简直就是找死。

当其时也，天祚帝的酒劲儿再高一点儿或再低一点儿，一恼一怒一挥手，完颜阿骨打的脑袋肯定在十秒内就会搬家。

估计是天祚帝一路游玩心情不错，看这个黑乎乎的大个儿一脸憨直，也就挥挥手作罢。这下可好，不仅仅是养虎遗患，简直就是留下了一个自己王朝的掘墓人。

历史，有时仔细思之，就是大人物们心血来潮的偶然性缔造的，电光石火，一念之差，就可以更改整个世界的历史进程。

1114 年冬天，完颜阿骨打汇集周围女真部落，以区区二千五百兵马，一举攻下辽国的宁江州（今吉林扶余）。不久，女真人在出河店（今黑龙江肇源）大破辽国万余正规军。辽天祚帝又惊又怒，自率七十万大军御驾亲征。

完颜阿骨打当时只有两万兵，但“女真不满万，满万不可敌”，两军相遇，女真战士以一当百，锐气正盛，竟把辽军杀得尸横遍野。天祚帝亏得多年打猎练得一身好骑术，一天一夜竟狂逃五百里。

1115 年正月，才起兵几个月的完颜阿骨打就建国“大金”，从一个土酋长摇身变为“金太祖”，尽有辽河以北土地。

南朝方面，当时的宋朝正是大画家宋徽宗赵佶当皇帝。北有天祚帝，南有宋徽宗，这两个活宝都是顶级文学艺术大师，在政治上也是顶级的昏庸无能。

无能归无能，宋徽宗一帮宋朝君臣对当年石敬瑭割给辽太宗耶律德光燕云十六州一直耿耿于怀，本想来个“鹬蚌相争，渔人得利”。直到1118 年，看见大辽军被金军打得快趴下，就秘密与金国签订夹攻辽国的

“海上之盟”（宋朝使者常从山东经海道赴金国密谈，故有此称），双方约定事成后以长城南北为界，“胜利”后宋把每年给辽国的“岁币”转给金国。

宋国当然不乏有识之士，纷纷上书指明，舍此已经汉化得和宋人差不多的“友邦”，竟和“茹毛饮血”还处于奴隶制状态下的金国为友，化柔国为强邻，绝非国家之福。

“大画家”赵佶当然听不进去，大公公童贯等人又一个劲儿地撺掇他“开疆拓土”，于是宋金双方夹击本来就已摇摇欲坠的辽国。

七十万大军溃败之后，本来是正统皇帝的天祚帝只得逃入夹山（今内蒙古中部武川境内），东躲西藏地和金军打起游击战。

仓皇败退间隙，天祚帝仍旧不改往日闲兴，还常常带着从人打猎饮酒为乐。天祚帝文妃萧瑟瑟见国事蹙窘，皇帝又畋游无忧，忠臣能将广遭疏斥，便作诗讽谏：“勿嗟塞上兮暗红尘，勿伤多难兮畏夷人。不如塞奸邪之路，选取贤臣。直须卧薪尝胆兮，激壮士之捐身。可以朝清漠北兮，夕枕燕云。”

诗格虽流于平直，但忠心忧国之意盎然纸上。

久之，见天祚帝没什么反应，文妃又上诗一首：“丞相来朝兮剑佩鸣，千官侧目兮寂无声。养成外患兮嗟何及，祸尽忠臣兮罚不明。亲戚并居兮藩屏位，私门潜畜兮爪牙兵。可怜往代兮秦天子，犹向宫中兮望太平。”

此诗一上，天祚帝恼怒，认为是讽刺自己柔弱无能，听由强臣摆布，恼怒之下，不久下令赐死文妃萧瑟瑟。

不到十年，金军势如破竹，连战连捷，接连攻下辽国上京临潢府（今内蒙古巴林左旗）、中京大定府（今内蒙古宁城）、西京大同府（今山西大同）、南京析津府（今北京）。

虽然1124年完颜阿骨打病死，但金灭辽的势头没有丝毫减弱。其弟完颜吴乞买（金太宗）联合西夏，马不停蹄穷追本来想逃往西夏的天

《竹雀双兔图》 辽

祚帝。1125 年，在东躲西逃了五年之后，饥肠辘辘的天祚帝耶律延禧被金将完颜娄室在余睹谷（今山西应县）抓住。至此，辽灭。

辽朝自耶律阿保机称帝，共历八帝，当国二百一十年。

辽国灭亡后，先行向西进发的皇族耶律大石在西域一带却进展顺利，在伊犁河谷受到早年同宗部落的拥戴，大败信奉伊斯兰教的喀喇汗王朝。此后，他挥兵西进，胜报频传，击破西域诸国十多万大军，并于 1128 年在起尔曼（今乌兹别克斯坦布哈拉）称帝，建立喀喇契丹王朝，改元延庆，史称西辽。

三年后，耶律大石定都八拉沙衮（今吉尔吉斯斯坦境内），改元康国。他即位后，东行的军队伐金很失败，人马死伤大半。但在中亚，西辽的军队称得上是“万里可横行”，连喀喇汗王朝也在耶律大石强有力的打击下俯首称臣，成为西辽附庸。

耶律大石精通辽、汉文字，又是进士出身，他把整个辽国制度搬用于西辽，王朝的官方文字语言也是汉字和汉语。而后，西辽男帝女后统治八十多年。元朝兴起后，西辽夹在蒙古和花剌子模之间，又值被成吉思汗灭掉的乃蛮部王子屈出律以驸马身份篡夺了西辽政权，很快招致蒙古大军进讨。1218 年，西辽亡于蒙古。

契丹族在历史上人口最盛时达一百多万人，金灭辽后，契丹成为被统治民族。元灭金后，女真、高丽和契丹就都变成“汉人”了。

天津宝坻有耶律各庄，村民多姓刘，正是耶律的汉姓。此外，宝坻又有达子庄、哈喇庄，蓟县有科科庄、律家庄等，皆可能是契丹后裔留存于今的踪迹。

西辽的契丹人统治初期虽然自己信奉佛教，但并未强迫当地的伊斯兰人放弃信仰。屈出律篡权后，强制推行佛教，很快就遭到当地人与蒙古人的联合打击而灭亡。此后，剩余的契丹人慢慢伊斯兰化，融合并消失于当地民族之中。

但契丹对西方的影响不可小视，俄语和拉丁语一直以“契丹”称呼中国，阿拉伯兵书也把火药称为“契丹花”。

契丹人唯一未被别族同化的族群，可能是现在的达斡尔一族。但这仅仅是学者根据达斡尔人的日常习俗、传说故事、崇尚的风俗以及通婚礼仪等推测而来，不是定论。

当初萧观音以白练自缢死后，辽道宗依旧恼怒，让人把萧观音的尸体扒个精光，随便裹个苇席草草埋葬。天祚帝继位后，一方面诛杀诬害自己父亲的诸大臣，一面又把奶奶的尸体刨出，重新洗沐装裹，遍体皇后衣饰，以“宣德皇后”的名号把奶奶与爷爷辽道宗合葬在一处。

金兵凶蛮，对辽朝又怀有深刻的阶级仇、民族恨，攻灭辽国后大毁京城，遍挖辽国皇族陵寝，萧观音的尸身又被刨掘出来，剥去身上金玉，任由牛马践踏。“自古红颜多薄命”，香消玉殒之后，女诗人的灵魂竟不得安生。

清朝风流倜傥的王孙纳兰性德曾作词追悼萧观音，叹道：

六宫佳丽谁曾见，层台尚临芳渚。露脚斜飞，虹腰欲断，荷叶未收残雨。添妆何处，试问取雕笼，雪衣分付。一镜空蒙，鸳鸯拂破白萍去。

相传内家结束，有帕装孤稳，靴缝女古。冷艳全消，苍苔玉匣，翻出十眉遗谱。人间朝暮。看胭粉亭西，几堆尘土。只有花铃，绾风深夜语。

浪子皇帝流氓臣

宋徽宗与他的宠臣们

1128年盛夏的一天，一行装束奇怪的俘囚队伍被凶神恶煞的金朝兵将押送，在道上艰难行进。

这些人个个面黄肌瘦，男人面如死灰，女人遍体污垢，日复一日的摧残使她们的走路姿势呈现奇怪的外撇。凤子龙孙，帝胄皇戚，如今皆成为身披破烂羊裘的奴隶俘虏。

靠近队伍前部的一辆破牛车上面，踉踉跄跄下来一个男人，大热天，仍然是一身肮脏到看不出颜色的老羊皮袄，内中没有任何衫衬，腰间系着条麻绳。如果近距离观看此人的容貌，就会发现这一张早衰的脸，正是昔日大宋帝国的皇帝——宋徽宗。

过了一辈子精致生活并且有洁癖的皇帝，现在沦落到连从前东京城内的乞丐都不如的分上。

徽宗皇帝双腿已经麻木，喉咙冒火，当然再没有“龙团凤饼”那样的顶级压金饼形嫩茶，他只能踮着脚，摘取路边树上的桑葚来食。由于狼吞虎咽，徽宗皇帝差点儿一下子噎死。

他咳了许久，对身边跟从的侍臣曹勋说：“我记得小时候当王爷时，我的乳母曾吃这种东西。当时也抓了几颗吃，食之甚美，随即被乳母劈手抢去。今天，是我这辈子第二次吃桑葚，不料落到如此境地！”

言讫，徽宗皇帝泪如雨下。

然而，可怜之人，必有可恨之处！

宋太祖赵匡胤在混乱的五代末年发动陈桥兵变，黄袍加身为帝，建立宋朝。靖康二年，即1127年2月，宋钦宗出降于金，北宋历宋太祖（赵匡胤）、宋太宗（赵光义）、宋真宗（赵恒）、宋仁宗（赵祯）、宋英宗（赵曙）、宋神宗（赵顼）、宋哲宗（赵煦）、宋徽宗（赵佶）以及宋钦宗（赵桓），共九帝。

宋王朝一统天下（其实不是真正意义上的统一，版图只有近三百万平方公里），结束了五代十国分裂割据的局面。在一百多年的时间内，北宋的经济发展速度惊人。在文学方面有与唐诗比肩的“宋词”，四大发明之中，竟有三项（活字印刷、航海指南针、火药）都出现在这短短的两个世纪内。手工业和商业空前繁荣，不仅富，而且庶，人口达一亿多人，“国家之盛，前世未有”。

1101年，宋徽宗赵佶继位，北宋王朝才忽然由盛到衰，他在位的25年时间，成为北宋历史上最黑暗的年代。

“性情中人”宋徽宗

宋神宗崩后（1085年），其生母高太后立神宗第六子、自己的孙子赵煦为帝，即宋哲宗，时年仅十岁。

其后九年多，宋朝最高权力机构中实际掌权的是高太后。高太后一直憎恶王安石的“新法”，她召司马光入朝，尽废新法，即后世所谓的“元祐更化”。

由于王安石党羽蔡确以诗文影射高太后为“武则天”，宋廷大起狱案。党亲名单成册成集，朝中洛党、朔党和蜀党人士心照不宣，大打出手。

宋朝党争至此达到一个小高潮，其恶劣程度堪比唐朝“牛李党争”。

高太后病逝，乖乖做了九年“孙子”的真孙子宋哲宗终于亲政，他对祖母非常怨恨。亲政后，这位年轻皇帝一反其道，把老奶奶的所有政治纲领全部颠了个个儿，回到其父宋神宗的“改革”路线。

哲宗皇帝任章惇为宰相，把司马光一党视为奸佞，全力打击元祐重臣，司马光本人还差点儿被刨棺掘墓。“元祐党人”成为当时群臣恐惧的一个罪名。北宋朝廷经此劫波，元气尽伤。

宋哲宗本人的宫闱生活也乱七八糟。他身子骨弱不说，内宫又闹厌魅之案，无数宫女和太监搭上性命，正宫孟皇后也受牵连被废。

元符三年，年仅二十五岁的宋哲宗一病不起。折腾6年，国事没有丝毫起色，他自己先“驾鹤西归”了。

可悲的是，宋哲宗死后无子。因此，他同父异母弟弟端王赵佶被推到前台，是为宋徽宗。

宋徽宗赵佶，是宋神宗第十一子，封端王。宋哲宗驾崩，当时，哲宗的嫡母是向太后，就劝哲宗生母朱太妃，说哲宗临崩表示要立自己的弟弟端王。

朱太妃善良妇人，沉浸在丧子的悲痛中，对此不置可否。

于是，向太后垂帘问政，询问继承人问题，执政大臣章惇厉声答道：“依据礼律，应立母弟简王（哲宗的同母弟）。”

向太后不愿再立哲宗的母弟，就不接章惇话头，继续对下面其他大臣说：“神宗诸子，申王年纪最长，但他有目疾，再往下就是端王当立。”

在场的几位大臣如曾布、蔡卞、许将都很讨厌章惇。他们各自心中打小算盘：章惇没有和别人商量就公然在朝堂上单独提出候补帝王人选，倘若哲宗母弟简王为君，日后新帝追念“拥立”之功，肯定又是这位本是宋哲宗宠臣的章惇莫属。

为此，几位大臣纷纷附和向太后。

章惇一下子在朝堂上成为孤家寡人，刚才的汹汹气势也融冰般消解，只能“为之默然”。

“先帝（宋神宗）尝言，端王有福寿，且仁孝，不同诸王。”

向太后终于在大宋皇廷上为新君赵佶做出总结性的推举评语，使得这位一心喜爱诗词书画的王爷能够兄终弟及，登上本来离他并不很近的皇帝宝座。

“徽宗未立，（章）惇谓其轻佻不可以君于下。”（《宋史·徽宗本纪》）

章惇是历史上有名的奸佞之臣，但他确有“识君”之才。

章惇这个人，并非高俅那样的浮浪子弟，也不是蔡京那样的轻薄之才，此人年轻时代就以豪俊著名，博学善文，当时与大文豪苏轼相交甚厚。宋仁宗时，章惇与其侄章衡中同中进士，由于他侄子当时是殿试第一的状元，章惇一气之下竟不去接敕令任官，重新再考下一科。

宋哲宗继位后，章惇自恃有拥立功，大行因扰民而被废止的王安石“新法”（王安石是提拔章惇的“恩公”），诋毁司马光等大臣，劝说宋哲宗对司马光、吕公著等死去大臣剖棺掘尸，株连亲族，可谓是穷凶极恶。

章惇公报私仇，朋比为奸，屡兴大狱，并在西北与西夏挑起边衅，屡战屡败，丧师失地。章惇如此不堪，却有两件事还值得称道：其一，他执掌朝权时从不滥封亲友，四个儿子都是籍籍无名的小官；其二，他有超凡的识人之明，深感赵佶不能继统为君。

宋徽宗继位不久，即贬章惇出外。不久，这位权臣就于贫困之中死于睦州。死后被列入《宋史·奸臣传》。

宋徽宗赵佶继位后不久，马上重用与他气味相投的一帮文人哥们儿和宵小，其中以蔡京、王黼、童贯、梁师成、李彦、朱勔等人最为知名，时人称之为“六贼”。

奇怪的是，大名鼎鼎的高俅在《水浒传》中虽名列奸臣第一，但《宋史》中根本没有他的单独传记。在南宋作家王明清的史料笔记《挥麈后录·卷七》中，有如下记载：

高俅者，本东坡先生小史，笔札颇工。东坡自翰苑出帅中山，留以予曾文肃（曾布），文肃以史令已多辞之，东坡以属王晋卿。元符末，（王）晋卿为枢密都承旨时，祐陵（宋徽宗）为端王，在潜邸日已自好文，故与晋卿善。在殿庐待班，邂逅。（端）王云："今日偶忘记带篦子刀来，欲假以掠鬓，可乎？"晋卿从腰间取之。（端）王云："此样甚新可爱。"晋卿曰："近创造二副，一犹未用，少刻当以驰内。"至晚，遣（高）俅赍往。值（端）王在园中蹴鞠，俅候报之际，睥睨不已。王呼来前询曰："汝亦解此技也？"俅曰："能之。"漫令对蹴，遂惬王之意，大喜，呼隶辈云："可往传语都尉，既谢篦刀之况，并所送人皆辍留矣。"由是日见亲信。逾月，王登宝位。上优宠之，眷渥甚厚，不次迁拜。其侪类援以祈恩，上云："汝曹争如彼好脚迹邪！"数年间建节，循至使相，遍历三衙者二十年，领殿前司职事，自（高）俅始也。父（高）敦复，复为节度使。兄（高）伸，自言业进士，直赴殿试，后登八座。子侄皆为郎。潜延阁恩幸无比，极其富贵。然不忘苏氏（苏东坡一家），每其子弟入都，则给养问恤甚勤。靖康初，祐陵（宋徽宗）南下，（高）俅从驾至临淮，以疾为解，辞归京师。当时侍行如童贯、梁师成辈皆坐诛，而（高）俅独死于牖下。

可见，高俅还是大文豪苏东坡的门下，而且为人还算忠厚，富贵后对苏氏子弟也很照顾。他凭机缘，加之一脚好球技攀龙附凤，平生好似无甚大恶，而且善终于家，死得非常是时候，免去赴北国和徽宗一起风霜劳苦。

“六贼”诸人，为了满足宋徽宗的穷奢极欲，大兴土木，滥增捐税，于天下搜集奇花异石，费百万役夫之工，在汴京修建可列入“世界之最”的宏伟“艮岳”园林，放养珍禽怪兽成百上千于其间，耗费钱财无数，北宋国库多年的蓄积为之一空。

试想一下，当时的东京汴京（今河南开封）距江南千里迢迢，巨石奇木，经陆路、水路络绎千里，使用役夫无数不说，一路上累死、病死、淹死无数人，加之不停对民众破屋坏墙，践田毁墓，致使天下嚣然，民不聊生。

徽宗皇帝还酷信道教，于国内遍建宫观，自称道君皇帝，没事就和一群道士一起作法行祭。

在赵佶治下的二十五年间，除了他宠信的奸臣以外，快活的只有狗。赵佶属狗，所以他下令全国禁止屠狗。

宣和二年（1120年），由于宋廷到处搜罗奇石巨木，人民困苦不堪，最终引发了睦州方腊的造反。

方腊趁民众为“花石纲”所扰，他就以明教为号召聚集民众，起兵作乱，接连攻陷青溪等地，共夺六州五十二县，一直打到杭州。

最初起事时，方腊老婆红妆艳饰，打扮得如同一个娘娘，然后以一个大铜镜缀嵌于胸前，轻移莲步，对着太阳行走，远远望去，光彩夺目，民众不知，争相传言方腊夫妇有祥瑞，一哄而起响应。

虽然最终方腊被平灭，但北宋的根基已经严重动摇。

一直在北方与宋朝对峙的辽国，晚期已经高度汉化，在“澶渊之盟”后，有一百多年与宋朝相安无事，与宋朝本来算是“友好兄弟邻邦”。

宋徽宗政和元年（1111年），大太监童贯出使辽国，辽人见这位没胡子的公公到来，不免言语之间有嘲笑之意，礼数上也有不周之处。

太监心理原本就有些畸形，如今身为堂堂大宋使臣，竟然被一帮辽人看上看下地窃笑，大公公报复心顿起，呼啦啦一下子变成大爱国者，在卢沟河畔私自接纳从辽国叛逃的燕人马植，一起回至汴京。

接着，两人一起建议宋徽宗联合刚刚兴起的女真人一起夹攻辽国，事成后宋得燕京，金取中京。

金人虽彪悍粗蛮，也是粗中有细，盟约中已经有附带条件：与宋夹攻辽国，双方一同攻取的就平分，金人自己攻占的就完全归金国，不在分割之议。

对于伐辽，当时的宋朝大将种师道就谏劝过："今日之事，有如盗入人家，既不能救，又从而分其宝也，毋乃不可乎？"文臣王庶还曾对种师道讲："国家（宋）与辽，百年之好，今视其败亡而不之救，毋乃基女真之祸。"

另一个文臣宋昭对当时情形也有清楚中肯的分析："比年以来，北虏（辽国）为女直（女真）所困，势已穷蹙。顾谓与女直合从，腹背攻讨，则扑灭之易，易如反掌，此亦不思之甚。夫灭一弱虏，而与强虏为邻，恐非中国（指宋朝）之福，徒为女直之利。北虏（辽国）足为夷狄，然已久沾圣化，颇知礼义，百余年间，谨守盟誓，不敢妄动者，知信义之不可渝也。今女直刚悍善战，茹毛饮血，殆非人类。北虏以夷狄相攻，尚不能胜。倘与之邻，又将何求以御之乎？"

此外，宋朝大臣如孙尧臣、蔡元长等皆上书极力劝谏，劝宋徽宗不要轻启兵衅，"以百年怠玩之兵，当新锐难败之虏；以久妄闲逸之将，而角逐于血肉之林"。

宋徽宗皆不听，好大喜功，以图全复燕云十六州旧地。不久，辽朝果然败亡。此时，宋朝如果坚守边境，拾取些残地余民也就算了，偏偏宋徽宗文人性情，爱惹事端，他亲以瘦金体御书密诏，派人暗送给已成俘囚的辽末帝耶律延禧，说："若来中国，当以皇兄之礼相待，赐甲第，极所以奉养。"天祚帝得书大喜，整治行装，准备暗中从金营跑掉，窜归宋朝。

金人搜得宋徽宗手诏，大怒，遣使诘问斥责："始与我盟誓，今又写诏书，招纳我叛亡！”金人把柄在手，为日后翻脸找足了借口。

由于北宋官兵长年腐败，战斗力极弱，屡屡出师不利。联金伐辽的战争初期，宋军遇见被金兵打得大败的辽军，本来想趁机捞个便宜，却时常被这些败兵败将打得狼狈而逃。

面子丢了还不要紧，要紧的是让女真人一下子看清了这样一个事实：赫赫大宋原来是徒有虚名，其实完全不堪一击。

灭辽之后，金人一鼓作气，如入无人之境一般，迅速攻入宋境，包围宋都汴京。

被派去太原祝贺金人俘获辽国皇帝的大太监童贯，刚刚出了一口恶气，但没高兴几天，忽然发现本来是同一战壕战友的女真哥们儿对待自己还不如先前辽国人有礼，不仅随意叱骂耻笑自己，金军还搂草打兔子，不停地收纳辽国城池，连陷宋朝土地。

已被封为广阳郡王的童公公再也不要那本来就没有胡子的老脸，趁金国人不注意，一口气逃回东京汴京。

宣和七年，惊吓过度的宋徽宗下“罪己诏”后，把帝位内禅给皇太子，自称太上皇。

宋钦宗登基后，改年号为靖康。

金朝初围汴京之时，兵力不过五万人。太常少卿李纲劝阻了被吓得肝胆俱裂的宋徽宗、宋钦宗父子，主持城防，有效阻挡了金兵的攻势，加之各地勤王兵马纷纷来到，总数有二十万人之多，形势对宋朝非常有利。

如果将帅有方，兵民得力，二帝能临机决断，两面夹击，一举攻灭金军主力绝非什么难事。然而，赵佶父子怯懦，加之平时一起诗文唱和、主执朝政的大臣多数是“主和派”，钦宗皇帝下令各地勤王兵马决不能进攻金军，并割中山、太原、河间三镇给金国，孝敬金银财宝无数，并尊金朝皇帝为“皇叔”，才换得金人暂时撤围。

金军北退后，宋钦宗把童贯枭首都市，贬斥蔡京一帮奸佞贼臣。

心有余悸之下，他同时罢免了守城有方的李纲，贬之为保静军节度副使，建昌军安置。

李纲日后为南宋理学和民间演义逐渐渲染，慢慢成为完美的“忠义英雄”，其谏劝宋帝不要逃跑的言语，也为后世忠臣不断引用：“天下城池，安得有如都城者？且宗庙社稷百万官民所在，陛下舍此又将安之！”

其实，明代大儒黄宗羲、王夫之以及近代史学家陈登原都清醒指出，皇帝从都城逃跑避难，确实有再造国家的机会，唐玄宗、唐代宗、唐德宗皆是先例。“恨其时之小儒，未能知晓大义，执李纲之一言，未敢力争。”上述话语，皆是把宋徽宗父子的“枯守都城”当成了反面教材。其实，与李纲同为朝臣的邓肃就对他有过公允的评价：“（李）纲

《清明上河图》（局部） 北宋 张择端

学虽正而术疏，谋虽深而机浅。”南宋高宗也有言：“朕以其人，心虽忠义，但志大才疏，用之必亡国！”

贪心不足的金军并非真的撤军，没隔多久，又兵分两路杀个回马枪，合围汴京。

当时大风苦寒，雨雪交加，兵临城下，此时此刻，一直深养于宫内的宋钦宗终于冒出一丝血气，披甲登城，以御膳赐士卒，城上之人，皆感激流涕。

感召之下，宋朝兵民踊跃抗战，双方攻杀相当。

由于先前的各路勤王兵马来不及赶回，宋城只有 3 万禁卫军和未经训练的居民，不久就因激战死掉大半，汴京逐渐不支。

由于大雪奇寒，守城士兵冻死甚多，活下来的人也被冻得几近僵仆，手指都几乎不能持兵器。无奈之余，宋钦宗在禁庭内光着双脚跪在地上，祈祷老天开眼放晴。大概是时运已去，宋钦宗叫天不应，呼地不灵。老天也不作美，大风自北起，大雪暴下，连日不止。

关键时刻，徽、钦二帝使出最后一招“撒手锏”，事实证明也是最臭的一着——轻信妖人道士郭京能用“六甲法”御敌，严令守城士兵下城，大启宣化门出攻金军，遭到大败。

本来，如果困守坚城，拖延时日，争取时间，四周勤王兵到，很有可能致金兵撤围。现在，宋钦宗驱使为数寥寥又因冻饿而战斗力奇差的守御军大开城门出战，面对身强力壮、适应寒冷天气作战的金兵，无异于驱弱羊入狼口。

结果不言自明，宋兵立马就纷纷被金兵刀砍斧剁，横死一片，血肉狼藉。城门上穿着一身奇装异服、口中连连念咒的郭京一看如此情势，忙称要去城下作法，带着剩下的兵丁慌忙逃去。

金兵登城，众皆披靡。宋朝的京城失陷。

北宋灭亡之前，虽经徽宗二十多年折腾，社会经济依旧高度发展。笔者不想用枯燥的统计数字讲述北宋的富庶、先进，只引几首宋徽宗自己的词就足以形容宋王朝的繁盛、富足：

小重山

罗绮生香娇上春。金莲开陵海，艳都城。宝舆回望翠峰青。东风鼓，吹下半天星。万井贺升平。行歌花满路，月随人。龙楼一点玉灯明。箫韶远，高宴在蓬瀛。

金莲绕凤楼

绛烛朱笼相随映。驰绣毂、尘清香衬。万金光射龙轩莹。绕端门、瑞雷轻振。元宵为开圣景。严敷坐、观灯锡庆。帝家华英乘春兴。褰珠帘、望尧瞻舜。

聒龙谣

紫阙苕荛，绀宇邃深，望极绛河清浅。霜月流天，锁穹隆光满。水晶宫、金锁龙盘，玳瑁帘、玉钩云卷。动深思，秋籁萧萧，比人世、倍清燕。瑶阶回。玉签鸣，渐秘省引水、辘轳声转。鸡人唱晓，促铜壶银箭。拂晨光、宫柳烟微，荡瑞色、御炉香散。从宸游，前后争趋，向金銮殿。

春梦绕胡沙的宋徽宗父子

金兵命宋徽宗郊迎，作为“孝子”的宋钦宗此时倒是有帝王气度，说：“上皇惊忧成疾，朕当亲往。”

奇怪的是，汴京城陷之后，连日大雪忽停，一朝放晴。

不久，金人囚宋徽宗、宋钦宗及皇太子于青城，作为人质，大索金帛、子女，并随意斩杀宋朝守城将士和文武百官。金人共勒索黄金一千万锭，白银两千万锭，绢一千万匹，并多次在宋朝官员“协助”下入城搜刮，攫取了无数宝物，大约有北珠四千斤，玛瑙一千二百斤，水晶一万斤，象牙一千四百六十座，其他杂物无算。

总以为在满足金人一切要求后能苟延残喘，以“儿皇帝”名义继续统治。不料，靖康二年四月，金人立张邦昌为傀儡皇帝，驱持宋徽宗、宋钦宗、皇后、皇太子及宗室、百官北行。

史载，“凡法驾、卤薄，皇后以下车辂、卤薄，冠服、礼器、法物，大乐、教坊乐器、祭器、八宝、九鼎、圭璧，浑天仪、铜人、刻漏、古器、景灵宫供器，太清楼秘阁三馆书、天下州府及官吏、内人、内侍、技艺、工匠、娼优，府库蓄积，为之一空”。

北去途中，平日里锦衣玉食，只知品茶饮酒、作词度日的宋徽宗眼见周遭三千多宗室男女一路上任金兵杀戮、凌辱，心中凄凉肯定无法诉说，从下面的诗词中，其忧惧、悲凉，可见一斑：

无题

彻夜西风撼破扉，萧条孤馆一灯微。
家山回首三千里，目断天南无雁飞。

无题

杳杳神京路八千，宗祧隔越已经年。
衰病残渴哪能久，茹苦穷荒不怨天。

无题

投老汗州北，西风又是秋。
中原心耿耿，南国泪愁愁。

临江仙

过水穿山前去也，吟诗绝句千余。淮波寒重雨疏疏。烟笼滩上鹭，人买就船鱼。古寺幽房权且住，夜深宿在僧居。梦魂惊起转嗟吁。愁牵心上虑，和泪写回书。

早在金兵围城时，宋徽宗已忧惧成疾。亡国之后，以衰残之躯，行万里之路，风霜苦寒，饿冻交加。男宗成戮，女眷受辱，皆在眼前一幕又一幕，考其缘由，均因“玩物而丧志，纵饮而败度”。

在韩州监禁一段时间后，徽宗、钦宗皇帝父子不久又被迁往五国城（今黑龙江依兰）。

相传，一夕月明，有负责看守的女真头目斜吹蕃笛，惹起徽宗旧国情思，命钦宗作词一首，其中有“如今塞外多离索，迤逦远胡沙。家邦万里，伶仃父子，向晓霜花”数语。

父子相拥痛哭，其情其景，想象之中亦能令人鼻酸。

苟延残喘了近九年，1135 年 4 月，病困交加的道君皇帝死于五国城，时年五十四岁。

观宋徽宗存世画作《四禽》《池塘晚秋》《雪江归棹》等，虽其中有画工代笔，但真迹可循，诚为画中圣手。2002 年 4 月 23 日上午，北京昆仑饭店举办嘉德中国艺术品拍卖会。宋徽宗的《写生珍禽图》（真伪仍有待考证）以七百八十万元人民币起拍，二十分钟后，此画被人以二千三百万元人民币的天价买走。

地下有知，宋徽宗对后人指斥他“私智小慧”以及“用心一偏”，不知该有何感悟！

南宋高宗绍兴十二年八月，宋徽宗尸体还临安下葬。南宋亡国后，元朝军队中有个凶暴的恶僧名杨连真珈，率人遍挖宋帝陵寝，把宋帝头骨斫砍琢磨后，串成佛串挂于胸前招摇（类似《西游记》中沙和尚的打扮，现在灵隐寺山上的一些不伦不类的佛头，也是此恶僧的“大作”），不知这赵佶大画家前世有多少恶孽相积，生前死后，竟没有安生之所。当然，也有不少证据显示当时金国送来的棺木中根本没有宋徽宗的尸体，只是一段朽木而已。他的真正“肉身”，估计被金人抛弃于苦寒的北地。

据明人《良斋杂说》记载，“李后主亡国，最为可怜，宋徽宗其后身也。宋神宗一日幸秘书省，见江南国主（李煜）像，人物俨雅，再三叹讶。适后宫有娠者，梦李后主来谒，而生端王（宋徽宗）。及北狩时（被俘掠），金人用李后主见宋艺祖故事（待徽宗），亦异矣！”

如此看来，古人早已见出李后主与宋徽宗两人的相似之处，并以小说笔法附会穿凿之。但李煜的南唐地窄人稀，生前并无大过失；宋徽宗的北宋富庶广大，奸佞肆虐，百姓倒悬，其亡国昏庸之事，相较之则变本加厉。

死人无知，朽骨无觉，宋徽宗毕竟有生之年才受了九年苦。这位大艺术家，天天持锄耕种，割草修屋，完全成了一个杂工。“道君（宋徽宗）北狩，在五国城或在韩州，凡有小小凶吉，丧祭节序，北国（金人）必有赐赉。一赐必要一谢表，北人集成一帙，刊在榷场中博易。四五十年，士大夫皆有之。”从谢表可以看出，昔日的大宋皇帝是多么可怜，即使是获赐一束干肉也要低三下四地向金朝皇帝谢恩，摇尾乞怜，令人心酸。

更悲惨的，当属宋钦宗。这位爷享国日浅，受祸至深，在位也就一年多，就成为俘囚为金人执送五国城，而后困辱达二十九年之久。

“帝在东宫，不见失德。及其践阼，声技音乐一无所好。”连史官也为这位没有做过任何坏事的年轻皇帝打抱不平，大呼“真可惜也夫！真可惜也夫！”。

据逸史《大宋宣和遗事》记载，金主完颜亮继位后，于正隆五年（宋绍兴二十六年，1156 年）以击戏马球为名，把金国俘掠的辽国末帝耶律延禧和宋钦宗一并拉到讲武殿前的广场上，大阅兵马。之后，完颜亮命令两个末帝为队主，各自率一队人马玩马球游戏。双方马队合击之时，有数百金兵纵马从广场边上一拥而上，其中的褐衣兵士一箭先把辽末帝射个透心凉，死于宋钦宗马前。见此情景，宋钦宗惊骇至极，失气堕马，紫衣士兵乱箭齐发，把尘埃中翻滚的宋钦宗射成个刺猬。而后，完颜亮挥手示意，乱马奔腾，辽天祚帝和宋钦宗两人的尸体不一会儿工夫就被万马践踏成两堆肉泥。

忍辱苟活于苦寒穷荒之地二十九年的钦宗，最终仍死于非命，酷毒遭遇，千载莫匹！（辽朝天祚帝应该在被俘后病死，此中记载不是十分可信；至于宋钦宗，倒真有可能被杀。也有记载是病死。总之，目前无确实证据。）

叹过靖康年被俘掠的二帝后，人们会因好奇心或受佛家轮回报应理论影响，去探究灭亡北宋的金国帝王、将帅以及他们后人的下场。

本书后面的章节中，将会揭示这些“胜利者”及其后代们的悲惨下

《花鸟图》 北宋　赵佶

场。果真是，天理昭彰，报应不爽，恰似一出绝妙的、峰回路转的离奇大戏！

无赖“六贼”朝堂坐

宋徽宗手下诸无赖文臣、太监中，以蔡京、童贯、王黼、梁师成、李彦、朱勔六人最为有名。“六贼”之称，出于太学生陈东在宣和七年（1125 年）的上书。太监李彦，史书记载不是很多，附于杨戬传之后，其实大可加上杨戬。陈东上表中之所以未提杨戬，只因为这位公公在宣和三年（1121 年）已经病死，现一一录此，以曝诸“贼”之恶，以彰“宣和”政治的黑暗。

其一：精书法的奸贪宰相——蔡京

宋代四大书法家，苏、黄、米、蔡（苏轼、黄庭坚、米芾、蔡京），今人多指“蔡”为蔡襄，实则不然，乃宰相级巨奸蔡京也。

蔡京四度入相，权倾人主，而当初获宋徽宗青睐的，恰恰是他的精妙书法。说宋徽宗是昏君，是指其政治与治国方面，这位爷的艺术品位臻至妙境，他的鉴赏眼光自然不会低。在徽宗皇帝眼中，蔡京书法应在四大家之首。可见在宋徽宗年代，能讨这位浪子皇帝欢心的是高妙的艺术造诣。

宋徽宗当亲王时，对蔡京的书法喜欢到迷狂，能以二万钱从其随官手中购买两面题字团扇。这种喜欢，绝非现在企业家出资巨万购大官涂鸦变相贿赂可比，而是真正的欣赏、推崇。

蔡京，兴化仙游人（今福建仙游），宋神宗熙宁三年进士，与其弟蔡卞同为中书舍人。由此可见，蔡氏兄弟皆是有真才实学之人。

蔡京本来是王安石“变法”一派，司马光上台尽废新法，蔡京又力赞之，五天之内就把司马光的命令执行得毫厘不爽，致使司马公叹道："使人人奉法如君，何不可行之有！"

宋哲宗亲政后，又恢复新法，蔡京马上附和章惇，把被司马光废掉的法令重新搬回。见风使舵，蔡京算是做到家了。

宋徽宗初即位，因御史弹劾其"交通亲侍"，蔡京被外贬，得一虚官在杭州闲住。大公公童贯到杭州来办"书画奇巧"等物，在杭州待了近一个月，与蔡京关系处得非常好。小人气场相合，自然一见倾心。

为报蔡京大把金银的馈赠，童贯回京时带回不少蔡京亲笔书写的扇面、条幅、屏风等物。宋徽宗对蔡京书法早就有崇慕之心，由此更加想把这位书法家弄回朝中。待蔡京被召回京后，宋徽宗当面对蔡京表示要恢复其父宋神宗的"新法"，蔡京一脸虔敬，顿首示忠，表示愿尽死力。为此，宋廷封蔡京为左仆射。

此时的蔡京，奸佞未显，天下人多寄希望于他，都认为他会帮助新君宋徽宗重振朝纲。

可是，蔡京大权在手，任用私人，胡作非为，致使平民富户纷纷破产。

投桃报李。蔡京在任，升擢童贯公公为节度使，其后杨戬、梁师成等宦官纷纷领此方镇官衔，坏了不少宋朝本来的制度规定。

为了收买军将人心，他新设四辅军镇，置兵八万人，以自己的姻亲为各部首长，这些将卒的饷俸是普通将卒饷俸的十倍以上，由此威福在手。

蔡京不仅"奸"，还很"贪"，在享受宰相俸禄的同时，他给自己额外发一份"司空"寄禄钱，可以说是对自己"高薪养奸"。

在蔡京主持下，宋徽宗时把曾经反对新法的"元祐党人"整得倾家荡产，妻离子散，贬窜死徙略尽，还刻名于石，遍颁天下，即臭名昭著的"元祐党人碑"。

如此阴狠老辣地打击政敌，在北宋一代属蔡京动静最大，下手最黑。

宋徽宗时，承平日久，国库中钱帛堆积。蔡京导引宋徽宗大兴土木，追求“丰享豫大”。

本来，宋徽宗在国宴上想用珍稀玉器盛酒，心中还怕引起国人议论，蔡京劝告说：“陛下当享天下之奉，区区玉器，何足计哉！”如此小人，专拣宋徽宗爱听的说。

大观三年（1109年），由于台谏官争相弹劾，蔡京一度致仕。当时的太学生陈朝老追疏蔡京十四恶事，条条中肯：“渎上帝，罔君父，结奥援，轻爵禄，广费用，变法度，妄制作，喜导谀，箝台谏，炽亲党，长奔竞，崇释老，穷土木，矜远略。”

政和二年（1112年），宋徽宗想他想得慌，又诏其回朝辅政。

此次回朝，蔡京大修“文治”，追封王安石、蔡确两个时人痛嫉的人为王爵，又劝宋徽宗花费巨亿，铸九鼎，建明堂，立道观，作《大晟乐》，在京师大兴工役，疲乏天下。

中间虽有反复，直到宣和六年，蔡京又领三省事，至此四次当国为相，坏事做尽。

不仅他坏，他一家子都坏，其子蔡攸、蔡儵、蔡翛，其孙蔡行，四人皆官至大学士，还有一子蔡鞗娶了公主。

由于宋徽宗赐他的大宅子太大，蔡京年老不堪寒冷，幕帘不能御寒。最后，老头子只能捡一间小工房当卧室，有福也不能享受。

蔡京晚年，儿子蔡攸当权，与老父争权，父子关系形同水火，很似明朝的严嵩、严世藩父子。一次，蔡京正在家中与来客谈话，蔡攸忽然闯入，上前抓住老父的手为他把脉，说：“大人脉动缓滞，身体可能不舒服吧？”未等蔡京回答，蔡攸急起，说：“宫内有事。”言毕匆匆离开。来客一旁发呆，不知这父子演的什么戏。

蔡京叹息：“您不知道是什么意思吧，这孩子是想咒我病，让皇上以病罢免我的官职。”不数日，果然朝中诏告下，命蔡京致仕。

不仅如此，蔡攸由于愤恨弟弟蔡绦常给老父出主意，因此在宋徽宗面前“极言其奸”，希望皇帝下旨杀掉弟弟。

蔡京自奉甚厚。老哥们儿爱吃鹌鹑羹，每天这一道菜就要杀数百只鹌鹑来烹做，其余可以想见。可以说他是野生动物杀手。蔡京另一样偏嗜是“蟹黄馒头”，每一次宴集，光花在馒头这一样东西上的钱就高达一千三百余缗，穷奢极欲。

宋人罗大经的笔记《鹤林玉露》记载，一个士人在汴京买得一妾，此女自言从前在蔡京家做厨婢，专负责做包子。士人高兴，一天，他专门唤来此妾，让她为自己做一笼包子，想尝尝“蔡府包子”。小妾皱眉，辞以不能。士人又疑又气：“你从前是蔡太师家厨婢，又专门做包子，怎么推托不会呢？”小妾回答：“我只是在太师厨房内包子组负责切葱丝的，有好几十人专门做包子。”士人愧叹。

此外，蔡京用熏香，不似常人以香笼熏蒸，而是派人在堂屋旁边的屋子燃烧上好龙涎香数炉，然后，突然撤帘，香雾如瀑，四涌而进。面对客人的惊诧之色，蔡京总会对人说：“香须如此烧，乃无烟气。”

蔡京的儿子蔡攸后来与童贯、王黼一起参与伐燕之役，并作为童大公公的副手前往河北。陛辞时，蔡攸见有两个绝色美嫔立于宋徽宗座侧，他指着二人说：“臣功成后归京，请陛下以这两个美人赏赐我。”徽宗笑而不责。

蔡京老奸巨猾，根据多年政治经验，他知道宋军乘人之危攻伐昔日的“友邦”不道德，更怕童贯、蔡攸兵败会牵连自己，便在京中作诗一首寄给蔡攸，以示他有“先见之明”：

老懒心情不自由，封书寄与泪横流。
百年信誓当存念，三伏征途益少休。
目送旌旗如旧梦，心存关塞起深愁。
缁衣堂下清名满，早早归来醉一瓯。

宋徽宗知悉此诗，丝毫不以老蔡的“讽谏”为意，做起诗评专家来，把“三伏征途益少休”改为“六月王师合少休”。

昏君奸臣，无意有意，配合得挺好。

宋钦宗继位，金人侵逼甚急。蔡京为保全宗族，携家族南下。言官弹劾，钦宗皇帝深知其奸，把他贬至衡州安置，复贬岭南。

行至潭州，年老多病又自觉恶贯满盈的蔡京终于死掉，终年八十岁。

奇异的是，其祖父、父亲，包括他自己，三世同忌日，祖孙三代皆在相同日子死掉，也算一奇。

临死，老才子还作词一首：“八十一年往事，四千里外无家。如今流落向天涯，梦到瑶池阙下。玉殿五回命相，彤庭几度宣麻。止因贪此恋荣华，便有如今事也！”

蔡京身死，事未算完。其子蔡攸、蔡翛皆伏诛，蔡絛死于流放途中，“余子及诸孙皆分徙远恶郡”。报应虽不爽，却一点儿也不惨。因为，钦宗驱逐这些恶臣子孙后，汴京被金人攻陷，这些坏分子们因贬窜而逃出大难，反倒是几个月前刚刚召还京城的从前正直大臣们的后代及家属惨遭荼毒，即使不死，也皆被金人掳至恶冻北方，死得更惨。真是苍天无眼。

蔡京四次入相（崇宁二年、大观元年、政和二年、宣和六年），结党营私，不仅他一个人坏，其家族及由他援引的亲党枝蔓，一个比一个坏。由此，他才能当得起“大奸臣”之名。

其二：长胡子的大公公——童贯

童贯，少时为大太监李宪所养。李宪一个公公，却也在西北取得过一番功绩。王韶“熙河开边”，他一直是监军，作战也很勇敢。宋神宗五路大军攻西夏，李宪作为统帅，诸路损失惨重，唯他所率一军“持重”，死人丢物最少。

李大公公打仗上瘾，又拥大军屯兰州，遭西夏五十万大军围困，几遭不免。李宪五十一岁病死，还被宋廷谥为“敏恪”（后改“忠敏”），下场很不错。

权阉门下出权阉，童贯本性巧媚，善探人主微旨。皇家专业服务行业出身的宦者，自然都是八面玲珑、讨人喜欢。

宋徽宗继位后，在杭州设立明金局，即制作各种皇家专用奢侈品的专门作坊群，由童贯主持。巡视杭州时，童贯遇见了正郁郁不得志的蔡京，二人一见如故，成为好友。日后蔡京重新入京，童贯出力不少。

投桃报李，蔡京拜相后，宋朝致力于河湟地区，蔡京就推荐童贯做监军，拥兵十万人，直奔青唐杀去。

童贯春风得意，纵马扬鞭，终于继承了恩公李宪大太监的遗志，得以在西北展示威风。大军到了湟川，宋徽宗因内宫失火，认为是上天阻止他用兵，下诏命童贯勿行。童大公公很有魄力，读诏之后，放入靴中，没事人一样继续督促大军前行。旁边有人问皇帝有何指示，童公公一脸坦然，“皇上让我们赶快成功”。可巧的是，命运青睐童公公，此次贪功冒进竟一举成功：对手是功力不深厚的吐蕃、杂羌，宋军一鼓作气，收复四州之地。凭如此“奇功”，童贯得授景福殿使、襄州观察使，内侍太监能身兼两使，在宋朝“前无古人”。

不久，童大公公凭借手下大将出力，驰骋河湟，击破诸杂蕃部落，收复积石军旧垒以及洮州，宋廷又加其检校司空之职。

其实，宋朝在河湟击吐蕃，完全是为渊驱鱼，为丛驱雀，把唃厮啰政权的继承者打得灰溜溜，最终使得宋朝在西北丧失了最有力的同盟者。

童大公公成为“天才指挥家”，官越做越大，与宰相蔡京的关系开始紧张，二人互相在底下琢磨对方。

政和元年，童贯以国使身份出使辽国，蔡京在宋徽宗面前表示不满：“以宦官为上介（国使），国无人乎？”不满也没用，童贯有拓地破敌之功，得封太尉、三镇宣抚使，又“签书枢密院河西北两房”，接着“领院事”，地位与蔡京几乎相当，时人称蔡京为“公相”，称童贯为“媪相”（就是“母相”的意思，其实童贯是不公不母）。

这位太监打起仗来上瘾。童贯将兵出河陇，想对西夏发动大规模战事。在他的催逼下，宋朝大将刘法不得已出兵，遇伏而死。这位西北名将被杀，使得宋朝诸军汹惧。童贯隐瞒败绩，上表称大捷。

政和元年，童贯出使辽国，归途中，燕云一带的汉人马植秘密参见，献“平燕之策”，童贯喜功，闻言大喜，把马植偷偷带回京城。

宋徽宗接见后，马植献计，撺掇皇帝联络女真，合击辽国，趁机收复燕云十六州。

好大喜功的宋徽宗自然听得受用，赠马植国姓赵，改名良嗣，即大名鼎鼎的赵良嗣。

赵良嗣受宋徽宗指派，以买马为名，出使金国，相约夹攻辽国。

宋徽宗在“御笔”书信中只要求得到“燕京并所管州城”，赵良嗣却和金国头领力争西京等地，金人说连宋帝都不提，关你赵良嗣屁事。至此，宋廷才知宋徽宗“御笔”误事。

此约由于是赵良嗣等人由登州渡海去谈判，故称“海上之盟”。

其后，宋朝简选健将劲卒，准备克日发兵。不巧的是，方腊在睦州反势凶猛，于是宋徽宗忙改童贯为江浙淮南宣抚使，统西北精兵十余万先去扫除方腊这一心腹之患。

方腊是睦州富民，世居碣村，他利用明教组织群众起兵造反。江南地区因宋徽宗佞臣朱勔“花石纲”之事，不胜其扰。宣和二年（1120年）十一月，方腊造反，自号“圣公”，建元“永乐”。

由于江南多年未识战事，各地守兵、人民一闻金鼓声即敛手听命，方腊军势“如火如荼”，连陷睦州、歙州、衢州等地，并进逼江南重镇杭州。

但方腊军遇见童贯从西北带来的十来万久经战阵的正规军，瞬间瓦解。方腊及其妻子皆被活捉，部众被杀近十万人。宣和四年（1122年）

四月，方腊之乱完全平定。

《水浒传》讲宋江征方腊，乃子虚乌有之事，真正主人公乃童贯大公公。由此，他被晋封为太师。

童贯在南方拥大军剿方腊，金人已经把辽国打得大败，辽朝的天祚帝率残众逃入夹山。

刚刚打败方腊，童大公公踌躇满志。柿子都拣软的捏，他掉头率大军直扑河朔地区。辽兵打不过凶狠的金兵，这些残兵败将遇见乘人之危的宋军可不孬，在白沟、范村、雄州等战役中大败宋军。

童贯见状，忙上奏说军将不听指挥，诿过于人，大将种师道等人相继被贬。

汴京朝中，王黼作相，也打算立功，便力劝宋徽宗趁耶律淳病死之机再让童贯出兵，派大将刘延庆代替种师道。

宋朝十万大军临边，辽朝的涿州方面将领郭药师是墙头草一根，率八千汉兵以涿州、易州向宋朝投降。刘延庆高兴，童贯高兴，王黼和宋徽宗更高兴。

接下来的事，是高兴变成不高兴——郭药师想为宋朝立功，攻打燕京，宋将刘延庆爽约不至。郭药师惨败，刘延庆连辽军影子都没看见，听见鼓声就烧营而逃，半路于白沟竟然被辽兵追及，又是一场大败。

这次大败很致命，金朝把宋朝的实力看得一清二楚，谈判桌上，金朝答应向宋朝交割燕京周围地区，同时又勒索二十多万两白银的“犒军费”。

临行，金军把燕京及周边城市能搬走的东西都装车运走，原住汉人居民也全部被裹胁而去，宋朝到手的只是废墟而已。

虽如此，宋朝君臣上下却沉浸在前所未有的狂欢之中，似乎光复遗志，终于在宋徽宗手中完成。至此，燕云十六州之地，已有近半重归宋朝。

由于宋神宗有遗诏，能复燕境者封王爵，童贯大公公成为太监历史上罕有的王爷——广阳郡王。

宣和五年（1123年）九月，金太祖完颜阿骨打病死，金太宗继位，下令燕地一带原辽朝降官和居民迁往东北后方。原辽兴军节度使张觉知道当地人民不愿迁移，便乘间以平州（今河北卢龙）、滦州（今河北滦县）以及营州（今河北昌黎）三地降宋。

金朝大将完颜宗望大兵骤至，张觉仓皇逃入同为降将的郭药师营中，其弟降金，其母、妻均为金兵所俘。

金朝抓住借口，要宋朝交回张觉。赵良嗣也恳求宋徽宗不要给金朝借口生事，让他拒纳张觉。贪心之下，宋徽宗先收纳张觉。后来，他见金军勇猛，又心虚，便密派人杀掉张觉及其二子，函首送与金人。

此种出卖行为，使得辽朝降将郭药师疑惧，其手下"常胜军"再也不相信宋朝。

后来，金军以渝盟为借口大举进攻宋朝，童贯大公公一反昔日气冲霄汉的傲气，只率数万亲军，逃窜回京城。当时，宋钦宗已受禅即位，下诏让他留守东京。

童贯不受命，跟从宋徽宗往南逃跑。

童贯的亲军号称"胜捷军"，都是他在西北精选出来的大个子士兵。宋徽宗过浮桥，禁卫军卫士拦阻号恸，哭劝这位退位的太上皇不要离开汴京。

童贯唯恐一行人跑不快，让自己属下的胜捷军将乱箭齐发，把皇家禁卫军的卫士射死百余人。

这一下，童大公公惹起众怒，继位的宋钦宗又一直讨厌他，把他贬窜于外。不久，宋钦宗派监察御史张澂追斩童贯于路。

张澂在南雄州追及童贯。这位御史害怕童贯事先知道消息提前自杀，那样的话，来不及明正典刑，就赶忙派一个官校乘快马飞奔，见童贯恭礼拜谒，说："皇上已派中使来赐大王茶药，召您赴京共商大计，听说是充任河北宣抚使。”

童贯起先还将信将疑：“真的吗？”

官校跪禀：“现在的将帅都是新进之辈，没有任何作战经验，主上（钦宗）与大臣商议多时，觉得再无任何人比得上大王您这样又有军功又有声威。”

童贯大喜，对左右说：“看来，少了我还真不行！”

转天一早，御使张澂赶到，童贯起身相迎，众兵士上前，立时把他捆个结实，押至人众处，宣示十大罪状，快刀落下，脑袋落于尘埃。

宋钦宗知道童贯素来狡诈，怕他诈死，非要亲眼见他的人头。于是，张澂用皮匣注水银，装上童公公人头送往汴京。

史载，童大公公“状魁梧，伟观视，颐下生须十数，皮骨劲如铁，不类阉人”，他不仅身形壮伟，还长胡子，估计是当初阉割未净而致。

一反太监贪财的常态，童公公很有度量，仗义疏财，后宫内的嫔妃、太监、宫女，包括扫厕所的净军，没有他送礼不到的人，故而能“善言日闻”，宋徽宗凡是听到有关童贯的话，没有一句是不好的。

童大王爷公公气焰虽高，也有特别下不来台的时候。崇宁年间，童公公巡视边地，与秦州知州钱昂约见迟到。钱昂问：“太尉为何来迟？”童贯心里不高兴，觉得这一小小知州竟敢问自己为何来迟（领导迟到是品级的反映），回答说：“我所乘的骡子个小难骑，所以走得慢。”钱昂问：“太尉乘的是公骡还是母骡？”童贯回答：“公骡。”钱昂一语双关：“公骡不好骑，阉掉这东西！”童大公公愧怒，却又无可奈何。遇上士大夫“轴头”，确实不好办。

握兵二十年，权倾一时，童大公公可以说是威风八面，但他造下的祸端，流毒四海，终致北宋亡国。

另一个值得交代的，是赵良嗣（马植）。这哥们儿很冤，他家世为辽国大族，绝非想发横财走歪门邪道的混子。有的史书上讲他“行污而内乱，不齿于人”，完全是瞎抹黑，一丁点儿证据也没有。

赵良嗣献策，本是出于对宋朝一片忠心，真正实行与否，决定权在宋朝最高决策者。如果遇上良主能臣，赵良嗣之计一一得行，未必是坏事。作为宋使，赵良嗣在与金国的交往中据理力争，比起后来的秦桧要好上一万倍，且从无出卖宋朝利益的言行。当然，宋辽和好百余年，确实要怪宋朝首先破坏，一切源自宋徽宗君臣的好大喜功。

观赵良嗣初衷，完全出于对宋王朝的一片赤诚。

靖康元年，开封几乎要玩儿完了，宋朝的御史还有心思上章弹劾赵良嗣，把这个逃至郴州的哥们儿逮住杀头。

不仅如此，元朝史臣不知是何居心，把赵良嗣编入奸臣传，这位爷竟与大奸蔡京同传，真是千古奇冤。

所以，宋朝与邻国边境的有志汉人很难做，做好了，成为辛弃疾；做不好，就只能当赵良嗣了。

其三：善伺人意的佞臣——王黼与朱勔

“六贼”之中的王、朱二人，官大恶多，但影响远不及蔡京，所以他们只在《佞幸传》中占有位置，还上不了《奸臣传》的“大台面”。

美貌金睛的大佞臣——王黼

王黼，字将明，开封人，原名王甫，徽宗皇帝多才学，认为王甫二字与东汉一个宦官重名，赐名“黼”。不知是基因变异还是这王黼祖上有胡人血统，这小伙子“美风姿，目睛如金”，一双金眼珠，面若敷粉，长身玉立，在古人中确实是个另类，难怪令徽宗皇帝刮目相看。

虽然不学无术，但他能说会道，人情练达，倒少了做学问过深的人所有的迂腐气，难怪让皇帝深喜。不过，王黼绝非无才之人。他进士出身，功名既不是买的也不是捐的，当初真正是用功考上的。

王黼人精一个，入朝后很快抱上大太监梁师成的粗腿，拿公公当爹。官员结交宦官，多因宦官是皇帝近侍，与皇帝亲近，能够递得上话。如同现在的有些人都喜欢结交大官的门房、司机和保健医一样，古今同理。

宣和元年，王黼得拜特进、少宰。小王升官，比火箭还快。趁蔡京致仕，王黼假装顺从民意，一改蔡京所为，易弦更张。很快，徽宗皇帝又加王黼少保、太宰。

只要能把徽宗皇帝这个“领导”伺候舒服，富贵荣华一齐来。

日后，王黼之富，能拟帝府。

王黼一辈子做过的唯一“好事”，是撰写了一部考古学著作。宋徽宗喜欢古玩，臣下们就大发墟墓，挖来不少宝贝。王黼奉诏，撰数十卷《宣和博古图》，其中详细开列宋徽宗宣和殿中所藏的历代青铜器、字画、玉器等，考证精严，追本溯源，详细注释了各种古物的出处、年代和典故。当然，此举也是为迎合皇帝，属于比较高雅的拍马屁。

江南方腊乱起，王黼粉饰太平，没有及时上报宋徽宗，最终使得方腊军攻残六郡。最终，大公公童贯提十余万西北劲卒，才把方腊剿平。

童贯临行，徽宗皇帝全权付以东南之事，并赐他有御笔行诏的权力，即根据实际情况，可以皇帝名义施行政策。童贯率大军到达江南，得知吴民大乱皆因“花石纲”扰民，这位大公公有主见，就以徽宗名义尽罢江南一带为皇帝搜罗奇珍的应奉局，当地民心大悦，方腊之乱迅速平定。

闻知童公公立功，王黼不悦，便乘间向徽宗皇帝进言：“方腊造反是由于盐茶专卖的缘故，童贯以皇帝您的名义下诏罪己，是归过于陛下啊。”

徽宗皇帝很恼怒。童贯大公公侦知消息，很生气，就想重新拥蔡京入朝做宰相以代王黼。

王黼听说童贯要与蔡京联手扳倒自己，很害怕，便忙弥合与童贯的关系，支持童大公公伐燕取功。

本来宋徽宗因方腊造反已经把伐燕之事搁置，经王黼撺掇，就想兴兵。

为让徽宗皇帝和童贯高兴，王黼专门设置经抚房，到处搜刮，得钱六千二百万缗，最终从金人手中买取五六座空城奏凯。

徽宗皇帝得到燕京等数座废墟后高兴得忘乎所以，看见王黼率百僚称贺，大喜之下，解自身玉佩以赐，优进他为太傅，封“楚国公”，并诏许王黼的仪仗与亲王相等。

宋朝在与辽朝结好的一百多年间，辽使入京，宋朝有关部门都会专门派人引导，到处绕行，一来是不想让辽人知道宋国的内部路程；二来以显大宋疆域辽阔。此外，宋朝的宴饮接待也很平实。

王黼无远谋，急于求成，与金国打交道的时候，他命人派专车把女真使臣直接从燕京护送至汴京，只走大道，七日即到。宴请金使时，王黼大陈金银宝物，夸示富盛。金国人由此既知道了入侵的通道，对宋朝的金银财富也大生觊觎之心。

王黼豪奢，在东京就有两处大宅，一在城西，一在相国寺东边，每座都占地方圆数里。园宅正厅，皆以青铜瓦覆盖，宏丽壮伟，园中垒奇石为山，光是有题额的“风景”就有二十多处，梁柱门窗都是螺钿嵌饰，穷极工巧。宋徽宗本人参观王黼园宅，叹道：“好快活的地方！”

王黼身为三公，与徽宗皇帝相处，完全是两个哥们儿在亵游戏乐。宋徽宗效仿南朝昏君东昏侯，在宫内设集市，王黼戴乌帽穿小衣，装作卖肉小掌柜以博皇帝一笑。

徽宗出宫微服私游，每次踰越宫墙，王黼撅屁股、扎马步在墙下给皇帝当板凳，君臣腻乎得和哥们儿一样。宋徽宗对他恩宠至极，为其居室亲书大匾“得贤治定”，完全当他是诸葛亮。

不过，“诸葛亮”晚年也有失策时。一次，他家里的大柱子旁生出“蘑菇”，估计是大块狗尿苔，王黼以为吉瑞，上报皇帝说自己家里生灵芝。徽宗皇帝亲临，对“灵芝”没什么印象，倒发现王黼家后院有小门直通大公公梁师成内宅。

得知他交通宦官，还宫后，徽宗皇帝便下诏让王黼“致仕”。

宋钦宗即位，王黼惶骇入贺，吃了个闭门羹。金兵第一次入侵，老王也像别的奸臣一样，未等有朝命，忙携家南逃。钦宗皇帝大怒，下诏抄家，并授命开封府去逮捕王黼。

开封府尹聂山同王黼有宿怨，派武林高手在雍丘以南的一个村子追及王黼，一刀杀死，割头而去。金睛白面老美男子，终于难逃应有的下场。

“花石纲”的始作俑者——朱勔

朱勔，苏州人。他的发迹，当由其父朱冲说起。朱冲，底层劳动人民出身。在苏州混不下去，朱冲流落城外，得遇游方道人，送他几个治病的药方。朱冲回城，在市集摆小摊卖药，发家致富。这种神话，古今中外一直上演不衰，小药一卖，肯定有人当托有人上当，有了名气，钱就好赚。朱冲心气儿高，出手阔绰，结交不少达官显贵。

蔡京在杭州闲居，想筹建寺庙，僧人向他推荐朱冲。不几天，朱冲就请蔡京视察工地，巨木数千，到处都是。老蔡大惊，知道遇到一个能散财干事的能手。转年，蔡京入京为相，便带朱勔一同回去，让他父子入军籍。

白丁贱民，一下子变成有“军队背景”的能人，此乃朱家发达第一步。

得知徽宗皇帝钟爱奇异花石，朱勔与父亲朱冲赶紧搜罗，果然从浙中搜得三株珍异的黄杨木，徽宗很满意。政和（1111 年至 1117 年间）年间，这种搜刮成为定式，称为“花石纲”，并于苏州设置应奉局。

有徽宗皇帝这么大的“主顾”，朱勔父子千方百计地让他满意。特别是延福宫和艮岳修成后，朱勔搜罗的奇花异木充溢其中。由于有如此“大功”，朱勔被升为防御使一级的高官。

由于朱勔搜刮太狠，东南民不聊生，最后连大奸臣蔡京也看不过眼，向徽宗皇帝讲起“花石纲”扰民太甚。徽宗下令，禁止朱勔占用官用运粮船，禁止挖墓毁屋。朱勔稍稍有所收敛。不久，他又故态复萌，大兴土木，建道观神霄殿，并矫诏称他所居的苏州孙老桥一带被皇上下诏赐予朱家，强迫周围百户人口五日内清拆搬迁。当时政治黑暗，人民连自保也不敢，只得收拾东西仓皇搬走。

不仅如此，朱氏父子在苏州大建园池，式样拟同宫禁，又招募数千人为私人卫士，流毒州郡，长达二十年。

方腊造反，打出的旗号就是“诛杀贼臣朱勔”。由于御史弹劾，朱勔及其子侄皆被黜落。方腊攻陷杭州，发现州府衙门贵宾招待所有数十人，皆锦衣金带。大刑伺候，才知这些人皆是朱勔家奴。所以，当时的谚谣称“金腰带，银腰带，赵家世界朱家坏”。

寇平之后，徽宗皇帝好了伤疤忘了疼，宠幸信任朱勔如旧。

这个大商人在锦袍上绣上金手印，告诉别人徽宗皇帝常“以手抚之”。有时从内宫饮酒归来，他又用黄帛缠臂，与人交揖，一臂不动，表示这只胳膊刚刚被皇帝拍过。

金人侵汴京，宋徽宗退位为太上皇，朱勔想得很美，拥徽宗南行，准备邀皇帝临幸其苏州老家，露把光宗耀祖的脸。

钦宗皇帝上台后，老账新账一起算，把他贬为平民，没收财产。核查数日，竟然发现这个朱勔的田产达三十万亩之多，他物无算。大怒之下，宋钦宗把朱勔贬至循州（今广东龙川）。

没多久，宋钦宗遣使至其贬所当众把他斩杀。

忙活大半辈子，搜罗金山银山，最终朱勔还是在岭南小县城把脑袋喂了大刀片子。

其四：太监“三贱客”——梁师成、杨戬、李彦

宋朝大太监虽然有名，但基本祸国殃民的坏分子皆出自宋徽宗一朝。

宋太祖开国初期，内宫只有五十几个宦者以供洒扫杂役，严令宦官中年后方可收养子为后，下诏严禁官员私蓄阉人，民间有私阉孩童贩卖得利者，可处以死罪。

晚唐五代的宦官之祸，宋初之人记忆犹新。太监王继恩于宋太宗有拥立之功，但是太宗坚定地不予他宣徽使之官。宋真宗想以太监刘承规为节度使，大臣们也一片反对声音。仁宗、哲宗两朝太后听政，如果此类事发生于汉、唐，早已是大公公们要威风的年代，但太后与太监皆慑于“祖宗严法”，又有群臣牵制，防微杜渐，确实没有出格的祸患。

对西夏战争中，虽一直有李宪等大公公掌兵当元帅，可败退致祸之由基本与他们无关，反而这些人小心翼翼，还帮过不少小忙，主要原因在于太监们手中一直没有掌兵的实权，人主喜则用之，怒则退之，他们基本搅不出大祸端。

宋徽宗之前，北宋对宦者有完全区别于士大夫的阶官任命，景德年间，地位最高的宦官也不过是“从五品”，且与士大夫清流之官泾渭分明。可见，北宋的宦官之所以不能酿巨祸，与当时的政治制度有深刻关联。《宋史》中的宦者传，其中有超过一半的宦者评论是正面的，“淳谨”“公忠”等褒义词不少。太监们也有自知之明。大臣彭孙拼命巴结宋神宗宠信的大公公李宪，一次为李公公洗脚，他谄媚说：“太尉您这脚丫子真香啊！”李宪又笑又恶心，一大脚踹在彭孙身上，骂道：“你这个小子，谄媚太过！”

童贯大公公封王拜相，确实也有平方腊、讨西北的功劳，虽为祸不小，也绝非北宋灭亡的终极原因。

但宋徽宗时，公公们权力最盛，以梁师成、杨戬、李彦最有名。

梁师成，字守道，自称是苏轼的私生子，史书对此一直含混支吾。苏东坡名声一直很好，当时和后世之人都不忍心他生出这么一个坏种（何况梁师成是个太监），所以一直没人就此事“炒作”。

由于梁师成慧黠习文法，在宦者里面算得上高级知识分子，他一直负责传圣旨——很荣耀显赫的工作。政和年间，宋徽宗尤其宠幸他，并把他的名字划入进士名籍，光耀一时。他主持修建明堂，并因此得授节度使，最后得拜检校太傅、太尉（三公之位，梁公公竟也能得其二）。

深知宋徽宗喜欢“符瑞之事”，梁师成奉迎谨慎，深得皇帝欢喜。

梁公公很会用权，挑选善于模仿皇帝笔迹的书吏跟从左右，常常仿写任命诏令，与真诏令混杂在一起，外廷无人能辨。没有哪个官员敢问皇帝本人：王二麻子当太守的诏书是您亲自批准的吗？当然了，王二麻子们都曾送重礼给梁公公。

大臣王黼就靠梁师成发迹，拜之为父。蔡京父子也相继谄附，时人称梁公公为“隐相”，即幕后宰相。只要士人能出钱百万，梁公公一定会给对方廷试的机会，甚至他自己的一个仆人储宏也以此得中进士。进士当成了，储宏仍安心“本职”工作，天天在梁府为公公铺床叠被。

梁师成贪财爱钱，但也有一功，即“为保护我国古代文化做出了杰出贡献”——宋徽宗时蔡京大兴文狱，天下禁毁苏东坡诗文，他的手迹在民间皆被要求毁掉。由于他自认为是苏轼亲生子，梁公公力挽狂澜，在宋徽宗面前申诉：“先臣何罪！”（我老爸有啥罪啊，他冤！）由此，“（苏）轼之文乃稍出”。

现在苏东坡文集洋洋数卷，和当初梁公公的挺身保护大有关系。

苏轼的儿子苏过，虽然从辈分上讲是梁公公的兄弟，但也拿老梁当爹一样礼敬。老公公待苏过如亲兄弟，并对宫廷内库的官员讲：“苏学士（苏过）支使一万贯以下任其意，不必向上汇报。”可见，他对于老苏家真是仁至义尽。

后来，宋徽宗去王黼家花园游玩，发现园中小门暗通梁公公家，这才对梁、王二人起疑，逐渐疏远他们。

徽宗晚年喜欢另一个儿子郓王赵楷，宋钦宗的太子之位摇摇欲坠。梁师成首鼠两端，赵楷闯宫不成，钦宗已立，他才表示“坚定”地站在钦宗一边，依理也是有功之人。

靖康乱起，大臣们纷纷指斥“六贼”乱国，有人还直斥梁师成为“李辅国”（唐代大太监），吓得老梁天天不离钦宗皇帝左右。

很快，金兵兵临城下，大索宝器金银，为平民愤，钦宗派他出城献宝，半路把他逮捕，最终赐死，一条白绫送上路。

苏东坡有诗云：“人皆养子望聪明，我被聪明误一生。但愿吾儿愚且鲁，无灾无难到公卿。”此乃悲愤郁结、看透世事之言，只是梁师成不仅不“愚且鲁”，更是“精而滑”之集大成者。

这位公公处心积虑一辈子，还是逃不脱“被杀”二字。

杨戬，自幼阉割入宫，主管御花园，崇宁年间受宠，主掌大晟府等“形象工程”。政和四年（1114 年），杨公公已经有节度使的封号，与梁公公地位相当。不同的是，梁师成是东宫派，杨戬是郓王一派，有动摇东宫之意。杨公公最大的“贡献”是敛财，立法逼索人民田契，然后更为国有，增立租赋。有幸的是，杨公公在宣和三年（1121 年）即病死，宋徽宗还追赠这位财神公公为太师。

杨戬死，李彦接掌其职权，大肆搜刮民间良田，把居民田契收上来后就一把火烧毁，然后就说是公田，致使千万户人家流离失所，缺德带冒烟。如果有人诉冤，李彦马上指使官府重办，不把人弄死不罢休。他四处为宋徽宗搜罗奇竹异木，单单是从岭南弄一棵龙鳞荔枝树到汴京，李彦就能花费百万缗。

李公公四方罗致金银，兢兢业业，当时人称：“朱勔结怨于东南，李彦结怨于西北。”

靖康年间，一根牛筋送到面前，李公公只能与梁师成公公前后脚，阴曹地府去报到。

宋徽宗做皇帝，只是开始的一年多有善可陈。而后，小人迭进，蔡京擅权，天下逐渐成大乱之势。二十多年间，君也戏来臣也戏，皆拿国事、政事、边事、民事不当回事，君戏臣，臣戏君，上下相瞒，粉饰太平。

"君不似乎人之君，相不似乎君之相，垂老之童心，冶游之浪子，拥离散之人心以当大变，无一而非必亡之势！"

天堂到地狱

东京汴京的陷落

宋朝与金国相约灭辽国，不仅大便宜未得，还暴露出自己军队的战斗力薄弱。金太宗审时度势，于1125年深秋下达诏令，整合军队，开始了对宋国的全面进攻。

金军两路攻宋，完颜宗翰（粘罕）为左副元帅，攻太原；完颜宗望（斡离不）为右副元帅，攻燕京。最后的目的地，一齐指向宋朝都城——东京汴京。

金军开始猛攻，一向骄傲自负的大公公童贯显出软弱本色，逃窜到东京。

早就首鼠两端的辽朝降宋将领郭药师深恨宋朝对他不够好，他抓住宋朝的燕山知府蔡靖，连同燕京城一起作为见面礼，向金国投降。

这位郭药师是渤海铁州人，辽朝末年，契丹人将亡国之时，招募辽东因女真人进攻而流离失所的汉人饥民，"使之报怨于女真"，组成"怨军"，郭药师就被委任为这支部队的头领。后来，"怨军"又改称为"常胜军"。

依理讲，郭药师与女真人有阶级仇、民族恨。降宋之后，宋徽宗亲自在京城接待他，礼遇甚厚，赐以甲第姬妾，数次在内宫宴饮。郭药师本人很会演戏，宋徽宗让他捉辽朝天祚帝"以绝燕人之望"，老郭涕泣拒绝，表示不忍心追逐昔日"故主"。这一表演，宋徽宗"以之为忠"，更信任这位降将，解自己身上珠袍并两个大金盆一并赐予郭药师。

不久，宋廷拜其为太尉。郭药师凭借宋朝赏赐，筹兵至三十万众。

宋徽宗听说郭药师一军不改服色，仍旧左衽（汉人右衽），便派童贯大公公以巡边为名，阴察其去就。

童公公到达，郭药师纳头便拜，称之为父。大公公感动，说郭老您官位与我一样是太尉，干吗行如此大礼。郭药师一脸忠贞："您就是我再生老父，别的我一无所知。"

而后，郭药师又向童贯演示阵法，喜得大公公眉飞色舞，早已忘记徽宗皇帝让他见机行事把郭药师裹胁回京的诏旨。

待金大军至，郭药师手中虽有精兵数十万，立即敛手投降迎拜，并充当先锋向导，向东京杀来。而后，两次攻宋，郭药师均为金军得力鹰犬。

金军攻太原不下，宋朝军民在张孝纯带领下拼死防守。完颜宗翰边围城边分出一支兵马东进。

宋朝忽闻金兵大至，上下乱成一团。徽宗皇帝首先想到的，一是跑，二是和。于是，他匆忙派大臣李邺万分火急地往金营讲和。

这位李爷回来后，以自己的亲眼所见，在朝堂上大讲金军的强盛："人如虎，马如龙，上山如狼，下水如獭，其势如泰山。"夸完对方之后，他得出结论："中国（宋朝）如累卵。"鲜明生动，比喻恰当，一下子获得"六如给事"之职，把开封军民气得够呛。

宣和七年十二月二十三日，又惊又吓得了半身不遂的宋徽宗把帝位禅让给太子赵桓，自称太上皇。宋钦宗继位，改元靖康。靖康之意，希望国家安定大吉。"太上皇"当年也才四十四岁，盛壮之年，又惊又吓，这才不得已退位。

转眼到了 1126 年。宋钦宗继位，心急火燎，严令宋将死守黄河一线。但是，宋将梁方平等人皆是十足的酒囊饭袋，金人还未近前，皆望风而逃，大股大股的金军五天内竟全部安全渡过黄河天险。

在李纲等人的坚决要求下，宋钦宗下诏"亲征"。同时，宋徽宗一行却脚底抹油，往江南方向逃窜。

李纲虽是文臣，临危受命，在东京城外布防，最终致使金军死伤万余也不能破城。完颜宗望等金军将帅知道不能攻入汴京，就遣使讲和。

心中没底的宋钦宗看见和约就如同溺水之人看见一根稻草，马上抱住，照单全收：钦宗称金太宗为伯父，原燕云一带的汉人皆归金国，宋朝割太原、中山、河间三镇予金国，并向金军纳金500万两、银5000万两的军费。

不仅钦宗主和，朝中大臣也多是怕死之人，宰相李邦彦坚决支持和议，中书侍郎王孝迪为了凑齐金银孝敬金军，在朝中一个劲儿吓唬臣僚，倘若不给金银不讲和，金军攻入东京后，“男子杀尽，妇女掳尽，宫室焚尽，金银取尽”。在这种“大形势”下，宋钦宗派宰相张邦昌为计议使，并遣自己的异母弟弟康王赵构为人质，到金营议定和约。

此时，不仅李纲在京城四周严密布防，四边勤王兵马陆续而至，特别是西北名将种师道、姚平仲相继率劲卒赶至，他们皆主张不与金人讲和。

种、姚二人及其手下的西北精兵，一直与西夏交战，作战经验丰富，比起京城禁兵，见过大场面和真敌人。

姚平仲首先布置奇袭，想夜中劫营，不料，城内的宋朝主和派故意把消息泄露给金人，偷营失败。金军统帅完颜宗望大怒，派人斥问宋朝为何失信。钦宗皇帝害怕，下诏罢免李纲和种师道的职务，谢罪之余，马上完成了三镇的交割条约签字仪式。

东京城内，民众沸腾，百姓冲进宫门，太学生陈东率数万人诣阙上书，要求重新起用李纲等人，并指斥“六贼”祸国，罪不容诛。

城外的金人得了三镇和无数金银，见来援宋军日渐增多，怕夜长梦多，见好就收，便收兵而去。

汴京被围一个多月，终于暂时逃过一劫。

趁京中百姓闹事，宋钦宗本人深恨父皇徽宗左右的一帮奸佞之臣（特别是好几个人一直想动摇自己的太子之位），便下诏先处理了王黼、梁师成、李彦、朱勔等人。不久，钦宗下诏远流蔡京，处决了蔡攸兄弟。

宋钦宗上述举动，一方面是平民愤，一方面是报私怨。

宋徽宗东南之行，逃跑路上，群臣从行的越来越多，大多是他当国时的宠臣。特别是蔡京和朱勔，二人在江南经营数年，根深蔓广，完全可以拥宋徽宗至江南自成一国。

宋钦宗很气愤，针锋相对，连下数道诏旨以抵销父亲徽宗在当地自颁的“圣旨”。各地官员开始慢待宋徽宗这位“退休”皇帝。

徽宗在江南民间因“花石纲”本来就没给人留下好印象，一行人沿途又大肆侵扰百姓，处处怨声载道，民变一触即发。最让徽宗及其左右揪心的，是童贯带来的数万“胜捷军”，这些人基本都是西北人，他们大老远背井离乡地跑到江南，都不想再走，郁郁思乱。

徽宗皇帝当然知道从前江都的隋炀帝是因何而死，天天心惊肉跳，不得已，只得率众人向回转。

金兵撤围，宋钦宗更加稳固了自己的地位，便逐一下诏，处理徽宗从前的旧人，最终把童贯也解决掉。

徽宗回返途中，又想去河南府（洛阳）暂住，被钦宗一口回绝。钦宗再“仁懦”，也不能容忍父亲在洛阳“另立中央”。

失势的宋徽宗丧家犬一样返回汴京，左右几个亲随太监也被钦宗下令扣押，然后被软禁在龙德宫。

成了高级囚徒的宋徽宗一下子“英明”起来，他深知金兵会再来攻城，哀求儿子钦宗准许他去洛阳招兵买马。宋钦宗好不容易成为真皇帝，岂容老父出京抓兵权，断然拒绝父亲所请。无奈之余，宋徽宗建议钦宗皇帝，父子一起到江南一带“巡幸”，即赶紧撤离汴京这个危城，又遭拒绝。

失势的徽宗每每在书信中尊称儿子为“陛下”，自称“老拙”，仍不能打动忍受惊怕多年的儿子钦宗。

十月十日天宁节（徽宗生日，其实他是五月五日生人，当时风俗，此日生人极不祥，故改为十月十日），钦宗皇帝不得已去龙德宫为徽宗祝寿。徽宗本人先自饮一巨觥，然后亲自斟酒与儿子。钦宗的随从忙踩他脚跟，暗示不要饮此酒，害怕酒中有毒。于是，钦宗皇帝坚执不饮。徽宗见此，号啕大哭，掩面入宫。

而后，钦宗下令严密封锁龙德宫，徽宗再也无法得知宫外的任何消息。

此外，宋钦宗为和议，贬李纲出京，派康王赵构持国书使金议和，行至磁州，宋将宗泽力劝赵构不要前去。于是，赵构折转南下。

1126年秋，完颜宗翰、完颜宗望重新集结军队，依样画瓢，又分两路往汴京杀来。太原被围一个月，军民死伤惨重，终于被金军攻下。不久，真定府（今河北正定）也被金人攻陷。差不多同时，身在京师的宋朝名将种师道忧愤而死。

十一月，金军杀至河阳（今河南孟州市），河对面，有宋朝大将折彦质率十二万宋军扎营候阵。金军玩心理战，架起几百面牛皮大鼓，连夜派人轮流猛敲，声声不息。转天一早，竟然发现折彦质与十来万宋军跑得一个不剩。兵不血刃，金军又渡过黄河天险。

折彦质，乃宋初开国大将折德扆后代，祖上世为云中大族，党项人血统，为宋朝立功颇丰。折彦质是武将家子，又是进士出身，真说得上才兼文武，第一次汴京被围他就积极勤王，后来又辅助李纲赴援太原，与金人血战。黄河守战，宋军兵将多怯，未战即溃，折彦质也无可奈何，只得随溃兵而走，并因为大败被贬至永州安置。宋高宗南渡后，折彦质被重新起用，后因反对议和，他被秦桧排挤出朝。绍兴三十年，折彦质病逝，“每以家世忠节不得归中原为恨”。

据传折德扆有一女名折赛花，曾率兵打败辽朝的耶律敌烈，此事见当时的笔记小说《吴中金石记》，正史不载。后人爱拉名人作老乡，所以清朝的《保德州志》等就煞有介事，说“折”与“佘”音近，折赛花变成“佘赛花”，继而演变成“佘太君”，最后被评书艺人那么一拉郎配，与杨家将弄在了一起，演义成“杨家寡妇征西”，其实正史中根本没有那回事儿。

十一月十八日，汴京戒严。近城居民闻知金兵再来，肝胆摧裂，流离迁徙，不绝于路。又有天生坏种的宋军军士和民兵乘机作乱，烧房毁屋，抢夺财宝。

十一月二十日，宋军探马数百人出城游探，为金军前锋兵杀掉。惊恐之下，宋钦宗忙遣耿南仲使河东，聂昌使河北，向金国交割城池，并示乞和之意。金兵压境，兵临城下。

十一月二十三日，由于形势危急，宋廷命京城内军人、保甲、百姓，甚至僧道徒众也要上城守御，任命了一大批四城守卫官员，机构重复，指挥混乱。

过了两天，金兵前哨尖兵已在开封城外纵马，士庶莫不惊惧。

二十六日，完颜宗翰、完颜宗望两支金军合军，屯于汴京城下。

来攻的两路金军共十万多人马，一路上又驱掳役使汉人，在汴京城下运石伐木，打造攻城器械。

靖康元年的十一月是闰月。闰十一月一日至三日，宋钦宗分别亲临南城、西城和北城，鼓舞斗志。皇后也与宫人亲自缝制衣被和护领棉套，分赐将士。

闰十一月初四到初六三天，金兵猛攻通津门、宣化门、善利门，矢下如雨，炮石当空，楼橹摧破。幸亏宋将姚友仲在三门内设“拐子城”，加强防御工事，金兵才未能攻破三门。

金兵再来之前，就有人上言，汴京形如卧牛，金人至，必猛击卧牛头部，但没有人做任何防御措施。幸亏姚友仲此前有拐子城设防，否则，城池早就失陷。

金兵一路破关杀人，直至汴京开战，宋廷上下还心存侥幸和约能成，金兵再退。

初九日，金兵猛攻善利门和通津门，在护城河上叠桥取道，被姚友仲用床子九牛弩和石炮击杀不少。

叠桥，在当时是一种十分先进的攻城战术。首先，用木筏浮于水面，上面铺干柴和苇席，一层一层铺上土，“增复如初，矢石火炮不能入”。此种工程，均是金人逼迫汉人工匠建造。

叠桥不成，金军架设火梯和云梯，其中高大者可高于城墙，梯脚皆用车轴推行，十分灵活。

招数用尽，由于宋朝守军英勇，人立如山，箭下如雨，金军无可奈何。

闰十一月中旬，宋钦宗又亲自巡城，他不顾大雪苦寒，驰马戎服，露手揎腕，激励士兵守城。十五、十六、十七、十八四天，金军攻城愈急。

即使如此，宋使金使仍在交战中相互往来，穿梭复命，百姓莫测其故，不知朝廷到底是战还是和。

宋将姚友仲等人上奏，要求朝廷尽快下决心马上列出条件议和，以为缓兵之计，均不报。其实，金军初来之时，姚友仲就与诸将商议，乘金兵远来疲敝，突发六万精兵出击，出其不意，必能击溃来犯敌人。但当时的宰相唐恪主和议，不让宋军主动出击，丧失绝好机会。

闰十一月二十五日，大雪，酷寒。城南有红光横亘，其色如血，至晓不消。金兵乘大寒天气，猛攻通津门、宣化门。在最最关键时刻，宋朝使出最后“绝招”，派出“大气功师”郭京作法，“领正元甲兵七千七百七十七人，大开宣化门迎敌”，很快被金军一扫而尽。

金军安排云梯登城，迎敌官军至此再无战心，虽然排布如云，无一人用命，皆下城遁避，守御官吏相继奔走。

金兵又施火攻，接踵而上。城下，金军铁鹞子方阵开始步攻，鼓噪而行，上下呼应，汴京终于城溃。

宋军士卒下城，投戈散地，四城数十万众弃城而下（只有北城多坚守了一天）。

城内居民惊扰，号呼奔走。溃败的宋国将士不少人怨气冲天，乘乱劫杀，一路上死人无数，连宋将姚友仲也被乱兵所害，将士、使臣、宦官被害者不可胜数。

傍晚时分，金人四处纵火，四个城门尽被烧毁，火借风势，成片的王公大宅和居民住宅被烧毁，城内劫掠杀掳，火光亘天，达旦不灭。

当夜，金兵因为天黑，并未进入城中，杀掠抢劫的“主力”皆是宋朝溃兵。

闰十一月二十六日，东京百姓害怕被城外金军冲入屠戮，一时间三十万人奔赴宣德门请甲自卫。宋钦宗仓皇凭城，慰谕百姓。四顾惶恐之际，他头上帽子都掉落下来。百姓怕皇上出走，涕泣挽留：“陛下一出，则生民尽遭涂炭。”宋钦宗也哭，高呼“寡人在此！”士庶号恸。

其实，此时钦宗皇帝若逃，还是有机会。但钦宗怯懦无断，只得告谕百姓说宋金讲和。

京城百姓听说两国讲和，刚刚喘口气。不久，外城的金兵相继下城，在城中大掳大掠。又有凶险小人和地痞流氓做导引，在坊巷放火劫掠，由此，汴京大难来临。

城内外居民出出进进，总逃不出一个死字，光掉入护城河淹死的人就有数万。于是，绝望之下，京城内出现居民整家整家自缢、跳井、投火的惨状。

二十七日，金人通知钦宗皇帝不要逃跑，恐吓说“五百里内围皆吾兵矣”，让宋朝先派宰相出来议事，还要钦宗自己出郊面议“大事”。

二十八日，宋朝派宰相及亲王出城向完颜宗翰、完颜宗望道歉谢罪。

城内，散兵游勇和地痞流氓趁火打劫，蔡河、汴河浮尸无数，许多尸体身上几乎没有多少肉，因为城中缺粮，市井公然以人肉当作货物来卖。

缺德的宋朝奸民和败兵勾结外城金人，有的甚至自己剃发打扮成金兵模样（金人与清人一样，皆是剃发打扮），专门冲入皇亲大族家劫掠，烧杀抢劫，无所不为。至夜，被洗劫的数万居民相聚于相国寺，啼号饥寒，一天左右就冻饿而死近万人。

闰十一月三十日，由于害怕金朝索要宋徽宗皇帝，然后在城外立之为帝，宋钦宗“毅然”出城面见金国元帅。

内城百姓通夕不寐，关心钦宗皇上的安危。

十二月初二，宋钦宗与金酋谈好条件，被允许回城。百姓们见雪中御路污烂不堪，运土填路，顷刻而就。遥见钦宗皇帝黄盖，大家欢呼喧腾，一路传报。

钦宗本人感泣，士庶皆叹惋流泪。先前，金人将破城，宋钦宗怕父皇趁机逃出另立山头，早已派人把徽宗逼迁入大内。至此，父子二人，皆为笼中之鸟，任谁也飞不出。

金军方面，完颜宗望与完颜宗翰当然另有打算。

完颜宗翰本名粘没喝，汉语讹为“粘罕”，其父完颜撒改是金朝开国功臣，曾任“国相”，也是金太祖完颜阿骨打的堂兄，所以，完颜宗翰于金太祖、金太宗来讲是他们的堂侄，属于皇室血亲。十七岁时，完颜宗翰就于军中效力，数次大败辽军，是金太祖称帝的建谋者之一。此后，完颜宗翰随金太祖定燕地，与完颜宗望一起力主伐宋。

完颜宗望本名斡离不，是金太祖的二儿子，故而又有“二太子”之称。贵为皇子，完颜宗望数领大军出征，把辽天祚帝追得上天无路、入地无门。金、宋夹击灭辽后，宗望力谏金太祖不要把山西地割予宋朝，宋朝输送的岁币，大半都是交予宗望军分配。“伐宋之策，（完颜）宗望实启之。”

但是，观宋人笔记和史志，都对完颜宗望有好感，似乎这个瘦长个子的二太子是很谦和的一个人，“坏主意”都是完颜宗翰（粘罕）一个人出的，“粘罕应答琅琅，（二）太子唯唯而已”。另外一个原因，是这位爷当时可能已重病在身，估计也是叔父金太宗继位，身为皇子的完颜

杨家寡妇征西　图出《新编全像杨家府世代忠勇通俗演义》

宗望一直心里不爽，表情郁郁。转年迁掳徽、钦二帝后，宗望于四月即病死。

十二月初三，宋钦宗回宫不久，即下诏命文武百官、僧道父老诣大金军前致谢。完颜宗翰、完颜宗望两人觉得可笑，回报说“军中宿食不便，不烦远到”。转天，金人就派使人入京，检视库府，拘收文籍。大抢大搜之前，金人先派人摸清财产底细。

十二月初五，金军移文宋朝的开封府，大索金帛，并取宋朝河东、河北守臣家属为人质，表示土地实际移交后会归还人质。

不久，金人来书，索取蔡京、童贯、王黼等二十个“奸臣”的家属以及李纲、蔡靖、折彦质等先前与金军交战大臣的家属。可叹的是，数位奸臣家属早已贬窜外地，逃出一劫，忠臣勇将的家属反而多在京师，城中的宋朝官吏唯命是听，按花名册逮人，一一交与金军。

十二月十一日，金人迫宋钦宗下诏：“金军兵已登城，敛兵不下，保安社稷，全活生灵，恩德至厚。今来京城，公私所有，本皆大金军前物，义当竭其所有，尽以犒军。”至此，可以看出金军放回宋钦宗的真正目的是让这位降帝当敛财主人，替他们收钱。

于是，京畿保甲尽充差役，三衙使臣分地监督，开始从左藏库和京师上四库搬取金银玉帛，整大车整大车运往金营。在金人的压力下，宋朝的有关部门“督责甚峻”，御史台、大理寺、开封府四处捕人，无论王公贵戚、将军家属，皆大刑伺候，按户、按人头、按级别交金纳银。

平时，宋朝官僚的效率很低，现在，有城外金军长刀大矛抵着，各部门秩序井然，效率变得极高。

十二月十五日，康王赵构在相州开“大元帅府”，有兵万人，分为五军而进，渡河后，驻军于大名。老将宗泽以区区两千人与金兵力战，破三十余寨，率兵渡河。不久，又有宋军勤王兵马赶至，兵势大振。宗泽建议入援京师。

金人胁迫钦宗皇帝，让他写手诏：“方议和好，可屯兵近甸勿动。”

诸将皆信以为真，唯独宗泽不信："敌人狡谲，正为使我军迟留，君父在京，应马上入援。"康王赵构心中自打小算盘，诸将也不敢进攻。于是，赵构遣宗泽先行，把他排挤出指挥中枢。

十二月二十二日，天降大雪，京城内人民冻死无数。宋钦宗下诏，允许军民斫伐万岁山（皇家园林，又名艮岳）树木为柴薪。由于人多，大伙胡砍乱伐，园林中楼榭亭台皆被毁坏，轰塌之际，压死不少人，践踏至死百余人，相互殴击至死的又有数百人。

转天，金人又索取藏书经卷，特别是苏轼文集和《资治通鉴》等书，金人指名取索。

不仅把秘府藏书搬空，开封府还把城内的书店全部封门，然后把里面的书都运往金营。

十二月二十四日，在抢走一千多万匹绢帛之后，金人揭榜于市，再取一百万锭金和五百万锭银，要汴京的宋人"尽行输纳"，否则就杀头。

严命之下，一城骚动，路上都是搬运金银之人。士庶相顾，莫不慨叹。

靖康二年（1127年）正月初三，金军以金银成色不足为由，派人入城追索。

正月初十，金人二酋又招宋钦宗入兵营，说是要商议徽号问题。此次出宫，钦宗皇帝深知凶多吉少，对近臣孙傅表示："我去可能不返，可招募死士二三百人，拥上皇及太子溃围南奔。"

世间最难得的是后悔药，现在再想突围，插翅难飞。

此次金人把钦宗皇帝召至营中，只是把他当人质，以对东京进行最后的"挤榨"。果然，金军很快放出话来，只有把金银凑齐，才能放钦宗回城。于是，京城之内，挖地三尺。

为了吓唬汴京居民，金军还揭榜表示，如不把金银全部上交，当遣大军入城搜空。士民相顾失色，莫不疑惧。

熬到正月二十五日，天降大雪，与城破那日相仿，天气绝寒。

城陷两月，饥饿而死者日以千计，东京居民取猫、鼠，杂以人肉食之，吃尽鼓皮、马甲、皮筒以及树皮草根。

金人大索教坊伶人、百工伎艺、诸色待诏（匠人）等等。

得知城内人心惶恐，宋钦宗在金营内“降诏”，表示自己不久就回，不劳大家挂念。

士庶读诏者莫不堕泪。

其间，宋朝老将宗泽自大名至开德，与金兵十三战皆捷，他又上书康王赵构，要他下令各道兵马会汴京，诸人不答。

而后数日，金人搜刮不停，太常、大晟、明堂司天监等处的巨大礼器和青铜器物皆被搬空。

二月初七，宋徽宗及其皇后嫔妃也被金兵劫至城外军营，宋将范琼为虎作伥，力逼徽宗皇帝出宫。

此时，这位书画皇帝反倒生出一股精气神，对范琼说：“若以我为质，得皇帝（钦宗）归保宗社，亦无所辞！”

于是，完颜宗翰、完颜宗望召集在押的宋朝君臣于一处，宣布废掉钦宗皇帝。金使萧庆读诏已毕，径自走近钦宗皇帝面前脱扯他身上的龙袍。诸位宋臣惊惶不知所以，唯有大臣李若水抱住钦宗，大叫道：“此乃真皇帝，鼠辈安敢尔！”呼天痛哭。

宗翰、宗望大怒，命兵士拽之出外，裂颈断舌，脔割而死。这位大忠臣至死骂不绝口。

金朝兵士相顾，小声嘀咕：“辽国亡国，死义大臣十多人，南朝唯有李侍郎一人！”

二月初八，宋朝宗室诸王及家属均被金军押入城外营中。

二月九日，得知金人要废宋朝皇帝，城内百姓号恸不已。宋朝大臣孙传等人代表大臣和居民向金人上状，极陈赵氏德泽深厚，希望金人不要废宋氏社稷，哀乞金人在神宗子孙中择一人立之，以继宋朝国祚。

金人不允，准备立宋臣张邦昌为帝。

二月十一日黎明，钦宗皇后、太子、公主皆一同被押出皇宫，出南熏门，百姓哭于道上，太学生集体哭送于门。十一岁的太子在车内向居民告别，哀号震天。

士庶旁观，心骨糜溃，痛心不已。

二月十四日至十七日四天，王公帝姬及宗室，节次出门，哀号之声达于远近。金军追取宫嫔以下一千五百人，亲王二十五人，帝姬驸马四十九人。

市井聚观，莫不愤怒，但无人敢出头。

三月初一日，金人遣张邦昌入城，并警告说，如果张邦昌不继位，朝中大臣不拥戴，就要先杀掉所有大臣，然后纵兵屠城。

张邦昌本来一百个不愿意，为保全一城士庶性命，他只得应允。

三月初七，张邦昌即皇帝位，国号大楚。这老哥们儿从尚书省出发，恸哭上马，到了皇宫阙庭，复大声恸哭，真把这位只做过两个月宰相的宋臣难为死了。

立了这个傀儡皇帝，金人又下令进行最后的搜刮。

张邦昌遣使求免，表示说，即使汴京城内铁锅铁板都变成金银，房屋殿宇皆化为布帛，也凑不成金军所要的那个数目。

金人心中有数，知道再也榨不出什么东西，就移文表示同意所请。

金军班师后，四月初五日，张邦昌忙请宋哲宗的废后孟皇后入居延福宫，垂帘听政，并派人把传国玉玺送至唯一逃亡在外的直系宗室康王赵构那里。

五月，赵构在南京（商丘）即位，改元建炎，开始了南宋的历史。

张邦昌实际上是个大倒霉蛋，他是进士出身，做过知州，宣和年间任中书侍郎，钦宗皇帝继位，拜其为少宰。观其先前行为，不好不坏，官场沉浮而已。金人来犯，张邦昌还与康王赵构一同为使（人质）前往金营求和，可谓对宋朝赤胆忠心。

金人要宋朝大臣自己商议“新君”人选，尚书员外郎宋齐愈从金营返回，大臣们问何人可选，这位老宋从前与张邦昌不睦，就在手中写上“张邦昌”三字，混乱之中，大臣们由此定议。

被逼为帝之后，张邦昌窘急，一度想自杀，被旁人劝住：您死了，全城百姓要遭金人屠戮啊！张邦昌才打消了这个念头。

金人走后，张邦昌不听王时雍等人的“劝谏”，向康王赵构献玉玺，亲自到商丘拜见新皇帝。

赵构与张邦昌有共患难的老交情，开始对他挺客气，封他为太保、同安郡王。后来，又是李纲上书，言称张邦昌僭逆不道，一定要明正典刑，当众斩杀。赵构不忍，认为张邦昌是出于胁迫，只把他贬往潭州安置。但是，朝内外李纲等人不依不饶，压力之下，赵构以张邦昌曾私幸宫人为罪名，赐死张邦昌。

可见，这位老张也是中国历史上真正的冤大头。

大臣吕好问曾劝过李纲：“王业艰难，正纳污含垢之时，今对诸人绳以峻法，惧者众矣。”李纲固执不听。

后来，书写张邦昌姓名以示大臣的宋齐愈被腰斩，王时雍也被杀头。

六月十一日，老将宗泽率军至汴京，在很短时间内收编各地兵马达百万之众，其中包括日后的名将岳飞。

宗泽连上二十四道表奏，恳请宋高宗赵构回京，但这位新帝胆小得要命，窜往江南以避兵锋。失望之余，老将军宗泽忧愤而死，死前犹高呼：“过河！”

宗泽死后，接替他职位的东京留守杜充是个不折不扣的王八蛋，百万义军一朝尽散，大多化为流寇。建炎三年（1129 年），金军再次入侵汴京，杜充弃城而逃，从此，宋朝再没有恢复过这座“神京”。

日后，刘豫在此被金人推立建伪齐政权，没几年也垮台。此后，金朝占领汴京近百年的时间。

可笑又可悲的是，金朝日后为蒙古人逼迫，仓皇迁都至开封。1232

年，金哀宗从汴京逃跑，蒙古人又重演了“搬空”大戏。不过，这次的悲剧主角是金朝帝室。转年，金哀宗本人也在蔡州自杀，金朝灭亡。

靖康之变，至此一一道出。所依据的重要史料为《靖康纪闻》。之所以连每一天甚至每一个时辰都详细记录，正是由于作者丁特起本人历经汴京被围的全过程。而后各种史书，大多以丁特起的记述为据。

纵观整个过程，可以发现，汴京城虽遭遇空前灾难，但金军人马并非我们一般想象的那样大队大队地冲杀入城，无论是劫帝、括银、括马、劫皇族，均由“伪政权”来实施，金军对汴京既无洗城，也无屠城。当然，宋朝本身的“维持会”们已经替金朝新主子把开封城所有值钱的东西搜罗一空。

在杀人方面，汴京之战，女真人比起他们的后代血亲“仁慈”得多，不似清人动辄“扬州十日”，一怒就“嘉定三屠”。靖康之变最悲惨的，除了广大缺粮少衣的百姓居民以外，当属被金人掳掠北去的赵宋皇族，近万锦衣玉食的凤子龙孙，个个破裘敝屣，大多数人在路上被杀戮或因冻饿而死，怎一个惨字了得！

残山剩水留半壁

南宋初立的艰难时局

中国俗谚有云，好人不长寿，坏人活千年。这句话，应在宋高宗赵构母子身上，再恰当不过。

宋高宗置父兄于北国苦寒之地不顾，为保自己帝位，宠秦桧，杀岳飞，窜逐良臣，压制抗金武将，可谓坏事做绝，却高寿 83 岁，安于床箦而死。

宋高宗之母是宋徽宗的韦贤妃。宋徽宗、宋钦宗为父为兄，宋高宗置之不顾，唯独不惜割地献金使尽全力把他的生母韦氏迎回。此前几年，被金人掳掠至北方的宋高宗异母妹柔福帝姬千辛万苦逃回杭州，经汴京旧宫人辨认，认定是真，兄妹二人抱头痛哭，高宗把妹妹安置下来。

帝姬即公主，在宋朝，只有宋徽宗一朝的公主称为帝姬。政和三年，大奸臣蔡京建议以古代周王朝的称号来称呼公主，所以，好大喜功的徽宗皇帝便将帝室公主改称为帝姬。徽宗皇帝有女儿三十四个，早亡者十四人，最小的恭福帝姬靖康之难时年仅一岁，为金人弃置，其余十九人，包括柔福帝姬在内，皆为残暴的金军劫往北方。此外，宋徽宗有子三十一人，其中六人早亡，除康王赵构（宋高宗）外，均为金人掳走。

柔福帝姬逃回杭州，刚刚过上几年好日子，殊不料，高宗生母韦氏回来后马上表示这柔福帝姬是假冒。母命难违，经过主审官严刑逼供和捏造，把“真情”上禀：此柔福帝姬乃开封女尼李静善，因相貌酷似，便假冒帝姬。很快，从北方逃回的一个名叫李楑的宦者又称自己在五国城见过柔福，说她嫁给一名叫徐还的金军将领后不久就死掉。人证物证如此，可怜的柔福帝姬便被高宗赵构下令处决。

其实，宋高宗生母韦氏以及柔福帝姬等宋朝皇家妇女，在金国终日被金人当成泄欲工具，任由金兵金将轮奸、群奸。金人还特建一所妓院名为“洗衣院”，里面全是掳来的宋室皇族妇女，每日接客无数。在那种悲惨的地方，高宗赵构的母亲韦氏与柔福帝姬难免会赤身裸体地在多种场合经受非人的蹂躏。由于柔福帝姬不是重要的男性帝室人员，较容易逃出，后被南宋的蕲州地区将官送回行在（杭州，皇帝临时驻地称“行在”）。

韦氏又过数年，方才为其子宋高宗花大价钱赎回。当上了太后，韦氏自然不想让别人知道自己在五国城难以启齿的娼妓生涯（她还为金朝一个将领生过两个儿子），便下毒手诬称柔福帝姬是假冒的，杀人灭口。

出人意料的帝位

康王赵构

赵构，字德基，是宋徽宗第九子，宣和三年进封康王，史载，他“资性朗悟，博学强记，读书日诵千余言，挽弓至一石五斗”。虽然史臣溢美肯定不会少，但可以肯定的是这位爷青少年时代应该受过良好的皇家教育。

靖康元年（1126年）金军第一次围城，宋廷议割三镇予金国，钦宗皇帝就派这位九弟与大臣张邦昌一起入金营议事。史书载“金帅斡离不留之军中旬日，帝（赵构）意气闲暇”。这皆是原先撰写“皇帝实录”的史臣溢美之词。从未经过军阵的少爷羔子赵构，在如狼似虎的金人面前能镇定自若，鬼才相信。

不久，宋将姚平仲夜袭金营未得手，金人严责赵构和张邦昌，“（张）邦昌恐惧啼泣，帝（赵构）不为动，斡离不异之，更请肃王”。估计赵构当时的“不为动”，是吓傻了，斡离不这个金酋正是因为见赵构为人木讷呆滞，不似真王子，才把他打发回去，指名徽宗皇帝第五子肃王赵枢前来，完成了交割三镇的签字仪式。

当然，赵构因胆小得福。这一结果后来竟被南宋文人美化成如下场景：斡离不与粘罕二人请赵构射箭，这位康王连中三个十环，两个金酋大异，认为此人不是真王爷，把他遣回汴京城内。反正日后宋高宗占据半壁江山为帝，牢牢掌握话语权，什么怂事都可捏编成英雄事迹。

躲过一次灾祸后，国家多难，赵构又一次被大哥钦宗皇帝派往金营。

原来，金人撤围后，宋廷派大臣王云出使金国，想以钱财赎回三镇，同时又秘送蜡书与降金辽将耶律余睹，想与之联手拒金。结果，蜡书为金人所得。有了如此借口，金酋粘罕与斡离不再次出兵深入宋境。宋使王云忙派人回京，表示要宋朝派亲王到北方议和，否则金人会直取汴京。

钦宗皇帝诏命赵构出使河北，尊金太宗为伯父，携带衮冕、玉辂等皇家礼器前去孝敬。赵构一路不敢怠慢，经滑州、浚州，很快赶至磁州。当地的守城老将宗泽劝说他不要再行：“肃王（赵枢）去不返，金兵已迫近，出使又有何益？”

当时的康王赵构妄念不多，只想怎么向皇上大哥交差，彷徨犹豫。于是，在宗泽安排下，他与王云一起去嘉应神祠求签。半路上，磁州百姓拦住赵构，泣谏他不要北去，并指斥王云有挟康王入金的意图，义愤之余，百姓一哄而起，把王云活活打死。

康王赵构本来心惊肉跳，见民意如此，就顺坡而下不再前行出使金国。很快，金军前锋陆续抵达磁州城下，赵构更怕。正巧，相州知州汪伯彦率兵来迎，赵构忙逃往更安全的相州躲避。汴京混乱之际，钦宗皇帝在大臣的劝说下，密诏赵构为兵马大元帅，汪伯彦、宗泽为副元帅，让他们尽起河北之兵入援汴京。

靖康元年（1126年）十二月，康王赵构在相州开大元帅府，得兵万人，分为五军而进，在大名屯营。老将宗泽率两千名宋兵，连战连胜，破金军三十余寨，并要求康王即刻入援。这时，宋钦宗有诏书来，表示“金人登城不下，方议和好，可屯兵近甸毋动”。

其实，当时的汴京已在金军掌握之下。汪伯彦等人皆觉得皇帝下诏，不得不从，唯独宗泽力谏：“金人诡诈，此诏必是皇帝受逼而下，目的在于迂缓我军。我们立刻发兵直趋澶渊，按部就班，稳扎稳打，以解京师之围。”

汪伯彦胆小而奸，阴劝康王赵构派宗泽拔军先行，把他调出指挥中枢。果然，宗泽刚走，康王赵构等人就跑到了东平。

转年开春，宗泽自大名至开德一路血战，十三战皆胜，气势如虹。宗泽边战边行，边上书康王赵构，要他下令诸道宋军总管，希望他们“合兵入援”。可恨的是，这些人皆对此没有反应。

宗老将军携一支孤旅，死中求生，又在卫南一战大败金军。金人自此深惧宗泽。

二月间，钦宗皇帝在金人胁迫下发诏要赵构入京，其手下将军张俊等人当然劝阻。

此时的赵构，手下已有劲兵十余万，犹豫再三，跑到济州躲避金军兵锋。

四月间，金人掳掠徽、钦二帝及皇族嫔妃等北去，宗泽闻信马上提军星夜兼程，想从大名渡河在路上邀击金军，抢回被俘的徽、钦二帝。

金军十多万，归北时层层设防，宗泽手下区区数千兵马，康王赵构

不发一兵一卒，老英雄只得仰天长叹。

金人撤退后，被迫为帝的张邦昌马上奉宋哲宗废后孟皇后“垂帘听政”，这位元祐皇后深晓大礼，手书宣示中外，表示拥立康王赵构继承帝位。

于是，靖康二年（1127 年）五月，康王赵构在南京（商丘）登上帝位，改元建炎，是为宋高宗。当日，元祐皇后孟氏在东京撤帘，象征皇权交接完毕。

赵构当皇帝后，遥尊被金人俘走的宋钦宗为“孝慈渊圣皇帝”。所以，在宋史或宋人笔记中有“渊圣”字眼出现，指的就是那位倒霉的宋钦宗。新政权尊元祐皇后为元祐太后，遥尊赵构生母韦氏为宣和皇后，

《千里江山图》(局部) 北宋 王希孟

遥立夫人邢氏为皇后(此二人皆被金人掠走，故而有“遥尊”“遥立”之说)。

赵构称帝后，立即授黄潜善为中书侍郎，汪伯彦为同知枢密院事。黄潜善是张邦昌称帝后第一个跑来通风报信的人，汪伯彦是第一个率相州军迎接赵构的人，二人日后为祸甚烈，与高宗赵构小人相惜，磁场相应。

武将方面，宋高宗当时能指挥得动的大概有如下数人：统河北兵的王渊、杨惟忠，统陕西兵的刘光世，统帅府兵及招降贼盗兵的张俊、苗傅。

为了统一军政，赵构设置御营司，以黄潜善为御营使，汪伯彦副之，任命王渊为都统制，刘光世“提举一行事务”，韩世忠为左军统制，张俊为前军统制，杨惟忠主管殿前御林军。上述诸人，构成了赵构匆匆称帝后草台班子的主要支柱。

谋不见用的忠臣

李纲

塞上风高，渔阳秋早。惆怅翠华音杳，驿使空驰，征鸿归尽，不寄双龙消耗。念白衣、金殿除恩；归黄阁、未成图报。

谁信我、致主丹衷，伤时多故，未作救民方召。调鼎为霖，登坛作将，燕然即须平扫。拥精兵十万，横行沙漠，奉迎天表。

这首《苏武令·塞上风高》是李纲罢相后所写，满纸悲愤和激越，对徽、钦二帝被金人北俘之事刻骨铭心。

靖康元年，金兵第一次侵汴京撤围而走，力保汴京不失的李纲被贼臣们合力排挤，外贬宁江。金兵再来，窘急的宋钦宗忆起李纲好处，召其为开封尹。当时李纲正在长沙，闻召立刻率湖南的勤王兵马入援。行至半路，汴京已经失守。宋高宗即位后，收拾天下人心，自然首先召李纲入朝，任其为尚书右仆射兼中书侍郎。

听说李纲被任命为相，宋高宗的大臣中丞颜岐急忙上奏：“张邦昌为金人所喜，虽封为三公郡王，应再加同平章事；李纲为金人所恶，虽已命相，应在他未来之前罢掉他！”宋高宗不理，颜岐五次上表。赵构最终也烦，召来颜岐，厉声说：“朕即位为帝，恐怕金人也不高兴吧！”一句话，颜岐语塞而退。

高宗君臣之所以如此怕得罪金人，主要是因为徽、钦二帝在金人手中。所以，赵构即位后马上就表示对张邦昌以及其他附金大臣“一切不问”。颜岐死心眼儿，一条路走到黑，自然引得高宗不悦。

汪伯彦、黄潜善也不高兴，他们自认为对高宗赵构有拥戴之功，肯定能入相，结果皇帝反招李纲坐这个位置，自然暗中忌恨。所以，李纲还未入朝，一股无形的反对力量已经形成。

建炎元年（1127年）七月，李纲入见宋高宗，也不绕弯，立上“十事”：第一，议国是。以守为上策，修政事，励士气，然后可议大举。第二，议巡幸。建议高宗要回銮汴京一次，以慰京中百姓之心。然后，巡幸天下，“长安为上，襄阳次之，建康又次之”。第三，议赦令。恢复张邦昌之前的宋朝赦书常仪。第四，议僭逆。明诛张邦昌，以正典刑。第五，议伪命。清算附金伪官，以鼓舞士气。第六，议战。军政久废，应重申纪律，赏罚分明。第七，议守。金人狡狯，其势必重来入侵，应先前在黄河、长江、淮河一线置守御。第八，议本政。改变当前政出多门的情况，权归朝廷。第九，议久任。靖康年间进退大臣太快，应对官员慎择久任，提高信任度。第十，议修德。建议高宗皇帝孝悌恭俭，以副四海人望。

宋高宗仔细研究了李纲的十条建议，颁之于朝，唯把“议僭逆、议伪命”二事留而不发，一是怕激惹金人，二是刚刚坐稳帝位，不想把受过伪命的大臣都法办，那样一来就无人可用了。

李纲固执，以辞去职位相威胁，死活要高宗皇帝处理张邦昌等人，同时表示：“近世士大夫寡廉鲜耻，不知君臣之义。靖康之祸，仗节死义者唯有李若水一人，应加以赠恤。”高宗对李若水赠官抚恤自然好办，但对张邦昌这种主动送玉玺给自己的人，一时还下不了手。

由于李纲坚执己见，高宗无奈，只得把老张窜贬潭州，并陆续处理了王时雍、徐秉哲等人。

而后，在李纲建议下，宋高宗又设河北招抚司、河东经制司，以张所、傅亮分别担任招抚使，并下诏诸路募兵买兵，各自为战，极大地牵制了金军的力量。特别是在河北，当地义民应募者达十七万人。

张所带千余道空名告身（委任状），只携三千兵卒前往河北，一时间义兵云集，王彦等人纷纷被招至旗下。岳飞也向张所报到，被任命为中军统领。张所问岳飞：“你一人能敌几个敌人？”岳飞回答：“勇不足恃。用兵主要是以计谋取胜！”张所大惊：“看来你不像是行伍出身的粗人！”岳飞向张所建议皇帝应该还汴京以保河南地。此言正合张所之意，他马上提拔岳飞为武经郎。

李纲入朝后，上奏高宗赵构，希望皇帝能返回汴京，重整河山。但是，宋高宗最讨厌臣下以恢复为名让他回汴京，那里最接近“前线”，这位皇帝唯恐自己也像父兄一样被金军逮去。

高宗怯懦。在黄潜善、汪伯彦二人的撺掇下，他说要“巡幸”东南，实际上是想脱离交战前线往更安全的地方逃窜。

李纲坚执不可：“车驾巡幸之所，关中为上，襄阳次之，建康为下。陛下纵未能行上策，尤应前往襄州、邓州，以示不忘故都，由此可系天下民心。不然，中原非复我大宋所有！”

赵构细思，也觉有理，诏告天下谕其还都之意。

很快，黄、汪二人力劝高宗出避兵锋，一再反复之后，赵构决定逃往扬州。同时，他又下诏召回张所、傅亮二人。

得知自己计不得施，李纲心灰意冷，执意求去。高宗赵构假意挽留，李纲泣言：“为臣老家本在东南，本意也希望陛下巡幸东南。但是，陛下一离中原，后患不可尽言！愿陛下以宗社为心，以生灵百姓为意，以二圣（二帝）未还为念！”

高宗唯唯，心中老大不悦，他特别讨厌臣下言及父亲徽宗和兄长钦宗，因为二人如果有一人得归，依理他就要把帝位让出。

此时，殿中侍御史张浚上书劾责李纲以私愤杀侍从之事，又指斥他“杜绝言路，独擅朝政，事之大小，随意必行，买马之扰，招军之暴，劝纳之虐，优立赏格，公吏为奸，擅易诏令，窃庇姻亲”。其中数事，确实也非空穴来风。至此，李纲罢相，他总共在位才七十七天。

金军军势益炽，关中残破，中原盗贼蜂起，只要有兵器，能扎堆凑起一拨人马，谁都可占山为王。

李纲被罢免的消息传出，先前在汴京率众上言钦宗皇帝罢斥蔡京等“六贼”的太学生陈东和抚州百姓欧阳澈立刻上书，恳求高宗留任李纲，罢斥黄、汪二人。同时，二人又在奏疏中劝高宗亲征以迎还二帝。

黄潜善又怒又惧，对高宗说：“如果不杀此二人，恐怕他们又率众冲击殿庭。”赵构也恨得牙根痒痒，立刻派人逮捕陈东、欧阳澈二人并加以处决。

日后，李纲一直被放偏远之地外任，但他仍旧不时上书言事。郁郁之间，李纲于绍兴十年病死于潭州，年五十八岁。撰写《宋史》的元朝汉儒，对李纲评价很高，把他比为诸葛亮一类的人物。

但是，同时代的人，包括后来的大儒王夫之、黄宗羲和清朝历史学家赵翼等人，对李纲的评价都不是很高。特别是他坚持要徽、钦二帝死守汴京的主张，术疏机浅，实际上葬送了北宋汴京以及中原大地。

从“出身”方面讲，李纲曾是大奸臣蔡京之子蔡攸的党羽，可以想见他不是什么善茬儿。高宗一朝，李纲虽外贬，也是不停地见风使舵，一会儿交结张浚，一会儿交结赵鼎，见人下菜碟。张浚与黄潜善关系好，他曾竭力排挤、打击李纲。后来，张浚因富平大败被贬福州，李纲知道他有东山再起的一天，便竭力奉迎巴结。果然，张浚不久被重新起用入朝。行前，李纲奉呈一百二十个大木箱的金银珠宝，大木箱个个朱漆银镂，里面皆珍异之物，馈送即将还朝为官的昔日仇人张浚。

此外，据《樵书》所记，“李纲私藏，过于国帑，侍妾歌童，衣服饮食，极于美丽。每宴客设馔必至百品，遇出则厨传数十担”。

由此可见，李纲并非后世演义或者文学作品描写的那样两袖清风，一身正气。人的多面性，从这个人身上即可得见。

白首将军振臂呼

宗泽

宗泽，字汝霖，婺州义乌人。其人自幼豪爽有大志，元祐六年中进士。

由于宗泽中进士廷对时极陈时弊，为考官所恶，摒置末甲。而后，宗泽一直辗转各地做地方小官，广察民情，为老百姓切切实实做了不少好事和实事。

宋金“海上之盟”议成，宗泽对身边亲吏讲：“天下从此要多事了。”于是他退居东阳，结庐山谷。

靖康元年，朝中有人荐宗泽为和议使出使金国，行前，他抱定了必死报国之心。可巧的是，主和大臣知道宗泽强直，怕他搅黄和议之事，就另遣他人，委派宗泽为磁州知州。当时，太原已经落入金军手中，宋朝凡是被委任往两河地区的官员皆推托不行。宗泽大义凛然，即日单骑就道，只率羸卒十余人，直奔磁州，到后他修缮城墙，招募义勇，把磁州建成一个坚固的抗金根据地，多次击退金人入侵。

时为康王的赵构为钦宗皇帝所遣前往金国割地，正是宗泽力谏，死活不让康王前行，终于为赵宋皇族保留了一支最近的血脉。南宋立国，宗泽功不可没。

宋高宗赵构继位后，他与黄潜善、汪伯彦皆讨厌宗泽成日喊打喊杀，要和金兵死拼，就派他去襄阳当知府。虽然被排挤在外，宗泽仍一腔忠勇，听闻黄潜善等人在与金人搞和议，他毅然上书，反对议和。恰值李纲入相，竭力向高宗赵构推荐宗泽。于是，宋高宗任命他为东京留守，前往汴京。

当时，金朝大军屯于河上，金鼓之声日夕相闻。经过金兵两次猛攻的开封城，楼橹尽废，城颓池干，盗贼纵横，人情汹汹。

宗泽入汴，立刻捕诛平日横行劫掠的盗贼数人，严明号令。然后，他躬率军民，修城防，讲习兵武，屡屡出兵攻击金兵，数战得胜。同时，他上疏高宗赵构，请他回驾汴京，以收拾天下人心。

高宗只是“手札慰谕之”，并未真心想还京。

驻扎于真定、怀州、卫州等地的金兵气势正盛，密修战具，厉兵秣马，准备向汴京展开新的大规模攻势。

宗泽闻讯，立即渡过黄河，与宋朝各处将官共商御敌大计，严防金兵的突然进攻。同时，他在开封四城各置防御指挥官，造1200多辆战车，修补城防漏洞，严阵以待。

根据东京及其周围的地形特点，宗泽实地考察，在城外凭险恃峻构筑了24个防御据点，并在黄河沿岸屯结兵寨，状如连珠，广泛发动河北、河东的汉人民兵，相互呼应。于是陕西、京东、京西诸路人马，都愿听宗泽节制。

做好一切防御准备后，宗泽上疏恳求高宗赵构回驾，但当时赵构等人正策划往东南逃跑，没有理会。

东京留守任上，宗泽另一大功劳就是荐拔了大英雄岳飞。当时，身为下级军官的岳飞犯法当斩，宗泽恰恰临刑监斩。

老爷子见岳飞身板儿壮实，相貌厚重，大叹“将才也”，下令开释岳飞。

至于岳飞当时所犯的罪名，各种史书均无记载，应该是擅遣手下军卒强掠居民粮帛马匹等类军人常犯的“通病”。乱世用重典，宗泽常常下令斩杀违犯小纪的兵将，也是当时形势所需。

宗泽非常有统驭之道，他经常只身一人头系幅巾进入各个刚被收降的山大王营寨，不惧不畏，杀了某人的哥哥又立刻下令让某人出去破金兵，屡试不爽，深得人心。

由于当时金军猛攻汜水，宗泽就交给岳飞五百名兵士，让他破敌立功赎罪。岳飞感泣，出营后，他奋勇向前，以五百兵大败金人劲兵数千人，阵斩敌人枭将。大喜之余，宗泽立授岳飞统制官职，教他阵图兵法，并嘱咐他说："你的智勇才艺，可比古之良将也，但你好野战，非万全计。"

岳飞朗言答道："阵而后战，兵法之常。运用之妙，存乎一心！"

几句话，说得宗泽连连点头称是，岳飞由此而知名。如无宗泽这位识才的伯乐，岳飞这种非正规军出身的"义勇"，很可能默默无闻，或者早就被胡乱杀掉。

不久，岳飞上书言事，指斥汪、黄二人误国，希望高宗赵构亲征。汪、黄二人指斥岳飞越职言事，罢去他的军职。

岳飞并不泄气，前往河北归投宋将张所，献计献策，大为张所信用。

建炎元年（1127年）十一月，高宗赵构逃往扬州，北方各地兵民听说皇帝南逃，无不丧气。

宗泽抗疏，恳请高宗回京，赵构仍旧快马加鞭向东南跑。

不久，得悉金兵准备进攻汴京，宗泽派刘洐趋滑州，刘达趋郑州，以图分散金军兵势。金将兀术（完颜宗弼）得知宗泽有备，不敢向汴京发动攻击，夜断河梁而去。

建炎二年（1128年）正月，金将兀术的大军已从郑州进至白沙，离汴京非常接近，宋人震恐。

宗泽不慌不忙，立遣数千精锐宋兵，绕出敌后，和正与金军交战的宋将刘洐相呼应，前后夹击，大败金军。

宋将张㧑至滑州，寡不敌众，有人劝他暂时撤退以避金军锋锐，张㧑大呼："避而偷生，有何面目见宗公！"于是他拍马舞刀迎战，力竭而死。

宗泽得报，忙遣王宣支援，但张㧑已经战死。悲愤之余，王宣所部宋军马上冲入战场，与金人死拼，打得金军败逃而去。

数年纵横无敌，金军终于遇到一个令他们心中生畏的宋方统帅。不久，宋朝降金将领郭俊民、金军汉将史某以及燕地汉人何祖仲为金军差遣，持书“招降”宗泽。大庭广众之下，宗泽对郭俊民讲：“你战败而死，尚能为大宋忠义鬼。今为金人游说，充为口舌之使，有何面目活在世上！”立命推下斩首。

然后，他又对金将史某说：“我为宋朝东京留守，以死报国。你为金将，当率军前来进攻，与我死战，却以儿女之语恐吓我，饶你不得！”又斩之。

轮到一直在旁颤抖的何祖仲，宗泽语气舒缓：“你本是我大宋国民，为金人迫胁而来，非出己意，赶紧回家吧。”命人解锁放掉。

当时在场的兵民见状，内心叹服不已。由于宗泽声威日著，金人畏惮其名，对宋人和“汉人”讲起这位老英雄，口中必称“宗爷爷”。

三月间，宗泽招降河北大盗杨进的三十万人马。不久，河西巨寇王善拥众七十万人，准备前来寇掠汴京。宗泽闻讯，逆行而进，单骑进入王善营盘，泣劝道：“朝廷危难之时，如果有像王公您这样的人物一两个，敌患就不难平。此时正是您临危立功之秋，希望把握机会！”

王善闻言感泣，深为宗泽的高风亮节所打动，跪谢道：“敢不尽命！”立时之间，率数十万兵士解甲归降宗泽。

在宗泽感召下，汴京失陷后各拥兵为王、占山为寇的盗贼百余万人，皆心悦诚服，归于宗泽麾下，聚兵于汴京四周，遥相呼援响应。

宗泽募兵储粮，召诸将准备渡过黄河进取，诸将皆掩泣听命。

如此大好情势下，宗泽再三上书高宗赵构返京，均没有答复。

建炎二年（1128年）六月，宗泽命令王彦所部兵向汴京方向集结，屯守滑州。

王彦，字子才，上党人。此人文武全才，曾入京参加武考，在宋徽宗面前献过武艺，后随大将种师道两次深入西夏，立有战功。金人攻陷汴京后，王彦慨然弃家赴国难，为河北招讨使张所擢用为都统制官，率部下岳飞、白安民等十一将共约七千人渡河，大败金军。

金军大惊，以为是宋朝主力前来，发兵数万人，把王彦的部队层层包围。

面对金人大军，王彦心惧，自知所部才七千人，难以与五六万人的金军抗衡，闭垒不出。

岳飞胆大，他不听王彦号令，率自己手下数百人独出与金兵鏖战，混战之间，夺得金朝大纛，在马上四下挥舞，诸军争奋，收复新乡。

转天，岳飞又率兵与金军激战于侯兆川，大英雄身被十余创，血战不退，将士们拼死战斗，再次击败金军。

由于本部粮草用尽，岳飞率所部返归王彦营垒求粮，王彦深恨岳飞不听节度，没有答应。于是，岳飞掉转头，率领这些肚中无粮的饥兵更加深入金人占领区，在太行山与金军进行殊死战斗，生擒金将拓跋耶乌（辽朝降金的将领）。

不数日，岳飞又与大股金军相遇，大英雄单骑持丈八铁枪（正史所载，与张飞的"传奇"不同），拍马而前，杀金将黑风大王于马下，金人惶惧退败。

数胜之后，岳飞知道回归王彦处不会有好果子吃，便前往汴京投靠先前对自己有知遇之恩的宗泽。宗泽立刻任命岳飞为留守司统制。

由于岳飞在外牵制了大股金军的注意力，王彦趁机连夜突围，诸将散归，最终在共城西山结营，此时，兵员已经不满千人。经营据点的同时，王彦派出数人持密信到各地，交结两河一带汉族豪杰，伺机再举。

当时，金人悬以重赏购求王彦首级。王彦深入敌境，心中忧恐部下生变，每天晚上睡觉都要换几个地方。其手下将士心酸，相聚商量后，一起在脸上刺"赤心报国　誓杀金贼"八字，以向主将表达他们绝无二心。

王彦非常感动，他抚爱士卒，与部下同甘共苦。很快，两河豪杰响应，一时间归附者十余万人。这些人随即也都在脸上刺字，所以，王彦所部，其后统称为"八字军"。

往士兵脸上刺字，本是唐末五代军阀怕军士开小差想出的毒招，日后渐成俗例。宋军士兵一般在颈间刺字，但皆为军规被迫。至此，汉族兵民自己主动刺字，实是发自内心的忠义表现。

金军统帅面对这支突然冒出的抗金力量，深以为患，召集各部首领商议，准备发数万劲兵合攻王彦。被委任为前锋的金将听令后，竟然“咕咚”一声跪地，泣求道：“王统制兵寨坚如铁石，未易图也。”如此情景金军中数年未出现过。

商量过后，金军大将们也知王彦军队不可轻视，便决定派出劲骑四出，攻袭王彦的粮车。结果，王彦早就勒兵待之，各个击破，反杀掉不少金兵。

宗泽闻之大喜，但也认为王彦孤军不可独进，便召他入汴京议事。王彦行前，悉招诸寨指挥入大帐，授以方略，让他们等待合兵北伐的命令。然后，他率万余人拔营，奔赴汴京。金人以重兵蹑其后而不敢进攻，显然是被王彦的“八字军”打怕了。

到达汴京后，宗泽命他在附近驻兵，于是王彦屯军于滑州的沙店。

大好形势下，宗泽上书高宗赵构，表示自己已经连兵百万众，准备分路并进，收复山河，泣求高宗还京，以图中兴大业。

高宗怯懦，加上有私心，他根本没有返回中原的打算。不久，黄、汪二人又派郭仲荀为东京副留守以“伺察”宗泽，不停地在高宗赵构耳边说宗泽有反心。

忧虑成疾，老将宗泽急火攻心，八月间，他忽发重疾。

众将问疾，宗泽强打精神，奋然道：“我以二帝蒙尘，愤愤至此。汝等如能歼敌，则我死亦无恨！”

众将闻言，皆感慨流涕，齐声回答：“敢不尽力！”

临死，老英雄叹道：“出师未捷身先死，长使英雄泪满襟！”咽下最后一口气前，宗泽大叫三声：“过河！过河！过河！”

宗泽卒年七十岁。汴京兵民闻讯，号恸满路。

宗泽死后，其子宗颖素得将士心，汴京兵民纷纷上书请宗颖代其父任。高宗君臣当然不答应，派杜充前来任东京留守。

这位杜充“酷而无谋”，到任后，他尽反宗泽措置，豪杰不为用，群聚城下，转为寇盗。

“八字军”首领王彦得知宗泽病逝，立刻以手下众军付与东京留守司，只率数名亲兵趋行在（扬州），进见黄潜善、汪伯彦，力陈己见，要高宗皇帝顺行众望，北还击贼。

汪、黄二人就恨外来将帅言兵言恢复，大怒，马上向高宗汇报，于是降旨免（皇上不亲自召见），以王彦为御营平寇统领。

王彦得知新任的顶头上司御营使是曾经降金的范琼，深以为耻，便称疾致仕，离朝而去。

宗泽死后，建炎二年（1128 年）九月，金人攻陷冀州，守将李政死节。十月，金将讹里朵在五马山大破宋朝宗室信王赵榛。这位信王是赵构的弟弟，北迁途中乘间逃出，被两河一带汉人拥戴，故而金军集大军一举攻灭之，赵榛亡走，不知所终，估计为乱兵所杀（史家一般认为这个信王不是真的，但也无凭据）。

年底，金军攻克延安府，宋朝通判魏彦明死节。完颜娄室破潼关，秦陇大恐。金军又陷濮州、相州、德州等地。宋臣杨粹中、赵不试、赵叔皎等死节。而后，宋朝的东平府、河中府皆告陷落。

金军元帅粘罕攻陷袭庆府，有金兵欲掘孔子墓。粘罕粗人，问汉人通事（翻译）高庆裔：“孔子是什么人？”高通事回答：“是古代大圣人。”粘罕虽是大老粗，闻言也大怒：“好大的胆子，古代大圣人的墓也敢发掘！”立即下令斩杀挖墓的金兵。

建炎三年（1129 年），金将完颜娄室破晋宁军，宋臣徐徽言死节。八月，接替宗泽的东京留守杜充弃汴京而逃。临行，大将岳飞苦谏：“中原地尺寸不可弃，今一举足，此地非我有。他日取之，非数十万众不可！”

杜充卑鄙小人，惜命要紧，根本不听，匆匆逃回扬州。

转年三月，金人攻入汴京，代理留守上官悟出奔，在外为盗所杀。至此，宋朝四京皆陷于金人之手，中原两河之地完全失陷。

杭州的“政变”闹剧

苗傅、刘正彦

中原涂炭，身在扬州的高宗赵构并不介怀。建炎二年（1128年）十一月，他下诏让官员先奉元祐皇太后以及后宫、皇子等人到杭州，为自己起行做准备。同时，他正式任用黄潜善、汪伯彦两个奸贼为尚书左右仆射兼门下中书侍郎，并高兴地对二人说：“潜善作左相，伯彦作右相，朕何患国事不济！”

奸君奸臣，气味相投似胶漆。

金军的速度奇快。转年三月，粘罕大军已直指扬州，转眼就攻至天长军（今安徽天长）。当时，高宗皇帝正搂着几个美女在床上天地一家春。扈卫将忽然闯宫，报告说金军近在咫尺，吓得高宗肾惊脑骇，落下了阳痿的残疾，丧失了生育功能。

仓皇之间，赵构仅带数骑，逃过长江。日后有好事者渲染，神祠中泥马显灵渡赵构，即“泥马渡康王”的故事。此种无稽之谈，宋朝的官方和民间皆津津乐道，以突出高宗的正统性。其实，高宗过江，是狼狈不堪的逃跑剧。

金人铁蹄迅猛，扬州一片混乱，宋朝军民死伤无数。高宗赵构，深恨一直劝慰自己周遭太平的黄、汪二人，于是把二人罢相，转任朱胜非为右相，王渊为签书枢密院事（三军副总司令）并兼御营都统制（御林军司令）。

王渊，字几道，熙州人，善骑射，有智谋，早年击西夏国、破方腊，均有战功。靖康之变后，是最早投附赵构的军官之一。后来，他任制置使，率宋军为赵构去东南打前哨战，剿平了江南不少股乘乱而起的盗贼。但是，金军攻扬州，王渊主管江船，误了宋军渡江大事。

高宗赵构原本想逃至江北的镇江暂避金人，群臣亦以为然，唯独王渊力争，认为临安（今浙江杭州）有“重江之险”，是日后南宋定京杭州的决策者之一。

扬州败后，王渊理应被责罚，但因为他与康履等高宗宠信的宦官关系好，反而被升官，诸将怨愤。为了平息众怒，高宗收回对他“签书枢密院事”的任命，仍让他担任禁卫军都统制之职。

高宗驻跸杭州，以杭州为行宫，基本上决定在此地待下去。为了做样子，他下诏“罪己”，大赦天下，“放还士大夫被窜斥者，惟李纲不赦”，目的在于“罪（李）纲而谢金（人）也”。都什么时候了，被金人追着屁股撵杀，还念念不忘讨好金人，高宗君臣确实混蛋。

很快，杭州发生戏剧性的一幕，于高宗赵构而言，险过剃头——此幕重头戏，以禁卫军军官苗傅、刘正彦为主角，史称“苗刘之变”。

苗傅，上党人。其伯父苗授在元丰年间曾为殿前都指挥使，应该说是武将世家。靖康乱起，苗傅与张俊、杨沂中等人首归康王赵构。刘正彦也是将门之子，其父刘法死于宋夏战争（当时，刘法被童贯大公公逼迫出战）。所以，刘正彦是正牌“烈士后代”。

王渊曾在刘法手下当过差，为了报答当年老上司对自己的恩德，他推荐刘正彦入朝。刘正彦能干，在讨伐巨贼丁进的战斗中立了大功，后随苗傅一起统掌御林军。高宗从镇江跑到杭州，当时诸大将如刘光世、张俊、杨沂中、韩世忠等人皆被外派把守险要地点，扈卫皇驾的只有苗傅等人。

王渊从扬州败退之际，不派人用大船运兵，反而运载十多艘大船的私人财物，浩浩荡荡驶进杭州靠泊。百姓愤怒，皆指着大船道：“船上的东西，都是王渊平时掠积的富人财物！”

高宗身边的宠信太监康履、蓝珪等人专恣用事，肆作威福，兵荒马乱仍大讲排场，在岸边赏观钱塘潮，供帐遮道，惹得民怒沸腾。

苗傅本人自负有扈卫之功，眼看王渊青云直上，他自然心中不忿。刘正彦虽受过王渊提拔，也抱怨自己功高不赏，手下亲军又为王渊所夺，心中也恨。

于是，二人密议，引王世修、张逵、王钧甫、马柔吉等人趁机起事。王世修、王钧甫等人皆是燕地人，出身“赤心军”地方武装。起事前，这几个人派人到诸营传话：“如果杀掉王渊和内侍宦者，人人可富，朝廷法不责众，大家肯定没事。”

本来军士就恨宦官，皆咬牙切齿地表示响应。

转天，苗傅、刘正彦在城北桥下率兵埋伏。王渊退朝，骑马经过，桥下伏兵忽起，王渊虽武将出身，但事起仓促，一身武艺也使不出，被众兵踹于马下，指责他要与宦官们一起谋反。惊愕之间，王渊于人群中看见自己荐拔的刘正彦，抓住救命稻草一样，忙喊：“老刘你替我说句话。”刘正彦大步上前，抽刀就把王渊脑袋砍下，以实际行动表明了自己的立场。

一不做，二不休，苗、刘二人指挥八千禁卫兵，四处捕杀宦者，凡无须者尽杀之，不少杭州本地人荷尔蒙分泌不旺没长胡子的，也被糊里糊涂当作宦者杀掉。

当天，宦者被杀百余，太监康履趁乱逃入内宫。

得手后，乱兵们把王渊首级悬于长矛之上，直朝高宗所在的皇宫而来。

守门的中军统制吴湛本来就是苗傅手下，他一边开大门放入乱兵，一边派人向内殿的皇上报告：“苗傅不负国，只为天下除害。”

杭州知州康允之闻变，慌忙入宫，请高宗往宫城内的城楼躲避，百官皆从。

排列停当，殿前禁军军官仍旧依礼大呼：“皇上驾到。”

苗傅见到皇帝的伞盖，按照惯性依旧山呼而拜。

高宗凭栏，问："爱卿你们因何而来？"

苗傅厉声回答："陛下信任宦者，军士有功不赏，谁和宦者关系好谁就得美官（指王渊）。黄潜善、汪伯彦二贼误国，仍未远窜。王渊在扬州遇敌不战，因与康履是好友，竟得枢密高职。为臣我立功甚多，只获任远郡团练使的微官。王渊已斩，望皇上下旨杀康履、蓝珪、曾择三个宦者以谢三军！"

细品此言，前半段均是正大光明大道理，接下来抱怨自己官小，已经可以见出苗傅大兵出身没有政治远见。

高宗赵构寻思一会儿，想先稳住苗、刘二人，便表示要把三个太监流放海岛，正式任命苗傅为御营都统制，刘正彦副都统制，希望他们二人马上率将士回营。

苗、刘二人不答。他们身后的数千官兵群情激愤，怒视城楼之上。

高宗心虚，便问计群臣。大臣时希孟表示应该把康履交出由军士处理。高宗还犹豫："朕左右怎能缺了使唤人呢？"

主管军械的官员叶宗谔心中有气，旁边插言："陛下就可惜康履这么一个东西吗？"未等高宗回话，他挥手让卫士从清漏阁屋檐下面搜出瑟瑟发抖的康公公，绑个严实，推下楼交给苗傅等人。

众人看清确是平日甚嚣尘上的康太监，把他按跪下摆正，大刀一挥，把他腰斩。

康公公断成两截，上半身仍旧在地上叩头做乞哀状。

杀了康履，苗傅仍旧愤愤不平，在楼下肆言："陛下您不该当皇帝，渊圣（钦宗）归来，当何以处之！"

闻言，高宗赵构心惊肉跳，马上派右相朱胜非下楼劝谕。

苗傅表示，要请元祐太后（孟氏）垂帘听政并与金人议和归还二帝。高宗只得马上答应。

苗、刘二人得寸进尺，又表示现在应该立皇太子，意思是让高宗退位当"太上皇"，以此先架空他。无奈，众臣只得暂先把元祐太后请出。

当时，天气寒冷，城楼风如刀割，高宗赵构只有一竹椅可坐。太后肩舆到来，高宗赵构只得站起身，立于椅旁，不可不谓狼狈。

苗、刘二人见太后肩舆，连忙下拜："今日百姓无辜，肝脑涂地，望太后主张。"

孟太后是通情达理的人，晓谕二人道："道君皇帝任用蔡京、王黼，更改祖宗法度，加上童贯挑起边衅，最终招致金人之祸。当今皇上英明诚孝，没有失德之处，只是为汪、黄二人所误，现已经窜逐二人，难道苗统制您不知道吗？"

苗傅跪称："臣等定议，必欲立皇太子。"

孟太后也恼，说道："今强敌在外，让我一个妇人家在帘后抱个三岁小儿坐江山，何以号令天下！"

刘正彦等"号泣固请"，他很会渲染悲壮气愤，对身后黑压压的兵士高呼："太后不答应我们所请，我罪当受斩！"说着话，还故作"解衣状"。太后"谕止之"。

苗傅见火候差不多，进一步威胁道："事久不决，恐三军生变！"

然后，他又对身边的宰相朱胜非说："您怎么一言不发？"

朱宰相低头不能对。倒是大臣颜岐有胆识，怕真拖下去军士乱起来会趁乱大肆杀人，忙从高宗处快步行至太后肩舆前："皇帝令为臣奏知太后，已决意从苗傅等人所请，乞太后宣谕。"

"（孟太）后犹不许，（苗）傅等语不逊。"

僵持至此，生变的苗、刘二人开始失去耐心。孟太后命人抬肩舆还宫。

高宗赵构知道发昏当不了死，忙表示自己要禅位。右相朱胜非惶恐，表示自己要再下楼诘问二将。

高宗对他说："当为后图，事不成，死未晚。"有了高宗这句话，朱胜非心神略稳，回奏说："刚才在楼下，我听见贼首之一的王钧甫对我说：‘二将忠有余，学（识）不足’，此人可以日后相约。”

高宗苦笑，将来之事，他心中没底。

当天，高宗赵构被软禁于显忠寺。

苗、刘二人以孟太后名义降敕，号高宗为“睿圣仁孝皇帝”，只留十五个内侍供差遣，把当时只有三岁的皇子赵旉推上帝位，表面上是“太后垂帘决事”，实际上杭州城内万事由苗、刘二人做主。

皇太后“敕”下，加苗傅为武当军节度使，刘正彦为武成军节度使。未几，在苗傅的坚持下，朝廷又不得不改元“明受”，所以“苗刘之变”又称“明受兵变”。

苗、刘二人名不正，言不顺，以军人威迫皇帝退位，即使是乱世，也是天下人最不愿意看到的事情。至于在外的文臣、武将，如张浚、韩世忠等人，更是闻讯起兵，百方筹措，准备拥高宗复辟。

很快，诸路宋军四集，苗、刘二人心慌，知道自己手中的几块大“招牌”都没有什么用。

其实，苗、刘二人谋短识浅，无真心篡位或“挟帝令诸侯”的意图，完全是一时的意气用事。现在，毕竟干出了逼帝退位的“大逆不道”之事，开弓没有回头箭。

在外界的压力下，高宗复辟，立嗣君为皇太子，徙苗傅为淮西制置使，刘正彦副之。

至此，苗、刘“政变”实际上已经失败。

韩世忠、刘光世、张俊大军猛攻，苗、刘二人手下军队自然不是对手。

临逃前，二贼天真，竟还冲入朝堂，索得高宗“赐予”的誓书铁券，然后才引精兵两千夜开涌金门逃走。此二人若是有点脑子，就应该挟高宗、皇太子以及孟太后一起逃，那样一来，宋军投鼠忌器，后果如何，很难预料。

现在，他二人舍下高宗等“挡箭牌”逃跑，完完全全成了“贼”。

任何誓书铁券都有一个前提“除大逆之外……皆赦”，二人犯的正是“大逆”。

苗、刘二人脚快，一路跑向富阳、桐庐、寿昌等地。韩世忠自告奋勇，率军追击二贼（老韩之所以这么“积极”，也因为被杀的王渊是他从前的老领导，待之甚厚）。

没多久，叛军窝里反，当初起事的骨干分子王钧甫和马柔吉父子均为自己人所杀，首级被送往官军处领赏。不久，刘正彦、苗傅二人相继被生擒，都在建康市遭凌迟。

前前后后，苗、刘二人折腾两个月不到，真正像一场“闹剧”。

对宋朝皇室来讲，最不幸的当属高宗唯一的儿子赵旉病死，赵构至此绝了后，宋太宗一系的帝室血脉至此了绝。三岁小娃娃，生下来就随其父东躲西逃，最后被苗、刘派人拥上帝位，根本什么都不懂，今天一拨军人，明天一拨太监，后天一拨官女，照顾来照顾去，最终“照顾”到病重欲死。孩子刚刚得空小睡，有宫女不小心把宫内一个大铜炉碰撞倒地，“咣”的一声，三岁小儿竟然惊悸而死。

怒极之下，赵构下令处死当值宫女、太监，但还是挽回不了自己继承人的性命。

战鼓声声黄天荡

韩世忠

苗、刘之变的内忧平定，金人侵逼的外患方炽。

本来，高宗赵构刚刚把杭州升为临安府，准备在此温柔乡中长驻不走，可金朝的兀术统帅四路大军已经杀来。

面对金兵入侵，高宗首先想到的不是抵抗，而是乞求“援师”。于是，他派人给金军左副元帅完颜宗翰捎去书信，卑辞下意，哀求金人放自己一条活路。

他的亲笔信卑躬屈膝，虽然文笔老到、精洁，内容却丢人现眼到家。明末永历帝被吴三桂追杀时所写的书信，“灵感”估计也源自赵构这封乞哀书，只不过文字更生动，泪水更丰沛，言辞更哀乞。哀乞当然不顶事，金军依然马不停蹄。

无奈之余，高宗召集诸臣商量“驻跸”（其实是逃亡）之地。张俊要高宗幸鄂州，岳飞要求幸长沙。韩世忠虽是大老粗武将，说话很有远见：“国家已失河北、山东，若又弃江、淮，更有何地？”

大臣吕颐浩说得更恳切：“金人之诺，以陛下所至为边面。今当且战且避，奉陛下于万全之地。臣愿留常（州）、润（州）死守。”

建炎三年（1129 年）十一月，高宗赵构在杭州屁股也没坐热，急急逃往越州（今浙江绍兴）。接着，他闻警即逃，一路狂奔，逃至明州（今浙江宁波）、定海（今浙江镇海）、昌国（今浙江定海），最后竟逃至台州与温州之间的海上，龟缩于船中躲了起来。

金兀术大军攻克明州后，大集船只，准备从海路追击高宗赵构，抱有必擒赵构之心。

赵构衰人总走狗屎运，海上起风暴，金军北兵在水上战斗力锐减，上吐下泻之余，被宋军水师打得大败。疾疫加上战线漫长，金军无论是军力还是补给都遇到困难。

金兀术不得不下令回军。金人撤军途中，一路烧杀抢奸，无恶不作，明州、临安、平江等地被金军抢空不说，城楼民房皆烧成白地。

金人自磁州一路南侵而来，宋臣投降的不少，死节的也很多。宋朝庐州、和州以及无为军的三个守臣李会、李俦、李知几全是脓包，非降即走。建康之战，从前被高宗派往汴京代替宗泽的杜充见势不妙，在金人许诺立他为帝的引诱下，立刻出城拜于金兀术马前。但是，危难时刻，大宋的溧水守臣潘振、建康通判杨邦义等人虽官职卑微，皆抱“宁作赵氏鬼，不作他邦臣”的信念，慷慨死节。

建炎四年（1130年）四月，金兀术从平江撤军后，准备由镇江渡江北上。此前，韩世忠以前军驻青龙镇，中军驻江湾，后军驻海口，拟待金兀术还军时邀截住金军。但金军改由秀州趋平江，韩世忠前计不得行，就移师镇江以待，先派出八千军士屯于焦山寺。

韩世忠，字良臣，延安人。“风骨伟岸，目瞬如电。早年鸷勇绝人。”

这位身形俊美的奇男子，年轻时是个市井无赖，家贫无产业不说，还嗜酒豪纵，当时人称“泼韩五”。坊间有个算卦的人叫席三，曾当众掐指说，韩五，你日后当作三公。韩世忠闻言大怒，认为席三当众侮辱取笑自己，趁着酒气当街把席三痛殴了一顿。日后，韩世忠显贵，席三逃到江南说起旧事，韩五爷立即拿出三万缗相赠。

崇宁年间，韩世忠在与西夏的战争中大立功勋，并斩西夏国驸马一名。他常常登城先上，真正是一刀一枪地博取了功名。而后，他随童贯去江南平方腊，在王渊手下立功不少。特别值得一提的是，方腊大败后，躲入睦州清溪山洞幽深林莽间，正是韩世忠孤胆英雄，潜入山谷，格杀数十人，生擒方腊而出。

靖康年间，韩世忠在河北力破金兵，曾被钦宗皇帝于皇廷接见，以功迁左武大夫。康王赵构继位后，授韩世忠兴州观察使，后从宗泽抵御金兵入寇。高宗赵构幸东南，韩世忠率部扈从，并在江南平定无数大小寇乱。

苗刘之变，韩世忠更是一马当先，不顾自己妻子皆在苗傅手中，发兵讨贼。高宗赵构见韩世忠，握手恸哭道：“中军吴湛佐逆为最，尚在宫中，爱卿能为我除害吗？”于是，韩世忠只身闯入禁卫营，假装与吴湛寒暄，握手之际，猛力掰断吴湛手指，戮于市。乱平后，高宗手书“忠勇”二字，揭旗以赐，并授韩世忠检校少保、武胜昭庆军节度使。

至此，韩世忠准备在镇江截击金兀术大军。观察地形后，他认定金军肯定会有指挥官登金山庙的高地四望地形，便派一百名士兵潜伏庙中，一百人埋伏在水岸边，以鼓声为号，金将至时岸兵先入，庙兵突出合击。果然，金人五骑“嘚嘚”而来，可惜的是，庙中埋伏的宋兵沉不住气，先鼓而出，未能与岸边宋兵形成合围之势，仅得金人二裨将，三人逃去。其中一人，绛袍玉带，看似大人物。审问俘虏，方知刚才那个掉下马又爬上马跑掉的正是金兀术。

不久，双方互下战书，约期交战。宋金接战江中，凡数十合，韩世忠力战，妻梁氏亲自擂鼓，金兵终不得渡。

梁氏在演义中称梁红玉，但史书中未载其名。据笔记中讲，韩世忠凡四妻，梁氏为其第二个夫人，乃“京口娼女”，是歌伎出身，韩世忠发迹前她就慧眼识英雄，资以金帛，约为夫妇。苗刘之乱，梁红玉见苗傅，严斥道：“韩公要来，你干下这等事，他拿你怎么办？”苗傅心惧，下跪求梁红玉在韩世忠和太后面前说好话。于是，梁氏入见元祐太后，密陈讨贼事宜，乘间驰出，得见韩世忠，可谓女中丈夫。

宋金水上大战，金人大败，金兀术的女婿龙虎大王也被生擒。惶惧之下，金兀术打算把一路所掠的宝物金银全部交还，以求借道，韩世忠不许；又请求把金军高级将领所乘的数匹稀世名马献上，又不许。于是，金军无奈，只得自镇江溯流西上。

金兀术走南岸，韩世忠走北岸，且战且行。一路之上，韩世忠派出数艘艨艟大舰，出其不意，杀掉不少金兵金将。

快到黄天荡时，金兀术更加窘急，因为河道淤塞，想跑也跑不出去。绝望之时，有当地人献策，“老鹳河故道虽然淤塞，可以派人凿通，直达秦淮”。金兀术听计，命手下近十万名金兵以及当地抓来的汉人拼命挖掘，一夕渠成，共五十里，由此直趋建康。

行至半路，金兵在牛头山遭遇岳飞的埋伏，大败一场。

不久，龙湾一战，岳飞以一千三百名步骑邀击金军，打得金兀术奔窜。

为了接应金兀术，金帅挞懒（完颜昌）从潍州派大将孛堇太一引兵来援，于是金兀术引还，准备北渡。

至此，金兀术与韩世忠在黄天荡相持。

韩世忠分舰船为两道，突出其后，金军人马一船一船地损失掉。

气沮之下，金兀术派人哀求与韩世忠通话，祈请甚哀。

韩世忠说话很直接："但还我两宫（徽钦二宗），复我疆土，则可以相全。"

金兀术语塞，默然而退。过了几天，眼见一两万人马又被宋军弄入河里喂了王八，他哀求与韩世忠于岸上相见。

双方坐于马上会晤。见装孙子哀求不管用，金兀术渐怒，开始喝骂。韩爷也怒，拿起弓箭就要把金兀术射死在当地，吓得这位金朝大帅纵马逃走。

金兀术郁闷，呆坐岸边，望着江面上往来如飞的宋军舰船，叹息道："南军使船正如我军骑兵作战，恃其所长，攻吾所短，奈何？"左右默然，无论是金人、"汉人"以及新降附的前辽前宋将领，均一筹莫展。

金军心眼儿比较活，穷愁之下，不忘四处招贴告示，重金募计，以破韩世忠的水军。最最关键的时刻，有个姓王的福建人自告奋勇，揭榜献计——他教导金军在船底装上土，然后上面铺平板，又在船板上钻出窟窿以置放摇橹，然后待江上无风时静静驶出，而宋军的大船，在无风时根本借不上帆劲，动也不能动。由此，金军船动，宋军船不动，可以乘机把静止的宋军舰船当靶子，发射火箭，点燃帆蓬后，宋军的舰船肯定会变成一团大火堆。

这位福建籍王姓宋民特别卖力，边讲边用模型演示。金兀术大喜，一夜就暗中派人凿渠三十里。临战，金兀术搞萨满跳大神那类把戏，"刑白马，剔妇人心，自割其额祭天"。

转天，果然风止，宋军巨大的舰船均不能移动。

"（金）兀术令善射者乘轻舟，以火箭射之，烟炎蔽天，（宋）师遂大溃，焚溺死者不可胜数，（韩）世忠仅以身免，奔还镇江。（金）兀术遂济江。”

此次黄天荡大战，宋金双方相持四十八天，韩世忠以八千名宋军拒金人十万余人，虽然最终败绩，但从此金人不敢渡江。所以，可以讲宋军虽败犹荣。

败后，韩世忠夫人梁氏抗疏上表，要求皇帝处理自己的老公“失机纵敌”，举朝为之动容。这位娘子真是巾帼英雄，明智英伟，过于一般男子。

当然，高宗赵构一点儿没怪罪韩世忠，反而大加褒奖。乱世中，武将太重要了。

日后，韩世忠提兵四出，扫平了湖南、江西、福建等地多股贼盗，并在绍兴三年（1133 年）大败伪齐刘豫的入侵。绍兴十年（1140 年），韩世忠在淮阳大战中给予金兵沉重打击，威震一方。绍兴十一年（1141 年），秦桧当政后，开始与高宗赵构一起谋议解除武将兵权，韩世忠急流勇退，自求解去枢密使之职，杜门谢客，自号“清凉居士”。

此后，他绝口不言兵，终日纵游西湖以自乐，避免了岳飞那种功高被害的结局。

绍兴二十一年（1151 年），韩世忠善终于家，被追封为“通义郡王”，孝宗时又追封为“蕲王”，谥“忠武”。

关陕失却川蜀危

张浚、曲端、吴玠

苗刘之变中，贼将逼迫高宗赵构下诏改元，当时在平江的张浚听闻发生了内变，毅然招诸将讨贼，可称是平乱的主要谋划者。

高宗赵构感激张浚，复辟后自然对他另眼相待，问以天下大计。

张浚表示："中兴大宋，当自关、陕开始，臣恐金人首先入陕，继之窥蜀，其地一失，东南再难保全。"

于是，高宗赵构以张浚为川陕宣抚处置使，在秦州（今甘肃天水）置幕府，遣韩世忠镇淮东，吕颐浩镇武昌，以为声援。不久，又派大将张俊（此张俊为武将，不要与张浚搞混）、刘光世"与秦州相首尾"，相互呼应。

同年十一月，张浚在光元治兵，以图中原。

张浚，字德远，汉州绵竹人，为唐朝名相张九龄之弟张九皋之后，进士出身。靖康年间，张浚为太常簿一类的礼部小官。高宗赵构即位消息传来，张浚即从汴京逃出，被急需人才的高宗擢为中侍御史。所以，此张浚与彼张俊不同，是彻头彻尾的文臣。

虽为文臣，张浚行事丝毫不手软。临行前，身为御营平寇将军的范琼拥兵自豫章赶至杭州，悖傲无礼。别人没敢说话，张浚上表，抗疏范琼"大逆不道"。范琼先前干了不少坏事，靖康城破，金人逼胁君、后、太子、宗室北行，他帮忙不少。日后，他常常纵兵乘势剽掠，确属有奶就是娘的凶暴跋扈之将。

高宗君臣一直没腾出手来收拾他，以其手中有兵又多"平贼"的战功。张浚疏上，高宗赵构终于下决心，把范琼收捕，大棒击死。

当然，张浚也爱大言，陛辞之日，他对高宗赵构讲："为臣我前驱清道，专等陛下即刻回驾中原。"并相约与高宗上元节时在汴京举行酒会，君臣共庆。

退朝后，岳飞武将直人，对张浚说："相公，您把恢复大计算得如此之速，不是在说梦话吧！"

张浚闻言十分不快。

张浚上任之初，颇会用人。他首先以赵开为随军转运使，"专总四川财赋"。这位赵开简直成为川陕宋军的财神爷，把财政搞得有声有色。接着，张浚又以曲端为威武大将军、宣抚处置司都统制。后来，张浚又荐吴玠、吴璘为将，此二人后来一直浴血奋战，力保蜀地不失。

建炎四年（1130 年）开春，金朝大将完彦娄室（追擒辽朝天祚帝那位爷）攻陷陕州，长驱直入潼关。曲端遣吴玠抵拒。金军前锋撒离喝大大咧咧引兵而入，被吴玠率领宋军迎头痛击，很少失手的金军猛将撒离喝“惧而泣”，为金军暗中讥称为“啼哭郎君”。

首战虽告捷，吴玠宋军人数太少，不久双方再次交战，宋军败绩，退屯泾原，金军乘胜焚毁邠州城。

吴玠埋怨上司曲端不派兵救援，曲端指斥吴玠违犯节度，自此二人有隙。

吴玠因败降职，张浚惜才，不久就升吴玠为秦凤副总管。张浚拔用吴玠，其实也是表达他对曲端的不满。金人入寇之时，张浚主张五指成拳集中主力攻打金军，身在渭州的曲端却认为应按兵据险各守坚城，时出偏师袭扰金军，待对方困乏时一举攻灭。

张浚不悦曲端与己谋不合，故而对他疏远。

不久，金兀术在江淮一带大举侵逼游荡，张浚想出军牵扯，又是曲端发言：“平原广战，敌人便于驰马冲荡，而我军未尝熟于水战，金人新造之势，难与争锋。宜于训兵秣马，保疆而已，后十年乃可。”此种老成持重之议，对于急欲立功的张浚来说简直就是冷水浇头。

曲端说话很直：“张宣抚，您大军如果不败，曲端我必伏剑自杀以谢！”

张浚因激成怒：“我若不胜，当把脑袋输与将军！”于是，恼怒之下，二人各立“军令状”。

静思过后，张浚恼怒曲端当众不附和自己。于是，张浚将彭原之败归于曲端，解其兵柄，贬为海州团练副使。

刚刚经历黄天荡之险的金兀术听说张浚想分兵出陕来逼，主动出兵六合，趋陕西而来，与完颜娄室一起夹攻陕西。

建炎四年（1130 年）十月，听说金兀术领金军将至，张浚连忙调兵遣将，檄召秦凤路孙偓、熙河路刘锡、泾原路刘锜、环庆路赵哲以及吴玠所部军士，共四十万人、七万匹战马，以刘锡为统帅，准备与金军决战。

闻此，昔日的“八字军”大将王彦谏劝：“陕西兵将，上下之情未通，一战不利，则五路兵马俱败，不若屯据险固坚城，万一有失，亦可顾此保彼。”

王彦识略，其实与曲端相当。吴玠也认为应该据守要害。

张浚不听，表示说在陕西与金军相争，目的就是为了减轻东南的压迫，以牵制金兵，力保高宗赵构的安全。

可叹的是，张浚四十万大军本来可以就近率先攻灭从东南疲惫而来的金兀术军，却舍近求远，一个劲儿下正式战书，约战远在绥德的完颜娄室所部金军。

刘锡身为主帅，与诸将谋议。吴玠认为宋军在富平的地势不利，应乘高据险。其余将领皆轻敌，认为宋军与金军相望的中间地带是沼泽，金人骑兵不能驰突，宋军人数多占优势，不用再择高地。

其实，如果宋军分道而前，忽然袭击完颜娄室之军，战胜的可能性也很大。但是，张浚却说：“夫战者必投战书，约日会战。”于是派人乘马驰奔金营送战书，金人不报。

张浚恼怒，张榜四地：“有能生擒完颜娄室者，即使是平头百姓也立授节度使，赏银绢各万。”

完颜娄室闻言一笑，也派人张榜：“有能活捉张浚者，赏驴一头，布一匹。”

对垒之后，登高瞭望宋军营帐，完颜娄室笑语：“千疮万孔，极易破耳！”

张浚下战书约战，金人佯装答应，但至期不出兵。

张浚等诸人骄傲，以为金军人少心怯。

完颜娄室审时度势后，命人集土壤于沼泽之中，刹那间铺成一条路，很快就逼近宋军诸营。

宋将刘锜勇猛，率军士搏击，杀获颇多，一时胶着，胜负未分。

关键时刻，金人铁骑直荡入赵哲一军，宋军其余各部不及支援，赵哲所率宋军败绩，宋军惊遁，诸将皆溃。

四十万宋朝大军，乌合之势毕现，被各个击破。

金军乘胜而进，关陕失陷。

本在邠州督战的张浚闻败急忙退保秦州，召宋将赵哲斩之，又逮捕主帅刘锡，把他流放合州。然后，张浚自己“上书待罪”。

此时的张浚，狼狈非常，身边只有千余名亲兵随从。

绍兴元年（1131 年）四月，金军又迫福津、同谷等地，直逼兴州。

无奈之余，张浚退保阆州。七月，张浚以吴玠为陕西诸路都统制。但吴玠这个陕西各路“总司令”，大抵是个空名而已，因为关陕绝大部分皆陷于金军之手。

九月，张浚杀掉前武威大将军曲端。本来，四十万大军败绩，张浚记起曲端先前所言，很感后悔，便召曲端于阆州，准备重新起用他。

吴玠深恨这位旧上司，劝张浚说：“曲端再起，肯定对您不利！”并在手心上写“曲端谋反”四字以示张浚。从前被曲端囚禁差点儿被杀的王庶更恨这位旧下级，上告说，曲端曾题诗于柱：“不向关中兴帝业，却来江上泛渔舟。”显然是讽刺当今圣上（高宗）。王庶又说：“富平之战，您与曲端有胜负之约，今日有何面目复用此人！”

经诸人一劝，张浚本来就气量狭小，又恐曲端日后立功升官后重提先前自己的败绩，杀心顿起。与诸将商议后，便派人立逮曲端入狱，并任命一名叫康随的武将主审此案。

康随原是曲端的下属，曾因获罪被曲端抽过一顿鞭子，恨曲端入骨。

曲端在狱中，听说康随被委任为主审官，马上叹言：“我肯定得死！”又“呼天者数声”，大呼“铁象可惜！”。铁象是曲端的坐骑名，能日驰四百里。

康随进到牢室中，根本不审什么案件，直接派狱卒用铁笼把曲端装起来，锁住手足，又以绵纸封糊曲端的口鼻，然后，下令在四周堆起炭火，烤灼这位大将。

煎烤之下，曲端四肢遍体流油烧熔，渴极求饮，康随就命狱卒把准备好的烧酒灌入曲端口中，曲将军九窍流血而死，时年41岁。

闻此，陕西士大夫莫不叹息，军民心中怅怅，叛走不少。

这位曲爷虽然性格刚愎，恃才傲物，他曾多次击败金兵，是令敌人闻风丧胆的人物，最终，却冤死于自己人的“窝里斗”中。

先前，金军在富平与宋军交战时，张浚的宋军诈张曲端旗帜。金帅完颜娄室已知曲端不在军中，拊掌大笑：“现在还以曲端大名吓我！”挥师奋击，把宋军打得一塌糊涂。如果曲端为将，当时胜负还真不好说。

江南高宗朝廷知悉关陕败讯，又疑张浚无辜擅杀赵哲、曲端两员大将，便把他召回杭州。

张浚的老对头辛炳时任御史中丞，便与人联名上疏，弹劾张浚“丧师失地，跋扈不臣”，贬往福州安置。

张浚是忠义文臣，但将略不远，心胸褊狭，关陕之失，曲端之死，皆由他而起。当然，张浚的政治生命至此还远远不到结束之时，日后他又入朝为相，好事坏事都干了不少，此是后话。

金军富平大胜后，尽数侵夺关陇六路之地，乘胜而进，进逼和尚原（今陕西宝鸡西南）。

宋将吴玠率军守卫这个由关陕入汉中的重要据点，在西线连续进行和尚原、饶凤关、仙人关三次大战，最终使川蜀之地不失，使南宋得以偏安东南，尚能维持半壁河山。

吴玠，字晋卿，作为军将子弟，青年时代就在泾原军为小校，在对西夏战争中冲锋陷阵，屡立战功。后来，讨方腊，平河北盗，皆有吴玠的身影。

靖康之后，吴玠在关陇一带屡与金军交锋。

张浚富平之战大败后，吴玠受命，退保和尚原，积粟缮兵，列栅数重，准备死守。

有人劝说吴玠应退保汉中以扼蜀口，吴玠慨言："我保此地，金贼绝不敢越我而进，驻守此地正为保蜀！"当是时也，吴玠、吴璘兄弟仅有散兵数千人，依旧坚持抗金。有人密谏劫擒吴氏兄弟投降金军。吴玠知道消息后，召诸将歃血为盟，以忠义激劝众人，将士皆感泣。附近的凤翔民众不顾金人淫虐之威，常常偷运粮食给宋军，吴玠偿以银帛，严守纪律。

绍兴元年（1131 年）十一月，金将没立出凤翔，金将乌鲁折出散关，相约于和尚原合军，并力入蜀。乌鲁折一军先至，在北山立阵，向吴玠索战。

吴玠命诸将严阵以待，一队一队连番出击，更战迭休，大败乌鲁折所部金军。

金将没立苦攻箭筈关不下，又被得胜的吴玠派宋军进击，不支败走。最终，两部金军合攻和尚原的企图落空。

金人一直是连战连捷，很少尝到失败的味道，被吴玠击退后，愤怒异常。于是，金兀术（当时金大将完颜娄室已病死）大约诸军，合兵十余万，在渭河造浮桥，在宝鸡结立连珠营，垒石为城，夹涧与宋军相拒，进逼和尚原，铁了心要消灭吴玠兄弟所率的宋军。

吴玠早有准备，命诸将选精锐士卒持强弓劲弩，轮番发射。

金兵不支，稍稍后却。忽然旁边又冲出吴玠早先布置好的奇兵，金军心神皆乱。很快，宋兵袭取金兵粮道，金军的给养被切断。

吴玠算定金军无粮必然撤退，又在神坌设伏，邀击败走的金军，金军大乱。好不容易熬到天黑，吴玠又纵兵夜击，从四处杀至，金兀术身中两箭，为免被宋兵认出围攻，他以刀割掉须髯，狼狈狂逃，留得一条性命。

和尚原一战，吴玠宋军大胜。

金兀术败后，自河东窜归燕山。金国以撒离喝为陕西经略使，屯军凤翔，与吴玠相持。

绍兴二年春（1132年），金军又发动战役准备侵蜀。

当时，吴玠在河池，金人遣宋朝降将李彦琪进驻秦州，出兵仙人关牵制吴玠；又遣游骑不时出熙河，牵制宋将关师古。

撒离喝率主力金军，自商于出发直捣上津，取金州后，直趋洋州、汉州而来。兴元留守宋将刘子羽立刻命田晟守饶凤关，遣人驰召吴玠入援。

吴玠自河池日夜疾驰三百里，终于抵达饶凤关。到后，他派人以自己的名义给金军送去几大筐柑橘，示以书简："大军远来，聊以止渴！今日决战，各忠所事！"

金将撒离喝大惊，以杖击地："吴玠怎能这么快就到！"急怒交集，他指挥金军猛攻饶凤关。

金军百战之余，身披重铠，登山仰攻。一人先登则二人拥后，先者既死，后者代攻。

吴玠亲自指挥，宋军弓弩齐发的同时，又推巨石滚下山坡，把无数金兵压成肉酱。如是者六昼夜，死者山积，敌人不退。

眼见金军拼死持续冲撞，吴玠招募敢死队，允诺每人发银千两，准备夹攻金军。不料，宋军有小校犯军法，因惧生变，溜下山坡投奔金军，把宋军部署全部透露给金人，并充当向导，率金军从小路攀缘而上，突出于饶凤关之背，乘高而下，猛扑下来。

本来宋军人数少，乘高凭险，屡挫金军。忽然之间，金军自天而降，宋军诸军不支，大溃。饶凤关失守。

吴玠边打边撤，退保西县。

金军乘势攻入兴元，宋将刘子羽退保三泉，在潭毒山筑垒准备抗御

金军。不久，吴玠引兵来会，两部宋军稍得喘息。

金军见占不到什么大便宜，撤军北归。吴玠闻知，立刻派兵于武休关邀击回军的金兵，并掩击金军后军，金军堕涧死者以千计，尽弃辎重逃走。

饶凤关一役，金人得不偿失，人马辎重损失惨重，最后仍是败绩。

东南的宋朝朝廷进吴玠为检校少保，充利州路阶州、成州、凤州制置使。

绍兴四年（1134 年）三月，金兀术又自统大部金军来攻，揭开了仙人关大战的序幕。

先前，吴璘坚守和尚原，后勤补给十分困难。审时度势，吴玠认为和尚原距蜀地太远，便下令吴璘弃守，撤至仙人关，以阻止金兵由凤

《二骏图》 金 杨微

翔入蜀。吴璘所部在仙人关右侧杀金坪筑一个堡垒，移和尚原原班人马拒守。

金兀朮此次前来，仍统十余万大兵，金将撒离喝和伪齐刘豫的心腹将领刘夔助战。

吴璘率轻兵自铁山齿崖开道，循岭东下。吴玠以一万宋军当其冲，在杀金坪置垒，与金军进行殊死战斗。吴璘由七方关倍道兼行，与金兵苦战七昼夜，始得与兄长吴玠会合。

行前，吴璘致书兄长，叮嘱说杀金坪地势平阔，应增设第二道防线，“示必死战，然后可以必胜”。

吴玠一一施行，战前他拔刀捅地，对诸将说：“死则死此，退者必斩！”

金军首先猛攻吴玠大营，被宋军击退。金人以云梯攻宋军壁垒，宋将杨政派军士以撞竿击碎云梯，从壁垒上伸出长矛，把坠下的金兵一一捅穿在当地。金军见一路猛攻不克，便分为二军，金兀术在东，金将韩常在西，列为二阵。

吴璘勇锐，自率劲卒，左萦右绕，随机而发。

格斗数个时辰，吴璘一军疲惫至极，稍稍后撤，正好进入事先修筑的第二道防隘。

金兀术派出生力军，人披重铠，铁钩相连，鱼贯而上。不仅在平地使“铁拐马”，金兀术攻城也使“铁拐人”。

此计在此不太好使，宋军早已安排好的“驻队矢”万箭齐发，矢如雨下，杀得金军死者层积。

金军仍旧践尸而上，冲杀不止，但均被更加顽强的宋军杀退。

金将撒离喝忧愁至极，骑马四处转悠半天，心中忽生一计，决定转天集重兵攻宋军营垒的西北楼，撕开一个缺口，一拥而进。

次日，酒足饭饱，金军敢死队齐集，猛攻西北楼。宋将姚仲负责这一段防务，他登楼酣战，不屈不挠。未几，金人纵火，准备烧毁西北楼，宋军抛置装满水的酒缶，把火扑灭，双方猛烈交战。

入夜，吴玠派遣宋将田晟率兵手持长刀巨斧，突出营垒，左右狂击，不少金兵被连人带甲截成两半。宋军明炬四山，震鼓动地。金军的意志开始动摇。

天刚亮，宋兵大出。宋军军将王喜、王武率生力敢死队，各执紫旗、白旗，分二队冲入金营，逢人就斩，到处乱击，金军阵乱。混战之中，金军大将韩常左眼中箭，被射落于马下。金兵死战，才救下韩常半条命。

至此，金军败象凸现，困兽犹斗。傍晚，心惊胆战的金军开始大规模逃遁，四处跑散。

吴玠忙遣宋将在横山寨和河池等地进攻、设伏，又杀掉一大批败逃的金军。

不久，宋军收复凤、秦、陇三州之地。

此次金军自元帅以下，皆携家眷而来，以为必定攻克蜀地，准备长驻温柔乡。

仙人关大败，金军终于死心，还据凤翔，授甲士田，再不敢轻举妄动攻打蜀地。

捷报上传，宋廷授吴玠奉宁、保定节度使，拜检校少师，吴璘升任定国军承宣使。

吴玠与金人对垒十年，屡汰冗员，御下严而有恩，在蜀地非常受尊敬。

吴玠嗜饮，在成都渔色不已，喜饵药石，最后竟因滥吃春药致命，于绍兴九年（1139 年）暴死，时年仅四十七岁。

吴玠死，其弟吴璘接任川陕防务，驻守近三十年，于乾道三年（1167 年）病逝，时年六十五岁。

吴璘临终遗表上皇帝："愿陛下毋弃四川，毋轻出兵。"

可谓对宋朝鞠躬尽瘁，死而后已。

中原傀儡也猖炽

刘豫

金军两次攻开封，均是来去匆匆。即使是靖康二年（1127 年）把北宋皇族连锅端，他们当时也未有久驻之意，仓促推立一个张邦昌，连监视"居住"的金人头领都未留下一个（本来想留金将"监军"，张邦昌表示，万一金大爷水土不服什么的感染疫病"过去"了，担当不起），即满载而归，回老家享受胜利果实。

确实，灭辽破宋，过程之快，成果之大，金人自己都没有心理准备，似乎当时没想过要直接统治中原大地。

高宗建炎四年（1130 年），对于南宋而言，是喜忧参半的一年。三月，金兀术南侵不成，默然回师；八月，刘豫被金人扶为傀儡，成为“大齐”皇帝；十月，宋军富平大败，丢失关陕要地；年底，秦桧被金人放回（他自己说是跑回来的），“和议”有了动静。

推立刘豫之举，表明金国上下已经定下心神，先推出一个“代理人”，开始考虑日后如何经营中原，并寻找机会最终消灭赵构的残宋势力。另一方面，也表明金朝从一举灭宋的狂热中冷静下来，知道擒取高宗赵构非一朝一夕之事。

刘豫，字彦游，景州阜城（今河北崇县）人。世代务农，至刘豫这一代，才出了一位光宗耀祖的进士。由此，也可窥见宋朝社会的开明：刘豫可能连一般的庶族地主都不是，祖上数代皆是地里刨食的农民。穷小伙子有出息，一番苦读后，一朝中榜，便能进入京城为官。

他出身贫寒，又有极强烈的虚荣心。此人年轻时候无行，曾经盗取同学财物。

刘豫青少年时代对同学伸出三只手的事情，中举后竟然风传到徽宗皇帝耳朵里。政和年间，刘豫被提拔为殿中侍御史，有人举出这件陈年旧事攻击他，还好，徽宗皇帝“不欲发其宿丑”，确实对刘豫很不错。

刘豫入朝后，开始还真很卖力，累次上表反复弹奏“礼制局事”，惹得徽宗皇帝心烦，怒道：“刘豫河北种田汉，安识礼制？”未几，黜其为两浙察访使。宣和六年，刘豫判国子监（中央大学校长），除河北提刑。赶上金人南侵，在官场浸淫已久的老刘深悉保命之道，弃官逃往仪征避难。

高宗赵构继位后，有诏任其为济南知府，老刘得悉山东盗贼蜂起，不愿前去，上表“请易东南一郡”，惹得黄潜善等人反感，心想凭空给你一个官你还挑肥拣瘦，严诏令他之官。刘豫愤愤上任。

刘豫到任不久，金兵大军攻济南，开始老刘还遣其子刘麟出战，金人不得手，撤退。很快，金人派人与刘豫暗中勾通，许以高官厚利。刘豫恨朝廷不给他换地方做官，就想反叛。他忽然杀掉手下抗金的骁勇将军关胜，准备率济南百姓投降金军。老百姓虽然学历见识不如刘豫高，民族气节却比这个农村穷孩子出身的知府高出很多，愤怒不从。

惊恐之下，刘豫老小子缒城向金军纳款投降——真正的斯文败类。

金军大将挞懒很高兴，任命刘豫为东平府知府，以其子刘麟知济南府。

金太宗遣粘罕率大军南征追击高宗赵构，临行晓谕道："宋平之后，当援立藩辅如张邦昌者。"

金兀术北还后，金朝大臣廷议，有人认为应立刘豫，有人认为应立折可求（另一个宋朝降将）。

刘豫闻讯，忙向金朝大将挞懒奉上无数金宝玉玩，请他帮忙立自己为帝。挞懒收了东西，自然允诺，向他的上司粘罕推荐刘豫。当时，粘罕没有立即答应，他对刘豫不熟悉，表示要先考察再说。

汉人通事高庆裔收过刘豫不少好东西，趁机撺掇粘罕："我们大金举兵，目的只在夺取两河之地，所以当初攻克汴京便推立张邦昌为帝。现今，治理河南州郡确实不易，不如推出个宋人直接以宋治宋，元帅您应早拿主意，免得恩归他人。"言外之意，如果金兀术等人建议立折可求或别的什么人，新立的"伪帝"很可能就会感激荐立者。

这番话管用，粘罕马上走个形式，遣使入张邦昌所管地界，"咨军民所宜立者（看上去挺民主）"。使臣话音未落，众人未及对，刘豫、粘罕早已安排好的演员——当地人张浃就突然高声呼喊："刘豫宜立！"

于是，一道一道报至金国"中央"，很快批复刘豫为"大齐"皇帝，要求他"世修子礼，奉金正朔"，成为不折不扣的"儿皇帝"。

老刘与金太宗年纪差不多，不过，既然为人所立，就只能当"儿子"了。

刘豫“即位”，先以大名府为都城，以其子刘麟为提领诸路兵马（三军总司令），改元“阜昌”。南宋朝廷对于刘豫伪朝官员在东南的家属，不仅未逮捕杀头，反而“厚加抚恤”。

绍兴元年（1131 年）底，金人对刘豫挺放心，以陕西地划归刘豫，于是中原之地，都由老刘掌管。

转年，刘豫正式迁都汴京，迁其祖考牌位于原来的北宋太庙。当天，暴风卷旗，屋瓦皆振。如此气候小不正常，却已经让汴京人产生了面前的这位“龙”是“假龙”的感觉。

刘豫在集市“微服”私访，看见有士兵在卖一套制造奇巧的玉碗，知道这东西不是民间物品，忙让手下把士兵抓起来审讯。果然，这套玉碗是士兵盗挖北宋皇陵而得。

这可提醒了刘豫，他并未对士兵治罪，反而置设“淘沙宫”，命其儿子率人带家伙，遍掘北宋诸陵。

此外，由于内养军兵，外供金国，伪齐赋敛繁苛，民不聊生。

绍兴三年（1133 年）初，宋将李横率先向伪齐进攻，收复颍昌府（今河南许昌以东），连战连捷，直逼汴京。金朝忙遣金兀朮来援，刘豫派盗贼出身的李成率两万兵逆战，最终李横败绩。

由于李横不是宋朝“正牌军”，宋朝大将韩世忠、刘光世等人皆按兵不救，李横一路败走，不仅颍昌复陷，他原来的地盘襄阳也被伪齐攻占。

此时的伪齐如果乘势而进，攻蜀克吴，似乎一朝可行。幸亏岳飞出兵，指挥宋军直趋襄汉，收复了李横的失地，从伪齐手中夺回六郡。

正因此，才三十出头的岳飞被朝廷授为清远军节度使，成为一方大将。

虽如此，高宗赵构怕激怒金人，下诏严禁宋军“侵齐”。

宋不侵齐，齐却侵宋。绍兴四年（1134 年）夏，刘豫伪齐军击败宋朝的熙河路总管关师古，不仅生擒这位关爷，又把洮州、岷州收为己有。同年十月，刘豫派遣其子刘麟为先锋，率金军大举南侵。

金齐联军渡淮后，遭到韩世忠的猛烈打击，大仪镇（今江苏扬州附近）一役，金军大败。建炎以来，这是宋军首场主动迎敌打赢的痛歼战。不久，淮西的金军又败于岳飞所部宋军，金军处境不妙。

赶巧的是，恰逢金太宗病危消息传来，金军统帅金兀术和挞懒心慌意乱，赶忙率军回撤。伪齐军队失去"亲爹"的帮助，自然也跟着后撤。

韩世忠取胜之前，赵构朝廷因害怕金人，一直把刘豫的伪齐当作平等邦交国对待，称对方为"大齐"。至此，南宋朝廷才下诏，暴扬刘豫罪逆。

为了证明"大齐"存在的价值，刘豫顾不上从"亲爹"金人处取得支援，四处募兵，集三十万军队，在绍兴六年（1136年）十一月，三路并进，大举南侵。

兵发后，他又遣使向金国乞援。新继位的金熙宗完颜亶召大臣议事，金将蒲庐虎表示："先帝（金太宗）立刘豫，原本之意，是让他保疆开境，使我大金安民息兵，取得休养的机会。现在，刘豫进不能取，退不能守，兵连祸结，没有止期。如果从其所请发兵相助，战胜则刘豫收其利，战败则我大金国受其弊。先前我军相助刘豫，已经败于江淮，为何要再冒险呢？"

于是，金熙宗便决定不从刘豫所请，仅仅派金兀术提兵黎阳，坐观宋齐相斗。

高宗赵构闻伪齐三十万大军来侵，又要逃跑，最终被大臣赵鼎劝住。

可喜的是，南宋诸将用命，特别是宋将杨沂忠在藕塘之战（今安徽定远）大败刘豫的侄子刘猊所率一军，伪齐诸军吓破胆，纷纷拔寨而去，刘豫拼老本的最大规模南侵，至此完全失败。

于是，金朝开始想废掉刘豫。

刘豫之废，其实也是金朝内部政治斗争的结果。刘豫当初得立，是因为粘罕、高庆裔鼎力相助，所以特别孝敬二人，金银珠宝美女供奉无停歇，使得金兀术及其他金将又眼红又生气。

金熙宗是金太祖的嫡孙。金初皇位是兄终弟及，金太祖死，其弟金太宗完颜晟即位。本来，下一个当皇帝的应该是金太宗的弟弟完颜杲（斜也），但此人短命，死在太宗之前。金太宗虽有儿子，但粘罕、完颜宗干以及完颜希尹等宗室老干部强烈建议立完颜亶为储君。所以，金熙宗继位后，有拥立之恩的粘罕权力最大，凡事大都由他说了算。

金熙宗并非庸主，借改制之机，把粘罕调回京城任太保这样的高级文衔，从而卸掉他实际的军事指挥权，又任完颜宗干为太傅，完颜宗磐（金太宗长子）为太师，让这三人互相牵制。

1137 年（刘豫三路南侵失败的第二年），金熙宗在宗磐一派的支持下，先拿粘罕的得力助手高庆裔开刀，以贪赃罪杀掉了老高。粘罕很喜爱这个汉人哥们儿，哀求愿以自己官职赎老高死罪，“朝廷”不许。很快，粘罕自己也被逮捕，被政敌在狱中杀掉（《金史》中没有明载粘罕死因，“乞致仕，诏不许。天会十四年薨，年五十八。追封周宋国正”，可见并非明诛）。

破辽灭北宋的最得力鹰犬粘罕，最终竟然死于自己人之手，在黑臭潮湿的囚室里痛苦了结生命，也真是常人所不能料及。

粘罕一死，刘豫自然岌岌可危。

此外，岳飞使反间计，遣间谍持蜡书送刘豫，相约同诛金兀术。

密信为金兀术截得，大惊，马上派人报告给金熙宗。

当然，金兀术的“大惊”，也是假惊，他肯定不会愚蠢到因岳飞一封信就要废掉“同盟国”皇帝的地步。正是先前眼红刘豫大批大批金宝美女猛送粘罕，他早就有废刘豫之心。

于是，金国诈称起军南侵，追击高宗赵构，遣金兀术和挞懒前往汴京，乘间擒拿刘豫。

到达汴京后，金兀术不敢轻举妄动，先以议事为名，召刘麟出城。刘麟不疑有诈，上国元帅招呼，哪敢怠慢，他立马带二百人趋往。

刚刚进营门，这位伪齐的太子即被金兵逮住。于是，金军大军起行，直奔汴京。守门的伪齐军不敢阻拦，乖乖让金军入城。

刘老头正在讲武殿射箭消遣，金兀术率两骑驰入，惊愕之间，他已被金兀术执住。金兀术露刃夹之而行，把他关押在金明池。

转天，金兀术集伪齐百官，以铁骑数千包围皇宫，宣布废掉刘豫，在汴京置行台尚书省，由伪齐官员张孝纯暂任行台左丞相（张孝纯在靖康年曾为宋朝死守太原，后城破被俘，降金，又入伪齐为官，未能成为宋朝“孝纯”之臣），以金将胡沙虎为汴京留守。

过了八年皇帝瘾，刘豫被金人废为“蜀王”，迁至临潢府软禁（今内蒙古巴林旗）。老刘苟延残喘，又活了九年才死。

金人此次入汴，从伪齐府库中搜刮得金一百二十余万两，银一千六百余万两，米九十余万斛，绢二百七十万匹，钱近一亿缗。

刘豫被拘于上林苑，还向看守他的金将挞懒哀乞：“我父子无负大金，乞元帅哀怜！”

挞懒又好气又好笑，指着老刘脑门数落他：“刘蜀王，刘蜀王，你还不知罪过！赵氏少主（指宋钦宗）出京时，汴京百姓燃顶炼首，持香拜送，号泣声远达数十里。今日废了你，京城内无一人为你忧愁。如此为人，还不知自己罪过吗？”

挞懒当初在援立刘豫时起过重要作用，老刘也曾孝敬过挞懒无数财宝金银。但是，金天会九年（1131年），挞懒在泰州缩头湖被宋军大败，北归途中路过东平，已经是“大齐皇帝”的刘豫没有出城与之见面，遣使对挞懒说：“现在我已经称帝为尊，即使见面，再难行拜见之礼。”

刘豫当时之所以如此傲慢，是因为他已经牢牢抱住了粘罕的粗腿，不必再向挞懒装孙子。见老刘如此势利，挞懒恨恨而去。

这回挞懒终于找到报复的机会，自然幸灾乐祸，落井下石。

至此，金宋对峙，已成定局。

此外，绍兴年间宋朝诸将之所以成功，正因为利用了在黄河南北招降的昔日“群盗”。这些人在击刘豫、败金军、定苗刘之乱中，皆立下汗马功劳。这些出身“盗贼”的军人，战斗力极强。如果是以江南宋朝昔日的“厢军”迎战，肯定是肥羊投饿虎，宋朝早已完蛋。

归结到最后，其实也要归功于韩世忠、岳飞等将领统帅有方，一败再败三败之，打得群盗俯首帖耳，甘为其用。

如无这些忠勇将士，高宗赵构运气再好，也只能去五国城与父兄“团聚”。

左右逢源终得利

西夏乾顺

西夏王秉常当年在梁太后家族的挤压下忧愤而卒，其子乾顺袭位时年仅 3 岁，夏国大权，主要掌握在梁太后与其弟梁乞逋手中。

此外，西夏皇族两位要人嵬名阿吴和仁多保忠也是夏国两大重要的政治力量。梁乞逋由于梁家一门二后（梁太皇太后以及乾顺生母梁太后），自然是权重势大，在国中恣意横行，诸族豪酋凡有小事得罪他，均逃不出被杀灭族的下场。

梁氏兄妹是不折不扣的嗜血恶魔，他们多次发动侵宋战争，与宋朝时战时和，攻下不少地方不说，又从宋朝勒索了数量巨大的银帛。

权力是醉人的毒药，血缘亲情也会因权力变得疏离甚至断绝。时间一久，梁太后与其弟梁乞逋因争权而关系恶化，在嵬名阿吴与仁多保忠等西夏皇族的支持下，梁太后突然派人逮捕了自己的亲兄弟，并把他一家斩尽杀绝。

而后，梁太后带着少年乾顺时不时出战宋朝，连年攻城略地。1098 年（宋元符元年），平夏城之战，梁太后母子率四十万大军猛攻宋将郭成，大战十余天，最终不克败走，梁太后惭哭而遁。

转年，乾顺十六岁，依礼应加冠亲政，梁太后恋权，不准儿子亲理国事。

当时辽国是夏国的宗主国，辽帝辽道宗特别厌恶梁太后，遣使进入夏国，用毒酒毒死了跋扈十多年的梁太后。

亲妈一死，夏崇宗乾顺心中很高兴，总算摆脱了母后的阴影，可以自己亲统国内政事。乾顺已经汉化得非常厉害，一改元昊的“尚武”，乾顺主张“尚文”，并逐渐把夏国变成了一个帝制国家，不断削弱地方豪酋和私人势力，加强中央集权。

军事方面，夏国变攻为守，在依附辽朝的同时，与宋朝也恢复“友好睦邻”关系，在国内大行汉化，息兵求治，国力也得到了进一步恢复（但夏人的尚武精神逐渐退化）。

宋徽宗继位后，在蔡京、童贯等人的撺掇下，打破与夏国多年的“和平”状态，于崇宁三年（1104年），主动发起进攻，夺取战略要地石堡寨。

由此，宋夏交恶，两国在边境地区大打出手。双方打了十多年，宋朝虽然把横山地区据为己有，却也损兵折将，消耗无数人力、物力、财力。乾顺最后也因国力不支，主动向宋朝请和。宣和元年（1119年），宋夏罢兵。

横山地区在宋朝的控制下，意味着秦州（今甘肃天水）成为宋朝的“内地”，泾原路、熙河路完全打通，宋朝可以以宋夏之间广阔的河流为天然防线，驻防压力大大减轻。双方对峙的形势，陡然由昔日的西夏占优一变为宋朝占优。

当然，突然崛起的女真人已经是如日中天，打破了原本宋、辽、夏三国并存的政治局面，并成为武力最盛的第四方力量。

由于辽国是夏国的宗主国，乾顺开始时无论在道义上还是实质上都站在辽国一边，并准备迎纳被金兵打得惶惶如丧家之犬的辽国天祚帝。不久，金国元帅完颜宗望遣使送书，表示辽朝气数已尽，夏国如能“认清形势”，向金称臣并擒送天祚帝，金国就会把辽朝西北一带，即“直寨以北，阴山以南”的土地，割送夏国。

政权之间，一向以利益为主。乾顺思来想去，与大臣们商议多时，最终同意了金朝的提议，遣使与金国盟誓，拜金国为宗主国。

金人狡狯，1124 年，他们夺取武州（今山西五寨）后，没把它交与夏国，反而交与宋朝。于是，宋夏之间战事又起，乾顺派兵攻取武州、朔州等地。转年，金人发动了侵宋战争。夏国趁宋人之危，袭取了天德诸州，把昔日大公公李宪在西北宋夏边境占据的堡寨尽数夺回。

强中自有强中手，金兀术很有军事头脑，他知道夏国新占的土地是控制东西路交通的战略关键，便趁夏军不备，从夏国手中夺走了天德、云内诸州。

螳螂捕蝉，黄雀在后。乾顺越想越气，发大兵临金朝国境，并遣使质问金朝为何不守信诺。由于当时金国的注意力主要集中在灭亡宋朝，不想多出一个“敌人”，便把陕西北部的大片境土全部割让给夏国，用以抵补天德、云内等地，并约定与夏国以黄河为界（金人让步另外一个最重要的原因，是当时的蒙古部落对其边境地区发动猛烈进攻，元朝汉人著《辽史》《金史》，把蒙古侵扰金国的部分几乎全部删除）。

这块天上掉下来的“大馅饼”，让乾顺喜出望外。其后，他连连发兵，攻占了宋朝的定边军（今陕西吴旗）及属下堡寨、德靖寨（今陕西榆县附近）、西宁州（今青海西宁）以及府州。不久，乾顺遣使上供大笔金银珠宝给金国，高兴之余，金朝皇帝又把乐州（今青海乐都）、积石州（今青海贵德）、廓州（今青海化隆）等“河外诸州”都“赏”给乾顺。至此，夏国面积达至巅峰。

1139 年，乾顺病殂，时年五十七岁。这位夏国国王，当了 54 年国主，左右逢源，以守为攻，乱世撞大运，竟成为西夏历史上最“成功”的君王。

乾顺死后，其子仁孝即位，时年十六岁，是为夏仁宗。

奸帝奸臣“二人转”

赵构与秦桧共位的时代

黄河远上接星河，高掀银浪下苍波。天风吹尘寒四极，鬼母一笑驱千魔。壮士呜咽拔剑起，战场夜哭闻新鬼。风雨腥寒雪未昏，射狼噬逐狐狸死。君不见锦帐红烛照美人，帝城歌舞春色新。列筵长侍君王笑，燕姬越女争娇颦。又不见、野殍纵横余断骨，将军未老征夫殁。琼楼只乞梦温柔，哪知苍生涕泪竭。於戏！独来彷徨叩九阍，四海八荒我断魂。何年一泻龙门水，涤荡中原万千里。

这首《黄河篇》，雄豪英发，有太白不羁飘洒诗风，绝无婉约低回儿女之态，实为上佳之诗文。

作者是袁世凯的二公子袁克文。全诗意境，如果引来描绘南宋绍兴六年（1136 年）及其后发生的诸事，最为贴切不过——忠臣良将，谋不见用，身死家败；独夫国贼，一心偏安，安享福荣。

祸起萧墙事堪忧

淮西军变

大英雄岳飞，本来是军中小校出身，从军以来，屡立战功。

绍兴六年（1136年），张浚视师江上，考察各部军队后，向高宗上奏，“独称韩世忠与岳飞可倚大事”。于是朝廷诏命岳飞屯襄阳，除宣徽副使，移军京西。

岳飞不负众望，攻虢州、克蔡州、下唐州，打得伪齐闻风丧胆。高兴之余，高宗赵构亲召岳飞入见，拜为太尉，升任其为宣抚使，把王德、郦琼二将调给岳飞指挥，并下诏给王、郦二将：“听（岳）飞号令，如朕亲临。”

这段时间，是岳飞与高宗君臣相得的“蜜月期”。

岳飞忠义，多次上疏大论恢复之略，见解非常中肯：“金人所以立刘豫于河南，盖欲荼毒中原，以中国攻中国，彼（金人）得以休兵观衅耳。臣愿陛下假臣月日，提兵趋京、洛，据河阳、陕府、潼关，以号召五路叛将。叛将既还，遣王师先进，（刘）豫必弃汴而走，河北、京畿、陕右可以尽复，然后分兵浚、滑，经略两河，如此则（刘）豫成擒，金人可灭，社稷长久之计，实在此举。”

一席话，讲得高宗赵构眉开眼笑，表示：“有臣如此，朕复何忧！进止之机，朕不中制。”

高宗一日数见岳飞，并召至寝殿，对岳飞说掏心窝子的话：“中兴之事，一以委卿。”说了还不够，正好刘光世刚刚交出军权，高宗准备把“刘家军”交与岳飞统领。

如果刘家军这数万陕西精兵与“岳家军”合众，以岳飞为帅，可能中国历史就会改写。

但是，关键时刻，宋朝文人的私心又开始作祟，重新被起用为相的张浚马上从中作梗。

本来，刘光世交出兵权，正是高宗、张浚君臣削兵权的一个小成果。宋朝一直防止武将坐大，北宋灭亡后，张家军（张俊）、韩家军（韩世忠）、吴家军（吴玠兄弟）、岳家军（岳飞）等趁势而起。金人和老百姓叫着顺口，高宗赵构和朝臣却听着别扭，官军成为私家兵，是朝廷最不愿看到的。刘光世虽为骁勇悍将，他本人及其属下多骄横不法，暴敛财物，民怨很大，朝廷议论纷纷。刘光世由于家中财宝太多，又怕朝廷“惦记”拿他下手，便主动交出兵权，离开淮西自己兵将所在的老窝，乞以“病休”。

高宗君臣很高兴，下诏赏他一大堆金银玉玩。而后，高宗赵构便想把淮西四五万刘家军交与岳飞统管。

诏令刚下，高宗小朝廷中原本对立的主战派张浚与主和派秦桧忽然之间心照不宣，站到同一条线上，他们坚决反对岳飞接管淮西刘家军。

秦桧自不必言，他当然怕主战的岳飞权大难制。主战派张浚反对岳飞接管淮西军的理由也堂而皇之：国家一直有“祖制”，严禁武将专权。岳飞统两军为一，势力大增，将来不好控驭。

其实，张浚的真正用意是想让自己手下人掌握这支军队，这样一来他就能拥有一支真正听命于自己的武装力量。

此时此刻，张浚、秦桧的意见还不足以使高宗赵构收回成命，正是岳飞先前做的一件蠢事，让高宗对他疑窦顿起——君臣二人密谈之际，岳飞竟忽然提醒赵构“早定皇储”，此语正中高宗最忌的隐痛。如果高宗当时有儿子，岳飞的提醒当然是忠心之举，但赵构唯一的儿子赵旉已经在 3 岁时病死，他本人又因行房时受惊被吓成阳痿，“继承人”问题自然成为皇帝赵构当时最大的心病。

岳飞身为武将，在不恰当的时机提出如此不恰当的“忠告”，使得赵构心中大为恼火。当时他就忍不住，痛斥岳飞武将干政。话说出口，高宗也后悔，危难关头，专倚武将，说话还不能太过分。

更糟糕的是，岳飞是个武人，不会来事儿，被皇帝“痛斥”后，他不仅没有叩头谢罪，反而面露不悦之色——估计岳将军自恃心中无私，才有此表示。毕竟读书不多，岳飞犯下各朝各代臣下避之唯恐不及的忌讳：议论皇储。

高宗考虑半天，便同意张浚、秦桧之说，收回成命，改派兵部尚书吕祉前往淮西节制刘家军，以刘光世原部将王德为都统制，任刘光世原部将郦琼为副都统制。

委任状都填好了，高宗还玩手段，不直说不让岳飞统领刘家军，让他去见张浚"议事"。

张浚见到岳飞，马上通知他，淮西军已分为六部，直隶都督府，即由张浚手下直管。为了让岳飞好下台阶，张浚还假意向岳飞征求意见："王德，一直为淮西军所服，我打算任其为都统制，郦琼为副都统制，而命吕祉以督府参谋身份统领全军。"

岳飞直言："王德与郦琼二人素来不相上下，一旦二人有了正副之分，必生争执。吕尚书不谙军旅之事，恐不足服众。"张浚闻言，低头沉思，又问："张俊、杨沂中如何？"

岳飞回答："张宣抚（张俊）乃我的旧日统帅，为人残暴寡谋，尤为郦琼等人憎恨。杨沂中与王德相类，也不能让全军上下心服口服。"

闻言，张浚老大不高兴，心想我给你面子你还在这里表示异议。于是，他阴阳怪气地说："如此看来，淮西军统帅非您岳太尉不可了！"

岳飞怫然，回嘴道："张都督您问我军事，我以实告，不敢不尽其愚，难道我是有私心想并统淮西军吗？"

至此，两人谈崩。

当天，岳飞上表，以守母丧为名，归庐山，以大将张宪暂摄军事。

岳飞此举，完全是意气用事，他不待朝廷报批，忽然撂挑子，实际上让高宗赵构心生隐恨。

张浚惭怒，奏称岳飞处心积虑，意在兼并兵众。

高宗赶忙和稀泥，他深知当时缺岳飞不得，诏催岳飞还职。

与皇上和宰执大臣叫板赌气，可见岳飞多么缺乏政治方面的深谋远虑。

果然，吕祉向淮西军宣布朝命后，自己返朝。王德、郦琼二人互相大告对方恶状，上蹿下跳地咬个两嘴毛。高宗无奈，下诏让王德还建康，派吕祉往庐州亲自节制淮西军。吕祉到后，郦琼告王德不休。吕祉作为文臣，也善于和稀泥，劝慰郦琼及其亲将。

吕祉忙活大半天，回到自己营帐，深觉郦琼等人难制，立即书写密奏，要朝廷罢除郦琼的兵权。不料，他帐中的一个书吏乃郦琼安排的“钉子”，立时把吕祉写密奏之事通告郦琼。

郦琼赶忙派人纵马拦截吕祉邮差，得到了吕祉的亲笔奏书，并宣示亲信众人，诸将怨怒。

很快，诸将听说朝廷已命杨沂中为淮西制置使，刘锜为副使，召还郦琼等人赴行在，很可能要对主将进行“处理”。

郦琼大惧，于是谋叛。

转天清晨升帐，郦琼安排好手下兵将，忽然拿出袖中吕祉所写书奏，怒问：“诸官兵有何罪！”

吕祉大惊，想逃已经来不及，被郦琼所执。

郦琼本是贼将出身，胆子很大，做事刚决，立马先令手下斩杀了中军统制张璟、兵马钤辖乔仲福等朝廷派来的军将，然后率领全军四万人，拥逼吕祉北去，渡淮水向刘豫投降。

距淮水三十里处，吕祉很有气节，翻身从马上滚落在地，死活不再往前走，这位兵部尚书对郦琼喝道：“刘豫逆贼，我岂可见之！”郦琼亲兵逼吕祉上马，吕尚书大骂：“我死就死在这里，终不做叛逆之贼！”他高声对兵士喊：“刘豫乃朝廷逆臣，军中岂无英雄，而随郦琼降贼乎！”说实话，刘家军虽跋扈，一直都为宋朝死拼。听他这么一说，颇为感动，几千人环立不行。

郦琼心惊，生怕吕祉说动众军士再哗变，最终自己反被杀掉，他忙

向手下亲兵示意，自己猛击胯下马渡淮。郦琼亲兵乱刀齐下，把兵部尚书吕祉活活砍死在当地。于是，南宋朝廷四万精锐劲旅，顿成刘豫手下伪军。

至此，张浚始悔不用岳飞之言。

高宗赵构闻讯，如丧肝胆，要知道，当时南宋全国之兵，也不到二十万人，四万川陕百战精兵，就这样一朝生变，一转脸成了“敌军”。

淮西军变后，高宗赵构对手握重兵大将的疑心，一日甚过一日。同时，他心中深恨出馊主意的张浚，不久就借故把他罢相，贬往偏僻之地，并表示：“宁可亡国，也不再用此人。”

张浚罢相后，秦桧并未如愿以偿地马上填空，高宗又用赵鼎为相。

张浚先前挤走赵鼎，正是见秦桧“喜佞易制”而荐其为枢密使，至此，秦桧落井下石，贬低张浚，大肆讨好赵鼎。本来高宗要把张浚、秦

《中兴四将军图》 南宋 刘松年

桧一起换掉，赵鼎见秦桧这么巴结自己，就对高宗表示“秦桧不可令去”。这样一来，赵鼎实际上给自己培养了一个“掘墓人”。

一年以后，高宗、秦桧二人，一心向金乞和，把赵鼎相位罢掉，赶出朝去。秦桧一人独相后，提拔自己的亲信为台谏官，弹劾任何敢于反对“和议”的大臣。

淮西兵变后，岳飞上书请讨郦琼，不许，诏令其驻师江州，往援淮、浙。

绍兴八年（1138年），身在鄂州的岳飞听闻金人要归还河南地，宋金准备议和，连忙上书：“金人不可信，和好不可恃，相臣谋国不臧，恐贻后世讥。”

身为“相臣”的秦桧见奏，恨岳飞入骨。

绍兴九年（1139年）左右的宋金议和，史称“绍兴第一次议和”

（金天眷二年，又称“天眷和议”）。

此次议和，规定了金朝归还原为刘豫所辖的汉南、陕西之地，南宋向金称臣并按年交纳“岁贡”银二十五万两、绢二十五万匹（不是“岁币”是“岁贡”），金人答应归还宋徽宗梓宫及高宗赵构生母韦氏。

此次议和能成，主要是金将挞懒等人出于私念使然，“以地与宋，宋必德我”。挞懒觉得可以把赵构当成另一个刘豫，坐享金银财宝以及美女的贡奉。

另一个重要原因，宋朝的主和大臣秦桧先前被俘后一直在挞懒手下，两人有深交。挞懒手握军权，金朝朝内任太师又兼领三省事的完颜宗磐与他联手，二人最终强使金熙宗君臣答应了议和。

但人算不如天算，金朝的主战派金兀术等人不久在政治上发动反击，借吴十谋反案把挞懒、完颜宗磐等人一网打尽，撕毁了“天眷和议”，重新攻占了本已归还宋朝的河南等地，宋金双方战事又起。

高宗赵构竹篮打水一场空，只能强打精神，下诏诸路将领领兵抗敌。

赵构为了安抚各路大将，给他们加官：加少师京东淮东宣抚处置使韩世忠为太保兼河南北诸路招讨使，封“英国公”；加少傅淮西宣抚使张俊为少师兼河南北诸路招讨使，封“济国公”；加武胜定国军节度使湖北京西宣抚使岳飞为少保兼河南北诸路招讨使。

岳飞统军，从陈州（今河南淮阳）、许州（今河南许昌）、光州（今河南潢川）、蔡州（今河南汝南）诸州出击，韩世忠率所部进至淮阳军（今江苏邳州市以南）、宿州（今安徽宿县），张俊统所部进至亳州（今安徽亳县），迎抗来势汹汹的金军。

顺昌大捷振军心

刘锜的胜利

金人渝盟之初，全备而来，一路势如破竹。

金兀术自为统帅，自黎阳（今河南浚县）出，迅速攻至汴京，致使宋朝刚刚派去的东京留守魂飞魄散，立刻开城迎降。不久，宋朝的南京（今河南商丘）留守也乖乖向金军投降。接着，宋朝的西京（今河南洛阳）守将也被“伪军”李成打得弃城逃跑。金将撒离喝在金兀术出兵的同时也率领大军自河中（今山西永济）直杀陕西，很快打到凤翔。

仅仅三十多天，金军就攻取了“天眷和议”中交付给宋朝的河南、陕西的绝大部分土地。

绍兴十年（1140年）三月，南宋以刘锜为东京副留守，率王彦原先的“八字军”三万七千人及殿司卒三千人，从杭州过江逾淮，赶至涡口。而后，日夜兼程，舍船陆行，急趋三百里，屯军于顺昌（今安徽阜阳）城中。

行前，“八字军”将士以为此次外出会驻防汴京，皆携家眷而行，谁也没料到半路遇到金朝大军。

刘锜召诸将问计，绝大多数人却表示：“金兵不可敌，请以精锐士兵殿后，步骑掩护老弱家属，撤回淮水，顺流还归江南。”

“八字军”皆是昔日两河一带的“义军”和“盗贼”出身，和金军先前交手多次。只是由于军中多家属，故而心中生怯。

刘锜闻言恼怒：“我本受命往汴京任职，现在，东京地方虽落入金人之手，军队尚全，顺昌又有城可守，奈何不战而弃之。我志已决，敢言去者，定斩不饶！”

“八字军”将士皆默然无应，唯独有一位外号叫“夜叉”的军官许清赞同刘锜之意，说：“刘太尉奉命守汴京，军士扶老携幼而来，现在我们自己避敌而走很容易，但谁又能忍心抛弃父母妻子于不顾呢？如果大家护家属一起逃返，途中必会为金军追击全歼，逃又能逃到哪里去！不如大家努力拼死一战，或可死中求生！”

刘锜闻言大喜，命手下把所有船只凿沉，以示必死之心。他首先派人把自己全家置于一间古寺中，在门外积薪，当众对守卫兵卒说：“如果我军战败，立刻放火焚灭我全家人，以免受辱于敌！”

见主帅刘锜如此，“八字军”壮士感泣，男子备战守，妇人砺刀剑。全军上下争相大呼：“平日人欺我‘八字军’，今日当为国家破贼立功！”

刘锜身为主帅，在城上亲自督励将士，拾取先前伪齐制造的“痴车”守具，埋轮辕于城上，撤民间门板，让军士扛上城墙在周边尽竖门板于“痴车”之前，组成极其有效的防御工事。

坚壁之后，刘锜不忘清野，令人把城外数千家居民撤入城中，一把大火把所有民宅烧成白地。

忙活了六七天，宋军总算赶在金军到来之前巩固了顺昌城的防守。不久，金兵游骑涉颍河至城下，把顺昌围个水泄不通。

刘锜于城下设下伏兵，生擒两名金军中级军官，审问后得知，金军大将韩常在距顺昌三十里以外的白沙涡扎下营盘。于是，刘锜夜遣千余宋军袭击，首战告捷，极大地鼓舞了宋军的士气。

不久，金国三路都统葛王乌禄（完颜雍，又名完颜褎，后来的金世宗）率三万精兵，与金国龙虎大王合兵，进逼城下。

刘锜下令兵士大开四门。金军见状生疑，不敢逼近。

心虚之下，金兵开始万箭齐发，以箭雨攻城。由于刘锜准备充分，金军的箭矢皆为防御工事所挡，根本伤不到人。金人发完几轮箭，该宋军显身手了。刘锜早已在城上准备了强劲的破敌弓，辅以神臂强弩，自城上或垣门射金军，杀伤甚众。

金兵中箭者众，稍稍后撤，但刚刚立稳脚跟，宋军步兵忽然出城邀击，金军溺河死者不可胜记，损失铁骑数千。

相持四日，前来的金兵越来越多，都集结于距顺昌城二十里的李村。

夜间，刘锜派骁将阎充率五百人敢死队，连夜袭击金营。当夜，正值雷雨天气，每有闪电，宋军敢死队就乘刹那间的亮光，看到辫发的人就上去一刀。

金人与清兵一样，皆是辫发装束，宋军见到大辫子就砍，肯定杀不错。惊扰之余，金军后撤十五里。

见夜袭成功，刘锜招募百人敢死队前往。临行，有夜战经验的兵士要求发给每人一只“衔枚”，即嘴里咬住以便不出声的木棍。刘锜一笑，他说用不着衔枚，反而给每人发一个竹哨叼在嘴中，一个宋兵咬一个，挥着大刀就冲入金军营寨。

每逢闪电，宋军奋击。如果没有闪电，宋军在黑暗中就不动。这一百来号宋军，自己人容易辨认，他们听见哨声就聚合起来。

夜色深沉之中，金军自相残杀，积尸盈野。早晨一看，死的都是金军自己人。惊惧之余，金军撤往老婆湾。

时在汴京的金军统帅金兀术闻军败，忙率十万大军来援，准备全歼顺昌城内的宋军。

宋军方面，连战得胜，马上有军将劝刘锜见好就收，全军乘船退守。

刘锜一脸凛然，他说：“朝廷养兵十五年，正为关键时刻所用。我军虽挫敌锋，如果此时后撤，众寡悬殊，敌蹑击我军，则前功尽废。不仅吾辈不能免难，敌人会乘胜进侵两淮，直逼江、浙。如此，我们平生报国之志，反成误国之罪！当今之计，有进无退！”

诸将感奋，皆表示：“死生唯刘太尉命！”

战前，刘锜招募死士曹成等两人，让他们遇敌即佯装堕马，故意为金兵俘获。敌人审问，则回答守将刘锜是“太平边师子弟，喜爱声妓，朝廷值两国讲和之际，派他往东京安家逸乐”。刘锜嘱咐二人：“一定要如此说，金人必不会杀掉你们。”

二人依计，骑马迎金军而来，佯装败走时落马，果然为金兀术所擒，应对如刘锜所教。

金兀术大喜，大声说：“此城易破。”他不等重型攻城工具运至，严命十万金兵即刻急行军趋往顺昌城。

到了城下金营，金兀术怒责诸将丧师败绩，声称攻下城池后要处罚他们。

金军将领吃过苦头，争相说：“南朝用兵，今非昔比，元帅您临城自会发现。”

金兀术闻言更怒，骂不绝口。

刘锜面对数量上占绝对优势的金军，丝毫不慌，派手下将校耿训亲往金营下战书。

金兀术大怒道：“刘锜何敢与我战！以吾军之力破顺昌城，恰似用靴尖踢倒土堆！”

耿训一笑，说：“刘太尉请与您决战，他还说您连河也不敢过，要造五座浮桥，专供贵军过河决战。”

金兀术被气坏了，马上答应刘锜的约战，下令金军转天攻入顺昌城内再吃饭。

刘锜不食言，果然派宋军在颍水上造了五座浮桥。同时，他又派军士往颍水及附近草地遍洒毒药，嘱诫宋兵渴死也不要饮用河水。

转天一大早，宋金双方置阵。金军以“长胜军”严阵以待，诸大将各居一部。

宋军诸将请示刘锜，表示先击金大将韩常一军。刘锜摇头：“即使击败韩常一军，金兀术精兵冲击，势不可挡。我们应集中力量猛击金兀术中军，他的中军一动，其余各部金军不在话下。”

六月天气，一路上阳光烤灼，北来的金军不习惯酷热天气，加之远来疲惫，人马饥渴，皆烦躁不安。特别令金军诸将不安的是，金军连人带马，成阵不久，就有许多将士不知何故“咣”的一声倒地，人吐白沫马拉臭屎，在地上抽搐不停。其实，这正是人马饮食了有毒的河水和青草使然。

刘锜宋军方面，各个悠闲自得，恰值晨气清凉，皆按兵不动。

金兀术失去耐心，知道这样耗下去对金军不利，但又不敢轻举妄动。

忽然间，宋军数百人手持明晃晃的刀枪，从城西门冲出，与金军接战。未几，刘锜忽遣数千人手执锐斧冲出，直犯金军大阵。这群宋兵行前受令，口中不准呐喊，只管挥动大斧死砍。

金兵很不习惯，眼见这群宋军鬼魅一样，双眼红红，大斧狂挥，惊骇之余，阵脚大乱。

双方交战时，金兀术白袍黑马，指挥三千亲兵督战。金兵军中有制胜法宝，号为“铁浮屠”——“戴铁兜鍪，周匝缀长檐，三人为伍，贯以韦索，每进一步，即用拒马拥之，人进一步，拒马亦进，退不可却”。

不料，刘锜对“铁浮屠”早有破法，宋军迎上前，用长枪挑掉金军的铁兜鍪，大斧断其臂膀，钢刀碎头，把“铁浮屠”变成了三人一组的“铁尸首”。

清乾隆帝对他祖先女真人的故事阅读得很仔细，修史时亲自批注，认为“铁浮屠”三人连索不符合实情，因为兵士勇怯不一，“勇者且为怯者所累”，这也是乾隆的一己之见。正是三人连起，怯者也不得不随勇者上，有如战车一般，又无战车轮子的拖累，其实也是金人的一个发明。更有所谓军史“专家”认为金兵铁骑“铁浮屠”三人相连很荒谬，其实不然。木船相连其实也是军事的正常应用，用风纵火大烧曹丞相于赤壁，也说明不了把木船捆一块儿就是荒谬做法，南北朝水战仍有运用“连舟计”取胜的案例。由此推之，“连马”并非不可能，重骑兵造势，既有威吓作用，也有实战作用。

这招不成，金军推出最后的绝招“拐子马”。有人对“拐子马”一词质疑，认为是岳飞之孙岳珂造假，弄出这么一个名词彰显金军勇猛以反衬其祖父岳飞更勇猛。

其实，金军确实有这么一支猛军，即他们最为精锐的“长胜军”。这些部队专为攻坚之用，往往在双方交战正酣时做生力军使用，自金国用兵以来，所向无前。

但是，这些身披重铠骑乘精骑的重骑兵，遇见如狼似虎杀红眼只知猛抡大斧的宋军，接战不久，人仰马翻，也被杀败。

刘锜浑然有大将风采，他自己坐镇指挥，不慌不忙。宋军竖立拒马木，每批宋军攻杀一轮后，都会有秩序地撤回城中，城上战鼓不绝，城下战士坐食饭羹。每食毕，则撤放拒马木，重新深入金阵大肆砍斫，如入无人之境。

于是，金军弃尸毙马，血肉枕藉。车旗、器甲积若山丘。金兀朮平日所恃的百战强军，十损七八。

宋军乘势，击杀金军近三万人。

苦战至晚，双方鸣金收兵。

当夜，天降大雨，平地水深尺余。转天一大早，金兀朮心慌，下令拔营撤退。

刘锜得势不饶人，下令追击，又斩杀金军一万多人。

金兀朮败往陈州（今河南淮阳），无可奈何地撤回汴京。

可惜的是，高宗赵构不仅没有下令刘锜乘胜追击，反而诏命宋军退守镇江府，失去了一次绝好的机会。

不久，出使金国的宋使洪皓派人捎来密信，告诉高宗，顺昌大捷后，金人震恐丧魄，把燕地重宝珍器都偷运往北方，很想放弃中原。当时，金军已经有大撤退的准备，如果当时宋军诸将协力，分路进讨，兀朮可擒，汴京可复。

可惜，宋军匆忙撤军，自失机会。

直捣黄龙平敌穴

岳飞的信心

刘锜在顺昌与金军大战之前，心中并没有百分百的胜算，他不停地上表告急。

高宗赵构便命岳飞率所部驰援，并写手诏，表示“设施之方，一以委卿，朕不遥度”。准许岳飞根据当时的战争形势随机应变。

岳飞一面急遣部将张宪、王贵、牛皋等人分赴拱州、亳州、汝州、曹州、光州等地，一面遣梁兴渡河，联合汉人武装忠义社等军，掠取被金人占领的河东、江北州县，又分遣兵马东援刘锜、西接郭浩，岳飞亲自率军，长驱中原。

临行，岳飞又上密奏：“先正国本，以安人心，然后不常厥居，以示无忘复仇之意。”据史书所载：“帝（赵构）得奏，大褒其忠，授（岳飞）少保、河南府路陕西西河东北路招讨使。”没多久，他增扩岳飞军权，改为河南北诸路招讨使。

其实，高宗赵构在“大褒其忠”的背后，肯定恨岳飞恨得牙根直痒痒：你一个武将，出征应命而已，临行又让朕“正国本”立储，又让朕无忘父兄被掳之仇，意欲何为！

当然，金军入侵火烧眉毛之际，还不能驳斥责骂，高宗赵构忍住一肚子毒火，反而对岳飞又褒奖又加官，无非是让这个大将安心，先出兵挡住金军的攻势再说。

果不其然，岳飞诸将勇猛，在绍兴十年七月首战就大败金军于京西地区。紧接着，岳飞遣大将张宪击金将韩常于颍昌，收复淮宁府；郝晸收复郑州；张应收复西清；杨遇收复南城军；乔楃坚收复赵州。

一时之间，形势大好。

八月清秋，岳飞自提轻骑驻于郾城，兵势甚锐。

金兀术大惧之余，忙招金朝一方大将龙虎大王合议，认定宋朝各部将帅都好对付，唯独岳飞一军最难攻打，想分兵诱岳飞主力集结，并力一战以吃掉岳家军。

听闻此讯，岳飞不惧反喜，笑言道："金人技穷矣！"

他不仅不龟缩据守，反而派人天天主动挑战，并于阵前大骂，以激怒金军。

金兀术大怒，顺昌大败的无名怒火一直不得发泄，他很想杀败宋军一阵以消邪火。于是，他令金朝的龙虎大王、盖天大王以及韩常等人合军，进逼郾城。

望见金军汹汹而来，岳飞命其子岳云率宋军骑兵直贯敌阵，临行嘱诫道："不胜，先斩汝！"

岳云虎气十足，率骑兵与金军鏖战数十回合，杀得金兵尸首遍野。战酣之际，金兀术再祭出他的制胜"绝招"，立命一万五千名重骑兵组成"拐子马"出击。

其实，顺昌大败，已经暴露出金军"拐子马"的致命弱点，金兀术来不及汲取教训，贸然又用出这一计，于宋军而言，"拐子马"出不了奇，当然不能制胜。

望见金军三人一组的铁骑冲击，早有准备的岳飞挥令旗招岳云骑兵迂回后撤，派出手执大柄砍刀的步兵缓步出战。

金军"拐子马"冲至宋军阵前，宋朝步兵也不抬头，个个弯腰，专砍不能施以遮蔽的铁甲战马最脆弱的腿关节，"拐子马"，马马相连，一马仆倒，二马绊住。

金军不仅未能冲锋撕开宋军阵地，而且重骑兵纷纷堕于马下，不是被宋兵用大刀砍死，就是被重甲战马压死。

眼睁睁看着一万多"拐子马"命丧战场，金兀术痛哭："我朝自海上起兵，皆以此胜，今天算是完了！"

悲怒交集，金兀术严令步军往前冲杀。

见此，岳飞大帅自将四十骑突然从中军冲出，竟然杀得万余金兵掉头往回猛逃。

金兀术愤甚，合师十二万，次于临颍。

岳飞部将杨再兴杀得兴起，率部下三百人四处截杀败散的金兵，与十余万刚刚集结的金军遭遇于小商桥。

双方兵力如此悬殊，杨再兴并无丝毫畏惧，率三百宋兵与金军死战，杀两千多金兵，终于寡不敌众，杨再兴与三百宋兵全部阵亡。

战后，宋军获杨再兴尸体，从这位英雄身上拔下的箭镞就有两升之多，可见当时血战之烈。

杨再兴原本是贼军曹成的部将，绍兴二年，在与岳飞军交战中，他曾杀掉岳飞手下大将韩顺夫及岳飞之弟岳翻。曹成军大败，杨再兴飞身跳入溪涧，为张宪抓获。张宪将他绑上要杀时，杨再兴表示要亲见岳飞。岳飞见杨再兴相貌奇伟，释之不杀，说："吾不杀汝，汝当以忠义报国。"

岳飞不因杨再兴杀其弟岳翻与大将韩顺夫而治其罪，是因为当时岳、韩二人正逼迫抢来的美貌民女喝酒，这种事情对于治军极严的岳飞来讲是不可容忍的。所以，岳飞不记杨再兴杀弟杀将之仇，内心可能也是觉得杨将军是为民除害。从这点尤可见出岳飞作为一名军人在人格方面的伟大与无私。

先前郾城之战时，杨再兴孤胆英雄，单骑闯入金军战阵想生擒金兀术，冲荡数次也没找到这位金酋，最后手杀数百人而还，诚为千古难得的勇将。

痛惜之余，岳飞命张宪率军与金军接战，打得金军连夜狂逃。

岳飞乃计谋统帅，诫其子岳云道："金贼屡败，必定复攻颍昌，你立即去支援王贵一军。"

果然，金军忽然兜转扑向颍昌，恰恰迎面遇上出城迎敌的王贵和岳云。

岳云自将八百骑兵，王贵率两千多兵士，迎敌决战，混战中杀掉金兀术女婿夏金吾、副统军粘罕索以及金兵数千人。金兀术不敌遁去。

小将军岳云，时年才二十二岁。值得一提的是，岳云不是岳飞的亲儿子，是其养子。这位少年英雄十二岁即从军，隶于张宪帐下，军中呼为“赢官人”。因作战奋勇向前，为岳飞收为养子。每战，岳云手握两铁锤，重 80 斤，先于诸军登城。攻随州、平襄汉，岳云皆居首功。岳飞始终不上报其功，最后还是张浚出面，说：“岳大人你避宠荣，虽然廉洁无私，但对儿子不公平啊。”岳飞力辞：“士卒冒矢石立奇功，始升一级，吾子岳云超迁，何能服众！”

颍昌大战，岳云小英雄出入行阵，身受百余创，甲裳皆赤。英烈门风，赫赫神勇。

早在绍兴五年，岳飞就指派部将梁兴暗中结交两河一带沦陷区的汉人豪杰，敛兵固堡，等待大宋军反攻的那一天。至此，岳飞的大将梁兴与太行忠义百姓及两河豪杰汇合，累战皆捷，中原大震。各路义兵都大张“岳”字旗，父老百姓挽车牵牛，载粮负水以馈义军。

窘急之下，金兀术想签军（征兵役）以抵拒岳飞的进攻，但河北百姓无一人听命。

至此，金兀术长叹道：“自我起北方以来，未有如今日之挫败！”

不仅北方汉族人民义军四起，金朝统制王镇等多名金将主动来降。金帅乌陵思谋一直以狡黠多智著称，至此也不得不对属下透出消息：“毋轻动，俟岳家军来即降。”金朝龙虎大王的禁卫军千户高勇，也暗中接受岳飞旗榜，自北逃南，向岳飞投降。

最让人欢欣鼓舞的是，宋军势不可当，金兀术手下最得力的干将韩常也想以手下五万众内附宋朝，可见当时的形势是百分百有利于宋朝。

大喜之余，岳飞壮志豪情，对手下高言：“直抵黄龙府，与诸君痛饮尔！”

朱仙镇一战，双方对阵，金国有众十万，岳飞以“背嵬骑兵”五百人奋击，大破金军，金兀术遁还汴京。

此时，岳飞大军距汴京仅四十多里而已。但岳家军指日渡河之际，高宗赵构与秦桧正筹划放弃淮河以北地区，准备与金人讲和。

岳飞闻讯惊骇，马上上奏："金人锐气沮丧，尽弃辎重，疾走渡河。（两河）豪杰向风，（宋军）士卒用命，时不再来，机难轻失。"

高宗赵构、秦桧知道岳飞锐志不可轻回，就先下诏让张俊和杨沂中两部宋军先行撤回，割断岳飞军的两支臂援，然后，"一日奉十二金字牌"，严诏岳飞班师，声称其孤军不可久留。

无奈之余，岳飞愤惋泣下，长叹："十年之功，废于一旦！"

班师令下，河北人民扶老携幼，遮马恸哭："我等戴香盆、运粮草以迎官军，金人悉知之。相公您这一去，我辈肯定为金人杀得一个也剩不下！"

岳飞闻言也悲泣，从怀中掏出皇诏出示："朝廷有命，我不能擅留。"

百姓闻之，哭声彻野。

为了避免金军屠戮当地的汉族百姓，岳飞停留五日，等候愿意南迁的百姓。

岳飞南撤之时，金兀朮也正要弃汴京北逃。金军大车小车载满物资，正要起军，忽然有个汉人书生拦住金兀朮马首进谏："太子（金兀朮乃金太祖第四子，时称"四太子"）毋走，岳少保很快就会退兵。"

金兀朮苦笑："岳少保以五百骑破吾十万众，京城（百姓）日夜望其来，何谓此城可守？"

书生不慌不忙，为金酋分析道："自古未有权臣在内，而大将能立功于外者。岳少保自身性命尚且不能保，何况其成功乎！"

金兀朮闻言，恍然大悟，遂下令暂停撤退。

岳飞所率宋军班师后，所得州县，皆再被金军占领。大好河山，善良人民，重归于金人荼毒。

高宗赵构与秦桧二人，实是中国历史上少见的奸帝奸臣二人组合。

当其时也，金军不仅在东面战场大败于刘锜、岳飞之手，其西面战场的撒离喝大军也在川陕地区屡战屡败，被吴璘（吴玠当时已去世）、胡世将等人数次痛击。金兵虽时有小胜，也要付出惨重的代价，最终仍退回凤翔休兵。

当时的金人，兵老气衰，连金兀术爱将韩常也在私下抱怨："今之南军（宋军），其勇锐乃昔之我军；今之我军，其怯懦乃昔之南军。"

造成这种情况的原因很多，金兵掳掠多年，上下丰足，有钱有财自然惜命，这也是金兵厌战的重要原因。

岳飞回朝后，力请辞职，不许。

此时此刻，岳飞胸中郁郁，一腔热情，均化为乌有。

绍兴十一年（1141 年，金皇统元年），金兀术自率十万大军，气势汹汹地渡过淮河，由寿春直荡淮西。宋廷急命张俊、杨沂中、刘锜部迎击，金兀术见宋军来势迅猛，暂时撤退至柘皋（今安徽巢湖附近）。

双方大战，宋军先败后胜，张俊部将王德表现神勇，大败金军，乘胜收复庐州（今安徽合肥）。

柘皋之战得胜，张俊为了争功，又认定金军已经全部北撤，就派人阻止刘锜、岳飞所部宋军。实际上，金军主力多数集结在濠州一带（今安徽凤阳）等待机会。四月初，金军忽然进攻邃州，急往救援的宋军杨沂中、王德被金军截击，宋军损失数万人。

至此，金兀术才有了与宋朝和谈的砝码，最终宋金双方达成了"绍兴第二次和议"，金国称"皇统和议"。

理直气壮主降派

秦桧的议和

南宋与金朝之间的议和，实际上从高宗赵构继位的建炎元年已经开始，只不过开始只是高宗赵构这边剃头担子一头热而已。

建炎元年（1127 年）七月，高宗赵构即遣宣义郎付雱为使，到粘罕军中，“奉表通问二帝，致思慕之意”。不久，与徽、钦二帝一起被北俘的宋臣曹勋得间自金国逃还，向赵构展示徽宗的手诏。但当曹勋建议募招敢死之士入海道间行潜入金国营救徽宗回国时，新帝的重臣黄潜善老大不高兴，把曹勋外贬。同年年底，高宗赵构派王伦、朱弁为正副使节，通使于金。不巧的是，当时金军大举南下，软禁了王伦等人。

建炎二年（1128 年）六月，高宗委任宇文虚中为金国祈请使，向金国称臣奉表。刚到金国，一行人就被金人往回打发，宇文虚中表示：“奉命北来，祈请二帝，二帝未还，（我）虚中不可独归。”金人嘉其志尚，便把宇文虚中留了下来。

宋朝之后，受蒙古人统治下的汉人腐儒误导，后人多以宇文虚中为无赖小人，其实他是一位深晓民族大义、忍辱负重的高节士大夫。

建炎三年（1129 年）夏，南宋以洪皓为金国通问使。历经千辛万苦，洪皓走了一年多才得见粘罕。这位金酋强迫洪皓在伪齐刘豫手下做官，洪皓大义凛然：“万里衔命，正为奉二帝南归。刘豫悖逆，吾岂肯事此逆贼！吾留亦死，不事刘贼亦死，不愿苟且偷生，请下令杀我，绝不后悔！”粘罕大怒，喝令金兵推出杀掉，倒是他身旁一个亲卫将校为洪皓所感动，劝言说：“此真忠臣也！”劝粘罕息怒，把洪皓流放冷山，暂贷其死。

同年秋，南宋又派张邵使金。金朝左监军挞懒逆见，令张邵下拜，为张学士力拒，表示南北朝臣无相拜之礼，并愤言宋金之间的曲直。挞懒大怒，取国书而去，把张邵囚禁在柞山寨。

建炎四年（1130 年）冬，秦桧从金国“逃归”。秦桧在靖康之变时与徽、钦二帝一起为金人北掳，金主把他当成一个高级奴隶赐予挞懒。挞懒非常倚信秦桧。

挞懒进攻楚州时，秦桧与其妻王氏自金营中“跑出”，归于宋朝的

"涟水军"，他自称是杀掉金人看守，夺舟而归。归朝后，朝臣对秦桧逃归之说多感疑惑：秦桧与数位宋臣同时被北俘，为何唯他一人得还？而且，"自燕至楚二千八百里"，逾河越海，路上竟然没有金人监视看管，让这么一个读书人轻易逃归？更可疑的是，秦桧如果是被迫跟从挞懒当"参谋"，一般来讲其妻王氏会作为人质另居他处，夫妇二人竟然夫唱妇随"胜利大逃亡"，真是漏洞百出。

不过，朝中大臣范宗尹和李回与秦桧是旧交，力荐其忠。

秦桧入对，马上呈上事先草拟好的《与挞懒求和书》，高宗赵构览之甚悦，赞称秦桧"朴忠过人，朕得之喜而不寐"。

究其实也，秦桧抓住高宗一心与金国讲和的心理，一言中的，自然令赵构"龙心"大悦。

秦桧的逃归，实是他与挞懒密谋策划的结果，当然，也不能说秦桧居心叵测想与金帅灭掉南宋。挞懒之意是扶植一个傀儡，秦桧之意是促成宋金和议以实现平步青云的目的。

秦桧逃归时，涟水军卒捕得这对夫妇，见二人装束怪异，又自称自北而来，便绑个严严实实，准备当作金人奸细杀掉以邀赏。秦桧知道乱世杀人或被杀都容易，忙叩头哀告，对几个大兵说："我乃御史中丞秦桧，这附近有秀才读书人吗？可唤来一问，他们应该知道我的名姓。"正好，旁边搭棚子卖酒的人名叫王安道，曾中秀才，大兵便唤来相问。王秀才本不知道秦桧之名，出于好心，上前作揖道："秦中丞辛苦！"宋朝人尊重读书人，几个大兵见王秀才都认识被绑的长脚汉子，想来他们不是金人奸细，去了杀心，放掉秦桧夫妇。所以，历史中的偶然性不可小觑，假若当时王秀才心情不好，说他不知道什么"秦中丞"，几个宋兵肯定会立时杀了秦桧夫妇，既能分得财物，又可持人头去主将处邀赏。那样一来，南宋的历史会全然改观。

绍兴二年（1132年），秦桧为右相，很快就献策，"欲以河北人还金（国），中原人还刘豫"。这个主张太过露骨，惹得赵构也不高兴，怒道："朕乃北人，将安归！"不久就将秦桧罢相。

同年十月，先前遣至金国的宋朝使臣王伦归国。王伦在金国被软禁期间，冒死买通商人陈忠，向被囚禁的徽、钦二帝转告了高宗赵构继位的消息，又探明了二帝被囚的具体位置。金酋粘罕见王伦，责问南北通和是否是王伦擅作的主张，王伦直言："使事有指，不然来何为哉？人定者胜天，天定亦能胜人，惟元帅（指粘罕）察之！"

思考数日，粘罕忽然入驿馆见王伦，放他回江南，商谈金宋和议之事。由于王伦回归，具言金人情伪，高宗赵构很高兴，优诏奖之。但当时南宋正准备讨刘豫，宋金和议没有实质性进展。

绍兴三年（1133年），粘罕派李永寿为使，与宋使韩肖胄一起抵达江南。金自靖康之后，只见宋使往见，金使来宋，这还是破天荒第一次。当然，金使前来并不讲和议，开口就要南宋放归被宋朝俘获的刘豫手下军卒，并割长江以北土地给刘豫。

虽然当时南宋已拥强兵二十万，怯懦的高宗赵构仍遣使议和。

绍兴五年（1135年）夏，宋徽宗死于五国城。时被拘押于金国的宋朝最早一批使臣如朱弁、洪皓等人，闻徽宗皇帝崩讯，泣血服丧，以尽臣子之礼。直到两年后，宋使何藓返归，举朝上下才得悉徽宗皇帝与宁德郑皇后的死讯，南宋君臣发丧成服。

由于与金国恢复和议，被外贬的秦桧又返朝得用，为枢密使。

金人废掉刘豫后，挞懒对宋使王伦说："你回去报知江南（南宋），自今开始，和议可成。"

王伦到杭州，面见高宗，汇报说金人答应归还徽宗皇帝的梓宫（尸棺）及高宗生母韦氏，还要把江南地划归南宋。高宗大喜，立遣王伦回金国奉迎其父亲的尸骨及生母。

绍兴八年（1138年），秦桧得拜为尚书右仆射同平章事兼枢密使，军政大权皆归于一人之手。老秦翻云覆雨，先后摆平政坛老对手赵鼎和张浚，终于得掌朝权。

六月，王伦偕金使前来，复命迅速。本来，挞懒等人准备把河南地归还宋朝的动议，金国朝议时多有贵族大臣反对，但挞懒当时与金太宗的长子完颜宗磐联手，在朝中炙手可热，特别是他们联手扳倒粘罕一系的势力后，很想再趁势把金熙宗完颜亶也做掉，推完颜宗磐为帝。

挞懒之所以如此“热衷”和议，另一个原因还在于他刚刚被封为“鲁国王”，秦桧暗中写信劝他“就封以治鲁地”。出于一己私心，挞懒归还宋朝河南地，以图南宋君臣对他感激涕零，成为刘豫伪齐的又一个翻版，听命于他，助他日后在金国日益坐大，直至拥完颜宗磐坐上帝座。

所以，绍兴年间，宋金第一次和议，金国方面完全是由挞懒、宗磐等人强行通过，金熙宗和诸多大臣心中根本不情愿。

和议进行期间，宋朝多位大臣上表，表示“国耻未雪，议难讲好”，均被秦桧窜逐。不久，他把丞相赵鼎和副相刘大中也排挤出朝。秦桧主持和议，一开始心里也七上八下，经过多日观察，高宗赵构又表示“朕独委卿”，秦桧这才放开胆子去干。

秦桧的亲信、中书舍人勾龙如渊（复姓勾龙，原为“古勾芒”部落族姓，因与高宗赵构名有讳，改姓勾龙）为其出主意：“相公（宋朝对宰执大臣的尊称）为天下计，而邪说横起，何不择人为台谏，使（台谏官）尽击去，则事定矣。”

秦桧大喜，以勾龙如渊为御史中丞，严劾持异议者，封闭所有反对议和的言路。

这年十一月，王伦与金使张通古偕来，所过州郡都以臣礼迎接他。而且，张通古的身份是“江南诏谕使”，并非把宋朝当平等邦国看待，而是完全待以藩属之礼。

虽然高宗、秦桧和议谋定，但群臣不依不饶，纷纷上书，要求高宗赵构不要屈辱地向金国称臣，以中华而奉夷狄，言至痛切。特别是枢密院编修胡铨，愤然抗疏，洋洋千言，称王伦、秦桧奸邪，当斩杀二人以谢天下。

书上，高宗、秦桧大怒，本想杀掉胡铨，迫于公论，把这位诤臣削职投至广州盐仓去看门。

禁锢朝士之口容易，打发金使却难。依照和议的条件，南宋为臣，金朝为君，宋高宗本人应该跪接金朝皇帝的“诏书”，赵构虽庸怯阴险，为人也挺要面子，对秦桧说：“朕嗣守祖宗基业，岂受金人封册？”

同时，大将韩世忠、杨沂中等人也对秦桧表示：“朝议籍籍，军民汹汹，如果引起事变，谁来负责？”而后，诸将帅又联名上书台谏。

最后，还是秦桧的心腹勾龙如渊等人出主意，让高宗以守丧三年不能出见金使为名，秦桧以宰执身份代替高宗“诣馆受书”。

金使张通古本来不答应，王伦急得对他又逼胁又吓唬，张通古也怕自己完不成使命，便答应秦桧可以替高宗拜受金朝国书，同时要求宋朝百官临观受书礼。

这个场面好应付，南宋大臣们当然集不全，秦桧密命尚书省的大小官吏随从穿上朝服冒充百官，与他一起拜受金国国书。最终，终于使宋金第一次和议达成。

说起张通古，须稍带讲一下金朝的民族关系。张通古，字乐之，易州易县人，辽朝进士，本是契丹统治下的汉人。完颜宗望占领燕京时，招其于幕下，开始为金朝效力。言至民族“等级区分”，一般人只知道元朝有“蒙古、色目、汉人、南人”之分，殊不知金朝的民族压迫更加严苛，金朝民族“层级”分为五等：女真、渤海、契丹（奚）、汉儿、南人。特别应注意的是，金朝人所称的“汉儿”专指原契丹辖境内的汉人，后来占领的河南、山东一带的汉人，金人则称之为“南人”（元朝时把起先占取的金地人称为“汉人”，南宋人称“南人”）。

此外，辽朝时，契丹统治者并未强迫境内汉人改服改俗，但金初女真人和他们的后代一样有“剃发左衽”的强制命令。其发式与清代相似，中间留发的一撮，面积似乎更小一些，而且金初女真人“剃发易服”的命令十分严酷，因此杀害了不少汉人，直到海陵王完颜亮时期才有所舒缓（“诏河南民，衣冠许从其便”）。当然，其黄河以北占领区还是严格实行“剃发左衽”令。

金世宗以后，汉人、南人在金廷的人数越来越多，忠心卖命的不少，因为这些人也有自己的一套“忠君”理念。但是，金朝的民族界限始终未泯，恰如清代。

和议消息传出后，南宋举国皆愤。武将中，有多人上疏反对和议，韩世忠四次上疏要求举兵与金国决战，皆“不报”。金使张通古返国时，韩世忠在洪泽镇埋伏人马，准备截杀金使以坏和议，结果未遂。

高宗赵构之所以心急火燎地不惜屈膝为臣与金人议和，其中一个重要原因，是他听说金人废刘豫后，又想拥立其大哥宋钦宗在河北为傀儡皇帝。

高宗最怕金人这一手，那样一来，他这个“皇帝”之弟，不可能再在帝位上坐着与皇兄兵戎相见，可见金人此招最灵，实为一剑封喉的伎俩。

绍兴九年（1139年）四月，王伦亲至汴京，见金兀朮，交割地界，得东、西、南三京，寿春府，宿、亳、曹、单州及陕西、京西诸州之地。

金兀朮于是自祁州渡黄河而去，移行台于大名府。

虽如此，金兀朮与金国大酋完颜宗干皆一心要“收复”归宋之地。果然，金兀朮等人与金熙宗密谋，稳住先前主张与宋议和的挞懒一系人员，并扣押了正要回国复命的王伦。

王伦见势不妙，忙遣人日夜兼程逃回南宋，要朝廷提早安排兵卫，以防金人渝盟。

当年八月，王伦在中山（今河北定县）为金人正式拘捕，不久被押往金兀朮所在的祁州（今河北安国）。

金朝内部政治斗争白热化，以吴十谋反案为引子，金熙宗在金兀朮等人帮助下，逮捕了完颜宗磐等宗室，流放挞懒，不久，金熙宗下诏诛杀挞懒。挞懒自燕京得间逃脱，南逃奔宋，被政敌金兀术抓住，押回祁州乱棍击死，并杀其宗族亲属八百多人。

至此，金兀术奏请金熙宗“恢复旧疆”，并押送王伦至上京（今黑龙江阿城）。金熙宗见王伦，怒责他“但知有元帅（指挞懒），不知有上国（指金熙宗君臣）”，手拿宋朝国书指摘不已。

最后，金熙宗提出无礼条件，要赵构向金国正式称臣，奉金朝“正朔”，以及其他多项南宋不可能答应的苛刻条件。

南宋自然不答应。绍兴十年（1140年）夏，金兀术大集金兵，以宋朝与挞懒暗中交通为名，撕毁先前盟约，发动了对宋朝的新一轮攻势。

听闻金人毁盟，秦桧心中甚惧，生怕宋高宗拿自己泄愤开刀，又怕高宗重新启用张浚这个政敌。知晓高宗赵构对张浚的成见之后，秦桧心中乃安。

而后之事，便是刘锜、岳飞等人的顺昌大捷、郾城大捷以及颍昌大捷，金军数遭重创，直到濠州之战，金兀术才挽回一些面子。

至此，金兀术也清醒地认识到不能不和南宋展开和谈，于是遣回先前被扣留的宋使莫将，在不停止军事行动的同时，与宋朝重开谈判。

其实，虽有濠州之战的败绩，但当时的宋金力量对比，已经由金强宋弱转变为宋强金弱，但由于渗透至骨髓的恐惧，高宗赵构对此全然不觉。

绍兴十一年四月金兀术渡淮撤走后，赵构与秦桧密谋，召韩世忠、张俊、岳飞入朝，以“论功行赏”为名，以韩、张二人为枢密使，以岳飞为枢密副使，一举剥夺了三个人的实际军事指挥权。

张俊虽然是武将出身，但心灵脑子活，知道秦桧要罢兵，自告奋勇交出兵柄，并且力赞和议。秦桧高兴，派张俊与岳飞一起前往昔日韩世忠的地盘楚州“视察”战地形势。张俊很有心机，他一边斥贬韩世忠的

兀朮、黏没喝、斡离不、阿骨打、吴乞买绣像

昔日旧将，一面派人诬称韩世忠有谋反企图。韩世忠从岳飞处知晓此事，连忙入宫跪地向高宗赵构号泣辩白，最终消去了赵构的杀心，从此闲居不再过问军事。

于宋高宗、秦桧这一对最佳奸恶搭档而言，现在，他们最大的“心病”，只有岳飞一人。

天日昭昭毁长城

岳飞之死

宋朝方面，韩世忠虽然人直心正，但看着岳飞从小校升为与自己同排坐的方面大帅，心里还是不爽。然而两人爱国忠君是一致的，很快他与岳飞言归于好，双方并无芥蒂。

大将张俊则不然，他心中十分嫉恨岳飞这个昔日的下属夺城立功，风头盖过自己。

此外，还有以下诸事惹起张俊对岳飞的暗恨：其一，淮西之战，张俊以“前途乏粮”为辞阻止岳飞行军抗金，岳飞奋勇不顾。班师后，高宗宣示天下的褒状称岳飞“转饷艰阻，卿不复顾”，张俊由此怀疑岳飞在高宗面前告自己的状，便在回朝后大肆宣扬岳飞在战役中“逗留不进”。其二，张俊知道秦桧与韩世忠关系不好，诸帅被夺实权换防后，他私约岳飞拆分韩家军的主力精兵“背嵬兵”（张俊与韩世忠还是儿女亲家），岳飞“义不肯”，张俊又大恨。其三，两人同行至楚州城，张俊表示要修城守备，岳飞言道：“当勠力以图恢复，岂可为退保计！”意即反对张俊在距金人如此远的地方修防线以示怯弱。如此数事，使得张俊铁定要整治岳飞。

当然，以张俊之力，想出头整岳飞，还不太容易。于是，他先撺掇秦桧，说岳飞与韩世忠暗中通气，使老秦大怒。秦桧方面早已收到金兀术密信："尔朝夕以和请，而岳飞方为河北图（进取）。必杀（岳）飞，始可和。"当然，金兀术信中语也是"气话"，岳家军的战斗力确实让他印象深刻。

秦桧方面，综合各方面因素，认定岳飞不死，和议不成。

有了张俊、秦桧二人"惦记"岳飞，其实还不至于让这位大忠臣走上黄泉路。真正的幕后黑手，乃当朝皇帝——高宗赵构。

当时，岳飞虽功高震主，但"狡兔未死"，其实武将还有用处。此外，三大军头的军权已被平稳卸掉，南宋一朝削兵权业已成功，岳飞也非赵构这个皇帝的什么心腹之患。

赵构杀岳飞最终还是出于如下几个原因：第一，武将言宗庙事，即岳飞劝高宗立储，深犯当时的政治忌讳；第二，岳飞成日言恢复，要迎返二帝，毕竟大哥钦宗皇帝还活着，真正"直抵黄龙"把钦宗迎回来，赵构自己往哪里摆！第三，淮西军变、苗刘事变等事情发生后，赵构对军人十分放心不下，很想拿个人开刀示警。

"君疑臣臣必死"，有了赵构这个奸帝，岳飞不死也难。

既然帝、将、臣三方面都心照不宣要搞一个人，动手就很快了。秦桧挑来拣去，他先找出与岳飞有旧怨的谏议大夫万俟卨（岳飞宣抚荆湖时，没怎么拿当时任湖北提刑的万俟卨当回事，小人易怒，他由此深恨岳飞）弹劾岳飞，又指使中丞何铸、侍御史罗汝楫上弹章举岳飞"罪行"，指斥岳飞如下：

"……今春金人攻淮西，（岳）飞暂至舒、蕲而不进，比与（张）俊接兵淮上，又欲弃山阳而不守。"

得悉弹章，岳飞知道祸事要来，连忙向朝廷请辞两镇节度使，交出一切军政虚实之权，仅获个充万寿观使的虚而又虚的衔号。实际上，这种情况在宋朝，就是官员被惩处前的一个步骤。

秦桧当然不会就此罢手，高宗与秦桧想要的不是岳飞的官，而是岳飞的命。

于是，秦桧指使张俊，让这位军头胁迫岳飞的部将王贵（都统制），让他首先告发岳飞。王贵先前在军中虽受过岳飞鞭打，但开始时并不想出卖旧上司，最终被张俊以宗族性命要挟，终于服从。光有王贵不行，张俊又买通岳飞手下副统制王俊，让他先上书告变，声称岳飞的部将张宪与岳飞养子岳云二人阴谋准备军事行动，最终使岳飞能重掌旧军。军将为了主帅能重掌旧部在军队内串通，这种事相当于“谋反”，于是“岳飞案”浮出水面。

秦桧立即派人逮捕岳飞父子，见朝廷使者上门，岳飞预感不妙，大英雄笑道：“皇天后土，可表此心！”这一笑，是无奈的笑，是凄凉的笑，是英雄末路的笑。

明知是自投罗网，岳飞仍随使臣赶往杭州。其实，削职闲住时，岳飞已有不祥预感，并作小词《小重山》：

> 昨夜寒蛩不住鸣。惊回千里梦，已三更。起来独自绕阶行。人悄悄，帘外月胧明。白首为功名。旧山松竹老，阻归程。将欲心事付瑶琴。知音少，弦断有谁听？

一开始，朝廷的御史中丞何铸主审岳飞。进入厅堂，岳飞见四座官员、满院衙役，也不说话，撕开身上衣裳，露出后背，上有深入肤理的四个刺字：尽忠报国（非是“精忠报国”，此四字也非岳母所刻。岳母乃一寻常农妇，刺字在宋朝是一项专门“技术”）。

审了几日，根本无证无据，何铸知道岳飞无辜，就向秦桧汇报。老秦大怒，又不好直说，顿了半晌，说出实情：“此上意也（高宗本人的意思）。”

何铸为人正直，回辩道：“我岂为区区一岳飞请命（宋代文臣一直看不起武将），强敌未灭，无故戮一大将，失士卒心，非社稷之长计。”

秦桧语塞，知道何铸主审岳飞案达不到目的，就把万俟卨推上前台。

万俟卨很会找案件“切入点”，他诬称岳飞与其养子岳云致书张宪，让张宪虚称金人来侵，惊吓朝廷，以此达到岳飞还军的目的。

但是，诬陷不成，因为所谓的来往书信皆无实证，万俟卨就称岳飞父子及张宪“焚书灭迹”。接着，他又以岳飞在淮西大战中“逗留观望”为辞，非要致岳飞于死地不可。

岳飞与万俟卨并没有什么深仇大恨，只是当时对他这个基层小官不待见而已，万俟卨因此就挟怨在心，对岳大英雄非杀之而后快，成为秦桧和高宗赵构的最得力打手。

南宋官府裁决后，还需请宋高宗最后定夺。最后，高宗赵构下旨：“有旨：岳飞特赐死。张宪、岳云依军法施行，令杨沂中监斩，仍多差兵将防护。馀皆依断……”

所以，即使是依承秦桧等人意思对岳飞案进行审理的大理寺各级官吏，仍是只定案斩岳飞、张宪，至于岳云等被卷入的“从犯”，只是流刑和罚铜等较轻的刑罚。

高宗赵构心毒，他御笔亲题，为除后患，把岳云也改为斩刑，并加重涉案其余人的处罚。

后来，由于民间戏曲、评书以及不谙史实的“读书人”的渲染，以及“皇帝无错”的愚民心理，许多人认为岳飞之死皆是秦桧一人作恶，高宗皇帝只是受蒙蔽而已。

其实，秦桧情急之下对何铸说的一句话已经泄露天机：“此上意也！”高宗赵构，才是实际杀岳飞的最大幕后指使人。

岳飞被逮捕入狱两个多月，案件仍然不能成立。张宪、岳云经受严刑拷打，铁骨铮铮，终不诬岳飞有任何对不起朝廷之事。

当时狱方得令，遣大力军士入囚室，佯称请岳飞沐浴，拥入密室之中，猛击大英雄双肋，害死了这位南宋最大的功臣（也有赐毒酒之说，但“拉肋”即折肋的处死更为可能，并非予岳飞斩首之刑）。岳飞死时年三十九岁。其时为绍兴十一年（1141年）十二月二十九日。

岳飞死后，经与高宗赵构商议，秦桧等人才向天下宣示岳飞“罪行”，下发“判决书”。也就是说，先杀人，后出判决书。

今天，我们难以想象岳飞大英雄被自己人猛击肋部时是何种心情、何种表情，在他临终时的目光中，我宁可相信溢迸的不是对奸臣的怒火，不是对高宗的怨恨，而是“饥餐胡虏肉”壮志未酬的苦痛和国土未复的遗憾。

岳飞，是中国历史上特殊时代的特殊产物，其实，他所拥有的人格魅力和质朴的忠君爱国思想，也要感谢北宋王朝百余年来对文化和道德伦理的培育，一个佃农最终成为方面大帅、抗金英雄，时代成就了岳飞，岳飞也成就了时代。

多少个世代过去后，秦桧成为奸叛的符号，林林总总的大将军们都黯淡地成为时间的碎屑，唯独岳飞，成为一种民族精神的象征，成为一种骄傲，在无数个世代灼灼闪光，且愈来愈受后人敬崇！

岳飞在囚时，大理寺丞李若朴等人皆言岳飞无罪，都被万俟卨劾去。有宗正寺官员及布衣上书替岳飞呼冤，也被秦桧等人整死。

韩世忠不平，亲往秦桧府质问，秦桧答：“（岳）飞子（岳）云与张宪书莫须有。”韩世忠愤言：“莫须有三字，何以服天下！”

莫须有，乃宋人口语，可能是“不一定没有”之意，也可能是“或许有”，秦桧不把韩世忠当盘菜，信口搪塞。后人凭空想象，以为韩大帅怒冲冲质问秦桧，老秦心虚，低头嗫嚅“莫须有”，其实当时情况全然相反。首先，秦桧有高宗赵构撑腰，理直气壮；其次，宋朝宰相根本不拿军将当回事，何况韩世忠又是一个被削去兵权的将帅，无能为也。秦桧言中轻蔑不屑之意，在当时其实是溢于言表。

金人破辽灭北宋，兵势甚锐，其首遇的最大失败，当属绍兴十年的顺昌大败，他们被刘锜率领的宋军在适于金人作战的平原杀掉几万强兵。但是，当时正值酷暑，金兵远来疲惫，失败还有借口。而后，郾城和颍昌大战，岳家军在秋天金军力量最强的时候大败敌人，可以说显示了宋军真正的战斗力。正是有了岳飞的一系列大胜，南宋高宗赵构才真正拥有了与金人议和、偏安的本钱。

岳飞死后，高宗和秦桧授意，销毁大量历史记载，抹杀了不少岳飞的功劳，所以，岳飞的功绩，不仅不是后人夸大渲染，而是宣传、挖掘得还不够透彻。

当然，基于民族立场不同，清帝康熙发过一番奇谈怪论，表示他不相信岳飞能在朱仙镇得胜后恢复旧土：

> 金兵破辽之后，兵已满万，人强将猛，非宋之所敌，明矣。备责不能卧薪尝胆，以雪父兄母后之仇，则高宗何辞？若论李纲之忠言不听，岳飞之丹诚不用，设使谏行言听，则必胜金兵于朱仙，生还二帝于汴京，朕实不信也。何也？根本已久不固，人心已久不一，上无惯战之良将，下无用命之士卒，天下虽有勤王之名，真伪莫测，虚实难分。高宗久在金营，孰强孰弱，自有切见，若使复仇雪耻，再整江山，实不能也，势使之也。孟子曰："寡众弱强不敌也。"
>
> 若论讲和之非，我太祖高皇帝（努尔哈赤）因祖之仇，戊午起兵，战必胜，克必取，所向无敌，有往必成。神威圣武，深仁厚泽，犹念中国涂炭，数次议和。明朝引南宋讲和之非，始终不悟，归罪兵部尚书陈新甲为秦桧，弃市示众。发天下兵迎战，如袁崇焕、毛文龙、洪承畴、祖大寿、唐通、吴三桂，前后千余员，凡出关者，非死即降，靡有孑遗。财赋因之已竭，人心随而思乱。百万雄兵，尽没东海，亿兆穷民，罹于边戍。元气尽伤于关东，闯贼蜂起于陇西。贼至京师，文武逃散，无一死于难者，岂非当日不主议和者乎？
>
> （高宗赵构）偏安社稷，犹存一线之脉络，若为雪耻复仇，

同死于国难者，尤不知于明末同乎？异乎？文天祥云：“社稷为重，君为轻，立君以存社稷，存一日则尽臣子一日之责。”实千载忠君之语，君与社稷并而为一也。使高宗匹夫之勇，死而无悔，不顾社稷，以死雪仇，又不知当时议论如何耶？

康熙号称明主，这番讲话完全是戴着民族的有色眼镜，贬低岳飞、李纲以及南宋军民的复国能力，为宋高宗涂脂遮丑。而且，他把南宋初与明朝末的史实生拉硬搬相比附，更是缺乏可比性和可信性，暴露出他的偏心和庸浅。

当然，康熙的一席话，博得当时御用鹰犬们的大声赞同和欢呼，这并不奇怪。

宋使洪皓在金国，派人持蜡书疾驰密奏，惋惜地表示：“金人所畏服唯（岳）飞，至以父呼之（岳大爷）。诸酋闻其死，酌酒相贺。”

高宗、秦桧一对奸搭档自毁长城，亲痛仇快，千载之下，令人扼腕切齿。编纂《宋史》的元朝史官也很悲愤：

西汉而下，若韩、彭、绛、灌之为将，代不乏人，求其文武全器、仁智并施如宋岳飞者，一代岂多见哉。史称关云长通《春秋左氏》学，然未尝见其文章。（岳）飞北伐，军至汴梁之朱仙镇，有诏班师，飞自为表答诏，忠义之言，流出肺腑，真有诸葛孔明之风，而卒死于秦桧之手。盖飞与桧势不两立，使飞得志，则金仇可复，宋耻可雪；桧得志，则飞有死而已。昔刘宋杀檀道济，道济下狱，瞋目曰：“自坏汝万里长城！”高宗忍自弃其中原，故忍杀飞，呜呼冤哉！呜呼冤哉！

西湖岳庙铸奸贼铜像，始于明朝正德八年，当时只有秦桧、王氏、万俟卨三人跪像，不久就被游人击碎。万历二十二年（1594年），按察副使范涞重塑贼像，又添张俊这个坏人的跪像，形成今天四奸齐跪的格局。

张俊这个第一个跳出来诬陷岳飞的小人，并无显赫军功，只是由于他常年以来一直扈卫高宗赵构充当看门狗，深得高宗宠幸。绍兴二十四年，张俊死了几年后，高宗赵构依然思念这条“大狼狗”，对秦桧说：“武臣中没有一个像张俊那样忠心耿耿，韩世忠比起他来都相差万倍。”并下旨晋封张俊为“循王”。宋朝对异姓功臣一般只封赠郡王，对功臣赠“真王”，实从张俊开始。

此后，四像屡毁屡铸，一直延至清朝。由此可以见出国人对奸贼的痛恨和对报国忠臣的敬仰！

终高宗赵构之世，岳飞始终未得平反。直到孝宗朝，岳飞才被“以礼改葬”。淳熙六年（1179年），谥“武穆”。嘉泰四年（1204年），追封“鄂王”。

岳飞初被监押时，万念俱灰，百无聊赖，在囚院倚墙而立的时候，穷凶极恶的狱卒大叫“岳飞叉手立正”，出生入死的大将竟“竦然听命”。

西汉大将周勃入狱，也受狱卒侮辱，曾感慨道：“吾尝将百万军，然安知狱吏之尊乎！”

岳飞为宋高宗和宋朝社稷浴血奋战数年，落得如此下场，不能不让后人扼腕！

甘为臣妾江南隅

“皇统和议”的最终签订

岳飞在狱中，死前一个月，宋金双方已经签订了和议，南宋方面称之为“绍兴第二次和议”，金人称之为“皇统和议”。

绍兴十一年（1141年）十一月，金兀朮派金臣萧毅等人为“审议使”，与宋使魏良臣一道来江南，议定宋金双方以淮水为界，“求割唐、邓二州及陕西余地，岁币银、绢各二十五万，仍许归梓宫（徽宗尸体）、太后（高宗生母韦氏）”。

高宗全部答应下这些条件，定下议和盟誓。

“皇统和议”比起“天眷和议”，南宋一方吃亏吃大了，而且是在军事占优势的情况下接受了屈辱的条件。

依据该次和议，南宋把黄河以南、淮水以北大片国土拱手让与金人。而且第一次和约中南宋君臣觉得难以接受的“岁贡”“正朔”“册命”等事体，高宗一概应承，完全承认了自己是金国的藩属国主地位，称臣纳贡，卑微至极。

宋使见到金熙宗，先言及太后韦氏还朝一事，金熙宗仍旧吊起来卖，故意为难说：“先朝业已如此，岂可辄改！”宋使再三跪请，金帝才勉强答应，同意归还宋徽宗梓宫及高宗生母韦氏。

但是，金人又提出新的过分要求，让南宋再割让商州以及战略要地和尚原、方山原。出乎金人意料，南宋高宗赵构非常爽快地答应了。

南宋如此“大方”，金人自己都感觉不好意思。金帝立刻命金兀朮迅速落实金宋边界勘定及高宗向金称臣等具体事宜。双方终于在交战十五六年之后，实现了各自大喘一口气的“和平”。

金宋“皇统和议”，客观上讲，宋朝方面称臣、纳贡、割地，丢人现眼到家，到手的仅仅是被金人轮奸多年并为金将生过二子的赵构生母韦氏，使不忠不孝不仁不义的宋高宗终于为自己扯上一块“孝道”的遮羞布。

金国方面喜出望外，得到了在战场上没能得到的一切。金兀朮作为“皇统和议”的大功臣，自然举国欢呼，官位飞一样地往上蹿：侍中、太保、都元帅、领行台尚书省事，又进拜太傅、太师，领三省事。

于宋朝而言，金兀朮是个残暴不仁的大魔头；对金国而言，此人可是开疆拓土、忠心耿耿的大能臣。

“皇统和议”后七年，金兀朮病死（并非评书、演义上所讲被牛皋骑在身上气死），此人临终遗表，把他对时局的分析以及对南宋的政策一展无遗：

> 吾天命寿短，恨不能与国同休。少年勇锐，冠绝古今。事先帝南征北讨，为大元帅左都监，行营号太子军，东游海岛，南巡杭越，西过兴元，北至小不到云城，今契丹、汉儿，侍吾岁久，服心于吾。吾大虑者，南宋近年军势雄锐，有心争战，闻韩、张、岳、杨，列有不协，国朝之幸（此点可疑，当时岳飞已死，可能是金兀朮泛指南宋军将之间有矛盾）。吾今危急，虽有其志，命不可保，遗言于汝等：吾身后，宋若败盟，任贤用众，大举北来，乘势撼（收）中原人心，复故土如反掌，不为难矣。吾分付汝等，切宜谨守，勿忘吾戒。如宋兵势盛敌强，择用兵马破之；若制御所不能，向与国朝计议，择用（智臣）为辅，遣天水郡公桓（宋钦宗赵桓）安坐汴京，其礼无有弟与兄争（金兀朮熟知汉族礼仪），如尚悖心，可辅天水郡王，并力破敌。如此又可安中原人心，亦未深为国朝患害，无虑者一也。宋若守吾誓言，奉国朝命令，时通国信，益加和好，悦其心目，不数岁后，供需岁币，色色往来，竭其财赋，安得不重敛于民，江南人心奸狡，既扰乱非理，其人情必作叛乱，无虑者二也（此招狠毒，疲南宋国力以削弱之）。十五年后，南军衰老，纵用贤智，亦无驱使，无虑者三也（这点倒是自作多情，十五年后，惯战金军也老矣）。俟其失望，人心离怨，军势隳坏，然后观其举措，此际汝宜一心，选用精骑，备其水陆，谋用材略，取江南如拾芥，何为难耳！尔等切记吾嘱。吾昔南征，目见宋用军器，大妙者不过神臂弓，次

者重斧，外无所畏，今付样造之。

金兀朮遗嘱中，对南宋可谓是阴坏损招出全，却也透露出这样一种消息：金军的战斗力和金朝的国力在当时均在走由盛而衰的下坡路，“取天下如拾芥”的黄金岁月，已成明日黄花。

宋金和议成后，绍兴十三年（1143 年），被拘多年的宋使洪皓、张邵、朱弁皆被放还。

历经百死千辛，三人一直保持臣节。归宋后，皆为秦桧一伙儿所不喜，或贬或放，郁郁而终。

值得一提的是，洪皓有三子，洪适、洪遵、洪迈，“相继登词科，文名满天下”。特别是洪迈，其巨著《容斋随笔》是毛泽东晚年的必读之书。

入金宋使最值一提的，当属王伦和宇文虚中。这两个人在《宋史》《金史》中皆有传，但《金史》作者立场有问题，把两个人评述得很不堪，以王伦为“纨绔之子”，讥笑宇文虚中受两朝官职为人反复。

特别让人反感的是，当代的评书中把王伦丑化成一个金国奸细，刻画为一个十足的奸诈小人。其实，王伦是百分百的爱国者，大忠臣一个。

王伦，字正道，是北宋名相王旦之弟王勖的玄孙。王伦年轻时家道中落，放荡不羁。靖康之变，国乱识诚臣，钦宗面对宣德门下乱民喧嚷不知所措时，王伦以布衣身份挺身而出，大叫“臣能弹压之”。钦宗皇帝解身上所佩夏国宝剑赐之，立授兵部侍郎。“（王）伦下楼，挟恶少数人，传旨抚定，都人（汴京人）乃息。”可见，此人可谓临危定乱的人杰。

建炎元年（1127 年），赵构择官员去虎狼金国，众官推诿，唯王伦挺身而出。他事先知道此行九死一生，仍慷慨请行，真是男儿本色，忠胆映日。众人或腐儒日后诟病王伦，大都是因他促成两次宋金和议。

但王伦与秦桧完全不同，他为国为君，无纤介私心。废刘豫、定绍兴第一次和议，王伦居功甚巨。

宋金绍兴年间第二次和议达成后，金国欲以王伦为平滦三路都转运使，这可是个有权有利的肥缺，对此，王伦傲然答道："奉命而来，非降也。"严拒金国的官封，被恼羞成怒的金帝下诏缢杀，时年61岁。

被杀前，王伦让临刑金使略给一些时间，整理宋朝的冠服南向跪拜，恸哭道："先臣文正公（王旦）以直道辅相两朝，天下所知。臣今将命被留，欲污以伪职，臣敢受一死以辱命！"真是堂堂正正宋朝大丈夫。

死后，王伦被南宋追谥为"愍节"。

《金史》泼污，讲王伦先受官封，不久又辞官，激起金帝愤怒才导致被杀，完全是抹黑这位宋朝忠臣。

宇文虚中，字叔通，成都人，大观三年（1109年）进士及第。宣和年间，承平日久，童贯等人又开边生事，宇文虚中深知宋朝将有纳侮自焚之祸，上书献策。皆不被纳。金军第一次侵汴，宇文虚中殚精竭虑，出谋划策，亲入金营与金酋周旋，最终金军退走。

事后，窝里反的宋朝言官弹劾他议和误国，将其贬放青州，又窜韶州。高宗赵构登基后，寻求出使金国使者，宇文虚中毅然应诏。

转年，由于宋金之间关系略有松动，金人放宋使回江南，宇文虚中言道："二帝未归，我不能回去。"独留虎狼之国。由于宇文虚中仪表堂堂，文采卓然，金人爱其才艺，加以官爵，这使得后来的宋使洪皓等人很鄙视他。

实际上，宇文虚中心中怀有更大的抱负，忍辱负重，以成将来大事。宇文虚中在金朝官做得很大，封河内郡开国公，进金紫光禄大夫、礼部尚书，金人尊称其为"国师"。

他在金朝，每每派人持密信告以金国虚实，金人每次南侵，他都想方设法予以阻劝，真正是身在金营心在宋。

可恨的是，秦桧奸邪，为报答金兀术在宋金和议中要宋朝保证不能轻易废掉宰相（主和的秦桧本人），他便把宇文虚中为宋朝内探的实情告予金国。更缺德的是，秦桧为金人出主意，尽迁宇文虚中家属于金国。

宇文虚中得讯，密奏高宗说："若金人索取我家属，请告知他们我的家属早已在靖康乱中失散。"不料，高宗赵构不仅不保护这个功臣，反而亲自下诏，派中使前往时在闽中的宇文虚中家，把宇文家族监视着送往金国，一个不留。

金熙宗皇统六年（1146年），被高宗、秦桧出卖的宇文虚中被金朝杀害，全家百余口也遭屠戮。

《金史》称宇文虚中因恃才轻肆被女真贵族以文字案处死，《宋史》也如此说，估计皆是浅陋文人认为宇文虚中政治"失节"，才一致对他没好感。

清人袁枚在《随园随笔》中摘录散佚的宋人施德操笔记："绍兴十五年，（宇文虚中）谋挟渊圣（宋钦宗）南归，为人告变。（宇文）虚中急发兵直至金主帐下，金主几不能脱，事不成而诛。"

可见，他孤胆英勇，差点儿先于海陵王完颜亮就把金熙宗直接解决了。这些记载，均被金、宋、元的腐儒和文臣选择性遗忘，清朝御用奴才更会删去这样的记载，活活把大英雄宇文虚中埋没了。青史浩瀚，只留下如下的讥讽字句："（宇文虚中）即受其（金国）命，为之定官制，草敕文，享富贵。"

殊不知，宇文大英雄早有诗言："人生一死浑闲事，裂眦穿胸不汝忘"。

一个如此怀有家国深情的人，一个如此笑看死亡的人，又怎可能是贪生怕死、追求富贵荣华的宵小！

忠臣诛窜，贼臣在位，宋高宗、秦桧君臣一唱一和，江南小日子过得红红火火，十分滋润。

特别是老贼秦桧，国权在手，任情恣意，一直到绍兴二十五年（1155 年）才病死，富贵荣华享受尽。

“暖风熏得游人醉，直把杭州作汴州”，悲夫！

大柄若在手　清风遍天下

有雄才而无大略的完颜亮

金天德四年（1152 年）的一天，在燕京新建成的宏壮侈丽的皇宫内，一男一女在明安殿内相对而立。

男人身着青罗衮服，五彩错金满绘其上，一大绶一小绶披挂于身。不顾周身上下累赘的皇帝“行头”，男人一边围着女人走，一边厉声数落：“你喜欢大官，官职有能大过皇帝的吗！你爱男人才能，有文武全才似朕的吗！你喜欢床上舒爽，有丰伟魁梧过于朕的吗！”

这位爷正是金朝皇帝完颜亮，也就是日后南侵被自己人杀掉又废为“海陵庶人”的“金海陵”。

完颜亮越说越气，头上的二十四旒冠冕前后左右乱摇，一边说，他一面把手中用作上朝礼器的玉制大圭猛砸向殿柱，使那长达二尺的无价之宝顿时断成数截。

长身玉立、相貌俊朗的金朝皇帝齿如编贝，唇似激丹，愤怒更使他白皙的脸上忽涌红晕，眼中杀机闪现。

立于当地的女子二十多岁，头戴花珠冠，以铺翠滴粉缕金装珍珠结制，束金蝉襻金两博鬓，面似银盘，似羞似恼，脸上却并无惶恐和畏惧，只是略垂粉颈，以手指捻着自己身上所穿的深青色罗缝制的袆衣。

此人，乃完颜亮的堂妹，金朝宗室之女莎里古真。殿门外垂手而立的彪形大汉，正是莎里古真的丈夫撒速，这位绿帽王八头的职务是完颜亮的近卫军宿卫长。

杀人如麻的美男子完颜亮狂怒之下，斥喝间因气塞竟然说不成句，脸憋得青白。

既为堂妹又为“贵妃”的莎里古真反而越来越镇静，高扬起下巴，斜瞥他处，就是不正眼看完颜亮。

促使这位金帝勃然大怒的原因，是这位美貌堂妹抽空回家之余，又与别的“野汉子”数度欢合，放肆张扬，淫声传入这位皇帝的耳中。所以，完颜亮才发出上面一席“责问”。

身为莎里古真丈夫的撒速对自己老婆“偷食”没有过多表示，近亲乱伦的完颜亮却反应如此激烈，显然是醋劲上翻，不能自抑。

宿卫长撒速站在殿门口，面色如死灰。甭看他一米八多的身板，胆子却比芝麻还小，唯恐殿内给自己戴了无数顶绿帽的老婆惹起皇帝的杀心。只要皇帝完颜亮一个口令，他撒速三宗九族近千号人会在一天之内全部脑袋搬家。愈想愈怕，撒速冷汗湿遍了全身。

在他身旁，另外一个高大汉子稍喝面露幸灾乐祸的冷笑，双眼一直盯着撒速习惯性按握刀柄的手。

这位稍喝，是撒速的上级，主掌禁宫侍卫的指挥权，他本人也是位绿帽老公，其妻习捻（金兀术之女）与莎里古真一样，常常陪皇帝完颜亮在宫内淫戏，与自己相处的时间少之又少。

尤为尴尬的是，金帝完颜亮非常喜欢群奸，常常让宗室妇女和嫔妃全部脱光光，在殿内的“地衣”（地毯上）上逐一肉搏，眼见耳闻自己老婆与皇帝在近在咫尺的地方打情骂俏天地一家春，撒速和稍喝常常在对视时交流怨毒的目光，但任谁也没有胆量显露心中的羞恼。他们仅剩的卑微乐趣，就是互相比较谁的处境更狼狈些。

假若完颜亮下令让他们干掉对方，这两个人会毫不犹豫地率兵把对方族诛得干干净净。

正当撒速吓得要尿裤子时，出人意料，暴怒的完颜亮忽然走近莎里古真，强压怒气，好言抚慰道：“别让别人知道我知道你在外面的事，也别为今天的事情显出生气，日后大众宴会，要装得没事人一样，行立自如，千万别让大臣妃嫔们猜测你我有什么事发生，以免别人笑话……”

这一席话，出自完颜亮这位千古“淫暴”之君的口中，简直令人难以置信。

历史的细节，人性的弱点，皆在这一瞬间让后人屏息凝神，回思不已。汉化的女真皇帝完颜亮，在“爱面子”方面比汉人有过之而无不及。

“蛰龙”岁月跌宕多

金熙宗时代的完颜亮

金熙宗完颜亶，乃金太祖完颜阿骨打嫡子宗峻的儿子，母为蒲察氏。宗峻三十岁左右即病死，蒲察氏拖着金熙宗这个“油瓶”又被宗峻的异母哥哥宗干纳为侧室，因此金熙宗小时候又以宗干为继父。

宗干自己有几个儿子，其中最有名的当数完颜亮，他比金熙宗小三岁。哥儿俩小时候感情很好，兄弟情深。

弟死纳其妇，这在古代汉人社会极其罕见，皇族中更是不可能之事，但女真人初起时，仍未开化，父死则妻其母，兄死则妻其嫂。宗干把蒲察氏连同侄子一起弄回家养着，于女真人而言是非常自然的事情。

金太宗在位时，宗翰等人强力推荐太祖嫡孙完颜亶为皇储，金太宗也不得已而从之。看见哥哥金熙宗成为皇帝，完颜亮高兴之余，不可能不产生想法：自己也是太祖之孙，应该有与哥哥一样的“福分”。况且完颜亮生父完颜宗干还是太祖的长子，可惜的是，乃庶长子也。

金熙宗少年时代，受教于汉人大儒韩昉，宛然一汉家少年，无论是思维方式还是谈吐，皆彬彬儒雅，是金国最早汉化的一位皇帝。

金熙宗十六岁登基，朝政基本受制于完颜宗翰以及金太宗的嫡长子完颜宗磐。这两个握有实权的宗室争权不休，宗磐最终干掉宗翰一系的政治势力。但是，完颜宗磐是金太宗之子，对皇位威胁最大。于是，在养父完颜宗干支持下，金熙宗两年后即因事杀掉了宗磐，消除了其派系在朝内的影响。

完颜宗干做掉宗磐，自然以“准太上皇”自居，成为权臣。金熙宗心中不爽，但对养父无可奈何。好在宗干没多久就病死。金熙宗悲痛之余刚刚有喘口气的感觉，朝中大权又为“皇统和议”的功臣金兀朮所揽。

宗室内部斗争虽激烈，金熙宗总体上仍厚待宗室，宠礼不衰。即使是杀掉完颜宗磐，他对金太宗别的儿子也没有赶尽杀绝。

完颜宗弼虽然是南宋不共戴天的寇仇，但在金国却是个“汉化派”，相对宗翰、宗磐、完颜昌等保守势力而言，他实实在在属于“改革派”。

在宗弼的支持下，金熙宗时代对女真旧制已经进行了非常大的改造，改用宋、辽官制，废除勃极烈制度（奴隶制的“民主”），细致地确立封国、百官仪色以及官格等，并制定皇统新律，依据汉制营建上京皇宫等。

金熙宗后期，皇权独揽。但此时的他，已经变成一个酗酒狂，长期受压抑的政治处境，使得他从青年时代起就以酒精为药缓解压力，天天与近臣酣饮，夜以继日，人莫能谏。

喝喝酒，撒撒疯，打碎些东西，如果仅止于此，于皇帝而言不算大过。可怕的是，这位爷醉酒杀人，杀近侍，杀大臣，杀妃，甚至连自己的皇后也杀，弄得人人自危。

当然，醉人心内醒，金熙宗杀皇后裴满氏，也与这个女人干政有关。特别是裴满氏醋劲大，时时阻止金熙宗与别的妃子欢好，大为这位大金天子所不能忍受。杀裴满氏的另外一个原因，是金熙宗准备纳弟弟胙王的妃子为皇后。他借酒撒疯，一个月间就手刃裴满氏及其他四个妃子。不仅如此，他唯一活着的儿子——贤妃所生的魏王完颜道济也被他一刀刺死（其长子济安一岁多即病死）。

说回完颜亮。金皇统九年（1149 年，南宋绍兴十九年），值完颜亮生日，金熙宗命侍卫大兴国给弟弟送去赏赐之物。裴满皇后得知倜傥英俊的皇弟过生日，也让大兴国顺便捎带去自己的礼物。

金熙宗闻知老婆惦念英俊的兄弟，顿起怏怏之意。他唤大兴国近前，让卫士狠揍了这位近侍一百大棍，并追还对完颜亮的"赐物"。

这件小事引发了完颜亮内心的疑惧。历史上许多惊人大事的起因，往往是芝麻蒜皮的小事。

史书讲起完颜亮，总提及他为人臣时所讲的几句话："吾志有三：国家大事，皆自我出，一也；帅师伐国，执其君长，问罪于前，二也；得天下绝色而妻之，三也。"

其实，完颜亮对好友高怀贞讲的这些话，并非多么悖逆狂妄之言。如果他日后成为唐太宗一类人，这些话可能就变成"豪言壮语"了，恰可与这位俊小伙手中扇面上两句诗交相辉映：大柄若在手，清风满天下！

完颜亮之所以觊觎帝座，一是由畏生恨，二是因为金朝大臣萧裕的撺掇："先太师（指完颜亮之父完颜宗干）为太祖长子，德望如此，人心天意，宜有所属。公诚有志举大事，愿竭力以从！"

完颜亮大喜，对萧裕数加荐引，使他一直握有两京的军政实权。

虽有完颜亮生日引起的好大不愉快，金熙宗对兄弟其实不错，不久仍任命完颜亮为左丞相。

但四个月后，又有一件事使兄弟二人关系紧张。金皇统九年四五月间，金国自然灾害多，狂风大雨，雷电震宫。古代人迷信，认为这些"天变"是上天示警，金熙宗就命汉人学士张钧替自己草《罪己诏》，以奉答"天戒"。

《罪己诏》历代皇朝均有，其中不少内容是固定格式，文中一般皆有“惟德弗类，上干天戒”“顾兹寡昧，渺予小子”等套话。

参知政事萧肄为人阴损，持章对金熙宗讲，“惟德弗类，是指大无道；渺予小子，渺者，目无所见，小子，无知婴孩之称，这明明是汉人托以文字指斥皇帝陛下！”

金熙宗闻言勃然大怒，立命卫士拖张钧下殿，大棍交击数百下，这位倒霉的“笔杆子”命硬，仍旧辗转呻吟不断气。宿醉未醒的金熙宗怒极，亲自下殿，以匕首把张学士的嘴割划至耳边，然后冲着他脑袋乱扎乱捅，残杀了张钧。

金熙宗怒气冲冲回座，又问群臣：“张钧谤讪，谁使为之？”

与完颜亮不和的宗室完颜宗贤回答：“是太保（完颜亮）所为！”

金帝默然，心中恼怒，下诏贬完颜亮于京外，领行台尚书省事。

综观各种史书及今人诠释，史臣、学者对上述事情均照猫画虎，没有一个人注意到这样一个事实：金熙宗一直是汉人大儒韩昉的弟子，朝臣中汉、契丹等族通汉文的人很多，他本人肯定精通汉文，怎么忽然连“公文格式”类似“此致敬礼”这样的套话都看不懂，还需要奚族出身的萧肄给他翻译？

究其实也，金熙宗朝内部的政治斗争从来就未停止过，即使后期金熙宗一个人手持皇权，朝中宗室、大臣钩心斗角、相互倾轧仍旧愈演愈烈，再加上天天酒精中毒，才有了惨杀学士张钧的那一幕。否则，一边大讲金熙宗汉化，一边又讲述他不懂汉文以文杀人，就完全讲不通了。

又过四个月，出外为官正巡视各地的完颜亮接到诏书，皇帝哥哥让他回京任平章政事。本来这是升官返京的好事，完颜亮却非常疑惧，硬着头皮回到京城。

其实金熙宗并无他意，信任兄弟忆念旧情而已，但完颜亮出于惊吓，逆谋愈切。

金廷方面，左丞唐括辩、右丞完颜秉德皆因数次被金熙宗在朝上杖打而心怀怨愤，暗中与大理卿完颜乌带谋议废立之事。完颜乌带与完颜亮关系好，就泄露给他。

完颜亮马上找来唐括辩，试探性地问："若举大事，当推谁为帝？"

唐括辩开始没想到完颜亮，回答："应该拥胙王（金熙宗亲弟）。"完颜亮摇头。

"邓王的儿子阿林怎么样？"完颜亮又摇头。

唐括辩忽然明悟："难道您有意吗？"

完颜亮大笑："果不得已，舍我其谁！"

于是，几个人"旦夕相与密谋"。

时任左卫将军的特思是裴满皇后的亲信，其手下密报完颜亮等人数相往来聚议之事。特思警惕，就通告裴满氏。小叔子人虽英俊，但威胁到老公皇帝的地位，事情非小，裴满皇后就告知金熙宗。

倒霉的是，金熙宗本来就讨厌皇后在朝中树党营私，对上告半信半疑，只把唐括辩叫来揍了一顿棍子，怒骂道："你天天和完颜亮议谋什么？将要拿朕怎样？"

此事也就不了了之。

其实，只要金熙宗有心，派人抓起这几个人鞫审，案情立马水落石出。

金熙宗杖责唐括辩，对完颜亮更是打草惊蛇。谋逆之事，如箭在弦上，不得不发。

不久，金朝河南地方有军士孙胜自称"皇弟阿禅大王"造反，金熙宗由此对自己的弟弟胙王完颜元起了疑心。于是，他诏命左卫将军特思审理此事。审了数日，胙王并无任何牵涉。

完颜亮得知后，深喜此事可以一石二鸟。他跑进内宫，一脸忠心地对金熙宗说："陛下亲弟弟，只有完颜元与完颜扎拉，特思冀望日后此二人继位，故而不严加审讯，故意宽纵。"

金熙宗早就深忌二弟，在半醉半醒之间，觉得完颜亮所说有理，就命唐括辩和萧肄二人重新鞫审。

唐括辩和萧肄虽不属一个派系，在审案上却拧成一股绳，往死里整特斯。大刑伺候之下，左卫将军特斯最终诬服，指称完颜元、完颜扎拉与自己联合，长期以来都在准备谋反。

金熙宗狂怒，立刻下诏杀掉特斯及两个亲弟弟，先替完颜亮清除了“障碍”。

通过此事，金熙宗认定完颜亮有忠心，对他益加信任。

不久，金熙宗酒癫日甚，以积愤手刃裴满皇后等数人，使得宫中近侍特别害怕被杀。

眼见时机成熟，完颜亮便加快了行事的节奏。

要行刺皇帝，结交宫内近侍和禁卫军头目是最关键的一步。于是，完颜亮首先想到的就是为自己生日送礼物被金熙宗狂揍过一顿的皇帝贴身侍卫大兴国。大兴国，从“大”这一姓氏看，应该是渤海人。此人常在金熙宗左右，每晚皇帝入寝，大兴国都从侍寝卫队官员手中拿走皇宫钥匙才回家，所以，他可以在宫内随便出入。

完颜亮把大兴国请到自己家里，“邀至卧内，令解衣，欲与之俱卧，意有所属者”。读者别想歪了，完颜亮不是想与大兴国搞同性恋，而是示以亲近之意，想和对方讲掏心窝的话。

大兴国不傻，他虽是金熙宗近臣，但职级与宗室完颜亮相差万里，哪敢与他共卧，马上应道：“如果有用得着我的地方，唯大王您差遣！”

完颜亮于是叙述金熙宗屡杀宗室、朝臣、嫔后等事，并讲：“主上尝讲得空就要杀了你，我和你不久都要死。宁坐待死至，何不举大事！我已经与数位大臣定议此事。”

大兴国惴惴，他深知金熙宗没准哪天撒酒疯会一刀把自己捅死，就应承道：“大王所言极是，事不可缓。”于是，二人相约十二月九日那天举事。

除大兴国以外，金熙宗宫内卫将额埒楚克、思恭也为完颜亮内应。

额垺楚克跟从完颜亮的原因很简单，完颜亮答应事成后以己女许配楚克的儿子。至于思恭，少年时代就受完颜亮之父完颜宗干恩恤，有了宗干的提拔，他这个穷女真孩子才有今天皇家禁卫军将的隆宠。起先完颜亮还不敢直接告诉思恭想行刺弑帝，岂料，思恭表示："肌肉之外，思恭我一切皆先太师（宗干）所赐。如大王用得着我，死不敢辞！"

思恭、额垺楚克、大兴国这三个宫内侍卫应允相助，完颜亮的胜算已达百分之九十以上。

十二月九日夜，恰逢楚克与思恭在皇宫内值夜班，完颜亮便带着妹夫坦贞（也是禁卫军将），会集完颜秉德、完颜乌带二人于唐括辩家。

唐括辩为他们准备酒饭，包括完颜亮在内，都害怕得吞咽不下，唯独唐括辩饱食自若。这个金熙宗的女婿，只因老丈人揍过自己一顿棍子，就深恨于心要杀人。

天交二鼓，一行人夜趋禁宫。本来皇宫大门半夜根本无人能进，但大兴国有符信，守门军将哪敢拦他。仔细看，又见其身后是帝婿唐括辩，侍卫们不疑有诈，忙大开宫门。

完颜亮诸人随之而入，衣服里面都藏有利刃。行至大殿，守殿门的几个卫士察觉来人有异，刚要喊叫，唐括辩等人皆抽刃加之咽喉，无人敢动。

几个人突入寝殿。睡眼迷离的金熙宗听到了慌乱、仓促的脚步声，大声喝骂，一时间众人后退。权力，特别是皇权的威严，在那一个瞬间一下子显现出来，谋杀者们一时之间都止步不敢上前。

思恭是粗人，叱道："事已至此，不干又能怎样！"

这一句话惊醒诸人，立刻踹门闯入。

金熙宗本人喜文又尚武，平日床边常置宝刀一口。听见殿门被踹开，数人闯进，他心知不妙，忙趁黑摸索宝刀想抵抗。但是，大兴国在他临睡前，已经把那把刀藏于榻下。

金熙宗慌忙摸索之际，额垺楚克一刀捅入这位爷的身体，思恭随之又进一刀，金熙宗不支倒地。

完颜亮猫下腰，狠剁数刀，鲜血飞溅，使得完颜亮满脸满身都是黏稠的血液。从小玩到大的哥们儿（金熙宗六岁入宗干家，当时完颜亮三岁，哥儿俩同吃同住同学习同玩耍有七八年光景，直到金熙宗被立为皇储才搬离），落了个如此结局。

看着血肉横飞倒亡在地的金熙宗，谋弑者们一时愣住，半晌无言。

人生就是要面对一个接一个的问题。老问题（金熙宗）刚刚解决，新问题又来了，谁来顶皇帝这个位置呢。

完颜秉德，论官职他比完颜亮还高。皇帝刚死，果真要拥立面前这位手提血刀一脸狰狞的年方二十七岁的皇庶弟吗？生存或者死去，确确实实是一个问题。

幸亏思恭打破僵局，高声道："开始谋事时就答应事成拥立平章（指完颜亮），今复何疑！"

于是，他第一个奉完颜亮坐于仍旧鲜血淋漓的御榻，跪倒高呼万岁。众人，包括完颜秉德在内，不知不觉随众跪倒，皆向完颜亮称臣。

小伙子拭了拭脸上的鲜血，终于笑了。他扫了完颜秉德一眼，杀人的种子瞬间埋于心中。

弑了金熙宗以后，待天色见明，几个人诈称金熙宗有令，召诸王、大臣入宫，说是要商量立皇后的事情。

金宗室曹王完颜宗敏正与葛王完颜褒（后来的金世宗）一起欢宴，听闻金帝凌晨召入宫，怕皇帝酒醉杀人，不敢前去。葛王完颜褒劝他："叔父现在不去，明天又不知要发生什么事。是福不是祸，是祸躲不过！"

完颜亮御正殿。此时，皇宫内外的将校皆换成他们自己的人。看见诸王、大臣跪伏于殿堂，完颜亮起先还真不忍心杀掉完颜宗敏等人。

完颜乌带走近御座，低声对完颜亮说，"宗敏是太祖儿子，对陛下威胁最大，不杀，恐留后患！"完颜亮点头，让思恭下殿杀宗敏。

殿内，这位老王爷左右走避，跑了半天也跑不过思恭，大刀砍下，肤发血肉，狼藉满地，完颜宗敏被惨杀于殿堂之内。

诸王、大臣皆惶惧伏地，浑身哆嗦，大气也不敢喘。唯独葛王完颜褒强撑，大着胆子问："曹王何罪见杀？"

完颜乌带嚣张地回答："天许大事，尚已行之（指弑帝）。曹王之辈，乃虮虱尔，何足道哉！"

接着，完颜亮下令，把刚刚入殿的宗室完颜宗贤也推出去砍了。可悲的是，宗贤以为杀自己的是金熙宗，因为事前他反对熙宗立弟媳为皇后。

至此，完颜亮正式称帝，废金熙宗为东昏王。接着，他大赏同谋，以完颜秉德为左丞相兼侍中，以唐括辩为右丞相兼中书令，以完颜乌带为平章政事，以思恭为左副点检，以额埒楚克为右副点检，以大兴国为广宁尹，并赐诸人誓书铁券。

然后，他召参知政事萧肄入殿，责问："学士张钧何罪被诛？你何功受赏？"

萧肄惶恐不能对，心想这下子九族要玩儿完。

不料，完颜亮心情好，说："朕杀汝不难，但天下人会以为我报私怨。"只下诏对萧肄除名禁锢。完颜亮此举，看似大度，实则是政治手腕：一来表示自己帝德宽广；二来这萧肄文痞一个，又曾力赞诛杀政敌特斯与金熙宗二弟"有功"，不杀也罢。

篡位之后，时过不久，完颜亮先把拥自己坐帝位的完颜秉德弄死，顺便把金太宗一系皇族全部弄死。

大柄在手任诛戮

果于出刀的完颜亮

完颜亮称尊后，尊其嫡母徒单氏、生母大氏俱为皇太后。

完颜亮之父宗干有四个老婆，正室徒单氏是女真人，二老婆李氏是奚人，三老婆才是完颜亮生母大氏，为渤海人，四老婆是金熙宗的生母蒲察氏。

金熙宗遇弑，徒单氏闻之骇然，对一起唠嗑的金太祖妃萧氏说："皇帝（熙宗）虽失德，人臣也不能行弑呀。"

后来，徒单氏入宫，受完颜亮拜见，她也不因这个儿子称帝而道贺，为此，完颜亮内心怨恨。

完颜亮生母大氏乃渤海皇族，骨子里汉化极深。虽然她亲儿子为帝，但她对徒单氏奉之甚谨——真正的妾对嫡妻的敬畏。

一次，徒单太后生日，同为太后的大氏持酒杯上寿。当时徒单太后正与一堆宗室妇女聊得高兴，从前在家中受惯了宗干小老婆们的拜礼，就没有及时接话茬儿，使大氏在地上跪了不短的时间。

当时，完颜亮在座，见生母如此受屈，愤而离席。宴会后，他遍召当时与徒单太后欢语的诸位公主与宗妇，下令每人处以杖刑数十。

大氏闻讯，忙入宫言不可，因为她当时并不觉徒单氏过分，完颜亮怒气不息，对亲妈说："今天儿子已是九五之尊，您怎能像从前一样侍奉于人！"

不久，完颜亮忆念起小时候老爸宗干的二老婆李氏对自己总是恶言恶语（李氏本为完颜皇族宗雄之妻，宗雄死，宗干纳之）。于是，这位皇帝把"二妈"与她的儿孙（皆为宗雄子孙）七人逮住，皆杀而焚之，弃其骨灰于濠水之中。

完颜亮的"功臣"内部也不是铁板一块。完颜乌带的老婆常在府中府外与英俊小伙通奸，淫声在外。完颜秉德倚老卖老，常在大庭广众之间斥喝完颜乌带的老婆是“淫妇”。乌带管不了老婆给自己戴绿帽，却深恨完颜秉德当众羞辱自己，隐恨于心。

一次，完颜亮生病，完颜乌带入宫探视，乘间挑拨说：“完颜秉德见陛下数日不视朝，问我说：‘主上如有不讳（死亡），谁能继统呢？’为臣我回答：‘主上自有皇子’。秉德又讲：‘孺子小儿岂堪大任，应该是葛王（完颜褒）才行！’”

完颜亮闻言信之，下诏令完颜秉德出京，领行台尚书省事，外贬地方，限他十日内出发。

未几，完颜亮对“忠臣”唐括辩也起了疑心。起因非常简单：一次，君臣二人赏观金朝前帝像，看到金太祖时，完颜亮对唐括辩说：“这双大眼与你的眼睛很像。”本来是开玩笑，唐括辩却面色大变，被完颜亮瞧个满眼，由此开始怀疑唐括辩对自己的忠诚度。

一个月后，完颜亮便把金太宗的儿子、时任太傅的完颜宗本和完颜秉德、唐括辩全部杀掉。

完颜亮为宰相时，就觉得金太宗诸子强盛，曾经为此和唐括辩、秉德讨论过。他即位后，对唐括辩、秉德生疑，于是，就与时任秘书监的萧裕密谋，想托事尽杀太宗诸子。

杀别人好办，诛除如此显赫的宗室，完颜亮一时间不知用什么罪名才好。

萧裕出主意：“尚书省令史萧玉和完颜宗本关系一直特别密切，人所共知。现托词萧玉告发诸人谋反，朝内外肯定相信，可按籍诛杀这群人。”

谋定后，以击鞠（打马球）为名，完颜亮遣内侍召完颜宗本及完颜宗美等人入宫。完颜宗本等人入宫后，遥见完颜亮在楼上，刚刚下跪叩拜，军士们一拥而上，快刀斩落宗本、宗美等王爷的脑袋。见宗本已经解决掉，萧裕马上派人把萧玉弄来。

当天，萧玉送客出城，欢饮大醉，不省人事。昏沉之间，他被军士送到萧裕家的一间小黑屋子看管。傍晚，萧玉酒醒，望见自己身处可疑之地，屋外又有军士看守，认定自己是受别人陷害被关入囚牢要杀头，就以头碰壁，大哭大嚎："臣未尝犯罪，家有七十老母，可怜可怜我吧。"

萧裕听闻，忙过来看，见萧玉这个孙子样儿，也乐了。他入屋后，附耳对萧玉说："皇上认为完颜宗本诸人不可留，今已诛之，欲加以谋反之罪，令你上告其事，款状我让人替你写好，如果你答应，富贵荣华，立时便来！"

萧玉连想也不想，立刻答应。

萧裕拉着萧玉入宫，忙向完颜亮复命。完颜亮大喜，马上下诏，派人驰赴各地，杀东京留守完颜宗懿等金太宗诸子诸孙共七十多人。

金太宗由此血脉全绝，一个不剩。

完颜乌带得知皇帝已开杀戒，赶忙入宫进言："完颜秉德数与完颜宗本欢会，指斥陛下，并对完颜宗本说皇位最终会归于他。"

即使完颜乌带不说此话，完颜亮也饶不了完颜秉德。金熙宗被杀后，秉德那一刻的迟疑，已经带给他宗族灭门之祸。于是，完颜亮下诏诛杀完颜秉德宗亲三十余人。这个完颜秉德不是别人，乃金国开国元勋完颜宗翰（粘罕）的孙子，至此，宗翰亦绝后。

完颜亮手不闲，又大杀诸宗室五十余人。四年后，完颜亮杀韩王完颜亨。完颜亨，是金兀术的独子，本名孛迭，为人勇猛无敌。他还是个运动冠军，击鞠为天下第一。

完颜亮当皇帝前，与完颜亨同行游玩，遥见一群野猪，完颜亨就对完颜亮说："看我以铁锤杀之！"言毕，奋锤遥击，洞入野猪肚子，野猪应声倒地毙命。如此瞎显摆武艺，终于被完颜亮"惦记"。完颜亮派人诬称他谋反，并将他逮捕。捆起后，卫士用脚猛踹完颜亨裆部，使得这位王爷活活痛死。

几年后，完颜亮仍旧不放心，派人又杀完颜亨的两个老婆及其唯一的儿子完颜羊蹄。所以，金兀术也绝后。

金太宗、完颜宗翰（粘罕）、完颜宗弼（金兀术）三人，皆是灭亡北宋的当事人。两宋汉人天天讲“复仇雪耻”，这三人毫发未伤。金兀术，兀术在女真语中是“头”之意；粘罕，在女真语中是“心”之意。完颜亮对皇族开刀，击“头”挖“心”，不可谓不狠。

天道好还，三人的后代上百人皆为同族的皇帝完颜亮诛杀。除此三人以外，一直在陕西等地侵逼宋朝的金帅撒离喝，也被完颜亮族诛。

宴会时金太祖的妃子总坐在亲妈大氏上位，完颜亮恼怒之下，托事杀掉这位太妃及其儿子任王。

大杀宗室后，完颜亮赏功，以萧玉为礼部尚书，萧裕为尚书左丞，进完颜乌带为司空。而后，他转告萧裕，让他上表，进言自己纳各被杀宗室妇女入宫中。

老萧闻此也犹疑：“近杀宗室，中外异议纷纭，奈何复为此等事！”毕竟是佞臣，思来想去，最终萧裕仍具奏。

皇帝完颜亮马上“从善如流”，相继纳本为他堂姐妹甚至长他一辈的同宗妇女入宫，肆为淫乱。

完颜亮为人，颇似隋炀帝杨广（他被弑后也被恶谥为“炀”），为人善于诈饰，他初当宰相的时候，妾媵不过三人。当皇帝后，淫欲无厌，后宫诸妃十二位，又有昭仪、充媛九位，婕妤、美人、才人各三位，其他临幸美人，不计其数。

此外，在性行为方面，完颜亮也可称古代帝王中最前卫的“人才”，什么群交、孕妇癖等，史不绝书。明人写的话本《金海陵纵欲身亡》，内容大多由正史《金史·后妃传》推演而出，在此不赘述。

天德四年，距杀金太宗子孙一年不到，完颜亮派人勒死了他的“功臣”完颜乌带。完颜乌带升官发财，难免得意忘形。一次早朝，看外间阴云密布欲下大雨，他忖度完颜亮不会视朝，就自己先离朝回家。见左丞相都走了，百官皆随之去。不料，完颜亮那一日按时升朝，见朝堂空无一人，大怒。问侍卫缘由后，知道是完颜乌带率百官离朝。这位皇帝心生厌恶，马上下诏贬其为节度使离京外任。

不久，完颜乌带的淫荡老婆入宫与完颜亮私通，完颜亮深喜这位熟妇，索性派人缢杀完颜乌带，纳其妻入宫为“贵妃”。

又过了两年，金贞元二年（1154 年），完颜亮杀掉最早与他合谋帝位的“老战友”、时任尚书右丞相的萧裕。

不过，这位萧裕并非是完颜亮主动要杀他，确实是自己找死。本来，完颜亮待萧裕甚厚，萧裕专权之余，害怕皇帝哪天一不高兴把自己也族诛了，就想先下手为强。他与几个人密约，谋立已经亡国的辽朝天祚帝的孙子。事情未成，被西北招讨使萧怀忠告发。

完颜亮闻知惊骇，起初根本不信。逮捕萧裕后，他遣宰相按问，萧裕马上认罪。

至此，完颜亮仍不尽信，亲引萧裕于前问之。萧裕倒是痛快人，回言：“大丈夫为事至此，岂能不认！”

完颜亮问：“朕哪里得罪你，竟然做谋反之事？”

萧裕答：“陛下与唐括辩和为臣我三人共约生死，定下大事，但不久唐括辩以强忍果敢被杀，臣心皆知之，恐自己也不得其死，所以谋反，以求侥幸免死。此外，太宗子孙无罪，皆死于臣手，臣死亦晚矣！”

完颜亮叹息：“杀太宗诸子，岂是你一人所为，朕出自国家日后大计不得已为之……我与你自早相识，情好不辍，今可饶你一死。”

萧裕倔强，表示：“久受陛下宠遇，我深知错谬，悔恨何及！”坚持请死。

完颜亮也落泪，以女真结义风俗，用刀割自己左臂出血，取血涂萧裕之面，哭言道：“你死之后，当知朕根本无疑你之心！”

于是，完颜亮哭送萧裕出门。然后，他下诏诛杀这位老战友以及涉案诸人。

过了数月，已是一方大吏太原尹的“功臣”额埒楚克招算卦人为自己卜命，妄谈休咎，算卦人上告，完颜亮下令斩杀这位老粗，焚后投骨于水。

至于拥完颜亮为帝并首刃金熙宗的思恭，后来因屡屡参问完颜亮嫡母徒单太后，惹起猜忌。恰逢思恭出讨叛乱无功，被完颜亮下诏逮捕族杀。

与完颜亮一起弑金熙宗的，只剩下大兴国和完颜亮妹夫坦贞。大兴国功大，完颜亮后来授其为崇义军节度使，赐名邦基，所以大兴国又名“大邦基”，意为“立邦之基”。他时时得赐黄金宝物，家财无数。完颜亮侵宋被弑后，金世宗继位初，也只是把大兴国夺官，追还赐物。坐稳帝座后，金世宗念起大兴国旧恶，把他在金熙宗陵前碎剐。

完颜亮妹夫坦贞活得最久。金世宗在完颜亮死后继位于中都，还下诏以坦贞之女为皇太子妃，任坦贞为太原尹。在地方任上，坦贞大肆贪污，累赃巨万，终被降官。又隔了几年，金世宗思虑再三，才下诏诛杀坦贞夫妇及其二子，但下诏宥其诸孙。坦贞的一个外孙，就是后来的金章宗。

文才武略兴规模

改制迁都的完颜亮

完颜亮即位之初，就有“天下一统”的野心，想把京城从当时的上京会宁（今黑龙江阿城）迁到燕京（今北京）。

女真贵族不赞成迁都。皇帝毕竟是皇帝，完颜亮下令在燕京大修宫室，并于贞元三年迁都于燕，改燕京为大兴府，号中都为中京，会宁府为北京，汴京开封府为南京，而旧辽阳府为东京，大同府为西京如故，并削会宁的“上京”之名。所以，今日北京之盛，肇自当年的金帝完颜亮。

完颜亮迁都，意义重大。金朝上京偏在一隅，不利于中央政府的统治，南迁燕京，可以周知四方之政，免去鞭长莫及之失，又可使水陆运输问题得以解决。

离开上京，完颜亮也有摆脱旧时代阴影的企图。被冤死的皇族的冤魂萦绕，新皇待在那充满血泊的宫殿中肯定不爽。

迁都，不仅沉重打击了阻碍汉化的女真旧势力，其实也大大加快了金国向“文明”国家迈进的步伐。为了把事做绝，完颜亮命人把包括金太祖在内的金朝“始祖以下十帝陵”尽数内迁到燕京大房山营，并派人尽毁上京宫室和大族豪宅，平夷其址，耕种为田。这样一来，全然断绝了女真贵族回老家的念头。

此外，由于女真人户的大批南迁，屯田户们计口授田，官取其租，生产关系完全脱离了昔日奴隶制而变为租佃制，大大小小的女真头目变成了私人地主，金国的“封建化”过程，得以一蹴而就。

改制方面，完颜亮对中央集权制进一步深化，改金熙宗时代的“三省六部制”为“一省六部制”，废掉三师、三公这些能真正威胁皇权的职位，把它们变成荣誉性的虚衔，只保存尚书省，并由皇帝本人直接掌控。

他还废除元师府，依辽宋汉制改为枢密院，军权归皇帝掌握。

完颜亮的官制改革，皇权一统，不能不说是金朝政治制度的一大进步。

在此，摘述一下女真旧制中的主要官名：

> 都勃极烈，总治官名，犹汉云冢宰。
>
> 谙班勃极烈，官之尊且贵者。
>
> 国论勃极烈，尊礼优崇，得自由者。
>
> 胡鲁勃极烈，统领官之称。

移赉勃极烈，位第三曰“移赉”。

阿买勃极烈，治城邑者。

猛安，千夫长。

谋克，百夫长。

诸纠详稳，边戍之官。

诸移里堇，部落墟寨之首领。

乌鲁古，牧圉之官。

完颜亮是个完全汉化的金朝帝王，自然也想以“中华正统”自居。为此，他曾对臣下讲：“朕每读《鲁论》，至于（孔子）‘夷狄之有君，不如诸夏之亡（无）也’，朕窃恶之，岂非渠（孔子）以南北之区分、同类之比周而贵彼贱我也。”

于他而言，“夷狄”身份的泯除，只能待一统天下后才能达至。

当他读毕《晋书》中的《苻坚载记》，也大叹：“（苻坚）雄伟如此，秉史笔者不以正统帝纪归之，而以列传第之，悲夫！”大发不平之意。

此后，一个偏执的念头在他头脑里越来越清晰：“自古帝王混一天下，然后可为正统。”正是此种“宏伟”理念，促使他日后想先灭南宋，再灭西夏和高丽，使天下最后成为“一家”。

当然，慕羡江南繁华，惦念高宗丽妃刘氏，史书虽载，应该都是完颜亮的小想法，这位皇帝毕竟见过大世面，不会因柳永的一首词或高宗的一个美女而发动战争。

金世宗得位后，组织人编修《海陵庶人实录》，笔杆子自然“愤”笔疾书，大揭前帝“罪恶”，“海陵（完颜亮）被杀，诸公逢迎（金世宗），极力诋毁（完颜亮），书多丑恶”（元人苏天爵语）。即使是在金朝晚期，金臣自己也讲：“我闻海陵被弑，而世宗皇帝立。大定三十年，禁近能暴海陵蛰恶者得美仕。史官修实录，诬其淫毒狼骜，遗臭无穷。

自今观之，百可一信耶！”

宗教方面，完颜亮也严加控制。他对当时最为流行的佛教大力禁抑。贞元三年（1155年），磁州和尚法宝要外出远游，金朝大臣张浩、张晖数去寺庙慰问、挽留。知道此事后，完颜亮召三品以上大臣悉于朝堂会集，当廷责斥二张：“闻卿等到寺庙，和尚法宝居正座，卿等皆侧坐于傍，又跪拜乞留，殊无大臣风范！如欲拜礼，亦应尊礼张通古这等德高望重的大臣，岂有向和尚屈膝之理！”完颜亮立命卫士抓了法宝和尚上殿，严词诘问。

大和尚虽牛，也知道皇帝杀人不眨眼，战惧不知所为，跪在当地一个字也说不出，只剩下哆嗦。

完颜亮见状大笑：“长老当有定力，你倒怕起死来。”命卫士当廷打张浩、张晖各二十大板，老和尚倒霉，受杖二百。老屁股被打烂，短时间再不能云游四方。

家族方面，完颜亮对母亲大氏至孝。贞元元年，大氏病重，临终，言称自己以不能见大姐徒单太后为恨，并要求完颜亮在自己死后把徒单太后从会宁迎至中都奉养。

贞元三年，完颜亮亲自于中途迎接徒单太后，先命左右持捧两根大杖，然后跪在徒单太后面前说：“亮不孝，久失温情，愿痛笞之，不然，不自安。”

徒单太后感动，亲自掖扶皇帝儿子，说：“民间有子克家犹爱之，况我有子如此！”

母子二人，暂时和好。

文才方面，完颜亮自是一代大家，恰恰因其身为帝王，字里行间平添常人不能有的雄豪之气。金末刘祁在其《归潜志》一书中说得比较中允：“海陵庶人，虽淫暴自强，然英锐有大志，定官制、委令皆可观。又擢用人才，将混一天下，功虽不成，其强至矣。”

为帝之前，完颜亮的小诗清丽可喜：

驿竹

孤驿潇潇竹一丛，不同凡卉媚春风。

我心正与君相似，只待云梢拂碧空。

见几间有岩桂植瓶中索笔赋

绿叶枝头金缕装，秋深自有别般香。

一朝扬汝名天下，也学君王著赭黄。

自然挥洒之间，顿见高洁之志。

完颜亮所作之词意味隽永，如咏雪的《昭君怨》：

昨日樵村渔浦，今日琼川银渚。山色卷帘看，老峰峦。锦帐美人贪睡，不觉天孙剪水。惊问是杨花，是芦花？

当然，胸中有了篡弑之心后，完颜亮的诗就有些肆无忌惮了，其《书壁抒怀》一诗，跃跃欲试之意闪烁其间：

蛟龙潜匿隐沧波，且与虾蟆作混合。

等待一朝头角就，撼摇霹雳震山河。

金正隆六年（1161年，南宋绍兴三十一年）侵宋前夕，完颜亮在汴京新修的宫殿中赏月，云雾涌天，闭月不见，心焦气躁的完颜亮词性大发，作《鹊桥仙·待月》：

停杯不举，停歌不发，等候银蟾出海。不知何处片云来，作许大、通天障碍。虬髯捻断，星眸睁裂，唯恨剑锋不快。一挥截断紫云腰，仔细看，嫦娥体态。

此词之中，不仅流露出完颜亮侵宋前焦灼的心情，那挥剑斩云的豪迈也显示出他的帝王之气。“仔细看，嫦娥体态”，更惟妙惟肖地把主人公“寡人有疾”的嗜好不经意间透露出来。

侵宋战争开始后，伫立于清河口巨型龙船的最高层，谛听钲鼓之声不绝于耳，完颜亮热血沸腾，挥笔写下《喜迁莺》：

> 旌麾初举，正駃騠力健，嘶风江渚。射虎将军，落雕都尉，绣帽锦袍翘楚。怒磔戟剑髯争奋，卷地一声鼙鼓。笑谈顷，指长江齐楚，六师飞渡。
>
> 此去无自堕，金印如斗，独在功名取。断锁机谋，垂鞭方略，人事本无今古。试展卧龙韬韫，果见成功，且莫问江左。想云霓望切，玄黄迎路。

创作完毕，完颜亮令人抄写，遍赐诸将。可惜的是，女真诸将喝酒吃肉还行，穿汉衣着汉巾也舒服，真正捧读汉文字的还真没有几个。

无论如何，词中“金印如斗，独在功名取”，寥寥九个字，文字简洁，用典深沉，志向豪迈，已经显示出女真皇帝的词意臻至大妙之境。

此外，完颜亮最为人称道的一首词，当属他的雄浑大作《念奴娇·雪》

> 天丁震怒，掀翻银海，散乱珠箔。六出奇花飞滚滚，平填了，山中丘壑。皓虎颠狂，素麟猖獗，掣断真珠索。玉龙酣战，鳞甲满天飘落。
>
> 谁念万里关山，征夫僵立，缟带沾旗脚。色映戈矛，光摇剑戟，杀气横戎幕。貔虎豪雄，偏裨真勇，非与谈兵略。须拼一醉，看取碧空寥廓。

从词境的雄奇大气方面讲，完颜亮此词一点儿也不输毛润之先生的《沁园春·雪》。

豪旷、横霸、峥嵘、狂傲、遒迈、雄鸷，景色无限的北国风光和雷霆万钧的帝王气势，均在词中宣泄无遗，令人目眩神迷！

可惜的是，由于南侵失败被弑，完颜亮的文翰被金世宗及其臣下销毁殆尽，仅留的几篇诗词，还是因南宋的文人岳珂、洪迈等人在《桯史》《夷坚志》等笔记著述中引用而得以保存。完颜亮诸多不传的作品，只能从写作《渚山堂词话》的陈霆口中得到些许消息："（完颜）亮之他作，例倔强怪诞，殊有桀骜不在人下之气。"

总之，遍阅宋金词，可以发现，完颜亮的作品确实是推陈出新、别开生面之作，其特点在于不落窠臼，用典少，直抒胸臆，没有宋人那种矫饰和书袋气，恰如广袤北国的罡风与落雪，飘飘摇摇，飞舞不羁。

后世人称完颜亮诗词为人代写，完全是没有根据的臆度。如果是汉儒"枪手"代笔，文中难免有酸腐与局促之气，帝王的龙虎气度，绝非常人模拟得来。

处心积虑一南北

一心侵宋的完颜亮

金正隆元年（1156年），完全坐稳帝位的完颜亮接受群臣所上的尊号：圣文神武皇帝。同年夏天，他颁行正隆官制，标志着金朝汉化的鼎盛期到来。也正是从这一年开始，完颜亮开始"废朝"，常数月不上朝。

这位爷不上朝当然不是因为身体不好，而是因为太好，肉类食物吃得又多，性欲旺盛，天天在女人肚皮上消磨青春荷尔蒙。

这年六月庚辰日，宋朝的钦宗皇帝在五国城含恨而死，他在金国的封号是“天水郡公”。钦宗赵桓之死，有被戮和病死两说，但他的死亡时间与完颜亮大规模杀戮宋、辽宗室降王的时间还差几年，似乎是病死。日后，金世宗指斥完颜亮“罪恶”的诏书中，称他杀害赵桓等人。无论是他杀还是病死，这位钦宗皇帝均不是安死床箦的善终。当然，赵桓之死，金人秘之，南宋并不知晓。

贬居永州的张浚仍旧不忘朝廷和国事，认定金人肯定近期要南侵，便上疏“预警”。

书奏，不报。不久，张浚又上书，强烈要求朝廷要加强边备。

这下可惹恼了宰执万俟卨和汤思退，他们与高宗认定金朝并无挑衅入侵之意，张浚完全是危言耸听。

宋高宗下诏严禁张浚在永州乱说乱动，斥他“邀誉而论边事”，乃“腐儒无用之常谈”，目的在于“以冀复用”。可见，高宗君臣，掩耳盗铃如此。

不过，万俟卨“幸运”，转年即病死，没有看到张浚黑色预言成真的那一天。张浚还算好运，没有被严罚。这一年，东平进士梁勋上书，认为金人必定举兵南侵，朝廷应该预先防备。高宗赵构大怒，亲自下诏把梁勋远贬千里之外的州军，并严诏表示：“讲和之策，断自朕志，秦桧但能赞朕而已，岂以其存亡而渝定议耶！近者无知之辈，鼓倡浮言，以惑众听，至有伪撰诏命，召用旧臣，抗章公车，妄议边事，朕甚骇之。自今有此，当重置宪典！”

由此，也道出了高宗赵构才是真正投降派幕后总头子的实情。

金正隆二年（1157年）春，完颜亮在武德殿，忽召吏部尚书李通、刑部尚书胡励、翰林直学士萧廉，很神秘又绘声绘色地对三人讲：“朕昨夜做梦到天庭，殿中之人皆矮小如婴儿。忽然，我听见天帝下旨，授朕天策上将（李世民曾有的封号），命我征伐某个国家。朕受命而出，骑马出门，见周围鬼兵无数，朕向空中发一箭，众鬼兵皆大声应诺，服从号令……惊醒之际，声犹在耳。朕忙派人去厩中看视所乘御马，浑身汗水。又取我箭袋，也发现少一支金箭。如此异梦，是否上天感应，让朕平定江南呢？”

三个人互视片刻，马上齐齐下拜称贺。

完颜亮仍旧故做神秘状，戒嘱三人不要把话外传。

当其时，他侵宋的决心已定，只不过先找几个文臣来，试探一下他们的反应。吏部尚书李通揣知完颜亮之意，接连引荐自己的好友张仲轲与马钦入朝为谏议大夫等职，盛谈南宋富庶多宝物，迎合完颜亮。昔日被金国俘虏的宋朝宦者梁珫也不是省油的灯，每每在内殿向完颜亮提及高宗妃子刘氏有倾国美貌，引动皇帝南侵。完颜亮心有成算，派人拣选精洁衾褥，连刘妃日后的铺盖都提前预备好了。

正隆三年开春，宋朝的“贺正旦使”孙道夫回国前，完颜亮召见他，斥责南宋关押金国逃人，又责南宋在边境盗买鞍马备战，还特别指斥南宋自秦桧死后对金国态度不如以前恭敬。

上述指斥，百分百都是找碴挑刺，他开始为战争做铺垫。

一日，完颜亮召张仲轲、马钦以及校书郎田与信三个文臣谈论《汉书》，旁有值卫将校女真人迪实侍立。汉化的完颜亮，读书挺细，他挑起话头：“汉朝封疆，不过七八千里，今我国幅员万里，可谓是广大之国啊。”

张仲轲人精一个，顺接完颜亮话头：“本朝疆土虽大，而天下一分为四，南有宋国，东有高丽，西有夏国，若能天下一统，才真正算得上是泱泱大国。”

完颜亮点头：“欲伐宋国，有何口实呢？”

张仲轲：“臣听说宋人买马修备，招纳山东叛亡之人，以此为罪，正可攻伐！”

完颜亮脸色朗然，捻髯笑道：“前些时候梁珫对我说，宋国刘贵妃资质艳美绝人，伐取宋国，一举两得。”顿了顿，好像是自言自语：“江南闻我举兵，肯定会慌忙窜逃远地吧。”说这话时，完颜亮若有所思。

马钦、田与信忙附和："这些南蛮，即使远窜，又能逃到哪里！臣等皆知江南道路、人员虚实，到时定为陛下宣力！"

完颜亮扭头瞧了瞧值班的女真人迪实，问："你敢打仗吗？"

迪实忙施礼："受皇恩日久，死又何惧！"

完颜亮很满意，他让迪实落座，问道："你认为宋国敢出兵吗？如果对方出兵，你能冲锋陷阵吗？"

迪实是女真人，又是武人，拍马奉承来得不是特别快，思虑良久，他回答："为臣虽驽怯，也敢为陛下拼死一战！"

完颜亮又问："宋国若战，将于何地出兵？"

迪实答："不过在淮上待我军，应该不敢深入。"

满意之余，完颜亮自言："上天肯定助我成功。"顿了顿，他又说出心中更深的想法："朕举兵灭宋后，过两三年，再讨平高丽和夏国。天下一统之后，论功行赏，广赐将士，大家到那时候肯定就不计辛劳了。"

君臣几个人"纸上谈兵"，勾勒出未来美好的"蓝图"。

不过，金国臣子中，也有直言之臣。派往宋国的使臣魏子平入辞，完颜亮试探他的话头："你觉得苏州和大名哪个地方好？"

魏子平当然知道皇帝的心意，但他没有附和说什么江南富丽，反而力称大名好："北地宫室、车马、衣服、饮食皆胜一筹，江南地方卑湿，气候溽热，当然不如上国之地。"

听魏子平这么一说，完颜亮不悦，心中怪这位臣子不解人意。

魏子平不解人意，金国"解人意"的臣子一大把。吏部尚书李通、左宣徽使敬嗣晖皆是阿谀之臣。不久，完颜亮召这两人及翰林学士翟永固、韩汝嘉四人入殿，与他们商议要大修汴京，想从燕京再迁都，以便南侵。

李、敬二人立刻叫好，大称天时地利人和，要实现大一统。

翟、韩二学士耿直，劝谏说："燕京兴营不久，帑藏已乏，民力未苏，岂可再耗费巨亿营建汴京？金宋通好已久，宋年年按时进献岁贡，如果我国兴兵，恐怕师出无名。”

听惯了依从附和之语，完颜亮登时大怒，厉声大喝：“此事非你们所知！”挥袖斥二人出殿。

没过几个月，汴京北宋时的旧皇宫发生火灾，完颜亮正好借这个机会，派左丞相张浩、参知政事敬嗣晖（老敬因阿谀而升官）前往汴京重新大修宫室。

张浩是渤海大族出身，为人谨慎，谏劝中都甫成，财力困乏，应缓营汴京。完颜亮不听。临行，完颜亮又向他询问征伐宋国的利害关系，张浩不敢正面抵触皇帝，婉言道：“臣观天意，赵氏必不长久，可待其自灭。”

完颜亮闻之愕然：“何以知之？”

张浩言：“赵构天子，以疏属为皇储，他日必祸起萧墙，自可不烦用兵，其国自亡。”

完颜亮嘉其言而不能从。平素这位皇帝动辄以“天”说事，但其实他是个现实主义者，深知“天”是不会凭空帮他灭掉宋国的，只有血与火的征伐才可做到。

派出张浩等人修营汴京，完颜亮不放心，又派心腹太监梁珫去监工。大公公尽心尽责，不计成本，只要最贵最好，不论金银多少。史载“运一木之费至二千万，牵一车之力至五百人。宫殿之饰，遍敷黄金，而后间以五彩，金屑飞空如落雪，一殿之费以亿万计”。

往往完工之后，梁公公四处审验，稍有不如意，马上命人拆毁重造。面对这位骄横跋扈的大公公，张浩等人只能听之任之。

为了加快战争步伐，金国于正隆四年（南宋绍兴二十九年，1159年）突然罢用于宋金双方商业贸易的密州、寿州、蔡州、邓州等地的榷场，只留下泗州一处榷场，每五日一开。南北商旅，弃物货而逃者甚众，造成了很大的恐慌。

一日，完颜亮上朝，大声对宰相大臣讲：“宋国虽臣服，并非真正遵守盟誓，近来，朕听说他们招纳我国亡叛之人，又在边地买马备战，我们不可不防。”

以此为借口，完颜亮下令在金国辖下各族及诸路州县中籍丁充军，大肆扩充军旅，逐渐加快了战争机器的运行。

“金（国）方建宫室于南京，又营中都，与四方所造军器材木，皆赋（敛）于民。箭翎一尺至千钱，村落间往往椎牛以供筋革（弓弦甲皮），以至乌、鹊、狗、彘，无不被害，境内骚然。”

金国罢榷场、营汴京、籍军兵，动静不可谓不大。从金国出使还归的南宋官员忧心忡忡，劝谏高宗赵构，特别提醒他金国在汴京大肆营建，肯定有南侵之意，让高宗留心。

高宗赵构先是一惊，然后释然：“金人营汴京，不过是修行宫罢了。”

黄中回言：“臣见金人役夫数十万，行事浩大，不可能只为修行宫。倘若金人徙都于汴京，士壮马健，数日即可驰至淮上，不可不备！”

身为宰执的汤思退等人听说此事，反而怒气冲冲斥责黄中“惊扰圣听”，认定金国不会渝盟生事。

年底，金国“贺正旦使”施宜生、副使耶律翼入杭州，南宋吏部尚书张焘接待来使。

金使施宜生是闽人，本是北宋进士，靖康时南逃，后因惧罪入伪齐，再后来就为完颜亮擢用为尚书礼部侍郎，派他为使臣去南宋。施宜生言：“自以得罪北走，耻见宋人。”他力辞，金廷不许。

老施硬着头皮入南宋，心怀故国，与张焘茶饮时，见身边左右随从少，就打暗语警示张焘：“今日北风甚劲！”表面上是谈天气，实则提醒张焘：“北风”即金国要入侵。他还怕张焘不明白，又大声对身边随从吆喝：“笔来！笔来！”听上去是索取纸笔，实际上是告诉张焘金人“比来”，即“马上就来”的意思。

张焘是聪明人，自然会意，密奏高宗赵构，提醒皇帝应该早做战争准备。

其实，这批金使及随从，除施宜生以外，副使耶律翼等人皆是完颜亮认真择选，暗带任务而来。其中还有不少负有间谍使命的画工，他们沿途详尽绘制自金宋边境到南宋临安一路的详细地图、城郭、山形、地貌等，回去后统一整理，作为金国南侵的军事资料。

回去后，完颜亮见画中的临安湖山秀美，城郭繁华，非常高兴，他让间谍画工把临安景色制成屏风，又添画自己戎装骏马立于吴山之上，题诗曰："万里车书盍混同，江南岂有别疆封？提兵百万西湖上，立马吴山第一峰。"

勃勃野心，跃然纸上。

施宜生自以为他和张焘的对话外人不知，但他身边的随从以及混入南宋的金人奸细早已把情况上报。回到金国后，施宜生即遭逮捕，被处以烹刑，全家被诛杀。

这位施宜生，诗文作得极好。使宋期间，他参观五代时吴越国王钱镠的一处遗迹，有感而发，作《钱王战台》诗。诗意看似旷达，实则充满感伤与忧愤：

层层楼阁捧昭回，原是钱王旧战台。
山色不随兴废去，水声长逐古今来。
年光似月生还没，世事如花落又开。
多少英雄无处问，夕阳行客自徘徊。

字里行间，阴风森森，似乎已经有了某种不祥的预感。反观他青年时代一首《题壁》诗，凌云壮志，挥洒自若，自有满腔壮烈豪情：

君子道穷志不穷，人生自古有飘蓬。
文章笔下千堆锦，志气胸中万丈虹。

大抵养龙须是海，算来栖凤莫非桐。
山东宰相关西将，直把前功论后功。

完颜亮方面，在内部加紧控制，禁止任何反对他南侵的声音。太医祁宰直谏，表示金太宗时代君明臣勇，尚不能消灭宋国，时移人异，军队素质下降，加之军旅扰民，天时、地利、人和三方面均不利于南伐。完颜亮大怒，立命卫士送祁宰于闹市戮之，家财全部充公。

杀掉一个太医也就算了，完颜亮的嫡母徒单太后因劝阻南伐，也被完颜亮杀掉。

先前，徒单太后有个侍女，名高福娘，相貌美丽。入宫通问时被完颜亮看中。后来，云雨数度，高福娘被完颜亮“发展”为眼线，专门伺察徒单太后的一举一动。无论是出去游观还是接见亲戚、大臣，高福娘皆会一五一十详细禀告完颜亮。

高福娘一个丫鬟成精，心恨太后，常讲太后坏话，于是太后与完颜亮之间嫌隙日深。

枕边风的添油加醋，效果最显著。最早参与谋弑金熙宗的思恭家宅与徒单太后所居宁德宫相邻，他受命兴讨反叛的契丹诸部前，拜谒太后辞行，讲出自己对当前大举南伐的忧虑。徒单太后其实也没说什么，只是叹息附和而已。

高福娘忙入宫见完颜亮，具陈经过，编排说太后与思恭等人屏人密谋。完颜亮怀疑太后有异图，顿起杀心，立命殿前点检大怀忠：“你去见太后，只称皇上有诏，让她跪受，立即杀掉！”

大怀忠（真是大坏种）与高福娘等人率兵士突入宁德宫时，徒单太后与宫女正在玩牌棋。大怀忠高喝“皇帝有诏”，命徒单太后下跪。

太后愕然。以母跪子，已是大悖礼制。刚一跪地，高福娘就从案上操起镇纸猛砸太后后脑，毕竟女人力气小，太后被砸伏地后挣扎又起，大怀忠上前，扯下徒单太后身上的巾带，绞住太后的脖子，把她活活勒死。

杀掉徒单太后完颜亮仍不解气，命人焚尸，弃其骨灰于水中，又杀太后左右十数人。

事后，完颜亮封高福娘为郧国夫人。

完颜亮疑忌徒单太后，也自有其道理。女真部族本来母系势力就强大，汉化之后，从大礼上讲当朝皇帝嫡母太后在政治上处于尊显之位，如果太后真想废帝，还真不是一件特别难的事情，况且完颜亮本人得帝位就不正。所以，杀掉徒单太后，完颜亮感觉除掉了心腹之患。

国内大事料理已毕，完颜亮在国内签军，最后合蕃汉兵二十七万，仿唐制分为二十七军。同时，金帝在国内括马六十万匹，集合诸路水手，共三万人。为了便于攻宋，完颜亮雇用宋朝降将孔彦舟为南京留守。

孔彦舟在靖康年间是北宋的京东西路兵马钤辖，金军入侵，身为宋将的他不仅不抵拒战斗，反而率所部军兵杀掠人民，劫财烧房，渡河南逃。后来，南宋要抓捕他，老孔便率兵投降了刘豫的伪齐，并数度带兵入侵南宋。伪齐被废，孔彦舟仍为金人卖命，攻城略地，杀人无算，官至兵部尚书、河南尹。这个败类，不仅大德方面坏，私德也坏，"荒于色，有禽兽行"。见其妾所生的十二岁女儿姿貌秀丽，他竟然把这个亲生骨肉奸污，并苦虐其母，让她对外声称此女非老孔骨血。最终他把这个亲生女儿也纳为妾，其淫毒乱伦，古今罕有。此外，下属官员欠下巨额官钱，只要把老婆送上门让孔彦舟"享用"，高兴之余，他总是大笔一挥，勾销下属的欠款。这样的一个禽兽，对金朝一直"忠心耿耿"。由于渔色过度，孔彦舟得了脱阳症，将死之际，还不忘上书完颜亮，献策"伐宋当先取江南"。

金正隆六年（南宋绍兴三十一年，1161 年）三月，完颜亮从燕京出发，率大队人马，浩浩荡荡奔汴京而来，自中都（燕京）至河南，所过麦地，被蹂践一空，扰民甚剧。

至此，高宗赵构方信金人极可能南侵。这才下令两淮诸将防备。同时，高宗下诏允许一直被贬的张浚“湖南路任使居住”，解除软禁。

为了应对金人，南宋朝廷派出使臣到金国，表示说：“如金朝皇帝只是排銮驾到洛阳观花，则不须屯兵于两国边境；如果金国迁都于汴京，屯兵于宿州、亳州等地，本国（南宋）不免也要在淮上屯兵。上述举措，不是渝盟，而是为国之道，不得不如此。如果大金皇帝巡幸汴都小住，很快还燕京，本国也不会派一人一骑渡淮河置防。”

金国接待宋使，问清来意，完颜亮知道再遮掩也不是事，就派高景山、王全为贺宋生日正、副使臣，并对王全耳提面命：“汝见宋王（高宗），即面数其罪，索其大臣及淮、汉之地。如不从，即厉声抵责之，彼必不敢害汝。”又对高景山说：“你们回来后，把王全与宋主的问答一五一十具奏。”

有了施宜生那档子事，完颜亮对汉人大起提防之心。

金使一行到杭州，高宗赵构在紫宸殿正式接见。高景山进国书后，自称口吃，让副使王全代自己替金帝传言。高宗点头同意。王全升殿，面对高宗赵构，厉声道：

> 皇帝（完颜亮）特有圣旨，昨自东昏王（金熙宗）时，两国讲和，朕（完颜亮自称）当时虽年小，未任宰执，亦备知得。自朕即位后一二年间，曾差祈请使巫伋等来，言及宗属及增加帝号等事，朕以即位之初，未暇及此，当时不曾允许。其所言亲属中，今则惟天水郡公（钦宗）昨以风疾身故外，所祈请似亦可从。又念（宋国）岁贡钱绢数多，江南出产不甚丰厚，须是取自民间，想必难备。朕亦别有思度，兼为淮水为界，私渡甚多，其间往来越境者，虽严为诫禁，亦难杜绝。又，江以北，汉水以东，虽有界至，而南北叛亡之人，互相扇诱，适足引惹边事，不知故梁王（完颜宗弼）当日

何由如此分画来。朕到南京（汴京），方欲遣人备谕此意。近有司奏言，（宋国）欲遣使来贺行幸南京，灼知意甚勤厚。若只常使前来，缘事理稍重，恐不能尽达。兼南京宫阙初秋毕工，朕以河南府龙门以南地气稍凉，兼放牧水草亦广，于此坐夏，拟于八月初旬内到南京，当于左仆射汤思退、右仆射陈康伯及或闻王纶知枢密院，此三人内可差一员；兼殿前太尉杨存中最是旧人，谙练事务，江以北山川地理，备曾经历，可以言事，亦当遣来。又如郑藻辈及内臣中选择所委信者一人，共四人，同使前来，不过八月十五日以前到南京，朕当宣谕此事（完颜亮此意是想趁来使之际，先把南宋的主要文臣武将先行拘捕）。若可从朕言，缘淮南地理，朕昔在军颇曾行历，土田往往荒瘠，民人不多，应有户口，尽与江南，朕所言者惟土田而已（此意是把人口给宋国，索要淮南土地）。务欲两国界至分明，不生边事。朕以向来止曾经有泗、寿州外，陈、蔡、唐、邓边面不曾行历，及知彼处围场颇多，约于九月末旬前去巡猎，十一月或十二月，却到南京，于差来正旦使处，当备细道来，朕要知端的。于次年二三月间，又为京兆，亦未曾至，欲因幸温汤，经由河东路分，却还中都去（迷惑南宋，表示只是出来游玩巡幸，不久即还燕京）。

自宋金绍兴二次和议以来，两国使臣到对方国家皆彬彬有礼，气氛大体上比较友好。今日，王全傲然立殿，对高宗赵构指手画脚，语气乖戾，惹得高宗非常不快，高宗对王全说："听闻王公您也是北方世家大族出身，怎么这么没有礼貌。"

此时，高宗对王全刚才信口滔滔一席话中"天水郡公昨以风疾身故"之语还没有明白过味儿来。

由于事先受金帝完颜亮一再叮嘱，王全当然要表现蛮横（他本人也怕表现软弱回去后会被完颜亮烹杀），跳脚高言："赵桓（钦宗皇帝名讳）已经死了！"

闻此言，高宗脸色大变，立刻站起身，转身往殿后走。王全不依不饶，依旧肆无忌惮地扬臂高叫："我来商谈两国大事，何以置我于不顾！"

宋朝文臣不敢言，倒是禁卫军军官李横上前喝止："不得无礼，有事朝廷理会。"

另一个军官刘炎对宰执陈康伯说："渊圣（钦宗）崩闻信至，应奏免茶酒之礼。"

陈康伯说："你自去陛下处奏报。"

刘炎绕过大殿屏风，见高宗赵构正在哭泣。赵构虽是千古奸帝，但这些泪水，想必八九成是出自真心。被掳的父兄得返一直是他最大的"心病"，如今，听闻大哥钦宗皇帝也死了，心中大石落地之余，忆念手足情分，高宗也觉悲从中来。

于是，南宋朝廷打发金国使者还国后，立即为钦宗皇帝发丧。

至此，宋金两国基本撕破面皮。

七月间，完颜亮自汝州到达汴京。南宋诏任大将刘锜为淮南、江南、浙西制置使，节制诸路人马，屯军扬州；又召回被流贬的张浚（虽如此，高宗对张浚仍存成见："浚才疏，使之帅一路，或有可观，若再督诸军，必败事。"）。

张浚有人望，召其回朝，高宗也是不得已。

另外，南宋朝廷仍作一厢情愿的最后的"和平"努力，派出国使携金帛茶酒前往金国。完颜亮并不接见，只是派大臣宣谕，声称自己要带兵出讨北部造反的蒙古诸族，让宋朝国使即刻回朝，按上次高景山一行使节所称的内容办，宋国必须按期派金国指定的四位文武大臣入汴京见金帝。同时，金国拒绝宋朝使节带来的礼品。宋使惶然离去。

当月，为免自己大肆兴兵后，从前被掳的北宋、辽国的皇族俘囚被人所立生事，完颜亮下令杀掉当时还活在人世的宋、辽皇族男子 130 多人，以为斩草除根之计。

一切部署完毕，完颜亮大宴群臣。席间，他问左丞相萧玉："朕欲伐江南（南宋），卿以为何如？"

萧玉马上回答："不可。"

完颜亮压住怒气，说："朕视宋国，如掌中之物，何为不可？"

萧玉答："上天以长江限南北，舟楫非我所长。苻坚以兵百万伐东晋，不能以一骑渡江，由此知伐宋不可。"

大怒之下，完颜亮叱出萧玉。恰巧，尚书令张浩因遣人奏事，也被完颜亮责骂，当廷施以杖刑，顺便也把萧玉押出殿外，大棍子伺候了一顿。

听着殿外大杖打在屁股上的声音以及两位大臣的哀号，金帝完颜亮对面如土色的群臣讲："张浩大臣，有事不面奏于朕，因人转告，行事轻浮，所以要打。萧玉以苻坚比朕，真想把他的舌头钉在柱上碎剐了，念其有功（指他当初诬陷金太宗诸子之事），姑且饶他。"

不久，金帝完颜亮杀掉劝谏他南侵的翰林直学士韩汝嘉。

至此，金国上下，再无敢谏之人。

提兵百万汹汹来

率兵南侵的完颜亮

南宋绍兴三十一年（1161 年）十月，完颜亮分诸道兵为三十二军，命皇后徒单氏与太子完颜光英居守汴京，张浩、萧玉、敬嗣晖留汴京治省事。他本人戎服乘马，嫔妃皆从，有兵众六十多万，号称百万，毡帐相望，钲鼓之声不绝。

金臣李通在淮河上架浮桥，金军将自清河口入淮东，远近大震。

完颜亮把金军绝大部分主力用于东线他自己的亲征军和浙东金军水军，将川陕、荆襄这两个南北交战的传统战场作为大战的烘托。只要东线主要战场取胜，金军水陆并举，南宋都城临安必为囊中之物。

但是，天不作美，完颜亮决定南侵之前，由于金朝强行征兵的政策，使金国西北路的契丹人不堪其扰，爆发了耶律撒八、移剌窝斡等契丹农牧民众的反叛，咸平府（今辽宁开原附近）原来的金国谋克（百夫长）括里也率军而起，攻占柳河、韩州等地，直朝金国的东京（今辽宁辽阳）杀来。

后院起火，依理完颜亮应该暂停攻宋，先把金国西北路的来犯之敌扑灭才是。但他当时唯一的念头就是一统天下，认为契丹人的叛乱不过是“癣疥小疾”，在派枢密使仆散忽土率兵攻杀耶律撒八的同时，又派东京留守葛王完颜雍率兵去平定括里。

括里听到完颜雍大军来攻，悔怯之下忙逃奔耶律撒八。耶律撒八眼见数路金国大军杀至，心中发毛，便想率众投奔辽朝灭亡后西逃建立西辽的耶律大石。但是，大部分契丹民众不愿背井离乡，移剌窝斡乘间杀掉耶律撒八，自立为头领，掉转头攻陷昔日的辽朝都城临潢府（今内蒙古巴林左旗）。有了作为辽王朝象征的地方，契丹兵民士气大振。

完颜雍，原名乌禄，是金太祖阿骨打之子完颜宗辅（讹里朵）的儿子，在金熙宗时为葛王。完颜亮夺位后，大杀宗室，但未立即对完颜雍下手，把他外放为中京（今内蒙古宁城）留守。为了活命，完颜雍不停地向完颜亮献宝献物，力求博取些新帝的好感。完颜亮笑纳稀世珍宝后，又打起了完颜雍老婆乌林答氏的主意，便下诏召这位貌美王妃入宫。完颜雍夫妇感情深厚，闻诏震骇。乌林答氏痛哭一场后，深知自己如不奉诏，丈夫会马上没命，因此劝夫君让自己赴燕京。虽不忍割舍，完颜雍也无法，如果拒旨，夫妇二人立刻就得死。快到燕京时，乌林答氏乘看守官员不备，自尽而死。

得知乌林答氏死讯，完颜亮大怒，认定是完颜雍事先指使妻子守节。完颜雍又悲又惧又恨：悲的是如花娇妻为自己而死；惧的是完颜亮很可能生怒而下毒手；恨的是自己太无能，只能咽下夺妻之仇。

为了不让完颜雍安生，金帝完颜亮一会儿改任完颜雍为济南尹，一会儿改为西京（今山西大同）留守，不久又降其王爵为公爵，并把完颜雍最终改任为东京留守。不仅如此，完颜亮派自己的岳父高存福为副留守，任命心腹李彦隆为推官，监视完颜雍的一举一动。契丹部落叛乱时，完颜雍正因母亲李氏之丧在家守孝。完颜亮一方面想利用完颜雍镇压契丹人，一方面又疑惧完颜宗室会因他南侵之际有所动作。高存福方面，也不停密报完颜雍有反心。

在征讨括里的过程中，完颜雍遇到刚从汴京回来的老部下六斤，得知完颜亮南行前弑害嫡母徒单太后，又杀侄子完颜檀奴以及枢密使仆散忽土，可能下一步就要杀尽残余的宗室。惊骇之余，完颜雍的舅舅李石建议择时起事，再不可迟疑。

于是，趁完颜亮渡过淮河之际，完颜雍设计杀掉高存福和李彦隆，发动“东京政变”。赶巧的是，形单势孤的完颜雍正愁手下无兵马，从南方战场逃归的金将完颜福寿以及金将完颜谋洐等人率众来归，拥完颜雍为帝，改元“大定”，完颜雍即后世鼎鼎大名的金世宗。

金世宗称帝后，下诏曝完颜亮十大罪，宣称贬其为“海陵郡王”，这就是完颜亮又称“金海陵”的由来。

金帝完颜亮闻知完颜雍称帝消息时，正在长江北岸准备从采石矶（今安徽当涂西北）渡江。乍闻祸起萧墙，他非常震惊，严命封锁消息。忖度过后，他准备召集诸主要将帅北归平叛，同时准备留下一部分金兵继续攻宋。

但是，大臣李通劝完颜亮本人不要马上回去，他的话也不无道理：“陛下亲帅深入异境，无功而还，若众散于前，敌乘于后，非万全计。若留兵渡江，车驾北还，诸将亦将解体。今燕北诸军近辽阳者恐有异志，宜先发兵渡江，敛舟焚之，绝其归望，然后陛下北还，南北皆指日而定矣。”

这席话，说得很有道理，终于打动了完颜亮，使他坚定了先灭南宋再北归平叛的决心，但实际上这成为他的催命符。

李通原意很好，灭宋后再回去平定政变，一了百了。但是，他没有掐算在内的是，如果灭不了宋国，败绩而归，又会如何！

倘若完颜亮此时先行北归，倒有百分之九十的可能平灭政变。

李通之大计，其实给了新皇帝完颜雍一个绝妙的喘息、整顿的机会。其臣下独吉义庆幸地说：“陛下此举若太早，则正隆（以年号称完颜亮）未渡淮，太迟则移剌窝斡必太炽。今正隆已渡淮，窝斡未至太盛，将士在南，家属皆在北，唯早幸中都为便。”金世宗点头，马上率众一路冲荡向中都燕京进军，准备占据金国具有象征意义的政治中心。

其实，早在完颜亮起兵前一个月，金国的海州（今江苏连云港）已被当地汉人魏胜起兵占领。宋朝治海提督李宝（岳飞原部将）马上任命魏胜为知州。这位魏胜原本只是一个弓箭手，听闻金军欲南侵，他聚集 300 人，兵不血刃北渡淮水，攻取金国的涟水军。金朝海州知州高文富派军人前往剿灭，竟然被魏胜迎击打得大败。魏胜等人得势不饶人，追着金军一路撵杀，直到海州城下，一鼓作气，在海州城内汉人的配合下，杀守城金军千余人，克复海州。

大喜之余，李宝自率三千名水军，乘一百多艘战船赴海州，与魏胜里外合击，又杀掉万余名正进攻海州的金军。然后，李宝挥水师直杀胶西，在海战中以少胜多，连发火箭，烧毁金舰数百艘，使得金国浙东道水军基本覆没，完全击碎了完颜亮从海路攻取临安的战略计划，确保了临安的水上安全。

西路方面，宋将吴璘抱病指挥战斗，不仅击退了金国将领徒单合喜的金朝西路军，还乘胜收复秦（今陕西华县）、陕（今河南陕州）、虢（今河南灵宝）等州；荆襄方面，金将刘萼开始虽攻下信阳等地，但很快就被宋军阻挡，金国的蔡州、邓州等地反而又落入宋军之手，双方相持不下。

金帝完颜亮所率主力东路大军，初期战况进展十分顺利，可称是所向披靡，在淮西指挥宋军抵拒的宋朝建康府都统制王权是个草包加混蛋，听闻金军大至，他连象征性的抵抗都不做，连弃庐州（今安徽合肥）、和州（今安徽和县）等地。

身在杭州的高宗赵构闻败讯，“欲航海避敌”，准备开始新一轮大逃亡。幸亏宰执陈康伯以及大将杨存中（杨沂中）坚持，他才没跑，硬着头皮“御驾亲征”。赵构在平江扎营，下诏李显忠代替王权领军，召回主战派代表人物张浚判建康府。

由于初战克捷，金军大军迅速由涡口（今安徽怀远）到正阳（今安徽寿县）一线横渡淮河，然后，兵分两路，连下滁州、庐州、扬州等州郡，直杀至长江岸边。

当时，宋将刘锜正屯军瓜洲，负责撤离真州和扬州的民众。金军闻知，即刻遣军来争，双方在皂角林一带展开激烈战斗。老将刘锜在身陷重围的情况下，下马死战，苦拼不已，边打边退，走入本部宋军设伏的丛林中。金兵追入，宋军早已埋伏的弓弩一时齐发，射死近千金兵。

金军见运河岸路狭窄，不利于骑兵驰骋，便鸣金收兵。不料，刘锜又指挥宋军冲锋，大败金军，在混战中杀掉金朝统军高景山（正是先前出使宋朝的那位爷）。由于刘锜忽患重疾，宋军很快撤回镇江，刘锜只以其侄刘汜率一千五百人屯护瓜洲渡。

金国大军一时间皆于长江北岸集结，一眼望不到边。

此次南侵，完颜亮所率数十万金军同以前金军入寇截然不同，军纪严明，不烧不杀不淫不抢。每攻下南宋州县，金军马上谕民安众，声称“大金皇帝仁德，不须惧怕，各安其业”。即使有金兵不慎遗失火把，烧毁民房两三间，也被完颜亮亲自下诏斩首，并揭榜于军，重申军纪。

在庐州，完颜亮见到未及逃跑的当地汉人居民，亲自慰谕：“我已下令军人不可乱杀，如有哪个兵士杀南民，就会立即杀掉他。”亲切接见后，金帝还赏赐这近百名百姓每人十两银子，酒食打发。

所以，乍看此次的金国大军，完全是吊民伐罪的仁义之师，特别是完颜亮自率的一路，称得上是秋毫无犯。每次交战之前，金军也以“天朝天军”自居，不偷袭，不诈取，战前以箭向宋军军营射发“招降书”，做足春秋礼数。

为了稳住军心，宋廷派出知枢密院事叶义问至镇江，成立临时军事指挥中心，又派中书舍人兼参谋军事虞允文探视刘锜并询问败军情状。

叶义问乃文臣，既不知兵，本性又怯懦，他一到镇江就到处抓乡民役使，掘沙为沟，中间栽木枝为鹿角，防备金军攻上滩头。役夫乡民被逼干苦力，笑话这位叶公：“叶枢密的见识还不如吾辈农人，一夜潮生，沙沟皆平，树枝也会被水流冲荡全无，这种防御管屁用！”

不久，刘锜的侄子刘汜因骄惰导致军败，叶义问吓得直想马上找山路逃回浙东。诸将气愤喧哗，他才不得已赶往建康。

中书舍人虞允文前往采石矶犒军，离目的地还有十余里，就看见宋军将士三三两两散坐道旁，无精打采，全无军纪。

虞允文下马临问，军人们皆聚集过来，说：“王节使（王权）在淮西发军令，命我们弃马渡江。我们都是骑兵出身，现在没有了军马，不能打仗，我们都不晓步战。”

虞允文点算王权溃兵，在采石矶一地仅有一万八千人，数百匹军马。再远望江北金兵大营，一望无涯，不见其后。

虞允文的随从劝他还建康，说：“事势如此，皆为王权等人所坏，您被派至此地是犒军，不是派来督战，何必为别人担当败责。”

虞允文虽是书生，胆气奇豪。他马上设立军帐，把宋朝溃军的几位将校张振、王琪、时俊等人召入，激励说：“金兵如果济江，汝辈逃又能逃到哪里！今前控大江，我军有地势之优，不如死中求生，面水一战！朝廷养汝辈三十年，难道不能一战报国吗？”

军将们表示：“大伙都想打上一场硬仗，但谁来当总指挥？”

虞允文："正是王权指挥失误，才陷汝辈如此败境，朝廷已经派李显忠接替王权。"

众人皆知李显忠的大名，齐声说："朝廷选对了人！"

虞允文又说："现在李显忠还未到达，大敌当前，我当身先进死，与诸军勠力决一死战。朝廷出内帑金帛九百万缗，又有节度、承宣、观察使告身（空白委任状）在我身上，只要军将士卒有功，马上赏银授官！"

众人闻言皆拜："今即有主事，我们愿为虞舍人一战！"

虞允文，字彬甫，隆州人，七岁即能写文章，绍兴二十三年（1153年）进士及第。这位进士姿貌雄伟，身高六尺四寸，慷慨磊落有大志。绍兴三十年（1160年），他作为宋朝贺正使出使金国。双方互使，一般都有宴乐射箭的招待节目。金人接待一方给虞允文弓箭，要他"露一手"，实则想看笑话。虞学士看似彬彬之士，硬弓随挽，一发破的，使当时诸座皆惊。在金国期间，虞允文仔细观察，发现金国四处皆运粮造舟，就已经明白完颜亮肯定要南侵。回国后，他立即向高宗汇报，提醒朝廷备战。

大战在即，完颜亮自和州至采石矶，途中谒西楚霸王祠，感叹道："如此英雄，不得天下，诚可惜也！"布置妥当后，他又临江筑坛，刑马祭天，以猪羊投江祷胜。然后，他对金将富里珲说"舟楫皆备，可以渡江了"。

富里珲一脸难色："臣观宋军舟船甚大，我军舟小又慢，恐怕过不去。"

见一个老将如此怯懦，完颜亮大怒："你从前跟随梁王完颜宗弼追赵构入海，难道当时有大船吗？明天一早，你与都督完颜昂第一批渡江！"

富里珲唯唯，完颜昂心中"悲惧"，当夜差点舍军逃走。

转天一大早，金军布阵已毕，大风吹起。金帝完颜亮自执小红旗，指挥金军战船从杨林口出发，一艘接一艘，首尾相衔。

渡江之初，完颜亮没料到对岸有宋军步兵。战前，他问过军中老将："当年梁王宗弼如何渡江？"有人回答说："梁王自马家渡过江，江南虽有宋军，望见我军即奔溃，我军舟船着岸，宋军已经跑得不留一人。"

完颜亮闻言高兴，自语道："我渡江也应该类似。"

结果，完颜亮的金军水军行至江中，忽然看见岸边冒出不少宋军士兵。金人大惊失色，但又欲退不能。

由于风大，七十多艘金军战船已经被吹至岸边，金兵从船上跳下，直杀入宋军营阵。乍一交手，宋军因心怯还有些不支。

虞允文在最前线往来巡视，见将军时俊正观察战况，他抚其背激励道："将军你以勇敢名闻四方，现在却立于阵后，怎么像个无胆的女人！"

时俊回头，一看虞学士在自己身后，热血沸腾，立刻跳出工事，手舞双刀，奋不顾身地杀向金军。

混战之中，宋军越战越勇，被风吹至江边的战船上的金兵很快都被杀死。更有利于宋军的是，满载士兵的金军大战船因太重，底阔如箱，又不熟悉采石矶当地的水文情况，都停于江中，前后左右行不得。

关键时刻，虞允文派出海鳅小船，在布满江面的金军巨舟之间来回冲荡。金军水师每船只有十几名弓箭手，本来就无水上作战准备，不少人还晕船，零星射出数箭，连宋军毫毛都伤不着。

即使如此，海鳅小船上的宋兵凭弓箭和刀枪也伤不到大船上的金军，而统领宋军大战船的蔡、韩二将畏战，始终龟缩在港内不出。

正当金军兵将扒着船舷呆望之际，忽见小船上的宋兵搬出一堆上圆下尖的东西，放在船内支稳后，用火点着，声如雷霆，怪东西自下蹦起，纷纷落在金军大船上，轰然爆裂，在引起大火的同时，圆形物内又有大量白石灰，金军纷纷迷眼不能视物，想救火都来不及。

这种秘密武器，宋军称为“霹雳砲”，是世界军事史上最早把火药用于战争的武器。当然，今天看来，“霹雳砲”不过是高级一些的特大号“二踢脚”，底端装发射用的粉状火药，顶部置入石灰和炸药，点燃引信后，大“二踢脚”升高，烧炸后开裂，引燃金军大船。

以现在人的眼光看这些东西，会觉得这些粗制滥造的“秘密武器”简直就是儿戏，但在八百多年前，这些原始火箭的威力大得惊人，不仅烧毁了无数艘金军战船，金国军将也被这些天上掉下来的东西吓破了胆。

如此一来，后果自不必说，金军大败，船上人大多被烧死或掉入江中淹死，败回上岸的，又被怒极的完颜亮下令悉数杀掉。

此时，金军仍旧有不少战船在北岸，犹豫不决之际，宋朝有淮西溃卒三百多人乘船自蒋州撤退到此，虞允文忙派人截住他们，授以旗鼓，让他们溯江而上，迷惑金兵，使之以为宋援军来到。

完颜亮心慌，真以为宋军增援水军赶到，忙下令撤军，退回和州。然后，金军又奔往扬州，准备选择瓜洲渡江。此次采石矶大捷，完全是虞允文指挥得当，用计用谋，在众寡悬殊的情况下，取得水上大胜。

这次水战，宋军水军主力战舰一直龟缩未出。所以，战后，虞允文把水军指挥韩、蔡二将各处以鞭刑一百。

听闻金帝完颜亮率军趋淮而去，虞允文对已经率兵赶至采石矶的大将李显忠说：“京口我军人少，我准备前往，能否分兵助我一臂之力？”

李显忠对面前这位文人佩服得五体投地，马上分一万六千名兵士及战船随虞允文到京口。

虞允文至镇江，探视刘锜病状。卧床不起的老将抓住虞允文手说：“我的病有什么可说，朝廷养兵三十年，最后大功出于君辈书生之手，真使我辈军人惭愧死！”

一语成谶，刘锜惭愧之余，不久果然病死。

金帝完颜亮采石矶大败，金军的元气并未深伤，最后，他在瓜洲镇龟山寺设御营，准备倾力一战。他认为，只要金朝大军过江，宋国的国祚也就差不多走到尽头了。

但是，此时的京口，也有宋将杨存中和成闵的20多万宋军集结，渡江求胜，只是完颜亮的美好愿望而已。即使金军果真成功渡江，胜败也不好说。

虞允文思虑周密，深恐宋军舰船数量少，不足用，他下令试造新船，修补原先的旧船，极大地增强了宋朝水军的力量。新船造好后，虞允文又怕不实用，就拉着大将杨存中临江按视。

宋军战士乘船在河中流上下游荡，三绕金山，回转如飞。金军如临大敌，排列如墙，举弓持满，严阵以待。其实，宋军只是试船，将靠岸的时候，掉头忽回。这次“表演”，使得金军骇愕不已，他们一辈子也没见过行动如此迅速的船只。

完颜亮闻报，披挂骑马，登高观看。这位金帝心中惊惧，表面上却很镇静，笑对诸将说：“这些船肯定是纸做的，不堪一击。”

忽然，诸将中有一人出列，跪奏道：“南军有备，不可轻敌，此处水面、地形对我军也不利，希望能回军驻屯扬州，力农训兵，徐图进取。”

一听此言，完颜亮震怒，拔出佩剑，上前就要杀人。

诸将解劝，说话的将领叩谢哀求，完颜亮才稍稍息怒，把此人打了五十军棍后放掉。

咬牙切齿之际，完颜亮深知在此耗下去很不利，特别是金世宗在东京继位后，金军逃亡者一天多似一天，假如胶着在此，日久必会生变。

于是，他指示诸将转天渡江，下死命令说：“军士敢有临阵逃跑的，杀蒲里衍（小队长）；蒲里衍有脱逃的，杀其谋克（百夫长），谋克有逃者，杀其猛安（千夫长）；猛安有逃者，杀其总管！”

如此死命令一下，全军上下人人危惧。

汹汹疑惧之下，不少军将走入金国兵部尚书、浙西路都统完颜元宜帐中计议。

完颜元宜其实是契丹人，本名耶律元宜，其父耶律慎思窝里反，帮助女真灭辽，被赐姓“完颜”。由于自己手下兵士逃亡不少，耶律元宜深恐完颜亮点数后杀自己立威，心中七上八下。

众人叹息发愁之余，一个名叫唐古乌贡的猛安表示：“我们不是战死就是掉入江里淹死，只要遇败，想逃也逃不回去，不如大家共力齐举大事（指弑完颜亮）。”

众人附和，耶律元宜也赞成，并约召他的儿子、时任骁骑都指挥使的耶律旺祥，准备凌晨时分趁完颜亮禁卫军换班时突然袭击。

有众将支持，还需士兵配合。耶律元宜集合本部兵士，骗他们说：“皇帝有令，命你们皆弃马渡江，游过去冲杀。”

士兵们喧哗，大叫“送死无疑”。

见火候已到，耶律元宜说：“新天子已在辽阳继位，不如共行大事，然后举军北还，既可安全归家，又可邀赏。”

众士兵皆齐声允诺。

但是，完颜亮身边一直有五千名金国最精锐的兵士护卫，这些人皆万里挑一，精于骑射，百发百中。这部特别禁卫军的标志是身披茸丝联甲，紫茸为上等兵，青茸为下等兵，对外统称“紫茸军”，又称“硬军”或“细军”。

平素完颜亮观看这些人比武，常对大臣们讲，攻取江南，有这五千人就足够了。这些金朝的禁卫精兵从不临阵，平时只是环卫完颜亮，充当贴身扈从。

傍晚时分，耶律元宜派人骗他们说：“江东的子女玉帛皆聚于海陵，现有诏让你们马上赶往袭取。”

听说有好处，又是兵部尚书派人传令，这些人一哄而去。如果有这些人守卫，完颜亮的御营根本攻不进去。

黎明时分，耶律元宜父子与唐古乌贡等人率领所部兵士向完颜亮御营发动袭击。

听到喊杀声起，完颜亮开始还以为是宋军偷营。穿衣亮烛之际，一箭射入帐内，他俯拾细观，发现是金军箭矢，愕然道："是我们自己人谋反啊。"

贴身侍卫大庆善劝说："事态危险，应该马上离开此地避一避！"

完颜亮苦笑一声："跑又能跑到哪里去！"

说话间，他摘下壁上挂弓，准备拼死一搏。

帐外弓弩不停，完颜亮刚一转身，就被一支箭穿胸而过，倒地抽搐。

起事的金将冲入，当胸就剁了已经倒在地上的美男子皇帝一刀，见其手足犹动，诸人蹲下，以弓弦把完颜亮勒至咽下最后一口气。

混乱之中，金军将士争抢完颜亮御营内的器物，一时间抢个精光，接着，他们放火烧掉完颜亮的尸体。

耶律元宜派人尽杀完颜亮嫔妃、近侍以及撺掇他南侵的李通、梁珫、大庆善以及郭安国等人（这郭安国不是别人，正是先叛辽又叛宋最终率金军灭北宋的辽朝汉人郭药师之子）。

耶律元宜弑完颜亮后，一不做二不休，为了向新帝完颜雍邀宠，他派人赶往汴京，杀掉完颜亮唯一在世的儿子太子完颜光英。

太子完颜光英乃完颜亮皇后徒单氏所生，姿仪俊秀，是个文武全才的少年。完颜亮本人虽多有过失，教育孩子倒有一套，他曾对侍臣讲："上智不学而能，中性未有不学而成者。太子宜择硕德宿学之士，使辅导之，庶知古今，以防过失。诗文小技，何必作耶。至于骑射之事，亦不可不习，恐其懦柔也。"完颜亮弑嫡母徒单太后，时年十二岁的太子光英正读《孝经》，便问教习的老师："《孝经》讲三千大罪，莫大于不孝，何为不孝？"老师回答："如民间儿子辈赌博饮酒，不养父母，就是不孝。"太子默然良久，才说："此岂足为不孝乎？"其实这个少年心中对父皇杀嫡母一事很感不平。

完颜亮御驾亲征前，这位少年可能预感到某种不祥，抓住父皇的衣带嚎恸不已，使得完颜亮当时忍不住落泪，温言劝抚说："别哭，我很快就会回来。"父子一别，最后竟然在黄泉路上接踵而至。

担任卫护太子任务的太子少师讹里耶，也是虎狼之辈，他接到耶律元宜的文牒，知道完颜亮已死，立刻入宫，亲手掐死了十二岁的美少年完颜光英，显现出向新皇金世宗效忠的赤胆邪心。

耶律元宜入见金世宗，拜平章政事，封"冀国公"，复赐姓"完颜"，后又主持平灭契丹部落反叛事宜，最后"光荣"退休，善终于家。但后来史家修史，仍把此人纳入"逆臣传"。

金军内部政变后，立刻退军三十里，并派人持檄诣宋军的镇江军议和。不久，金人荆襄、两淮的军队，皆拔栅北还。

金军回军途中队伍混乱，遗弃军械、辎重、粮草无数。

金世宗得知完颜亮被弑，立刻趋入燕京。

得知金帝被弑、金军撤离，一直准备脚底抹油开溜的高宗赵构终于喘口气，偕皇子赵玮北上建康（今南京），上演"御驾亲征"的高潮戏。

完颜亮南侵失败的一个微小事件不得不提，此事对于政治历史微不足道，但对于中国文学史却是一件大事，值得一提：

绍兴三十二年（1162 年）正月，汉人耿京起兵于当时的金国辖区东平，宣布归宋，以历城人辛弃疾为"掌机书"（参谋长），并派他奉表见高宗称臣。辛弃疾持宋廷委任状回山东时，得知耿京手下将领叛徒张安国已经杀掉耿京向金国投降，愤怒之下，智勇双全的辛弃疾在海州稍事休整，只带十数人马，驰入金营，活捉叛徒张安国，绑在马上，疾驰而返，并送张安国于抚州处斩。所以，一代文学大家辛弃疾在历史上首次"露脸"，也缘起于完颜亮南侵。

欲雪前耻反败绩

南宋“隆兴北伐”的失败

金军撤退，南宋又艰难渡过一大灭顶之劫。

经过几十年折腾，高宗赵构自觉身心交瘁，便于绍兴三十二年（1162 年）夏禅位给皇太子赵玮，改名赵昚，即南宋孝宗。其实，当时赵构才五十六岁，身体好得很。赵构之所以让宋孝宗独当一面，是想退于幕后安享清闲，大事决于己手，又不必为细事劳心。

太上皇这个位子，赵构一坐就是二十五年，四分之一个世纪，享尽荣华富贵。

宋孝宗是宋太祖七世孙，出自太祖少子赵德芳一系。宋室南渡后，高宗赵构的儿子病死，他又阳痿，一直生不出儿子，便从宗室中挑选继承人，所以，自宋孝宗起，赵氏皇脉转回到宋太祖一系。

宋孝宗骨子里是个主战派，上台后马上为岳飞平反，重用一直被贬斥于外的张浚、胡铨等人，并把虞允文、陈康伯等大臣当作心腹，积极进取。

隆兴元年（1163 年），宋孝宗任陈康伯为左相，自己的老师史浩为右相，张浚为枢密使，拒绝金世宗讲和的要求，准备收复中原。

可惜的是，宋孝宗的老师史浩文臣不知兵，认为吴璘攻占的十六州拉长防线劳民伤财，劝孝宗皇帝下诏令吴璘退回蜀地，白白抛弃了血战而得的土地，并在撤退途中被金兵杀伤不少士兵。待虞允文告知宋孝宗真相，他只能大叫“史浩误我”，后悔都来不及。

急于求成之际，宋孝宗绕过省院，直接下诏命张浚率兵北伐。压抑已久的张浚接诏立刻行动，集结八万精兵，对外号称二十万，分两路杀向灵璧和虹县（今安徽泗县）。

由于宋将不和，张浚自己又指挥无方，宋军在宿州（又名符离）被金军大败，宋军勉强守住淮河防线。

"符离之溃"，使宋孝宗"收拾旧河山"的雄心顿时成为泡影，只能派使臣与金人接触讲和。不久，朝中主和派占上风，孝宗皇帝只得把张浚罢相，这位成事不足、败事有余的忠臣几个月后悒郁而死。

金军以战迫和，迅速逼近长江防线，宋朝楚州、滁州等地陆续失守，情势不利。幸运的是，新继位的金世宗国内待处理之事千头万绪，并不想真与南宋打持久战或者一口气消灭对方，他本人渴望双方罢兵。

在这种情况下，双方经过讨价还价，最终签订了"隆兴和议"：南宋不再向金称臣，改为"叔侄"之国；对宋朝具有侮辱性的"岁贡"改为"岁币"，银二十万两，绢二十万匹，比先前每年少银五万两、绢五万匹；南宋交还金国先前攻占的海州、唐州、泗州、邓州、商州、秦州，宋金疆界恢复战争前状态。

这种和平，是宋金双方"麻秆打狼两边怕"情况下的产物。但是，正是这一纸看似脆弱的和议，竟然使宋金双方近四十年再无战事发生（只有围绕"受书礼"方面的外交摩擦），双方都有时间致力于各自国内的建设和发展。

金朝方面，由于金世宗的和平治国理念，也迎来了它的黄金时代——"大定之治"。

金世宗用人唯贤，与民休息，孜孜求治。在文化方面，金世宗是一位女真民族传统的坚定捍卫者，并首创女真进士科，又把儒家经典译为女真文字，一再强调女真的骑射"长技"。

可惜的是，金世宗本人的努力未能阻止女真人汉化的汹涌大潮，到其孙金章宗时期，下诏命令简选进士的时候免试弓。勃勃武风，已转向彬彬儒雅。

无论如何，这位有"小尧舜"之称的金朝皇帝，确实让金国内各民族以及中原广大百姓过上了四十年和平安定的好日子。在那铁与火的年代，如此和平岁月，实为不易。

太师飞头去和戎

韩侂胄“开禧北伐”前后事

在后世人眼中，南宋大词人辛弃疾和大诗人陆游，这二位自然都是“好人”类型，他们头上最大的光环就是“爱国者”。特别是陆游，其《示儿》诗中的名句“王师北定中原日，家祭无忘告乃翁”，孩童皆能诵记，朗朗上口。

说起辛弃疾，人们马上会想起“金戈铁马，气吞万里如虎”的英雄形象，文才武略，雄姿英发。他的《永遇乐·京口北固亭怀古》一词，更显现出他似乎就是一个事前诸葛亮，对南宋“开禧北伐”的失败早有预见：

千古江山，英雄无觅，孙仲谋处。舞榭歌台，风流总被、雨打风吹去。斜阳草树，寻常巷陌，人道寄奴曾住。想当年，金戈铁马，气吞万里如虎。

元嘉草草，封狼居胥，赢得仓皇北顾。四十三年，望中犹记，烽火扬州路。可堪回首，佛狸祠下，一片神鸦社鼓。凭谁问，廉颇老矣，尚能饭否？

此首怀古抚今的“大作”，后人评述，往往认定辛弃疾是以诗词论时政，在“开禧北伐”前深忧南宋准备不充分，已经预见到北伐会以失败告终。辛弃疾本人编文集时也注明这首词作于开禧元年（1205 年）春，即离开京口归铅山时所写。种种迹象表明，在写作时间上，辛弃疾很可能做了手脚，借以彰显他对开禧二年（1206 年）北伐失败的“预感”之准确。

其实，读宋人笔记《玉堂嘉话》，可以见出辛弃疾当时完全与韩侂胄站在一条战线上，是对金战争的发起人之一：“及议边事，主和议者众。公（辛弃疾）曰：‘齐襄公复九世之仇，况我与金（国）不共戴天耶！’时韩（侂胄）丞相当国，与公议相合。自是败盟开边，用兵于江淮间数年，公力为多。”

所以，北伐失败后，辛大英雄又作“元嘉草草，封狼居胥”等语，实有推脱责任之嫌。因怀才不遇沉沦外任多年，开禧北伐前辛老汉一直从里到外赞襄韩侂胄，力劝他即刻用兵，所以，辛弃疾应该是战争责任人之一。可以说，辛弃疾是个一流的文学家，二流的政治家，三流的军事家，他年轻时率十余人突入敌营生擒叛徒的事迹，证明不了他有多么高深的军事才略和政治远见。

陆游在诗歌方面是一把好手，堪称大家，至于政治、军事方面，则是个庸识之才。陆游命好，也不好，青少年时代考进士，位列第一，居秦桧之孙秦埙之上，惹得老秦大怒，不仅把主考官“办”了，更记住了“陆游”两个字，嫉恨之余，就是不让他通过选官考试。直到宋孝宗即位，才赐陆游进士出身。后来，他又因“交结台谏，鼓唱是非，力说张浚用兵”，被罢免京中官职。

外任期间，陆游幸得宋朝崇文的风尚保护，终世做一个富贵闲人，为皇帝修修实录什么的，诗词歌赋，怡然生活。当然，才子总是不甘寂寞，老陆七老八十的人仍然“晚年再出，为韩侂胄撰《南园阅古泉记》，见讥清议”。

连朱熹也这样评价他：“其（陆游）能太高，迹太近，恐为有力者所牵挽，不得全其晚节。”

所以，韩侂胄北伐的幕僚班子中，陆游也算一个，志大才疏（“才”指其军事远略），也是韩侂胄最终倒霉的推波助澜者。

韩侂胄被杀后，陆游怕惹祸上身，其文集中删去他为韩爷先前撰写的《南园阅古泉记》以及《南园记》，倒是写《四朝闻见录》的叶绍翁好事，详细抄载了这两篇文章。陆游文学天分高，是文章大家，读他所写的《南园阅古泉记》，足见其耆耄之年的奉谀之语和灿然文采。

八十老翁，文笔华章之余，观其在韩太师面前强撑老腹、尽饮一觚之媚态，尤可矜哀。势利随俗，人所难免。

韩侂胄，其实并无罪大恶极之事，他北伐兴兵，也是辛弃疾、陆游等人力劝，想立功名而已。

但人只要失败，万恶归于一身，敌人撰写的“墓志铭”，定然竭尽歪曲之能事，而生前“好友”们，无奈之余只能袖手叹息（这还算好的，多数“朋友”会毅然投入敌方阵营，使劲朝老友泼脏水以示界限分明）。

“两朝内禅”的真假戏

宋高宗在金帝完颜亮侵宋失败后，审时度势，禅位于并非自己亲生儿子的宋孝宗，退养德寿，精明至极。

他确实也是所托得人，宋孝宗在“太上皇”的阴影下为帝25年，始终孝顺，父子之间，情义无双。当然，从政治能力方面讲，宋孝宗也属中等天分，“志大而量不弘，气胜而用不密”，符离之败，挫折之下再无振作，非真正大有为帝王。

究其实也，仍是宋朝对武将的“猜防”祖训使然，“鉴陈桥（兵变）之事，惩五代之前车，有功者必抑，有权者必夺”。即使宋高宗仓皇南渡、国将不国之时，仍然畏武将如仇，致使文墨笔吏出身的秦桧大行阴计，排挤贤能，枉害虎将。如果老秦不死，说不定又是萧衍、杨坚的宋朝翻版。

秦桧最大的流毒，还在于对宋朝人才的戕害，邪臣之恶，莫大于设刑网以摧士气。

宋金隆兴和议后，双方和平状态保持了大约有40年之久。为此，金世宗获得“小尧舜”的美名，宋孝宗也被当时后世的腐儒赞为“仁恕”之主。

大儒王夫之就一针见血地指出，宋金两国相继亡于蒙古，其实祸因正是肇始于两国当时的和平“善举”。

金世宗史称为明主，其实也是篡弑之君，因此，他肯定认为自己能为众人推立为帝已属天幸，所以，他对南宋的“退忍”和一切“和平”努力，其实出于无奈。至于他“息祸养民”一说，只是腐儒和马屁精的谀辞。“汝欲息，而有不汝息者旁起而窥之”，“一息之余，波流日靡，大不可息之祸，亘百余年而不息”。

我们从历史的经验中认识到：天下虽安，忘战必危！一旦金戈铁马的女真人习惯了风花雪月，蒙古部族的嗷嗷叫声就由远而近，金朝、南宋，便在血火之中化为文明的碎片。

我们确实可以做这样一个假设：如果南宋对金国不搞姑息议和那套投降伎俩，不断派军队攻伐中原，这样的话，不仅可以练兵鼓舞士气，更可以宣威北方，使女真以外的后起少数民族闻之惊惕，对宋朝心存畏惧之心。反过来讲，宋金争斗不歇，金国一方也会持志不懈，日习于战，不会逐渐消损其昔日的勇武好斗之风。即使是金人兵强占据优势，每年都乘秋高马肥之际逼临江淮，“宋亦知警而谋自壮之略，尚不至蒙古之师一临，而疾入于海以亡”。

可以看见的是，金兀术昔日南侵最大的结果，就是使南宋涌现了韩世忠、刘锜、岳飞这样的忠勇大将，福兮祸兮，实相倚依。金国恰似当年南北朝时期的北魏，待其息方新之锐气，通好南朝，安晏于洛阳，六镇之祸由此肇始。彬彬文治，最后的结果是拓跋氏赤族无遗之祸。

在血与火的时代，最怕的就是国家“乍然一息”。忘兵忘战，平民溺于安乐享受，一切忽然之祸，正是种于“缘饰文雅”之时。

南宋淳熙十四年（1187 年）奸帝赵构安逝于宫中，寿至 81 岁，坏人长命，天理何在！

天性至孝的宋孝宗哀痛不已，差点给传位于自己的高宗赵构定庙号为“世祖”，后经臣下劝说，表示要“子为父屈”，赵构之父赵佶尚且称“宗”，做儿子的不可能称“祖”，最后定赵构庙号为“高宗”。

太上皇“崩”了，本该放开手脚大干的宋孝宗却萌生退意，两年后禅位给自己的儿子赵惇，是为宋光宗。

宋孝宗禅位于子，大概出于两个原因：其一是倦怠国事，想退养以安天年；其二是当时金世宗去世，其嫡孙完颜璟即位为帝（金章宗），依据宋金和议，金与宋是叔侄之国，六十多岁的宋孝宗以后在与金国新帝的外交表奏上就要向毛头小伙子金章宗称“叔”，一向注重名分的孝宗皇帝当然不会像沙陀人石敬瑭那样不知廉耻。所以，他退位之后，也可免去向金朝小皇帝称“叔”之辱。

世上可叹的事情往往出人意表。孝宗皇帝乃天下纯孝之人，对不是自己亲爹的宋高宗奉养始终，而他自己的亲儿子光宗皇帝，却是天下大不孝之人。此人不仅荒淫酒色，又百分百怕老婆，伤尽天下孝子贤孙之心。

宋光宗的皇后李凤娘，是庆远军节度使李道的女儿。李道在湖北时，与一个名叫皇甫坦的道士过从甚密，时常交换房中秘方之类的，多次向老道赠以大量黄白之物。皇甫坦这种方士神通广大，后来得在宋高宗身边行走，就向高宗推荐说李道的女儿有“母仪天下”之命。高宗赵构一高兴，就把李氏嫁给宋孝宗的儿子恭王（后来的宋光宗）为妻。

嫁入赵家后，李氏妒悍非常，宋高宗、宋孝宗父子大叹看走眼。高宗叹息“此女将家悍种，我为皇甫坦所误”。宋孝宗对这个凶悍的儿媳也曾训诫："你再凶妒，我就废掉你皇太子妃的名位！"

由此，仇恨的种子，深深种植于这位自幼长于跋扈军头家的女人心中。

宋光宗当皇帝后，李凤娘成了李皇后，自然不把"退休"的老公公放在眼里。宋光宗只有一个儿子嘉王赵扩，乃李氏所生。光宗夫妇急忙想立这个儿子为皇太子。孝宗皇帝心中却想立光宗的二哥赵愭的儿子为皇储。

李凤娘闻言大怒，气冲冲地闯进太上皇老公公内宫，大叫大嚷："我李氏是你们赵家明媒正娶进来的，嘉王又是我亲生儿子，为什么他不能当皇太子！"

如此凶悍的媳妇，别说在礼教甚严的宋朝，在上下几千年的皇朝中也很难找出第二个人来。

孝宗皇帝气得浑身哆嗦，口不能言。李氏扭身出宫，直奔自己老公宋光宗处，拉着儿子嘉王向光宗大哭大叫，说太上皇有废掉光宗之意。孝宗、光宗父子之间的嫌隙，由此加深。

后来，孝宗知道儿子体弱，派人精制了调养药丸给儿子光宗，李皇后竟说太上皇要毒死光宗，致使孝宗、光宗父子势如水火，做儿子的光宗，从此基本不入宫向父皇问安。

李凤娘的骄悍愈演愈烈。宋光宗一次大便后洗手，低头见跪捧金盆的宫女很漂亮，本想推倒就干，忽然想起母老虎李皇后在旁边坐着，他强压欲火，干咳一声，望着宫女柔荑一样白皙纤修的美手赞道："真是一双好手。"李皇后鼻子里哼了一声，心里"咯噔"一下，没有立刻发作。晚上，宋光宗进御膳，太监送上一个金漆描龙朱红食盒，说是皇后送给皇帝尝鲜的"新菜"。光宗皇帝心里高兴，忙俯身亲自打开盒盖，赫然见到食盒中整整齐齐摆放着两只雪白的人手，断腕处仍在不停渗出鲜血。

光宗皇帝本来就有赵氏家族的隐性遗传精神病，由此惊吓勾起病根，精神恍惚，数日不能上朝。

没多久，趁光宗出城行郊礼，李皇后又派人把光宗皇帝宠爱的黄妃活活掐死，然后说是美人暴病而死。

大殓时，光宗看见棺内的黄美人舌头吐出大半截、眼睛鼓出眶外的惨状，"嗷"的一声昏死过去，自此，他的病势加剧，不能视朝，政事多决于李后。

这位李皇后，可以说是宋朝历史上最臭名昭著的女人，骄奢横妒，大封自己李家三代为王爵，李氏家庙的卫兵竟多过赵氏皇家的太庙。她滥赏亲族，上至亲眷，下至门客，近二百人得获"推恩"荫赏。如此跋扈地滥封后族，是南宋高宗以来从未有过的事情。

由于光宗皇帝许久不朝拜太上皇孝宗，大臣们都非常疑骇。在宰执、台谏官员等大臣的劝说下，光宗皇帝有几次想去与老父会面，均为李皇后所阻拦。

绍熙四年（1193 年）九月重阳节，文武百官齐至，皆盼望光宗皇帝亲自领队率众臣拜见孝宗。

临行，李皇后忽然出现，把光宗皇帝拉回内宫，说："天气太冷，陛下还是回宫饮酒。"

百官愫然，莫有敢言者，只有中书舍人陈傅良牵着光宗皇帝的衣裾请他不要回宫，被李皇后怒声呵斥："这里是什么地方，你这个秀才不要脑袋了！"

绍熙五年（1194）春，太上皇孝宗皇帝病重。大臣叩请光宗亲往重华宫探病，皆遭拒绝。

六月，孝宗皇帝弥留之际，左右顾盼，很想临终前见上儿子一面。大不孝的儿子光宗皇帝仍然与李后在内殿饮酒，根本不问父皇死活。

最后，大臣彭龟年等人叩头出血泣谏，光宗夫妇才允许儿子嘉王去重华宫探视孝宗。

眼见孙儿来到御榻，太上皇孝宗皇帝老泪纵横，泣不成声。

当夜，孝宗皇帝病逝，时年六十八岁。

这个连庙号都是“孝”字的皇帝，却生出中国皇朝史上最不孝的儿子。

更出格的是，孝宗皇帝去世后，身为儿子的光宗连丧礼都拒绝出面，这在礼制大盛的宋朝，确实是悖伦大事。

幸亏关键时刻宰执大臣留正、赵汝愚等人请出孝宗嫡母吴太后（此时为太皇太后，是宋高宗的皇后），让这位见多识广的老太太主持丧仪。

宰执大臣们上奏，请光宗皇帝同意其子嘉王“早正储位”，连上两次，光宗只在奉折上敷衍性地批了两个字“甚好”。

李皇后心疑，担心大臣们架空自己老公，就以光宗名义出御札，有“历事岁久，念欲退闲”之语，试探朝臣们的反应。

见情势危急，国不可一日无主，赵汝愚等人就想以太皇太后的名义颁旨使光宗皇帝禅位于其子嘉王。老臣留正怕嘉王在没有光宗御诏的情况下继位名不正言不顺，便在早朝时自己假装摔一跤，然后上表乞致仕，离开了这个政治旋涡。

宰执大臣留正关键时刻溜号，大臣们人心益摇。光宗皇帝上朝，摇摇晃晃神经兮兮，没走几步就摔个大马趴起不来，更让赵汝愚等人心中畏惧，不知如何是好。

最后，还是大臣徐谊出主意，让赵汝愚联络当时任知阁门事的韩侂胄出面，入内宫说动太皇太后吴氏。吴氏的亲妹是韩侂胄之母，所以是以甥劝姨，事情就很好办。

但是，吴老太太特别懂礼，拒绝参与国事，韩侂胄去了两次都没见上大姨。

韩侂胄逡巡欲退之时，一个名叫关礼的宦官留韩爷寒暄。趁此机会，韩侂胄把赵汝愚等人要使光宗内禅的事情一五一十说个清楚。关礼是个好太监，让韩侂胄稍等，他自己进入宫内，见到吴太皇太后就跪下大哭，奏称留正离去后，赵汝愚也要出京避祸。

吴老太太大惊："怎么赵知院（赵汝愚当时任知枢密院）也要去？"关礼回答："今定大计而不获许，其势不得不去！赵知院一去，朝中无人，天下事何可为？"

吴老太太思忖再三，终于答应出面主持内禅之事。

关礼趋出，忙招韩侂胄："明早太皇太后于寿皇梓宫前垂帘，谕告宰执大臣内禅之事。"

其实，光宗的这次"内禅"，既不同于高宗，也不同于孝宗，因为禅让的"主角"本人根本不知情，是另一种意义上的"宫廷政变"，所以，涉事诸人才这么心惊胆战，惶惶不安。

赵汝愚得知吴太皇太后同意，让御林军首领郭杳等人马上布置，命关礼等人秘密赶制嘉王登基用的皇袍。

转天一大早，趁禫祭（大丧除服）之时，赵汝愚率百官在孝宗梓宫前跪定，吴太皇太后临丧垂帘。

赵汝愚出列，奏称："皇帝有疾，未能执丧，臣等先乞立皇子嘉王为太子以系人心，皇帝批出有'甚好'二字，后有"念欲退闲"之旨，请太皇太后处分。"

吴太皇太后心中有数，顺口接言："既有御笔，相公当奉行。"

于是，众臣以太皇太后名义颁旨，尊光宗为太上皇帝，李氏为太上皇后，嘉王赵扩继位为皇帝，是为宋宁宗。

嘉王赵扩闻讯，仓皇不知所为，连声推辞，并称"如此我恐怕要负上不孝之名"。

赵汝愚劝道："天子当以安社稷、定国家为孝，今中外人人忧乱，万一变生，置太上皇何地！"

说着话，众官也不管赵扩同意不同意，将他扶入素幄之中，为他披上皇帝的龙袍，

至此，内禅之事，已成事实。

宋宁宗继位后，听从拥立大臣所言，马上把一直作为李皇后（已成

太后）心腹的太监林亿年等数人外贬，罪名是“离间两宫”，指他们离间孝宗、光宗父子。

李皇后得悉内禅之事，却也无可奈何。转念一想，毕竟是自己亲儿子做皇帝，郁闷之余，好歹有个心理安慰。

李皇后顿失权柄，身边又总有个疯老公乱吼乱叫，心情十分压抑，过了六年，阴毒的李皇后气久成病而死。两个月后，她的疯老公光宗皇帝也死了。虽然对父皇不孝，光宗对母老虎老婆不可谓不忠，前后脚双双进入黄泉界，在来世又可终日受这个悍妒的女人“呵护”。

可笑的是，如此阴狠凶毒的李皇后，死后谥号竟然是“慈懿”。

“庆元党禁”的窝里斗

宋宁宗继位后，推定策之功，以赵汝愚为右丞相，加殿前都指挥使郭杳为武康军节度使。至于“内禅”的另一个关键人物韩侂胄，仅仅获得一个汝州防御史的虚衔。

韩侂胄本是北宋名臣韩琦五世孙，其姨母是太皇太后吴氏，而宁宗皇帝的韩皇后，又是他的侄孙女，本来，自忖有定策大功，韩侂胄觉得自己肯定能获封个节度使什么的，可赵汝愚却对他说：“吾为宗臣，汝为外戚，岂可言功！要赏也应赏那些为国宣力的爪牙之臣。”

赵汝愚倒是没什么私心，先前还推掉兼参知政事的官，但毕竟他自己得为宰执，只给韩侂胄一个象征性的虚官，后者自然悻悻不已。

赵汝愚的好友徐谊劝言：“韩侂胄异日必为国患，宜饱其欲而远之。”又有人劝赵丞相加封韩侂胄节度使以免怨生，皆为赵汝愚拒绝。

韩侂胄虽然没有获美官，但宁宗皇帝深知此人对自己有拥立大功，自然日见亲幸，双方相处的机会也愈来愈多。老臣留正回京城没多久，韩侂胄怕赵汝愚倚之成事，劝宁宗皇帝把他罢相，外放知建康府。

留正被罢也是活该，关键时刻，竟然装病撂挑子，让新皇帝耿耿于怀。

赵汝愚见留正被罢，恼怒之下，也无法让宁宗皇帝收回成命，只有把当时在潭州为官的好友朱熹调入中央给皇帝当侍讲，官虽不大，但是作为“帝师”，可朝夕进言。

朱熹文人品性，深忧韩侂胄等人，常在宁宗皇帝面前讲韩爷的坏话，又暗约台谏官员弹劾。同时，他深劝赵汝愚厚赏韩侂胄之劳，不要让他预政。

赵汝愚根本没拿韩爷当盘菜，不以为虑。谏官黄度准备上书弹劾韩侂胄，老韩先下手为强，以皇帝的名义把黄度外放知平江府。没过数日，他出内批，罢掉朱熹的侍讲。老朱此次“帝师”之旅确实短促，从头到尾才 46 天。

当然，宁宗皇帝喜欢绕过三省班子擅出御批，有时韩侂胄“代办”，但对朱熹的外放，确实是宁宗本人所为。

老朱道貌岸然，峨冠大袖，满口仁义道德，不能不让年轻的皇帝心生厌恶。

朱熹字元晦，号晦庵，又号紫阳，少时师从“洛学”大家胡宪等人，对程氏兄弟的理学精研推广，最终成为南宋一代的理学大腕儿。韩侂胄当权时，理学被称为“伪学”，备受打击，老朱至死也是战战兢兢。韩侂胄一系瓦解后，朱熹死后大名，如日中天，特别是明、清之际，成为显赫的儒家代表，位置列于孔子、孟子之后，朱氏理学也成为桎梏中国士人思想的最大根源。

从人品方面讲，这位“朱子”是个虚伪量狭之人。试举一例：

与朱熹同时的文人唐仲友是南宋“经制之学”的创始人，才华横溢，自然引起朱熹的嫉妒。大词人陈亮前往台州拜谒当时为台州知府的唐仲友。宋朝文人联欢会，喜欢去花街柳巷饮酒赋词度曲，那时的妓女貌美才高。陈亮看上一个歌妓，求唐仲友为她办理脱籍赎身的手续。

唐仲友答应后，适值宴集，他就问那个美貌歌妓："你真要脱籍和陈官人一起离开吗？"美妓笑意盈盈地点头。唐仲友叹息："你可要有挨饿受冻的心理准备啊。"歌妓一听此言，忽悟陈亮乃一落魄文人，虽是知府座上高宾，实际上却是个缺钱少银的主儿。小姑娘烟花柳巷见得多，她又不是杜十娘，自然势利得要命，粉脸陡沉，马上表示愿意留在台州继续安心"本职"接待工作。

不久，日夕盼望携美人归家的陈亮获知此事，怨怒不已。他知道朱熹一直与唐仲友不睦，便马上赶往当时以浙东常平茶盐公事身份巡视的朱熹那里求见。朱熹见陈亮，开口就问："近见小唐，他有什么话说？"陈亮答："唐仲友说您连字都认不全，怎能作监司！"朱熹大怒，马上派人严查唐仲友的"工作"，先后向朝廷六上奏折，给唐仲友安了八条罪状：贪污、枉法、纵容、败政、养私、营商、滥税、制造假钱，等等。

特别缺德的是，朱熹知道天台营官妓严蕊与唐仲友相交甚厚，便诬称严姑娘与唐仲友违法私通，瓜分官财，把姑娘抓入大牢里严刑逼供。

美貌如花的严姑娘受尽折磨，就是不攀诬唐仲友，结果被打得死去活来。有狱吏看不下去，好言劝诱严蕊："你就认罪吧，如果画押，你的罪不过是受杖，干吗在此忍受惨毒的拷打！"

严蕊严词拒绝："我身为贱妓，即使与唐太守有滥私之情，罪也不会至死，但确实没有此等事，我怎能胡编认罪诬蔑士大夫！即使被打死，我也不会枉害别人。"

这样一来，严姑娘的声名愈来愈高，连皇帝都有所耳闻。

朱熹弹奏唐仲友上达帝听后，幸亏时为宰执的王淮与唐仲友有姻亲关系，就对皇帝讲："这案子不过是秀才之间争闲气引起的。"和事佬一作，"遂两平其事"，不了了之。

不久，朱熹改除他官，岳霖（岳飞之子）被委任为地方官。岳爷深知严蕊冤枉，把已经被折磨得不成人样的美女从狱中提出，让她作词自陈。严蕊口占一首《卜算子》："不是爱风尘，似被前缘误。花落花开自有时，总赖东君主。去也终须去，住也如何住。若得山花插满头，莫问奴归处。"

岳霖感动，立判严蕊出狱从良。姑娘还算命好，被宋宗室某人纳为妾，安度后半生。

当然，这些事情，后人怀疑多多，清末大儒王国维认为是"小说之语"，其实大抵是可信的。朱熹日后声名显赫，其后学、弟子肯定一直增饰其事，好的宣扬光大，坏的毁证灭迹，带累得唐仲友也成为老朱当时"反腐败"的对象，如此一个学问大家，在《宋史》中竟无一传可寻。

众口铄金，积毁销骨，由此可见理学风行下"主流"的猖獗。

朱熹咽气之时，由于当时道学作为"伪学"四处挨打，"（朱熹）门生故旧无送葬者"，只有老朱平素不甚待见又常常爽其约的辛弃疾前往吊唁，并哭泣道："所不朽者，垂万世名。孰谓公死，凛凛犹生！"辛老汉铁骨铮铮，老朱生前算是交对了一个真朋友。

孝宗时代，朱熹因其儒学之名曾入朝陛见。盛名之下，其实难副。孝宗皇帝见这位大儒只会空谈，没一点儿经世致用的真学问，很后悔招他入京。

其实，宋孝宗本人特别留意金谷理财之事，天天想备战恢复，很反感"高谈无实用"的儒生，特别是以朱熹为首的一帮道学先生，高冠大袖，奇装异服，天天高讲"存天理，灭人欲"，完全是哗众取宠的无用之人。

进入宁宗皇帝时代，内忧外患，朱熹这套故作高深的理论仍旧没有太大的市场。而且，从个人品质上讲，朱熹同如今不少"主流"经济学家一样，言行不一，沽名钓利。他曾经霸占身亡故友家财，引诱尼姑做妾，以朝廷钱谷做人情赠予学生，收取高额学费致富。特别令时人议论的是，他家里大儿子病死后，大儿媳过了许久又怀上了孩子，老朱对此负有很大的“嫌疑”。所以，天天嘴里大甩特甩“仁义”“道德”“修身”“治民”“廉恕”的道学先生，人品真是不怎么样。他们仁义道德在嘴上，其实是“依正以行邪，假义以干利”，这样的政治人物，宋朝以后的中国官场屡见不鲜。

可叹的是，程朱理学日后死人翻身，徒子徒孙遍布天下，明清两朝出于统治需要又大肆敬崇，朱熹的“污点”越来越淡，经过无数次描绘添彩，他当时的“丑行”，全变成政敌的“诬蔑”了。

宁宗皇帝即位三个多月，用御批册免宰相，迁易台谏，逐免侍讲，大臣王介直言上谏，认为这些“非盛朝事也”，并言及宋徽宗时代正因屡出御笔行事，最后导致靖康之祸。

宁宗皇帝依然故我。想当初杜衍做宰相，常攒数十封皇帝“御笔”封还，彼时的清明政治，至今已荡然无存。宁宗皇帝对韩侂胄好感加深，又委他兼任枢密都承旨。

韩侂胄为了对付赵汝愚，把京镗升为签书枢密院事。本来，当初宁宗皇帝要派京镗到蜀地为方面大员，赵汝愚却奏称京镗“望轻资浅”，使京镗坐镇一方的梦想成空，恨得京爷牙根直痒痒。韩侂胄就把他引以自助。

这位京镗可是位堂堂好汉子。高宗崩后他出使金国，京镗入金后，通知对方在接待时一定要撤乐，即不要演奏音乐。金人“迫之”令京镗即席，京爷大怒：“吾头可取，乐不可闻！”金人甲士露刃胁逼，京爷大怒斥退。金世宗闻讯，感叹道：“南朝直臣也”，特意下诏撤乐。回朝复命的时候，宋孝宗也感叹：“士大夫平素谁不以节义自诩，但又有谁能临危不惧像京镗那样！”这样一个节义儒士为赵汝愚所抑，自然胸中不服。后来史臣偏心，描写京镗与韩侂胄站于一列后，说他“阿谀附和，视正士如仇敌”，这完全是以成见评人。

宋朝党争，士大夫结党站队，打击异己，党同伐异，让后世难分是非。成王败寇，日后韩侂胄被杀，人们总把他往坏里说，总是言及陈自强、苏师旦等人与他的交往，无视辛弃疾、陆游等“好人”也受其荐拔。

很难以“好人”“坏人”来对政治人物加以区分，中国知识分子的党群之争，在宋代尤为典型和复杂，意气之争、门派之争、乡群之争，昏天黑地，乱七八糟。

宗室赵彦逾当时任工部尚书，他在拥立宁宗皇帝时出了不少力。赵汝愚不念前功，反而把他外任为四川制置使，逐出京城权力中心。赵彦逾由此深恨赵汝愚，自然也归于韩侂胄一派。陛辞之日，出于愤激，他点名道姓指斥赵汝愚在朝内结党营私。

当然，宋宁宗真正恨赵汝愚的原因，在于他听说“内禅”前赵汝愚并不十分坚定地要推立自己，说过“只立赵家一块肉便了”。此言意味深长，赵家之“肉”可不少，宁宗的堂兄弟许国公赵柄当然也可以被推立为帝。所以，“臣不密则失身”乃千古道理，乱说话会让皇帝很生气，后果很严重。

关键时刻，京镗给韩侂胄出主意：“赵汝愚是宗姓皇族，只要让台谏指斥他谋危社稷，肯定能一网打尽。”

此招一剑封喉。赵汝愚乃赵宋宗室赵元佐七世孙，台谏受韩侂胄之托，奏他“以同姓居相位，将不利于社稷”，宁宗皇帝本来就已经怀疑他，于是下诏罢其相位，命他出知福州。

太学士杨宏中等六人伏阙上书，为赵汝愚申冤。宁宗皇帝大怒，诏称杨宏中等人“罔乱上书，煽摇国是”，逮捕后送五百里外劳改。临安府知府钱象祖很卖力，亲自率人逮捕诸位太学士押送贬所。

这位钱象祖，当时在韩侂胄手下十分卖力，日后也有他倒韩大显“神威”的时候。

赵汝愚被贬外任，韩侂胄如愿以偿，终于得封保宁节度使，节钺得手。

不久，朝廷下诏，流放赵汝愚于永州。墙倒众人推，赵汝愚一霉再霉，也怨不得韩侂胄一人，他当政时在朝内得罪人太多，自然大家都来落井下石。而且，众人引经据典，把他比拟为汉朝的刘屈氂、唐朝的李林甫，一定要把这位前宰相置于死地。

老赵郁闷至极，对几个儿子说："观（韩）侂胄之意，必欲杀我。我死，汝曹尚可免也。"庆元二年（1196 年）春，赵汝愚走到衡州，当地的郡守钱鍪与这位相爷有前嫌，窘辱备至。适逢赵汝愚忽患重病，竟然一夕暴死。他的死亡，其一可能是钱鍪暗害，其二可能是仰药自尽。笔者觉得后者可能性更大一些，因为他行前对儿子们说的一席话表明，他深知自己死才可以使家人免祸。

从人品上讲，赵汝愚不是坏人，他生活艰苦朴素，当宰相的时候仍然寒冬衣布裘。但此人失于疏直，不能容物察人，又爱搞小圈子，遇上宁宗皇帝和韩侂胄，不败也难。

赵汝愚一死，韩侂胄自然升官连连。庆元四年（1198 年），"加韩侂胄少傅，赐玉带"；庆元六年（1200 年），"加韩侂胄太傅"；嘉泰二年（1202 年），"加韩侂胄太师，封平原郡王"；开禧元年（1205 年），"诏韩侂胄平章军国事，立班丞相上，三日一朝，赴都堂治事。"

韩侂胄用事期间，大用许及之、赵师睾、陈自强、苏师旦等人。《宋史》等书采用宋人笔记，讲许及之参加韩侂胄生日来迟，见大门关闭，竟从狗洞钻入，有"由窦（洞）尚书"之称；又讲赵师睾参与韩侂胄宴会学鸡叫逗韩开心，有"鸡鸣侍郎"之号。其实，仔细研观《齐东野语》《四朝闻见录》等南宋当时文人写的笔记，都已明确说明上述故事，"皆不得志抱私仇者撰造丑诋"。

至于陈自强和苏师旦，这两个倒真不是什么好人。老陈是韩侂胄的童蒙老师，老苏是韩侂胄当兵马钤辖小官时的秘书，两个人其实也无大恶大奸之事，只不过皆是贪财好货之人。凡爱贪小便宜者，必不能做出巨奸大恶之事。而且，韩侂胄信用这两个人，从某个侧面讲还说明他人品不错，非常念旧，绝不是人一阔脸就变的主儿，且很少政治老手的深奥心机。

嘉泰元年（1201年），韩侂胄的侄孙女韩皇后病死。韩皇后恭婉贤惠，从未干政。其父韩同卿“每惧满盈，不敢干政”。当时天下人皆知韩侂胄是后族，但没人知道时任扬州观察使的韩同卿是皇后亲爹。幸运的是，韩同卿父女二人两年之内前后脚病逝，没有见到韩氏大家族的覆灭。韩侂胄虽然是韩皇后亲爸的三叔，年龄其实与韩同卿差不多。

韩皇后死后，宁宗宫内有曹美人和杨贵妃两个人最得宠。杨贵妃是会稽人，很小的时候就入宫为宫女，长大后连自己姓什么都不记得，后来就认会稽当地一杨姓大族为宗，姓了“杨”。老杨家的家主杨次山很幸运，商贾出身，登时成为皇后的“大哥”。这位杨贵妃人精一个，颇涉书史，常助宁宗皇帝决政事；而曹美人柔顺温婉，善良贤惠。

韩侂胄便劝皇帝立曹美人为皇后。宁宗皇帝不听，他非常喜欢杨贵妃的机敏聪明。此女又会哄自己开心，又能赋诗吟词，于是皇帝就立杨氏为后。

杨皇后得立后，得知韩侂胄先前议立曹美人，顿起杀心。所以，最后老韩倒霉，其实是死于杨皇后之手。

当然，当时杨皇后很巴结韩太师，常常唤韩侂胄宠姬四夫人进宫唠家常。四夫人是位年轻貌美不谙世事的女子，入宫之后，杨皇后假意让她坐，这女子胸大无脑，真的一屁股坐了下去，竟与当国皇后平起平坐，让杨皇后心中大恨。日后，韩侂胄被诛，他的诸位妾侍被搜身后即遣回父母家，唯独对这位四夫人，杨皇后专门下旨，令京兆尹把她打了一百大板才放走。可见，杨皇后为人，也真属面善心阴的笑面虎。

韩侂胄败后，顿成朝臣攻击对象，大家指斥他“专政既久，党羽遍内外，天子孤立于上，威行公省，权震宇内”，种种指斥，大都浮诞无实。

身为宰臣，不能不抓权，不能不用人，而宁宗皇帝对他一直信赖，也称不上他把皇帝架空。

韩侂胄最后的祸由，主要是他志大才疏，又总有辛弃疾、陆游一帮人撺掇，贸然与金国开战，仓促引致败绩，最终自己被人算计顶缸。

“开禧北伐”的坏结局

韩侂胄伐金，有着复杂的原因，但当时“国际”大形势，确实很不利于金国。

当时，金国的统治者是金章宗完颜璟。

金章宗是金世宗的孙子，其父完颜允恭命薄，只有皇太子的命，年纪轻轻就因病去世。所以，金世宗崩后，金章宗以皇太孙身份入继大统。

金章宗本人，已经是完全汉化的女真人，在汉文化如诗歌、绘画等方面皆属上上等级。他继位之后，金国从上至下基本上已经全部汉化，无论是科举制度、法规律典、礼制官仪方面，还是蕃汉通婚方面，都是个纯然“封建化”国家。

金章宗时，金国人口近五千万，是鼎盛的黄金时代。当然，任何人、任何国家都走不出这样一个怪圈——达到顶峰后，必然向下滑落。亢龙有悔，不仅仅国内天灾频频，金国北方的蒙古诸部日益强盛，金国为北部鞑靼等部所扰，无岁不兴师讨伐，兵连祸结，生灵涂炭，府库空虚，国势日弱，群盗蜂起，民不堪命。

在此背景下，“有（人）劝韩侂胄立盖世功名以自固者”，韩侂胄“定议伐金”。

“有人”当然是不少人，其中就包括时任浙东安抚使的辛弃疾。辛老汉入朝劝韩侂胄：“金国必亡，愿属大臣备兵，为仓促应变之计。”所以，韩侂胄伐金，绝非他本人异想天开，位尊官宠，夫复何求，正是因为南宋朝野不少人憋足劲想“恢复”立功，才不停地撺掇他渝盟北伐。

可惜的是，韩侂胄出手第一招就是大错，他下令吴曦在西蜀练兵。

吴曦是宋朝大功臣吴璘的孙子，其父吴挺也一直在蜀地为帅。自吴玠以来，吴氏家族一直在蜀地为宋朝捍边，但已渐有尾大不掉之势。所以，丘密任四川安抚制置使时就上奏："吴挺死后，兵权不可付其子。"

也是因为要消除吴氏家族的影响力，赵汝愚当政时趁吴挺去世之机，中止了吴氏家族兄弟父子的传承，把吴挺之子吴曦调回杭州，给了一个"带御器械"（高级禁卫军将）的荣衔，实际上剥夺了吴氏子弟在川蜀地区的世袭权。

吴曦后来虽升为殿前副都指挥使，但比起其父祖专制一方的威风，他仍感郁郁不得志。小伙子脑子活，大把大把金宝送给韩侂胄的亲信陈自强。在老陈的力赞下，韩侂胄就把吴曦委任为兴州都统制。如此，蛟龙归海，他回到了吴氏的老根据地，牢牢握定了军权。

开禧北伐后，吴曦终于暴露出狰狞嘴脸，以川蜀之地投降金国，给了南宋最沉重的一击。

嘉泰四年（1204 年），韩侂胄等人先在意识形态方面造声势，追封岳飞为"鄂王"。岳飞少年时，他家是韩侂胄先祖韩琦家的佃客，岳飞显贵后，特别礼敬韩氏家族。所以，世上没有无缘无故的爱，也没有无缘无故的恨。尊荣岳飞自然是韩侂胄当时彰显"爱国主义""民族主义"的政治需要，其中也包含私人感情在里面。追封岳飞为王，在当时可谓是大得人心。

金朝方面，自然也听到宋朝要兴兵的动静。金章宗集结大臣议事，几乎所有人都不相信南宋会渝盟，唯独宗室完颜匡表示："宋人置忠义保捷军，取先世开宝、天禧纪元，岂忘中国者哉！"宋朝的年号，基本上就反映出当朝帝王与大臣要干的事情，是一种风向标式的"文化"标志。

年号定为开禧，表明宋朝想做开宝、天禧年间那样的"大有为"

之事。

为了稳妥起见，金章宗便派平章仆散揆在汴京统兵以防备万一。

仆散揆到汴京后，也被宋朝派去的间谍欺骗，认定南宋增加戍兵只是防盗，上奏金章宗让皇上放心。

一些金国武将见势不妙，劝金章宗先发制人，被他拒绝："南北和好四十余年，民不知兵，不可败盟生事。"

金章宗本人，确确实实不想与南宋交战。数年以来，每有金使入宋，临行前他都嘱诫金使过界后不要饮酒，不要无端生事。就连金国使节在国界与宋人争"下车子处""争渡船"等小过，金章宗也严厉训斥。一年多前，金使完颜阿鲁带从宋国回来后奏报说韩侂胄买马募兵要北侵，金章宗马上下令把阿鲁带打了五十大板，逐出京城贬官。这些举动，均显示出金章宗本人不想与宋发生战争的根本意愿。

可叹的是，一改昔日总是金人越境剽掠的状况，南宋军近几年来不时越境搞事，他们在宝鸡、鄜县、石角山、平县、巩州常常跨境抄掠，顺带杀人抢东西，进行了多次试探性的进攻。

金人移文责问，南宋方面总是声称那些事是"盗贼"们干的，并称失责官员已被降黜调换。

开禧元年（1205年）秋，韩侂胄为审知金国虚实，派陈景俊为贺正旦使出使金国。

金章宗挺厚道，赐宴时对陈景俊说："大定初（金世宗时代），世宗许宋世为侄国，朕遵守至今。岂意尔国屡犯我国边境，以此朕遣大臣宣抚河南。及得尔国公文，朕即罢司，而尔国侵扰益甚。朕唯和好岁久，委曲含容，恐侄宋皇帝或未详知。爱卿归国，当为朕具言之。"

陈景俊还朝后马上把金章宗的话汇报给宰执陈自强听，陈自强让他不要告诉宋朝君臣。不仅宋宁宗不知道金章宗一番好意，老陈连韩侂胄也不让知道，只想着兴兵得胜后大家都加官晋爵。

这年年底，金国的礼部尚书赵之杰到宋朝贺来年正旦。按照宋金和议之约，宋宁宗应该亲自起立从金使手中接受金朝的国书。韩侂胄为了使战争合理化，故意破礼，派人从金使手中抢过国书，再呈给宁宗皇帝。

此举大出金使赵之杰意料，他又急又气。气未平之际，宋廷礼臣又呵斥他“躬身立！”这一个“躬”字，正犯金章宗之父完颜允恭的名讳。

古人多礼，避讳十分重要。“躬”“恭”同音，依礼，宋人在金人面前不应直言此字。

早在12年前，金章宗派他当太孙时的老师完颜匡入宋为使，特意改完颜匡为完颜弼，就是为了避宋太祖赵匡胤的名以示对南宋的尊重。至此，南宋为了开衅，也顾不上“礼尚往来”了。

开禧二年（1206年）五月，“追论秦桧主和误国之罪，削夺王爵，改谥谬丑”。表面上看，只是对秦桧一个人的追贬，其实，这是一份南宋变相的“宣战书”，彰显了宋廷要一改先前与金国的“和平”路线。

果然，宋军数道齐出，镇江都统制陈孝庆收复泗州（今江苏盱眙），江州都统制许进收复新息县，光州当地汉人收复褒信县（今河南包信镇）。不久，陈孝庆又收复虹县（今安徽泗县），所有这些“胜利”，皆是宋朝单方面不宣而战所取得的胜果。眼见胜讯连连，韩侂胄大喜，命人草诏，以宋宁宗名义诏示天下：

> 天道好还，盖中国有必伸之理，人心效顺，虽匹夫无不报之仇。朕丕承万世之基，追述三朝之志。蠢兹逆虏，犹托要盟，朘生灵之资，奉溪壑之欲，此非出于得已，彼乃谓之当然……兵出有名，师直为壮，况志士仁人挺身而竞节，而谋臣猛将投袂以立功。西北二百州之豪杰，怀旧而愿归；东南七十载之遗黎，久郁而思奋。闻鼓旗之电举，想怒气之飙驰。噫！齐君复仇，上通九世，唐宗刷耻，卒报百王。矧乎家国之

仇，接乎月日之近，夙宵是悼，涕泗无从。将勉辑于大勋，必允资于众力。言乎远，言乎迩，孰无中义之心？为人子，为人臣，当念祖宗之愤。益砺执干之勇，式对在天之灵，庶几中黎旧业之再光，庸示永世宏纲之犹在。布告中外，明体至怀。

诏书出自大名士李壁之手，理直气壮，文采飞扬。

南宋国内，更是上下感奋，举国欢腾。为此，辛弃疾作《六州歌头》一词，大赞韩侂胄：

西湖万顷，楼观矗千门。春风路，红堆锦，翠连云。俯层轩。风月都无际。荡空蔼，开绝境，云梦泽，饶八九，不须吞。翡翠明珰，争上金堤去，勃窣媻姗。看贤王高会，飞盖入云烟。白鹭振振，鼓咽咽。记风流远，更休作，嬉游地，等闲看。君不见，韩献子，晋将军，赵孤存。千载传忠献，两定策，纪元勋。孙又子，方谈笑，整乾坤。直使长江如带，依前是、保赵须韩。伴皇家快乐，长在玉津边。只在南园。

80多岁的老爷子陆游也不甘人后，奋笔疾书道：

中原蝗旱胡运衰，王师北伐方传诏。
一闻战鼓意气生，犹能为国平燕赵。

但是，从实际情况分析，南宋当时出兵伐金完全是头脑一热的不理智之举。南宋精神、物质两方面准备都算充分，但在最关键的军事方面准备严重不足。

自宋孝宗符离之溃，南宋已有四十多年没有真正打过仗，即使有辛弃疾这样青年时代上过战场的人，当时也是年过花甲的衰朽老翁。关键时刻，薛叔似、许及之、丘崈等人，都心里发虚，或辞不赴任，或称事推托，没有一个能独当一面坐镇指挥的大帅。所以，两淮重要战场，韩侂胄只能任用曾出使金国回来力言金国可灭的邓友龙主持全面工作。四川方面，韩侂胄以大草包程松为宣抚使，但实际的军事大权掌握于阴谋家、野心家吴曦手中。

最要命的是，吴曦一直暗中与金朝联系，准备里应外合，在金国的帮助下实现割据蜀地当土皇帝的梦想。所以，南宋出兵后，被寄予厚望的吴曦竟然在四川按兵不动，金兵再无后顾之忧，可以集中优势兵力在东线与宋军争战。

金军进攻和尚原时，宋将王喜也曾奋力抵抗。战至半酣，王喜忽然接到吴曦的撤退令，宋军顿时大溃。不久，在吴曦的秘密帮助下，金兵又攻陷了兴元的险要关口。大喜之下，金章宗派人持诏书、金印，立吴曦为“蜀王”。

吴曦召集幕僚开会，欺骗说东南失守，宋帝逃奔四明，自己准备“从权济事”，即准备向金国投降。

当时，宋臣王翼等人厉声抗言：“如做此事，相公您忠孝八十年门户一朝扫地！”

吴曦不听，向金国献上蜀地图和吴氏谱牒，称臣于金。

南宋宣抚使程松星夜兼程逃跑，半道被吴曦信使截住，以为要杀自己，吓得尿了一裤子。不料，打开使者送来的大箱子，原来都是金宝，程松大松一口气，带上箱子又狂奔。出了剑门之后，他西向掩泪叹道：“现在我终于保住了脑袋。”

由于四川的吴曦一直不出兵，位于主战场的宋军不久就连连败绩。皇甫斌败于宿州，王大节败于蔡州，郭倬败于蕲州，李爽败于寿州，各路守军之中，只有毕再遇一军没有打败仗。毕再遇是岳飞帐下大将毕进之子，将门虎子，智勇双全，最为金人畏惮。

眼看邓友龙草包一个，韩侂胄只得力推丘崈代替邓友龙为两淮宣抚使。丘崈老成，审时度势，不得不放弃早先占领的泗州等地，退保盱眙。从此，宋军从先前的战略进攻，变成了战略防御。

金帅仆散揆分兵九道，大举南下。反守为攻的金兵怒气冲冲，杀气腾腾，直杀入南宋境内。至此，南宋的北伐，已经变成了金国的南侵。很快，兴化、枣阳、江陵、信阳、襄阳、随州、滁州、真州等诸多南宋城郡，皆为金军攻陷，南宋上下震骇。

丘崈在保全淮南的同时，不得不与金人暗中讲和。当然，丘崈不是单方面服软的讲和，金帅仆散揆也暗中派人携书信想与宋军讲和。

郁闷之余，韩侂胄愁得须发皆白，整日唉声叹气，辛老汉和陆大爷也没了影踪。倒是李壁（写伐金诏的那位爷）有主意，劝韩侂胄窜谪一直鼓捣他出兵的苏师旦，暂抚人心。因此，韩侂胄把苏师旦外贬韶州，又把数位败兵之将流放岭南。

金军虽有讲和之意，但语气很硬，提出三大条件：称臣、割地、献首祸之人。

丘崈派人回复，表示用兵乃苏师旦、邓友龙等人的意思，非朝廷本意，并通知金人朝廷已经窜逐兴兵的苏、邓等人。

仆散揆怒气不解，表示："如果韩侂胄无意用兵，苏师旦等人岂敢专擅！"

宋金两军使节往复数次，最后丘崈答应马上向金国交纳当年岁币并送还淮北流人，仆散揆暂时答应，从和州退屯下蔡。

为了成就宋金和议，丘崈上书朝廷说，金人一直指斥韩侂胄为首谋，如果再向金国通使，可暂时在书信中不要提及韩侂胄的官衔和名字，借此平息金人愤怒。见此，韩侂胄大怒，立刻罢免丘崈官职，让张岩接替他的职位。

宋金相持之时，四川又发生了大变。吴曦获金国封册后，于开禧三年（1207 年）春天自称蜀王，并派人引金兵入凤州。他自己在兴州即王位，改元，置百官，大修宫殿，并派人去成都建新宫，准备日后徙居，关起门来做“皇帝”。同时，吴曦又分兵十万人，准备泛舟下嘉陵江，声言约定金人夹攻襄阳。

诸事已毕，吴曦做了一件最不利己的要命糗事，任用安丙为丞相长史，权行都省事，即伪蜀的丞相。

这位安丙本是程松的下属，一直是大安军的知军，先前曾多次劝程松提防吴曦，皆为程松所拒。吴曦叛宋，安丙未能逃出。吴曦的心腹钱巩之做梦，梦见神人指示要安丙辅佐吴曦，马上告知。听说有神示，吴曦又不疑安丙这么一个文士能做不利于自己的事情，立刻把安丙招来封官。安丙不敢拒绝，只得装病在家，能捱一天是一天。

当时蜀中名士，有的自杀，有的自残，有的装疯，有的弃官逃入深山，大多拒绝与叛国贼吴曦合作。

正当吴曦准备剃发、左衽，以全蜀降于金国之时，出现一个大英雄杨巨源，挽狂澜于既倒，一举扭转了整个四川的局势，硬把变色的四川重归南宋版图。

杨巨源只是合江仓监这样的一个小官，他暗中联络吴曦军中将领张宁等人，入见当时在家装病的安丙，劝他带头起事。安丙哭诉：“目前兵将，我皆所知，不能奋起，无所托付。如灭此贼，必得豪杰相助才可！”杨巨源抚髯高言：“非先生不足以主此事，非（我）巨源不足以了此事！”

而后，杨巨源又联系兴州中军正将李好义等人，日夜谋划，终于决定起事，并推安丙为首，声称接有宋宁宗密诏，杀吴曦叛贼。

大家之所以推安丙为主，只是出于公义远见，否则，杀掉吴曦后，如果没有有威望的人出来镇抚，肯定是一变未平又生新变。

月明之夜，李好义先率他聚集的好汉七十四人，忽然大呼冲入吴曦伪宫。吴曦当了“王爷”后，自我感觉良好，没有想到在自家老窝的地盘上会出事，所以，伪宫并非警备森严，宫门洞开。

伪宫内外虽有千余精兵把守，但形同虚设。李好义大叫："奉朝廷密诏，以安长史为宣抚。今我率众诛反贼，敢抗者，夷其三族！"

伪宫护卫军虽有千人之多，但没有一个人真心为叛贼卖命，听闻有诏，皆弃杖而走。

杨巨源手持一纸诏书（不是真诏），纵马疾驰，自称是皇使，一直冲入伪宫内户。

吴曦做梦也想不到会有这样的变故，事起仓促，卧室内连刀也找不着一把，只得仓皇推门，欲乘黑逃走。刚开门，他就被军士李贵一把揪住，当脸就是一刀。

吴曦是将门之后，自幼习武，孔武有力，大力一扑，反把李贵压在身下。

李好义骑在马上瞧得真切，忙令军士王换上去帮李贵。

王换手执一柄大斧，拦腰就给了吴曦一斧。剧痛之下，这位叛贼从李贵身上翻落下来，刚挣扎起身想扑向王换。这边李贵起身，猛然补上一刀，把吴曦的人头砍落在地。

然后，李好义让李贵立刻持叛贼人头驰告安丙。

惊天大事，竟然在几乎没有抵抗的情况下瞬间成功。

安丙见了吴曦人头才安心，立刻出门宣布。军民拜舞，声动天地。

之后的事情非常顺利，尽收吴曦党羽，一一杀头。吴曦的老婆和两个儿子，吴曦的弟弟吴晫、堂弟吴日见、叔父吴柄以及数位亲信，全被杀掉。然后，吴曦的脑袋被送往杭州示众。

宋廷还是挺宽大，诏令"吴璘子孙并徙出蜀，吴玠子孙免连坐"。看在昔日吴氏兄弟大功份上，没有全诛吴氏子弟。

吴曦被杀时，年四十六岁，而他过"王爷"瘾的日子，仅仅 41 天。金朝正式的册封文书还没送到，吴曦已经被诛。

因为这齐天大功，安丙被朝廷加封为端明殿学士、四川宣抚副使。

杨巨源、李好义劝安丙立刻派兵收复西和州、成州、阶州、凤州这四个四川要害之地，安丙同意。于是，李好义率兵收复西和州，张林收复成州，刘昌国收复阶州，张翼收复凤州，孙忠锐收复大散关，宋军所向披靡，形势大好。

李好义等人劝安丙乘胜攻取秦陇之地，安丙坚执不许，见好就收，不许宋军再行出击，丧失了绝好的机会。

此外，安丙一直与宋将孙忠锐有隙，他派杨巨源至凤州，杀掉了孙忠锐父子，然后上报朝廷说孙忠锐“附伪”（从吴曦）。其实，要说“附伪”，安丙先前也做过，而且是“伪官”中最大的一个。

不久，安丙派吴曦的旧将王喜毒死了时为西和州中军统制的李好义。安丙乃文人，“窝里斗”是他最擅长的事情。吴曦乱平，本来首功是杨巨源和李好义。他上表朝廷时却把二人的名字列于最末。除掉李好义之后，他又派王喜尽逮杨巨源当时聚集进攻伪宫的数位义士，皆诬以反罪杀掉。然后，他派人逮捕杨巨源。

杨大英雄当时正在凤州的长桥与金人交战，刚刚回阵就被自己人逮捕，关入阆州监狱，随即押往大安龙尾滩。安丙指使人用刀从后面猛砍杨巨源，几乎把大英雄脑袋全部砍掉，然后上报朝廷说杨巨源畏罪自杀。当时，忠义之士莫不扼腕流涕。奇功二士，最终竟为安丙暗害。

宋廷虽有所闻，大乱之下，稳定要紧，当时只是另择官员暂代安丙而已。

吴曦被诛不久，金帅仆散揆在下蔡的军营中病死。金章宗派左丞相完颜宗浩代仆散揆之职。

当时宋廷方面派出方信儒为使，去金营谈判。方信儒刚到濠州，金将就把他关进牢房，派军士手执利刃把他围在当中，要他答应“兵俘、归币、缚送首谋、称藩、割地”等“五事”。

方信儒不屈。无奈，金将只得把他送往汴京。完颜宗浩见到方信儒也施以威声恫吓，仍然吓不住这位堂堂宋使。

不久，宋军收复大散关，完颜宗浩心虚，只得放回方信儒。

方信儒还朝后，韩侂胄问金人有何索求。方信儒说金人有“五事”：一割两淮，二增岁币，三索逃亡人，四索犒师银，说到第五件，方信儒表示自己“不敢说”。

韩侂胄也恼，强行逼问。

方信儒徐言道：“欲得太师您的首级。”

韩侂胄立时大怒，削去方信儒官职，贬往临江军。

老韩这种举措大为乖张，又不是方信儒自己与金人约定“五事”，此乃金军无理要求而已。一腔邪火，竟然全部发泄到辛辛苦苦不畏万死出使金营的自己人身上，老韩气量确实狭窄。

大怒之下，韩侂胄指示四川宋将备战，并在国内招募新兵，准备起用辛弃疾为枢密院都承旨（倒霉的苏师旦原先的位置，类似国防部长之职）。

辛老汉命好，刚刚接到诏旨还没上任就病死于家，时年六十八岁。

人死一定要死得是时候，假如他有命上任，不仅不能力挽危局，而且不久会牵入韩侂胄一案，身后定会恶评如潮，而且会暴露他真正的军事指挥“才能”。当然，日后奸臣史弥远当政，仍以“迎合开边”之罪追削辛弃疾爵秩，但于辛弃疾一生英名丝毫无损。

其实，此时的金军也是精疲力竭，一切皆停留于虚声恫吓之上，再无真正大规模入侵南宋的能力，更无侵吞江南的野心。

一年多前，铁木真已经基本统一蒙古诸部，被拥戴为“成吉思汗”，所以说，金国的丧钟，其实已经开始敲响。

南宋挑来挑去，选中王伦的孙子王柟为使臣，出使金营，商谈和议之事。祖父英雄，孙子未必是英雄。宋廷内主和派也是有病乱投医，慌不择人，只想尽快与金人达成和议。

韩侂胄一面应付着与金军讲和，一方面仍在竭力筹划抗金大计。

礼部侍郎史弥远（此人乃孝宗老师“投降派”史浩之子）眼看时机大好，就秘密上奏，请诛韩侂胄以消金人之怨并换取对方退兵。

宫内的杨皇后一直深恨韩侂胄，她撺掇皇子赵询上奏宁宗皇帝，说韩侂胄“再起兵端，将不利于社稷”，请示宋宁宗诛除韩侂胄。

宁宗皇帝当然不答应，长久以来，他一直倚老韩为臂膀，况且他对自己有拥立之功，金人进逼之际，怎能先除掉太师。

杨皇后心毒胆大，见说不动皇帝，便自己伪造三件御批，一件批给钱象祖和史弥远，一授右丞张磁，一授李孝纯。三件御批中，两件未发，只有一件由杨皇后的“兄长”杨次山送达钱象祖处。

这位老钱从前一直巴结韩侂胄，后两人因事不和，顿种仇怨。钱象祖时任参知政事，有杨皇后撑腰，便大着胆子找到中军统制夏震，告诉他要他帮忙杀韩侂胄。

听闻要杀当朝太师，夏震面有难色，待老钱掏出“御批”，这位军将大狼狗一样悚然听命：“君命难违，敢不效死！”

早晨上朝，韩侂胄的心腹周筠慌忙前来，警告说“有人想举事谋害太师您”。

老韩冷笑，大叫“谁敢”，坦然升车，直奔皇宫。

行至六部桥，忽然看见夏震率三百名军士候于道旁，厉声大喝：“皇上有旨，罢去韩太师平章事，马上离城！”

老韩一惊，说：“皇上有旨，怎么我不知道？”

没等他多说，夏震手下的郑发、王斌把他揪出车外，押往近处的玉津园。拐入夹墙后，二人掏出铁鞭，猛击韩侂胄。

韩太师平日为防刺客，身上常穿软甲，二位军头的铁鞭只是打痛他，不能立即置其于死地。毕竟军人力气大，郑、王两人把韩太师踹倒在地，见老韩裆部没有软甲遮护，双鞭齐下，把这位堂堂太师击阴至死。

杀掉韩侂胄后，杨皇后、史弥远等人立刻罢免陈自强的官职，并派人杀苏师旦于韶州。

韩太师死后三天，宁宗皇帝才知悉此事，只得顺水推舟，由着杨皇后众人行事。

所以，韩侂胄被杀，是杨皇后、史弥远为主谋的一次不折不扣的宫廷政变。

韩侂胄属于粗率之人，有雄才，无大略，秉政十三年间，斥道学，尊岳飞，发动对金国的北伐战争，虽然用人不当，轻信贪财宵小，但始终大节无亏。元代儒生大多是程、朱门徒，门户之见很深，他们在编纂《宋史》时，把韩侂胄列入“奸臣传”，实是一件大不平事。腐儒浅识，可见一斑。

几个月后，史弥远等人恢复秦桧的王爵和赠谥。此举，即可见出杨皇后一派人的奸邪面目。

最终，史弥远等人完全答应金国蛮横无理的条件——赔款三百万两白银，增岁币为三十万，并割下韩侂胄和苏师旦二人的人头，函送金国。

这种大失国体的丑行，广为南宋人士诟病，太学诸生中有人作诗讽刺：

> 自古和戎有大权，未闻函首可安边。
> 生灵肝脑空涂地，祖父冤仇共戴天。
> 晁错已诛终叛汉，於期未遣尚存燕。
> 庙堂自谓万全策，却恐防边未必然。

钱象祖向完颜匡发去卑恭下辞的一封书信，表示要拿韩侂胄的脑袋换回淮南以及川陕关隘之地，信中他把金宋比为一家叔侄，而把韩侂胄等人比拟为家中恶斗的奴婢。书上之后，转交金章宗，这位金帝大喜，果然归还了川陕关隘和淮南地。

钱象祖的那封“乞表”书信在《宋史》中找不到，但详细保留于《金史》的完颜匡传中。

韩侂胄首级送至金国，完全汉化的金国台谏认为韩侂胄忠于其国，谬于保身，最终金章宗下诏封死去的韩侂胄为忠缪侯，将首级葬于其先祖韩琦墓下（因中原失陷，韩琦墓在金国辖境内，且保存完好）。

韩太师被“祖国亲人”害死，又在敌国受到礼敬，真令后人慨叹。

“缪”者虽不是良谥，但也通“穆”，武功未成，为“穆”。

转年，宋使周登出使金国，金章宗派人带他“参观”忠缪侯墓，周登见之心惭。

当时的士人刘淮作诗一首，感叹韩侂胄生前身后事：

宝莲山下韩王府，郁郁沉沉深几许。
主人飞头去和戎，绿户空墙叹风雨。
九世卿家一朝覆，太师宜诛魏公辱。
后来不悟有前车，突兀眼中观此屋。

韩侂胄死后，南宋进入奸臣史弥远执政时代。这一时期前后长达25年，最终把南宋王朝送到了黄泉路边。

此次宋金“嘉定和议”的签署，相比“隆兴和议”，南宋吃了大亏，几乎与绍兴第二次和议的内容差不多，丧军丧银无数。

本来，金国在战争后期已经精疲力竭，南宋竟然又在关键时刻服软，自取大辱。当然，这一和议还算有用，又买来两国二十多年的“和平”。

回光返照的金王朝

金章宗君臣虽然在对宋战争中取胜，又讹取了南宋不少银两，但是，南北两线频繁出兵，军费消耗巨大，已经开始使金国的财政有捉襟见肘之窘。

金章宗本人又喜欢享受，广营宫室，财用日奢，加上金国官僚机构的膨胀，最终带来的后果就是经济形势严重恶化，通货膨胀极其严重。特别是在金章宗统治后期，奴婢家庭出身的李妃（李师儿）干政，小人把握朝权，政事日渐糜烂。

金章宗明昌八年（1208年）年底，金章宗崩逝，死因可能是肺部感染。临死前，金章宗遗诏李妃与同平章政事完颜匡一起辅立皇叔卫王完颜永济继位。

金章宗有过几个儿子，但皆早夭。临崩前，他的贾妃和范妃都已有孕，所以，金章宗在遗诏中表示让日后二妃生下的男孩继卫王为帝。这种想法近乎天真，卫王完颜永济再老实，也不会傻到日后让金章宗的儿子继位。

皇家之事关系重大，卫王继位没过多久，就赐死一直干政的金章宗李妃。接着，卫王又赐死贾妃，指责她诈称自己有孕，并下诏表示范妃已经流产。当然，卫王做出干掉李妃的大事，也是与大臣完颜匡共同商议后决定的。完颜匡一直恨李妃干政。做完这些“后事”，卫王就立自己的儿子胙王为皇太子。

卫王完颜永济只做了5年皇帝，就被叛臣胡沙虎废杀。胡沙虎扶立金章宗的庶兄完颜从嘉，是为金宣宗。

金宣宗继位后，把卫王完颜永济降为“东海郡侯”，四年后，追谥为“绍王”，所以，卫绍王虽然当了金国的五年皇帝，却不是什么“宗”，当时及后世人皆以“卫绍王”称之。由于金宣宗毁掉了卫绍王时代的“实录”和“起居注”等重要文档，所以完颜永济在位的五年几乎就是历史空白。

卫王的人品应该还不错，这可以从曾经在他手下干事的贾益谦言语中一览大概：“知卫王者莫如我。（卫王）为人勤俭，慎惜名器，校其行事，中材不及者多矣，吾知此耳。”

金宣宗时代，江河日下，昔日马上英气勃勃的女真人在蒙古人的铁蹄声中只有颤抖的份儿，“汉化”不仅改变了他们的生活方式，最可悲的是让这样的马上民族变成了一群只知偷安享受的人。

入居中原之后，昔日耐饥忍渴的女真战士渐染华风，至金世宗时代，相当多的女真人不仅完全改变了原有的民族习性，甚至主动改为汉姓，与汉人相互通婚。所以，蒙古人在征服过程中，女真人已经被算在“汉人”类别中。《金史·国语解》中，记载了下列女真姓改为汉姓的例子：

> 完颜，汉姓曰王。乌古论曰商。纥石烈曰高。徒单曰杜。女奚烈曰郎。兀颜曰朱。蒲察曰李。颜盏曰张。温迪罕曰温。石抹曰萧。奥屯曰曹。孛术鲁曰鲁。移剌曰刘。斡勒曰石。纳剌曰康。夹谷曰仝。裴满曰麻。尼忙古曰鱼。斡准曰赵。阿典曰雷。阿里侃曰何。温敦曰空。吾鲁曰惠。抹颜曰孟。都烈曰强。散答曰骆。呵不哈曰田。乌林答曰蔡。仆散曰林。术虎曰董。古里甲曰汪。其后氏族或因人变易，难以遍举，姑载其可知者云。

金人在灭亡北宋之初，疑虑中原汉人有二心，多次从东北把女真人大量移民于中原地区，人数多达几百万，以优等民族自居，监视汉人。同时，关内汉人也大量被迁移至东北地区，有七十多万户。

本来金朝统治者一直以“猜防”的心态对待汉族和其他民族，但最终女真上层贵族自己也全部淹没于民族融合的滚滚大潮之中。

大致来讲，金朝的民族融合分为三个时期。第一个时期大概是1115年至1150年。灭辽灭北宋之后，金国上层纷纷改取汉姓汉名，特别是迁居中原后，女真人在服饰和饮食方面也逐渐汉化。政治制度方面自不待言，1126年金太宗已经逐步改善“勃极烈”制度，至完颜亮时金国政制已经全然汉化。

第二个时期是1150年至1208年金章宗崩。随着租佃制的普遍采用，金国国内汉、女真之间的民族冲突日趋减弱，女真人已经全然接受儒家文化，两族之间大量通婚，汉文化日益普及，女真贵族上层都已经是具有高度汉文化修养的“上等人”，金世宗的太子完颜允恭几乎不会讲女真语，为了哄父亲金世宗高兴，他才让自己的儿子（日后的金章宗）学习女真话。

第三个时期，是指1208年直至1234年金朝灭亡。这一阶段内，金朝统治者连阻止“全盘汉化”的行政命令都懒得发布，在其辽阔的多民族国土之内，汉语成为第一语言。南宋许亢宗曾写道：

> 自黄龙府六十里，至托撒孛堇寨，为契丹东寨。当契丹强盛时，虏异国人则迁徙杂处于此。南有渤海，北有铁离、吐浑，东南有高丽、靺鞨，东有女真、室韦，北有乌舍，西北有契丹、回鹘、党项，西南有奚。故此地杂诸国俗。凡聚会处，诸国人言语不通晓，则各以汉语为证，方能辩之。

所以，在金国后期，中原地区的女真人基本上都只会讲汉语。金章宗时，不少女真人竟然称他们本民族的女真语为“蕃语”。如此，岁月迁延，待到蒙古人“收拾”中原时，他们发现这一广大地区居住的契丹人、女真人、奚人、汉人，无论是语言、文化、服装、生活习俗，基本上都一模一样。所以，蒙古人就不再按原来的族群细分，把这些人统称为“汉人”。

塞马一声嘶　百年又轮回

金朝的灭亡

金开兴二年（1233年，南宋绍定六年）五月，金朝“南京”汴京的烟焰渐息，士兵冲锋的喊杀声也渐渐沉寂下来，只有昔日坚城残破的楼橹和刺鼻的腐尸味道提醒活着的人们：这里刚刚经历过一场地狱般的浩劫。

初夏，本来应该是北方大地最怡人的季节，微风拂面，阳光温暖而不灼人，天空往往蓝得让人有身处梦幻之感。

忽然之间，汴京的开阳门轰然大开，没有平素森然的羽仪，没有金帝出行的喝呼清道之声，但见一辆又一辆的象辂、革辂、耕根车、重翟车、金根车鱼贯而出。此种礼仪用车，明眼人一看就知是皇族的专用车辇。

各辆车辂均帘盖紧闭，全无往昔的庄严和威赫，不时有男男女女压抑不住的悲泣声从车中传出。车辂的前后左右，站满了蒙古兵士，他们神情紧张而兴奋，扁平的大脸黑黝黝地发亮，手中的兵器不自觉地握得很紧。

金朝皇族专用的十数辆大车过后，又有二十多辆新造的大敞篷车，每辆车中均有数十人，从他们的穿戴上看，都是金朝宗室男女。再往后，就是一大群步行人，大多是释、道、儒三教的掌门人，医官，卜士，工匠，绣女，他们失魂落魄，深一脚浅一脚地被蒙古兵一路驱赶前行。

所有这些人中，包括金朝的太后王氏、皇后徒单氏、梁王完颜从恪、荆王完颜守纯（金哀宗的二哥）以及金朝皇宫内有位号的嫔妃美女，共有车三十七辆，宗室男女五百多人，三教、宫匠、绣女无数。

这些人的最终目的地是蒙古都城和林（今蒙古哈尔和林）。

当然，并非所有的人都能活着到达和林。

一行人刚刚出城不久，蒙古攻汴的主帅速不台高高踞坐于汴京城外五里的青城高台之上，命人从车辆中一一认真甄别出梁王完颜从恪、荆王完颜守纯等所有金朝宗室皇族男子。点数验身后，大金王朝的男性金枝玉叶们，均像被宰杀的鸡鸭一样在路边被集体屠杀，一个不剩。

然后，蒙古各级将领踩着遍地的鲜血，嗷嗷狂叫着，冲入已经吓得没魂的金国后妃美女所乘的车辆中，习惯成自然，把剩下的女人作为攻城战胜的奖赏，数人抓持一个，剥光脱净这些面无血色的美女，在光天化日之下开始了骇人的轮奸。

暴行一直持续到转天早晨，有幸挨过残虐轮奸留下性命的金朝皇室妇女和绣女们才被押送上路送往和林，“在道艰楚万状，尤甚于（宋朝）徽（宗）、钦（宗）之时”。

从1128年到1233年，时光流逝了一百零五年，仅仅一个世纪多一点儿，在同样的地点，竟然又上演了同样悲惨的一幕。

只不过，一百多年前的悲剧主角是北宋皇族，而现在的悲剧主角正是当年胜利者女真皇族的后代。在女真皇族前后左右持刀林立的扁脸兵将，是来自西北大草原的蒙古人。

历史惊人地相似！曾几何时，“茹毛饮血、殆非人类”的女真人经过百余年的汉化、文明化，终于成为有秩序的、崇尚儒家理念的、文明世界的一分子。如今，蒙古人纵马而来时，文明化的女真人只能向他们俯首为奴。来之不易的文明，在铁火的碰撞下登时化成了碎片！

金宣宗的“三大误”

蒙古灭金的战争，大概时间是从金卫绍王大安三年（1211 年）到金哀宗天兴三年（1234 年）。仅仅二十三年，蒙古这个昔日金国的“附庸”一路刀砍斧剁，把曾经不可一世的大金国送进了历史的深渊之中。

蒙古诸部散处于金国的西北方向。唐末以来，阴山一带的蒙古诸部与中原王朝有接触。宋太祖、宋太宗二位英主在位期间，蒙古诸族为了“打秋风”，常常派人向宋朝贡献些“土特产”。随着辽国的不断强盛，这些马上民族又臣服于契丹人。辽国虽然接纳他们的“贡奉”，但对他们怀有深深的戒心，在边境地带设立了许多哨卡。

金朝兴起后，蒙古人自然臣服于女真人。接受封爵之余，常常向金国进贡马匹和牛羊肉等物。

金朝和辽朝一样，对这些骑蒙古矮马的貌似恭顺的蒙古人很戒备，从来不让蒙古使者进入金国国境，在塞外受其礼币后就打发他们走人。与昔日辽对金相似，金国对蒙古也一样，强征暴敛，设立三部招讨司以军事力量控制蒙古诸部。

但蒙古人本性凶悍，时不时也纠集数部侵入女真人属地大肆抢掠，然后带着财物跑回原地。

金国初建时，金兀术曾率八万精兵进讨蒙古，打了几年也奈何不了对方，最后只好与蒙古诸部议和，并把西平河以北二十七团塞（军事堡垒）所辖之地尽割予蒙古部落，岁“赐”牛羊米豆绵绢。金兀术之所以这样“屈尊俯就”，是因为当时金国忙于与南宋和西夏的战争，不想再在西北方招来一条大狼觊觎自己。

完颜亮时代，蒙古渐强，已经成为金国的“边患”，时不时对“大金”武装骚扰和袭击。如此烧杀抢掠，蒙古倒和女真人发家初时具有一样的行径。

金世宗时代，蒙古已发展成为金国的“大患”，金国每隔 3 年就要派出大量军队在与蒙古诸部接壤的地带主动进攻一番，攻杀日益强盛的蒙古诸部，谓之“减丁”，想控制“狼群”的数量。

自然，女真军人拣软柿子捏，凡遇不甚强盛的蒙古部族，必定大杀丁壮后抢掳财物与妇女童弱，然后当作牲口一样卖到中原地区为奴，换取金钱。正因如此，蒙古与女真之间的矛盾越来越深。蒙古族人对金国“怨入骨髓”。

金章宗时代，蒙古塔塔尔部特别强大，女真大部队集结主力前去征剿。当时，蒙古乞颜部头人铁木真与塔塔尔部有杀父之仇，便主动充当金国鹰犬，配合女真人灭掉了塔塔尔蒙古部族，他自己也被金国授予“扎兀惕忽里”的官称。

其实，铁木真的祖先俺巴孩汗正是死于女真人之手，这种大仇他当时还不敢报，低眉顺目装孙子装得特别好，每年都亲自到金国边境的专门地点向女真人贡奉礼品。当然，这条大狼狗装得再驯顺，金人仍旧不让他入境，赏骨头一样赐予他一些金银绸缎就打发回去。

由此，铁木真心中仇恨的怒火日炽。

金国卫绍王继位后，不知道先前的“忠臣”铁木真已经是“成吉思汗”了，仍旧派使臣去蒙古“宣诏”。

听说是卫绍王为帝，铁木真也不跪拜接诏，嘴里怒骂道：“一直以为大金皇帝是天上人才做得，卫王如此歪瓜裂枣的品相，也能为帝？”言毕，纵马而去，把“大金”使节晾在当地。

铁木真从前确实见过卫王，但他以对方“怯懦”和面相不好不受诏完全是借口：你铁木真本人也是一个肉饼大脸，一撮毛的发型不见得多威武，怎能把相貌与帝座联系起来，一看就知道是豺狼长大了要吃狮子。

卫绍王听金使回朝叙述因由后大怒，想把铁木真诱骗入境杀掉，结果自然不成。

一年后，成吉思汗统率蒙古诸部生力军，浩浩荡荡杀入金国。1211年（金大安三年）夏天，蒙古军队一路夺城下寨，连下抚州、宣德、居庸关。到1213年，蒙古大军竟然在围困金朝中都的同时，又腾出手来分出三路军，攻取河北、河东、山东诸郡邑，杀得女真人胆战心惊，惶惶不可终日。

当时，金国的卫绍王已被胡沙虎弑掉，金宣宗在位。面对蒙古攻破九十多郡、杀戮数百万人民的凶猛势头，他赶忙向昔日的“附庸”乞和。

此时的铁木真还没见过“大世面”，如此辉煌的胜利让这个蒙古小头目出身的人自己脑袋都发晕，便同意议和，向金国讹索“公主及护驾将军十人，细军（禁卫精兵）百人，从公主童男女各五百人，彩绣衣三千件，御马三千匹，金银珠玉等甚众”。

金宣宗自然一口应承，忙把卫绍王的女儿岐国公主连同其他金银男女器物一并送去，与蒙古签订了合约，并派丞相完颜承晖亲自将蒙古强盗大军送出居庸关。

蒙古军士极其残暴，“两河山东数千里，人民杀戮几尽，金帛、子女、牛羊、马畜皆席卷而去。屋庐焚毁，城郭丘墟矣”。

出关之前，蒙古人把在山东、两河地区所掠的数十万少壮男女皆杀死，原因很简单，暂时用不着驱迫这些人攻城、填壕沟或当苦力、挡箭牌，活着浪费粮食，还是杀掉省事。

当时的金国朝廷，弑卫绍王的胡沙虎已被术虎高琪杀掉。去一贼出一贼，术虎高琪也不是好人，他利欲熏心，结党营私，与金宣宗君臣各怀鬼胎。

蒙古人虽然退走，但河北、山东许多地方仍处于蒙军控制下，随时会再次兵临城下。

畏惧之余，金宣宗决定迁都，要率六宫和大臣将相逃到南京（汴京）躲灾。

金宣宗大误之一：迁都汴京

听闻金宣宗要迁都于汴，左丞相徒单镒马上进谏：“銮舆一动，北路皆不守矣！今已（与蒙古）讲和，积兵聚粟，固守京师，策之上也。南京（汴京）四面受兵，辽东根本之地，依山负海，其险足恃，备御一面，以为后图，策之次也。”

金宣宗不听，他留下平章政事都元帅完颜承晖、左丞抹撚尽忠奉太子完颜守忠留守中都，自己率后宫及满朝文武仓皇逃往汴京。

休整已毕的成吉思汗听闻金宣宗南迁，大怒。他重新找到攻击金国的借口，立刻重领蒙古大军向金国杀来。

金宣宗行至良乡，松了一口气，就下令扈从的“乣军”把先前发放给他们的精甲精骑都送还回来。乣军大怨，谋议后忽然发难，杀掉忠于金朝的主将素温，推斫答等三人为头目，杀人抢物后纵马逃走。

中都的完颜承晖闻变，率兵在卢沟一带阻击这些叛军，却被斫答所率的乣军击败。得胜后，叛军一路往北，投降了蒙古军。

乣军原为辽朝的护卫精兵，在辽朝九个帝王当政期间都跟从皇帝亲征并担当关键扈卫职责。辽国被金人灭亡后，相当多的乣军向北逃亡，或随耶律大石建立西辽。没跑掉的契丹乣军则为金国留用，主要在边境防御蒙古诸部的入侵。所以，金国的乣军，基本上是由契丹族群组成。

后来，由于女真人自己的“猛安”“谋克”们逐渐堕落退化，乣军成为金国战斗力最强的兵种之一。早在1204年，净州一带的“乣军杂人”就有不少向蒙古投降，受到成吉思汗的大力任用。

良乡叛走的乣军投降后，中都守城的许多乣军不堪抹撚尽忠的猜疑杀戮，也发起兵变，冲出中都城与良乡叛军会合，并立成蒙古鹰犬，在中都攻城中担当主力，成为把金国老主子送入坟墓的第一梯队。昔日被女真人征服的契丹人，终于在百余年后反戈一击。

后来，随着蒙古战争的扩大，乣军被散编入契丹、女真、汉军之中，作为集体编制的乣军才慢慢消失了。

听闻蒙古军盛，金宣宗大惧，要召自己的太子完颜守忠回汴京。有大臣谏劝，要金宣宗效仿唐明皇当年留太子在灵武的故事以系天下之心。金宣宗不听。加之术虎高琪撺掇，金宣宗召回了太子。太子一走，中都军民更加心中恐惧。

1214年秋，蒙古大将木华黎向金国的北京发动进攻。当时金国有二十万大军守卫北京，但主将银青不久被部下所杀，接任的寅答虎连像样的仗都没打过一场，开城投降。由于金军曾抵抗过，依蒙古的屠城"惯例"，要把二十多万军人和城内人民全部杀死。

蒙古将领萧也先劝说木华黎："北京为辽西重镇，如果他们投降了还要全部杀掉，以后金国哪里还有人敢投降呢。"木华黎当天心情好，就没有下令大屠杀。

这招儿真灵，示范效果特强，金国的金顺、成州、懿州、通州相继降于蒙古。

没过多久，1215年3月，金国中都失陷。城破前，完颜承晖与抹撚尽忠见面，劝他与自己一起"共死社稷"，抹撚尽忠不同意。大怒之下，完颜承晖返回自己家中，仰药自杀殉国。

数百留在中都未及撤走的金国前朝嫔妃们听说抹撚尽忠要弃城而走，连哭也来不及，急忙收拾简单行装在通玄门集结，想与抹撚尽忠一起逃走。这位手中握有大军的守城主帅骗她们说："我领军先出为你们开路，你们随后再行。"

诸妃信之，立于寒风中等着出发的号令。但抹撚尽忠带着他自己的爱妾和亲信先出城，脚底抹油逃走了。

蒙古兵攻入中都，杀戮吏民，死者甚众，焚毁宫室，大火月余不灭。

至于那些未及逃跑的嫔妃宫女，自然是要忍受被蒙古军轮奸的悲惨命运。花容月貌，一夕凋零。

抹撚尽忠跑到中山才喘口气，他对随从亲信说："如果那些妃子与我们一起逃，蒙古人肯定穷追不舍，我们哪里有命逃得出！”

这样一个败类，安全抵达汴京后，金宣宗竟然不追究，仍让他任平章事。

几年后，抹撚尽忠与术虎高琪争权，遭受排挤。郁闷之下，他与其兄想重演胡沙虎弑君之事，事发，才被金宣宗下诏诛死。

金宣宗“大误”之二：进攻南宋

南宋宁宗嘉定七年（1214 年），成吉思汗派来的使者曾由淮水渡入南宋，送来文书及绢画地图等物。

当地的宋朝官员羁留这三个人，秘密上报朝廷。宋廷当时不想惹起事端，因为他们对蒙古处于不了解的状态，只知道蒙古与金国交战正酣。于是，为了保持“中立”，宋朝濠州（今安徽凤阳）官员没有接收蒙古试探性来使的文书，并把几个蒙古使人“驱逐出境”。同时，为了避免金人找借口生事，宋廷下诏告诫边吏，以后有蒙古使者到来，应一概“驱逐”不留。

表面如此，南宋私下已经察觉到金国的虚弱，就以战乱阻隔为名，有两年时间没有及时向金朝缴纳“岁币”。

金宣宗君臣焦头烂额之际，自然特别在乎南宋应该缴纳给本国的大量银帛。打仗就是拼消耗，眼下最缺的就是经济来源，于是，金国连续几次派特使入南宋促讨“岁币”。

为此，宋廷内大臣分为两派：一派是以真德秀为首的“多数派”，一派是以乔行简为首的“少数派”。

真德秀曾任使节入金国“祝贺”金宣宗登基，因蒙古侵金不得不半途折返。由于他深悉金国处于分崩离析的边缘，就向朝廷献三策：上策是趁金人疲弱之时出兵灭金，报仇雪恨；中策是停止向金输贡“岁币”，保证南宋内部安全；下策是继续与金国保持“友好”，助其纾灾解祸。

至于“少数派”乔行简，他以唇亡齿寒为喻，认为应该输“岁币”

与金，保证金国的存在，可以使得对方成为宋朝与蒙古之间的缓冲和屏蔽，使“昔我之仇”，变为“今吾之蔽”。从当时形势看，蒙古人把女真人打得连首都都南迁，战斗力肯定非常强。南宋连金国都打不过，又怎么可能在以后面对一个比金国更强的对手呢。

乔行简的声音虽然微弱，但不乏明智之思。在南宋当时抗金的氛围下，乔行简之议自然被认为是“卖国”行径。

宋宁宗折中之后，采纳了真德秀提出的“中策”，即停止向金人输贡“岁币”。当然，为了试探金方态度，宋宁宗先派贺生辰出使金国，希望金国同意减少“岁币”的数量。金宣宗自顾不暇之余，还特别坚持“原则”，绝不答应减数。

使节回朝后，宋朝上下很恼怒，就以运河枯涸无法运输为名，不再向金国输出“岁币”。其实，此举也属太早意气用事，果真有远见的话，宋廷大可与金国虚与委蛇，口中应承，实际不给。在不给金人以战争借口的同时，坐观女真、蒙古二虎相争，任其自相残杀。

金宣宗对南宋停输“岁币”之举十分愤恨，权臣术虎高琪关键时刻添油加醋，劝金宣宗以宋人不纳币为借口，对宋国发动进攻。这样的话，北边损失南边补，可以在南方拓广疆土。

经过商议，金国不少将领也认为金军实力比蒙古不足，比宋军却绰绰有余。

金宣宗乃一庸主，耳朵根子软，架不住文臣武将一番“劝说”，便于1217年（南宋嘉定十年，金兴定元年）夏天首先发动侵宋战争。

宋朝对此次金国入侵倒没怎么感到意外和惊惶，宁宗皇帝马上下诏表明断绝两国的“友好”关系，双方开打。

甭说，战争开始，金军依恃从前对宋朝逢战多胜的心理惯性，仗打得英勇，运气也不错。信阳之战，金帅完颜赛不开战告捷，一路连克光山、罗山、兴州等数城，斩杀宋军近二万人。同时，金军数道皆出，在樊城、枣阳、光化军、大散关以及西和州、阶州、成州等地对宋军展开猛烈攻势。

没过多久，战争形势开始对金军不利，许多城池得而复失，宋军从各处开始了激烈的反攻。

这时候，见战争过程远远不如原先预想的那样顺利，金国统治集团内部又纷纷冒出与宋国讲和的声音。当时的金国，在蒙古大军的挤压下，形势穷蹙，真正的统治地区局促于河南一地，而且西北的夏国因金章宗时蒙古伐夏金朝见危不救，也开始与蒙古联合，不断在边境地带对金国发起进攻。同时，山东地区由汉人武装势力组成的“红袄军”声势日大，四处开花。除此以外，在金国原先统治比较稳固的辽东地区还有契丹人耶律留哥和蒲鲜万奴的反叛。

烽火燎原，烟尘遍地，金国可以说是四面受敌。

为此，金国想要以战逼和。1218 年年底，在对宋取得小小优势情况下，金宣宗主动向南宋伸出“橄榄枝”。出乎意料的是，南宋非常坚决，根本不让金使入境。恼羞成怒之下，不顾自己国内重镇太原城刚刚被蒙古人攻陷，金国在 1219 年（南宋嘉定十二年，金兴定三年）春兵分三路，向南宋发动新一轮军事进攻，西起陕西，东至江淮，金军凭恃余勇而来。东路方面，金军打得不错，连下濠州、滁州、兴州、麻城、六合等地，金兵的尖刀部队已经抵至采石矶杨林渡一带（今安徽当涂）。

金军大喜，宋廷大恐。

关键时刻，原属金国“国民”的李全率领汉人“红袄军”斜刺里杀出，四处击杀金军。本来战线就长，金军没料到会有李全插这么一脚，慌乱之际，赶忙收缩战线。结果，金军主力纥石烈牙吾塔部军在化湖陂（今安徽怀远以北）被李全打得大败，被迫撤退时又遭追击，损失惨重。西路方面，金军也是先胜后败，在洋州（今陕西洋县）被宋将张威截击，被杀数千人，最后只得狼狈北逃。中路方面，金军大将完颜讹可率数万金军围攻枣阳，大战两个多月，皆被宋将孟宗政击退。金军师老兵疲之余，宋将赵方派出生力军忽然从枣阳城外向金军发起攻击，守将孟宗政又开城出击，夹击之下，金军被杀三万多人，完颜讹可仅以单骑逃走。

从此以后，宋廷一扫昔日对金兵的“畏战”“怯战”心理。双方撕破了脸皮，你攻我杀，你退我攻，宋金“和平”完全成为“过去式”。

特别是金国，偷鸡不成蚀把米，本想“堤内损失堤外补”，岂料损兵折将不说，又多出南宋这么一个一直怀有“不共戴天”之仇的敌国。

金宣宗“大误”之三：“封建九公”

金国自中都南迁汴京后，河北一带陷入了连年战乱的境地。当地的汉人纷纷结社组军自保，各择“主人”。这些人身处乱世不仅想活命，也想趁机割据一方。

蒙古方面，最大的收获在于收降了史秉直、史天倪父子和张柔等汉人武装。南宋方面，暂时也把李全的“红袄军”收纳为“官军”。

金朝思前想后，知道对于河北、山东等地再也不能进行实际意义上的直接统治，便做顺手“人情”，选出九个势力最大的地方武装头目，全部封为“公爵”。

这九个人分别是：沧海公王福、河间公移剌众家奴、恒山公武仙、高阳公张甫、易水公靖安民、晋阳公郭文振、平阳公胡天作、上党公张开、东莒公燕宁。

其实，这种分封诸侯一般的“九公封建”，恰恰暴露了金国统治的虚弱。且不说这“九公”良莠不齐，各怀鬼胎，即使他们当中真有人最终抵拒蒙古成了气候，金国也不一定能控制他们。

后来，“九公”之中，真正能起到抗蒙作用的只有移剌众家奴、靖安民、郭文振、张开、燕宁，虽然人数有五个之多，作用却微乎其微。

拥金宣宗继位的权臣术虎高琪，嫉贤妒能，滥权营私，扰乱纲纪，残害忠臣，却一直占据相位。直到兴定三年（1219年），金宣宗死前两年多，才因事把他诛杀。但金国的政局，已经江河日下，再也不能挽回败势。

金国的汉人文士刘祁对金宣宗南迁后的政局做过透彻的分析：“（金）宣宗喜刑法，政尚威严，故南渡之在位者，多苛刻（好杀）。”

金国大臣徒思忠有“麻椎相公”的外号，因其好以麻椎杀人；雷希颜在蔡州一次就杀当地土豪五百人，有“雷半千”之称；李特立爱杀人立威，外号“半截剑”；冯壁外号“马刘子”，特喜以马裂人为刑……凡此种种，不一而足。

而且，金宣宗宠信宦官、外戚，特别是他最宠爱的三个妃子皆出身低贱，有“头巾王、过道史、白酒庞”之称，这些穷苦出身的外戚家族，阔起来后奢侈尤甚，权势熏天。

金宣宗的南渡班子成员，各个庸庸碌碌：“为宰执者往往无恢复之谋，上下同风，止以苟安目前为乐，凡有人言当改革，则以生事（之名）抑之。每北兵（蒙古兵）压境，则君臣相对泣下，或殿上发叹吁。已而敌退解严，则又张具会饮黄阁中矣。每相与议时事，至其危处，辄罢散曰：‘俟再议。’已而复然，因循苟且，竟至亡国。”

上述描绘，如果不看前后文，还以为是南宋末年或明朝末年的汉人朝廷。

更可笑的是，宰执大臣临事，往往不置可否，低言缓语，互相推让，还自称这是“养相体”。如此昏怯荒唐，真让人不敢相信金国朝堂上这些雍容华贵“养相体”的大人们的祖先是百余年前金戈铁马的女真悍族！

至于金宣宗身边的太监近侍，更是“谄谀成风”，每当有四方灾民或兵败的消息或奏折传至，这些人大多将章奏压下不报，相互“劝慰”道：“不必报知皇上，以免陛下心烦！”

结果，茫茫来日愁如海，发昏毕竟当不了死。

此外，金宣宗时期与西夏的关系也进入“冰霜”期。在此，简单谈一谈西夏的情况。

夏崇宗乾顺在金灭辽、灭北宋的过程中大捡便宜，开疆拓土，西夏达至其历史上疆域最广大的时期。夏崇宗死后，其子仁孝即位，是为夏仁宗，在位五十五年，是西夏历史上当“皇帝”时间最长的一位。夏仁宗时期，西夏国完全汉化，开科取士，尊儒尊孔，改革礼乐，完善官制。而且夏仁宗本人也是一位节俭贤明的君主。在他统治期间，其父夏崇宗皇后的父亲任得敬（论理也是夏仁宗的“姥爷”）在很长一段时间内得势，差点把夏国一分为二，最后在西夏“宗主国”皇帝金世宗的帮助下，夏仁宗才捕杀了任得敬，使夏国转危为安。

夏仁宗于1193年病死，其子纯佑继位，是为夏桓宗，此人遵其父旧政，附金和宋，可以说是位比较不错的守成之主。可惜的是，十几年后，夏桓宗之母罗太后因与夏桓宗的堂兄安全通奸，竟然废掉自己的亲儿子，立安全为帝，夏桓宗不久就被杀掉。这位篡位的安全，便是夏襄宗。夏襄宗时代，蒙古已经大盛，多次入侵西夏，杀掉夏国精兵数万，并于1209年一度包围了西夏的中兴府。情急之下，夏襄宗向金国求救，当政的金国卫绍王却见死不救。幸亏蒙古因气候原因撤兵，蒙夏达成城下之盟。至此，金夏之间长达八十多年的“友谊”因为金国拒绝出兵救援而全然破裂。

1210年，蒙古兵一走，愤怒的夏襄宗马上发兵，进攻金国的葭州（今陕西佳县）。

转年，西夏宗室遵顼发动政变，废杀安全，自立为主，是为夏神宗。虽然金国闻讯马上册封夏神宗为“夏国王”，但这位进士出身的夏主野心勃勃，穷兵黩武，仍然四处发兵进攻金国，并发书南宋，相约夹攻金国。1216年，夏神宗与蒙古军联合，一度攻克金朝的潼关。1217年，夏神宗派出三万精兵配合蒙古兵猛攻金国的平阳府（今山西临汾），却被金军打得大败。不久，由于成吉思汗要西侵中亚的花剌子模，他诏令西夏出兵出钱助战。

夏神宗见没什么便宜可捞，拒绝了蒙古的“命令”。成吉思汗哪里听得“不”字，立刻发兵进围中兴府，夏神宗慌了，留下太子德任守城，自己逃到西凉去躲蒙古兵锋。

眼见已经和蒙古交恶，夏神宗就写亲笔信要与金国恢复“友好”关系，庸识无远谋的金宣宗竟然“严拒”与西夏讲和。夏神宗更怒，马上约南宋夹攻金国，1220年秋，夏宋共同出兵，并攻克金国的会州。

金宣宗害怕，马上授意陕西行省与西夏“议和”，这次却遭夏神宗“严拒”。不久，西夏集精兵二十万，与南宋合军猛攻金国巩州。此次金军运气好，把夏宋联军打得大败，夏神宗不得不撤兵。接下来的一年里，蒙古向西夏征兵攻金，夏神宗不得不出兵相助。在葭州、龛谷柔、积石川等地，夏蒙联军把金军杀得大败。1223年，夏军全力配合蒙古大将木华黎围攻金国的凤翔府。

不久，见蒙军失利，夏神宗竟然下令夏军在不告知蒙军的情况下先行回撤。夏神宗太子德任进谏，希望父皇与金朝讲和。夏神宗不听，囚禁自己的儿子，接连进攻金国。

成吉思汗方面也恨夏神宗擅自撤兵，发兵围攻积石川，后因金军迫近才撤围。

所以，西北一带，党项、女真、蒙古这三个民族相互厮杀不停。

夏国因连年战争，国力消耗巨大，国库空虚，民不聊生。在朝中大臣的压力下，夏神宗不得不在1223年退位，其次子德旺继位，是为夏献宗。这一年，金宣宗也在汴京病死。

西夏和金国这两个昔日“友好”邻邦打了十几年，平均每年就有两场大战，互相消耗，互相残杀，最终，蒙古人相继给予它们以灭顶之击。

金哀宗的亡国“三部曲”

金哀宗原名完颜守礼，后来改名完颜守绪，是金宣宗第三子。金章宗泰和年间，得授金紫光禄大夫。金宣宗称帝后，晋封“遂王”。

本来，金宣宗把长子完颜守忠立为皇太子，这位爷从中都逃回汴京后，因惊吓过度和旅途疲劳，不久就发病而死。金宣宗便立完颜守忠的儿子完颜铿为皇太孙，小孩子命软，没过多久也病死。此时，遂王还有一个二哥英王完颜守纯。但遂王的妈妈和姨姨皆是金宣宗宠爱的皇后和元妃，子以母贵，遂王便被立为皇太子。那位英王不得立的另外一个原因，也在于他常常饮酒误事。

元光二年（1223年）年底，金宣宗弥留之际，英王完颜守纯第一个闻讯，首先入宫“侍疾”，并关闭了东华门。时为太子的遂王听说二哥已经入宫，怕他再弄出什么矫诏改立太子的事情，立刻派东宫兵卫三万余人包围了皇宫，然后叩门入见。

守门的驸马都尉徒单合住见来人是皇太子，不敢怠慢，连忙开门。入宫后，遂王完颜守绪马上遣几个兵将把二哥抓起来软禁于旁边的小屋子里。

当夜，金宣宗崩，完颜守绪即位，是为金哀宗。金哀宗继位后，并未杀掉二哥守纯，还把他从英王晋封为“荆王”。不久，荆王为人告发要“谋反”，金哀宗要杀他，得亏慈圣皇太后说好话，完颜守纯留得一命。不过，这位荆王一直处于被软禁状态，直到蒙古人攻破汴京后才被蒙古人杀于青城。

金哀宗继位后，改元“正大”。他上朝第一天，在隆德殿的宝座刚刚坐稳，外面忽然刮大风，把端门城楼的巨瓦吹掉数块。满朝文武心中疑惧，皆以为是不祥之兆。没说几句话，又有人入报，说宫外有个男子披麻戴孝，望着承天门又哭又笑，还大声嚷嚷：“我笑，笑将相无人；我哭，哭金国将亡。”

听说有这么一个“乌鸦嘴”，入贺新皇登极的群臣都劝金哀宗把那个人抓起来当街杀掉。

金哀宗很厚道，表示说，自己希望朝外的百姓直言政事，即使是语涉讥讪也不应该加罪。金国的法司见皇帝这样说，不好对那个男子处重典，只以“君门非哭笑之所”为理由，打了那个人几棍子就放走了。

金哀宗继位后的第一个“好消息”，是西夏献宗派人来求和。当时（1124年），成吉思汗自率大军征西域，夏献宗一面阴结漠北诸部族准备抵御蒙古，一面派使臣与金国议和。金哀宗马上答应，且再不敢以“附庸”视夏国，两国改为“兄弟之国”，西夏以兄事金，各用本国年号。至此，金夏又结成了联盟。

可惜，这一“和议”来得太晚，夏献宗此举，更是加速了西夏的灭亡。

自韩侂胄死后，大奸臣史弥远一直把持朝权。当初参与除掉韩侂胄的皇子赵询后被立为皇太子，但在嘉定十三年（1220年）病死。当时，由于宋宁宗还未生出儿子，只能又从宗室后代中选了两个人入宫，一个是赵贵和，一个是赵与莒。宁宗皇帝喜欢赵贵和，便为其改名赵竑，立为皇子，晋封“济国公”。史弥远推荐的赵与莒改名赵贵诚，也接进宫内抚养。为了双保险，杨皇后为赵竑娶太皇太后吴氏的侄孙女为妻。赵竑不知韬养之计，他不仅冷落杨皇后为自己娶的吴氏，还特别恨史弥远，常对一位为自己弹琴的美女大骂老史，声言以后自己继位为帝，第一件事就要把史弥远流放于荒蛮之地。

偏偏这位善抚琴的美人是老史派来赵竑身边搞“特工”的，立即向史弥远汇报。为此，老史急火攻心之余，加紧暗中活动，准备推拥赵贵诚在宁宗皇帝死后接班。

宁宗皇帝崩前之夜，史弥远秘召心腹入宫，矫诏数道，立赵贵诚为皇子，“赐”名赵昀，同时，矫诏封赵竑为郡王，出判宁国府。史书上讲，杨皇后起初不同意史弥远的废立之谋，最后被她“娘家人”劝说才勉强同意。其实，种种记载皆表明，阴谋家杨皇后一直与史弥远有奸，二人在开禧年间诛杀韩侂胄后已经成为床上和床下的亲密战友，否则，她也不可能在如此重大、涉及灭族的问题上与史弥远搅在一起。

因此，早朝上，大臣宣布宁宗皇帝崩讯和赵昀即位的"诏令"，皇子赵竑一时愣住，以为是朝官念错了名字，连跪拜新皇的礼仪都忘记了。史弥远的老帮凶夏震当时是御林军大头目，硬是按着赵竑的头让他向新君行礼。

由此，赵昀为帝，便是宋理宗。他能继位为帝，全赖史弥远、杨皇后的宫廷政变所赐。

不久，废拘于湖州的赵竑和儿子皆为史弥远派去的爪牙杀掉，老史手狠心黑，斩草除根。

宋理宗称帝时已 20 岁，仍然不敢张扬，乖乖地在史弥远和杨皇后阴影下小心翼翼地"扮演"皇上这一角色，直到绍定六年（1233 年）老史咽气后，他才敢自己做主插手朝政。

可叹的是，史弥远如此坏人，死后被追封为王，赐谥"忠献"，编写《宋史》的元朝史臣也未把他列入《奸臣传》，真是咄咄称奇。

当然，于宋理宗而言，史弥远对自己有拥戴之恩，他特意在老史死后下诏不让群臣再揭这位"恩相"的阴事。

险毒狡狯的杨皇后活得也不错，宝庆五年才死，时年七十一岁，尽享荣华富贵，安死宫内，谥号是"恭圣仁烈"，死前的尊号是"寿明仁福慈睿皇太后"。

坏人好报，真是天理不公。

说回金哀宗。他即位后，并无太多的"振作"之举，金国仍旧按照惯性往前"发展"。尤其是金哀宗继位后的前几年，蒙古正忙于消灭西夏，对金国的逼迫有所减缓。

西夏在金朝初兴灭辽击宋时期捞得了大便宜。好事不可再，这一次，蒙古人第一个要消灭的"国家"正是夏国。

西夏控扼中原与西域、漠南与漠北的数条交通干线，也是东西方经济文化的汇集地和中转中心。由于西夏东接金国，北邻蒙古，因此，蒙古灭金，最好的办法就是首先解决西夏这一金国的“友邦”，如此，则可完全消除蒙古的后顾之忧，也可以防止在蒙古攻金的关键时刻自己老巢被夏国偷袭。

此外，夏国也是漠北进入中原地区的交通要地，“龙城故道”由龙城至居延，北方异族入侵中原一般必经居延，而这里恰恰由夏国筑建了庞大的军事堡垒黑水城，夏人视之为关键的北部大门，常年有重兵守卫。

1209 年，成吉思汗已经成功夺取黑水城，完全控制了漠北通往中原的枢纽。而且，蒙古军队还打通了西夏东部边境的一条通道，自阴山渡黄河，经鄂尔多斯大草原南下到夏州后才率军而西，过黄河后进入河西走廊。

两路大军齐发，又有成吉思汗亲征，西夏灭亡不远。

蒙古垂涎西夏的另外一个原因，还在于河套地区与河西走廊的物质财富。如果灭亡了西夏，蒙古就可以得到更多的兵马、粮草、物资，以战养战。更为主要的是，蒙古人虽在西征中取得重大胜利，攻灭花剌子模等世界级的城都，但对中原城市缺乏攻陷经验。所以，西夏成为蒙古人灭金亡宋的演兵场，尽锐攻之，在战争中不断提升攻击战术和杀人技巧。

1225 年，成吉思汗以夏献宗拒遣质子为借口，宣布伐夏。一路之上，蒙古军陷城夺地，连克兀剌城、沙州、银州，屠肃州（今甘肃酒泉），又陷西凉、河罗等地。

惊惧之下，夏献宗竟然活活吓死（其父“太上皇”夏神宗早些时候病死，这大祸头倒是善终，时年六十四岁）。

夏臣拥夏献宗的侄子李晛为帝，是为夏末帝。

成吉思汗自西凉一路直进，破应里、夏州，进围灵州。夏国派出最后的 10 万精兵迎击，最终苦战不支，被蒙古人杀败。

成吉思汗的部队自盐州川往北进攻，把西夏的都城中兴府团团围住。

1227 年春，成吉思汗留部分蒙军继续围城，他本人率军渡河，攻陷积石军，冲入金国，又破临洮、洮州（今甘肃临潭）、河州（今甘肃临夏）、西宁等地，每克一地皆大肆杀戮一番。最终，至当年夏天来临时，西夏除首都中兴府以外全部沦陷。

屋漏偏逢连夜雨，弹尽粮绝、死伤惨重之余，中兴府城中又发生 6 级以上的地震。夏末帝觉得是天要亡夏，就遣使出城乞降。

当时，成吉思汗在清水（今甘肃清水）患重病，临死，这个杀人不眨眼的大魔头下达指令：死后秘不发丧。李晛若降可佯装接受，城门开后立即攻入，遍屠中兴府内的所有军民。

果然，夏国投降后，蒙古军一拥而入，屠城之后，把李晛一行押解回师。

到达萨里川时，得悉成吉思汗死讯，蒙古诸将立即把夏末帝及其所有族人全部残杀。

至此，西夏灭亡。如果从元昊算起，西夏共历十帝，一百九十四年。

弥留之际，成吉思汗已经立下他深谋远虑的政治遗嘱："金（国）精兵在潼关，南据连山，北限大河，难以遽破。若假（借）道于宋，宋金世仇，必能许我。则下兵邓（州）、唐（州），直捣大梁（汴京）。金急，必征兵潼关，然以数万之众，千里赴援，人马疲敝，虽至弗能战，破之必矣！"

金哀宗继位后不仅与夏国修补关系，同时向南宋派出使臣主动讲和，并在金宋边界地区张榜表示日后"不再南伐"。而且，金国罕有地没有继续坚持"原则"，再不想以"伯侄""叔侄"关系居大，估计即使当时南宋一方要当"大爷"，金哀宗也会被迫答应。

世易时移，金宋关系虽有些缓和，宋朝只是在两国边境地区停止了大规模的战事，仍旧拒绝金使入境。

其实，早在嘉定十三年（1220年），宋朝已经派人与蒙古大帅木华黎有过接触。嘉定十四年，宋朝正式派使节到达当时的西域铁门关，并受到了成吉思汗的接见。此后，宋蒙双方交往日频。即使如此，当时宋蒙两国并无联合灭金的正式盟书。

蒙古在嘉定十五年进攻金国凤翔时，曾遣一部军越过牛岭关进入宋朝的四川境内进行过抄掠。而后，1227年，蒙军又有一部攻克南宋的阶州（今甘肃武都）、成州（今甘肃成县）、凤州（今陕西凤县）等地。不久，恰值成吉思汗病死，蒙古军才从这些地方撤出。所以，对于蒙古人，南宋一直不敢掉以轻心。

窝阔台继承汗位后，严格执行成吉思汗"借道灭金"的临终遗嘱，软的不行就来硬的，后来还强行"借道"，攻下宋朝的兴元府（今陕西汉中）和沔州（今陕西略阳）等战略要地，直入四川腹地，并于绍定四年（1231年）渡过汉水，攻入金国的邓州（今河南邓州市）一带，在钧州（今河南禹州）三峰山大败金朝主力。

绍定四年（1231年，金正大八年），是蒙古决定灭金的关键一年。窝阔台兵分三路，右路军由拖雷自宝鸡南下，借道宋境，相约转年开春会师大梁；左路军由斡陈那颜统领，直捣济南；中路军由窝阔台本人掌统，经河中杀奔洛阳。

金亡国"三部曲"之一：三峰山之役

金哀宗当皇帝后，人逢末世运更衰，不仅要与昔日两个"附庸"——西夏和南宋低三下四地打交道，还得向霸气正旺的蒙古大爷献上谄媚之脸。

可笑的是，一向往死里讹诈宋朝岁币的金国只是装孙子还不行，蒙古大爷现在遣使向金国"责岁币"，乾坤颠倒，时移世易。所以，金哀宗坐上龙座后的金国，"尽弃河北、山东、关陕，唯并力守河南，保潼关”。

金人在自洛阳、三门、折津东至邳州的东西二千余里范围内，设立四个行省，调二十万精卫以抗蒙古。

成吉思汗死后，蒙古军于1228年春首先进攻大昌原，金朝平章政事完颜合达以完颜陈和尚（完颜彝，小名陈和尚，字良佐）率“忠孝军”为先锋迎敌。

完颜陈和尚勇猛，以四百骑大破蒙古八千劲骑，“盖自有蒙古之难，二十年间始有此捷，奏功第一，名震国中”。金廷立授完颜陈和尚定远大将军，世袭谋克。

1230年，金朝先前“九公”之一的恒山公武仙降蒙后复叛，杀掉蒙古将领史天倪，与史天倪之弟史天泽在贝州激战，完颜合达率金兵来援，又击败蒙军。

良好的开端，对金国而言，绝非成功的一半。这年年底，蒙古大汗窝阔台率大军入陕。

本来，蒙古已经派出使臣到金军营中谈和议，金将移剌蒲阿先是把蒙古使软禁。庆阳大捷后，移剌蒲阿志骄意满，对蒙古使臣说：“我军兵精粮足，你回去告诉你们大汗，敢与我战就来！”

这一来，大大激怒了窝阔台大汗，他即刻点兵，与其弟拖雷率众入陕西，在京兆、同州、阜州一带杀来荡去，破毁金朝的军事堡垒60余座，直趋凤翔。完颜合达与移剌蒲阿赶忙把行省移至阌乡以备潼关。

1231年夏，当蒙古兵猛烈围攻凤翔时，先前牛哄哄的移剌蒲阿和完颜合达心生怯意，逗留不进，上奏说：蒙军势盛，不可轻进。

金哀宗着急，遣使晓谕：“凤翔被围既久，守军就要招架不住，可以领军出关与蒙军稍稍交手一番，以减缓凤翔方面守军的压力，牵制一下蒙军。”

二人得诏，硬着头皮领兵出关，象征性地与蒙军打了一小仗就收军入关，根本不顾凤翔金军的死活。很快，凤翔被蒙军攻陷。值得一提的是，金军也有小小战果，名将完颜陈和尚在倒回谷以少胜多，竟然打败蒙古大将速不台。

相持之间，金国降将李昌国给拖雷出主意："金朝迁都汴京快二十年了，他们所依恃为安的，正是潼关人守和黄河天险，如果出宝鸡入汉中，不到一个月即可赶到唐州和邓州，如此，则金国可灭。"

拖雷马上把李昌国的建议讲给哥哥窝阔台听，二人一拍即合，做出了三路攻金的决定。

1230年年底，蒙古拖雷一军已经攻入饶凤关，由金州向东，准备杀向汴京。金朝宰执大臣闻讯向金哀宗建议："北军（蒙古）冒万里之险，历二年之久，方入武休（地区），其劳苦已极。我们应以兵屯（于）睢（州）、郑（州）、昌（州）、武州、归德及京畿诸县，以大将守洛阳、潼关、怀（州）、孟（州）等处，严兵备之，京师积粮数百万斛，令河南州郡坚壁清野。彼（蒙古）欲攻而不能，欲伐不得，师老食尽，不击自归矣。"此议虽有理，仍是退缩怯懦之计。

金哀宗叹言："国家南渡二十年以来，所在之民破田宅，鬻妻子，以养军士。今敌至不能迎战，徒以自保。京城虽存，何以为国！天下其谓我为何等人！朕思之再三，存亡自有天命，只要不负国民就好！"于是，他下诏金将屯兵襄州、邓州，并未允许"坚壁清野"之策。

金哀宗"觉悟"虽高，毕竟救不了国家。

依据金哀宗诏旨，1232年初，完颜合达、移剌蒲阿率诸军入邓州，完颜陈和尚、武仙等人率军会之，出屯顺阳。

听闻蒙古拖雷率大军渡汉江，金国诸将商议对策，有的说半渡击之，有的说待其过江后再打，议论未定，蒙古大军已经安然渡江。

至此，完颜合达和移剌蒲阿才着慌，忙赶至禹山，分据地势，列步兵于山前，列骑士于山后。

奇怪的是，蒙古兵见金军立阵后，并没有上前迎战，反而不慌不忙地绕过山脚，出金国骑兵之后，分三队杀来。

双方接战，蒙古兵远来疲惫，不久即退。

见此，完颜合达认为：“蒙古军号称三万，运护辎重的人就占三分之一。今相持二三天，令其不得进食，如果乘其退却而进击，肯定得胜。”

移剌蒲阿不同意：“蒙古人退路是大江，而黄河又没封冻，他们深入重地，又能跑去哪里，不必速战速决。”

由此，金军没有乘胜逐北，丧失了绝好的机会。

转天一大早，金军忽然发现一个蒙古兵也找不到了，经过骑兵侦察，才知蒙古军已隐入光化对岸的枣林之中。他们鬼鬼祟祟，白天炊食，夜不下马，一直在里面待了四天。

蒙古人在林子里面休整，金兵却已经绝粮，于是诸将商议后准备率军入邓州就食。

行至林后开阔地，一直饱食待发的蒙古兵忽然出击。金兵慌忙迎战。拼杀之中，蒙古精骑百余突出，邀击金军的辎重运送队伍，打得金兵几不成列。

边打边跑，半夜金兵才得入邓州城。可恼的是，完颜合达和移剌蒲阿隐其败迹，上表金廷说又打了一个大胜仗，百官表贺，诸相置酒。

本来躲入军事堡垒的金国乡民也麻痹大意，晃悠回村舍打理家务。未隔几日，蒙古游骑突至，乡民多被俘获。

忧惧之余，得悉蒙军分几路趋汴京而来，金哀宗忙召群臣商议拒敌之事。有人建议应趁蒙古兵远来疲惫予以迎击，平章政事完颜白撒不同意，他想出一个怪招儿，遣金将麻斤率兵民万人出城，在汴京城四周围起短堤，然后掘开黄河，灌水入围，想在汴京城外形成一圈水渠防线，以护卫城市。同时，又派金将率三万兵护卫在黄河边挖掘江堤的兵民。

他可能没有细想，虽然蒙古骑兵一时攻不得近，时间一久河水也会把城墙泡松。

此时，蒙古的窝阔台大汗在西夏降人恤可的建议下，自河中府由清河县的白波渡黄河，并约拖雷率军来会师于汴京城下。

蒙古人忽然出现在黄河之上，下船登岸一阵猛杀，麻斤本人及万余兵民猝不及防，皆被砍死，只有三百人逃回城中。

至此，窝阔台入郑州扎御营，遣速不台率军攻汴京。

水拒蒙军不成，金军只能商议汴京城守。

可笑的是，当初金宣宗南渡汴京后，权臣术虎高琪见南京城方 80 里，四阔难守，便又出馊主意于城内筑子城，周方 40 里，工役大兴，毁坏民舍甚多。花费巨亿不说，还累死了不少老百姓。结果，当蒙古兵真正来到时，众臣又认定只要外城一失，子城绝不能守，最后决定在外城守御。所以，当初费工费力筑的四十里坚固城墙，一丁点儿用也没有。

汴京外城还是当初北宋所筑，土脉甚坚，非轻易能克。

城壕虽固，汴京城内兵员确实不多，满打满算，金国最终聚集了四万军士，两万青壮年居民。所以，金朝汴京之守，完全指望城外的援军。

拖雷所领蒙古军队自禹山之战小胜后，散漫而来，所过州县，无不降破，蒙军自唐州直趋汴京。

完颜合达、移剌蒲阿接诏，率金国仅存的十五万精锐自邓州出发，赴援汴京。

蒙古人不慌不忙，只派出三千骑兵尾随，但并不主动出击。

被蹑随了好一阵子，完颜合达等人商议："敌兵只有三千骑，我们只行不战，是示弱的表现，应该转身消灭这三千人！"

未待金军安排布置好，蒙古兵尾随到钧州沙河，忽然不战而退。

金军下令在当地扎下营盘休息，刚刚支好帐篷喘口气，蒙军忽然来袭，金军惊惶，连忙弃帐迎击，由此，金军不得休息、饮食，且战且行。

金军走到黄榆店（今河南禹州以南），距钧州还有二十五里，天降大雪，军不得行。正想扎营休整，汴京方面送来急诏，要两省军立刻赴汴京集结。

无奈，金军只得在大雪天开拔。

此时，自北渡黄河而来的蒙古兵愈聚愈多，他们与拖雷部蒙军会合，前后遍砍大树塞堵金军通路，准备包围金军一口吃掉。

幸亏金将杨沃衍力拼杀出一条血路，金军又能往前走出一段路。

到了三峰山后，金军才敢扎营，军士不少人三天都没有吃上一口饭。

此时，两部蒙军已经合兵，从四面把十五万金军团团包围，轮番进攻。

一半蒙军冲杀时，另一半蒙军燃柴烤肉大吃大喝。然后，杀累的蒙军回来吃肉饮酒，体暖肚饱的蒙军又冲上去杀敌，“更迭休息”。这些蒙古人，打仗倒像是打猎。

金军可怜，走了好几天路，许多人肚中无食，又赶上大雪奇寒，连举兵器的气力都没有，只能勉强支撑。

眼见已经杀死金兵数万，蒙军故意让开通往钧州的一条路。放金兵逃走的同时，蒙军又在道路两旁埋伏不少生力军，趁金兵败走之余突出砍杀。

金军遂溃，势如崩山。十万多老爷们鬼哭狼嚎，动静确实吓人。

金军高级将领中，只有武仙率三十余骑侥幸从竹林中逃脱，杨沃衍等人皆在混战中被杀。

完颜合达与移剌蒲阿失去联系，只得由完颜陈和尚保护着率数百骑拼死逃入钧州。

至此，金军十五万人基本上都成为蒙古军刀下之鬼，精锐尽失。

在郑州的窝阔台听闻拖雷与金军交战，又派出数将来援，于是众军合攻钧州。钧州城破，完颜合达逃入窟室中，为蒙古兵搜出当即砍下脑袋。于是，蒙古兵派人持完颜合达的脑袋绕汴京宣威：“你们金国所恃，唯有黄河与完颜合达。现在，黄河为我们占据，完颜合达被我们杀掉，不降何待！”

名将完颜陈和尚本来躲在隐蔽处可以逃脱，他怕死于乱兵之手无名，又怕自己乱中被杀。皇帝责他贪生，他便在蒙古人杀掠稍定后自己走到蒙古帅帐，称自己是金国大将，有话要说。

蒙军如临大敌，数人把他围起，押往拖雷处。

完颜陈和尚见拖雷不跪，朗声言道：“我乃大金忠孝军统领完颜陈和尚，大昌原、卫州、倒回谷之胜，皆我为之！我如死乱军中，人将谓我负国家。今日明白来死，天下必有知我者！”

蒙军惜英雄，劝陈和尚投降，陈和尚不肯。蒙古人残暴本性凸现，推陈和尚于地，用棍生生打折他的两条腿，又用刀把这位金国英雄的嘴划开，一直割到耳际。

陈和尚噀血而呼，至死不屈。如此金国忠烈，其实也是汉文化“忠孝节义”涵教而出，他每每在军中习《孝经》《论语》《春秋左氏传》等儒家典籍。

这样的忠勇之士，使蒙古将领也受感动，以马奶酒洒地祝祷：“好男子，他日再生，当令我得之！”

移剌蒲阿最终也被蒙军活捉。此人虽多误军机，但还是个气节之臣，宁死不降，被蒙古人杀掉。

金亡国“三部曲”之二：汴京之战

1232 年 3 月，蒙军已经攻入饶凤关。金国大将徒单兀典统十一万大军尽撤秦州等地关备，从虢州入陕，同时，又聚军粮十多万斛，准备皆以船装载，顺流东下。

正忙活着，蒙古骑兵杀至，粮食刚刚装了几船，只能弃于当地不顾，两百多艘空船跑得也快，瞬间无影无踪。

金将恼怒，强迫当地州民用人力运输储于灵宝和峡石的仓粟。

蒙古游骑自由驰骋，遇见运粮的金国民众，打猎一样，杀掠甚众。

不久，金军潼关守将李平降蒙，使得关中门户大开。徒单兀典吓得立即点集阌乡军兵逃跑，由西南径入大山冰雪中，部将多有叛去。

蒙军闻讯，立即派数百精骑尾随追击。山路积雪，随军妇女加上金军所弃掷的老幼，哀号盈路。如此疲弱的十多万兵民，逃的逃，死的死，被蒙兵最后全歼于山中，徒单兀典也被擒杀。

4月，蒙古集大军猛攻洛阳。洛阳城中金兵总共只有三峰山的溃卒三千多人以及一百多昔日完颜陈和尚手下的忠孝军。留守官撒合辇因病重不能带兵，绝望之余自投护城河而死。

金将强伸领军，率士卒赤身死战，他派壮士数百在城墙上往来奔呼，张大声势，并创制发石的“遏炮”，杀掉蒙军数千。

蒙古增兵力攻，强攻三个月依旧不能克城，无奈撤退

可见，金国仍然有能将，只是忠义之士太少而已。

蒙古大汗窝阔台见天气渐热，将要北归，派使臣到汴京，要金哀宗投降，并列了一份几十人的金朝大臣及其家属的名单，要金哀宗把这些人及绣女、海冬青等一起送至蒙军营中当作“贡物”。

金哀宗得到讲和的讯息，自然喜出望外，他封被软禁的二哥完颜守纯的儿子完颜讹可为曹王，准备把这个侄子当人质送予蒙军讲和。

汴京城外指挥攻城的速不台根本不理会金朝讲和的“善意”，他说：“我只受命攻城，未接大汗诏旨讲和。”

速不台在汴京四周广立攻城器械，驱逼汉人俘虏及妇女老弱负薪背石填平护城河，不少行动不便者即刻被推入城壕当作“填充物”。

如此危急关头，金国的平章完颜白撒禁止守军与蒙军交战，声称皇帝正与蒙古大汗讲和。为此，血战的金国四城守军大呼。

金哀宗闻讯，连忙出端门至舟桥慰抚士众。由于当时刚刚下过雨，遍地泥泞，守城军民忽见皇帝出临，均跪于地上。

金哀宗询问情状，有人回答：“北兵填濠过半，平章完颜白撒传令勿发一箭，恐坏和议，国家真与北军有和议吗？”

金哀宗沉痛地回答："朕以生灵之故，称臣进奉，无不顺从。我只有一子（其实是侄子），还未成年，现已准备送出作人质。希望你们稍作忍耐，待曹王（完颜讹可）出后，鞑靼（蒙古）如果再不退兵，你们死战未晚！"

当日，金哀宗送出曹王作人质，蒙军仍旧并力进攻。

双方恶战。金军做石弹，一只有一两斤重，皆由兵士拿着往城下猛砸。蒙军更厉害，他们从西域带回抛石机，军营中到处堆积四处搜罗来的石磨和压麦用的碌碡，一分为二三，借用抛石机巨大的抛力掷石上城。每城一角之地，蒙军置放百多架抛石机，更相抛掷，昼夜不息。

这种抛石机威力巨大，金国汴京城墙上合抱粗的防城木应声而碎。

为了防御城墙免遭巨石抛击，金人用马粪、麦秸裹住城楼护具，又以网索和牛皮作为悬空防护以减少巨石的冲击力。不久，蒙军再用抛石机扬抛巨大的点燃的"木弹"，烧毁不少汴京城墙上高大坚实的木制防具。

幸亏汴京城墙是昔日后周世宗所建，墙土皆取自虎牢，墙体紧密如铁，巨石击中后，唯凹陷而已，特别受力。

蒙古兵见强攻不成，又在汴京城外筑城，"围百五十里，城有乳口楼橹，壕深丈许，阔亦如之，约三四十步置一铺，铺置百许人守之"。

本来，死战之余，金军想夜间派人突出偷袭斫营，但皆为城墙下的矮墙所阻，未及出就被蒙军发现。这些短墙工事，是先前完颜白撒出馊主意修建的，一无是处，起不到任何防守作用，反而成为金军之累。

除了守汴京的金军英勇外，蒙军之所以一直攻不入城，全赖金军有两种绝密武器：一是火炮"震天雷"，二是类似今天火焰喷射器的"突火枪"。金军的"震天雷"威力不小，每次以大铁罐子装炸药，点燃引信后，用抛床掷出，其声如雷，闻百里外，爆炸威力巨大，能使铁甲皆透。

蒙军人多主意多，有人想出以厚牛皮做成一个筒状隧道，直通城根下，然后立刻在城角凿洞。结果，半天之内，汴城四周城根处密密麻麻皆是“耗子洞”。蒙军三三两两入洞后，就在里面猛掘一气，这样下去，没几天就会在城下挖出千百条地道。

金军动脑筋，商量许久，有人出主意：用铁绳吊悬炸药，点燃后顺城墙到“耗子洞”口，砰然一爆，蒙军与牛皮皆破迸无迹。威力之大，能把蒙军炸成人肉末。

金军还在墙垛广架，以火发之，前烧十余步，蒙军被烧成火人。

所有战争器械中，蒙军最怕“震天雷”和“突火枪”。

蒙军使尽法宝，攻城整整十六昼夜，内外死者以百万计，仍然无法攻破汴京城墙。

大怒之下，蒙兵发掘汴城外金哀宗生母的陵墓，奸尸毁尸泄愤。

蒙帅速不台知道汴京强攻不可下，就派人入城佯装与金国讲和。

金哀宗君臣自然顺坡下，派人出城以牛酒犒劳凶残的蒙古兵，并送给蒙古军将无数金银珠宝。

速不台答应退兵，蒙军暂时退散于河、洛之间。

金国的参政赤盏合喜听闻蒙军退兵后，不以“城下之盟”为耻，反以守城为己功，率百官入贺。

金哀宗自知暂时逃过一劫，改元“天兴”，大赦“天下”，减御膳，罢冗员，放宫女，下令上书不得称圣，改圣旨为制旨。如此君王“大有为”之举，毕竟晚了一些。

蒙军退后不久，由于汴京城内外死人太多，古人又无甚防疫经验，汴京地区瘟疫流行，两个月内死亡一百多万人。

主持守城的完颜白撒自知犯了众怒，蒙军退后他申请“致仕”，多次险些被愤怒的军士杀掉。

八月间，蒙军派唐庆为使节入汴京，传谕说：“欲使和好成，金主当自来相议。”

金哀宗当然不敢亲自去蒙古军营，他装作生了重病，躺在大殿的御

蒙军作战场景图

榻上接见蒙使唐庆。

这位唐庆也是死催，他甩开胳臂上殿，大摇大摆如在自己家后园那样自在，围着金哀宗的御榻走了数圈，边问边看，强逼金哀宗亲自出城议和。

金哀宗心中恼怒不敢发作，躺在御榻上哼哼唧唧装孙子。

金朝殿下群臣和御林军看见蒙使如此无礼，皆大怒。消息传出，汴京城的军士闻者皆怒。

当晚，蒙使唐庆回驿馆后，正饮酒吃饭，金国的飞虎军士兵申福等人突入，把唐庆一行三十多人杀得一个不留。

金主不问，和议遂绝。

蒙古使节唐庆被杀，金哀宗知道蒙军肯定会再来。在签军之余，他下令全城括粟，严禁居民私藏粮食。其中，金臣完颜久住最酷暴，率人在全城内到处搜粮。闯进一户民居，他发现有婆媳二人，家里有六斗豆子和三升蓬糠，立刻派兵士抓起来示众。这家媳妇哭诉："我丈夫死于守城，婆婆年老，只是想能吃蓬糠苟活，绝不敢杂入军粮豆中献为军储，我正要献出这六斗豆子。"完颜久住不听，当众杖杀这个可怜的寡妇。闻者股栗，把剩粮尽弃于粪溷之中。结果，大搜数日，也只得三万斛粮。

由于缺粮，汴京城萧然，死者相枕，无论贫富，皆束手待毙。最后，发展到暗中人吃人的地步。

金哀宗听说后，又下诏出太仓米煮粥。有金臣闻之而叹："与其食之，宁如勿夺。"

年底，眼看汴京粮尽援绝，金哀宗召群臣议事，准备出逃。

众人你一言我一语，有的建议去归德（今河南商丘），有的建议去卫州（今河南汲县），有的建议去汝州，吵了半天，金哀宗也拿不定主意，决定先出城再说，便命平章完颜白撒、右丞相完颜赛不等人与自己一道出城，让参政奴申、完颜珠颗以及崔立等人留汴守城。

汴京居民闻讯，惊恐喧哗，金哀宗派人宣谕，声称自己率军往汝州与蒙军决战。

行前，金哀宗与太后、皇后、妃子、公主辞别，抚胸大恸。

他之所以不带走这些女人，一是表示自己有回驾汴京的“决心”，二是这些女眷确实累赘，带着她们行军不便。

出了开阳门，金哀宗回首望汴京，泪下如雨，这一别，正是永别。

1233年正月，金哀宗率数万兵往河朔方向撤退，行至蒲城，等待归德方面金将送军粮。发放完粮食后，金哀宗与前军渡黄河。

忽然之间，大风刮起，金军后军一时间渡不过河。正等待间，杀出一股蒙古骑兵，大杀南岸的金军后军，剩下的金军跳入河中想游过岸，冬天水冷衣厚，又淹死一千余人。

金哀宗次于北岸，望之震惧。

无奈，金哀宗派完颜白撒率兵攻卫州，其实卫州乃金国军民所守，正是日前完颜白撒四处派兵劫掠杀人，才造成“人心思叛”的后果，卫州闭城不纳金哀宗。

蒙军马上派兵驰击，完颜白撒撒丫子就跑。紧接着，金军在白公庙一役中，基本把老本赔光。完颜白撒弃军先遁，众多金国大将皆为蒙军杀死。

当时，金哀宗正在魏楼村傻等，准备诸军齐集后率军与蒙军决战。不料，等了半天只等到仓皇逃出的完颜白撒一个人，完颜白撒报告说：“军已溃，北兵近在咫尺，请幸归德。”

于是，金哀宗一行君臣六七个人连夜登船，逃往归德。其实，当时附近还有不少金军在夜间与蒙军死拼，直到转天一大早，他们听说金哀宗弃师先奔，才一时大溃。

至归德后，军士皆怨恨完颜白撒。金哀宗不得已，命人把完颜白撒推出去斩首，以安军心。

汴京方面，蒙帅速不台得知金哀宗逃跑后，马上指挥大军，把金国都城又围成铁桶一般。

本来，汴京军民认为金哀宗御驾亲征肯定能打几个胜仗，天天仰着脖子等待捷报，听闻军败，心中大惧。

蒙军把汴京围得水泄不通，城内粮尽，居民饿死无数。

与一百多年前北宋灭亡时一模一样，汴京成了一个活地狱。

不久，金朝的京城西面元帅崔立杀掉完颜奴申和完颜阿不，勒兵“入见”太后，以太后名义传召梁王完颜从恪为监国，他自称左丞相、尚书令、郑王，亲赴蒙古兵营议降。

崔立本性淫狡，很想趁乱以快其欲。他约降蒙古后，马上派人烧掉京城城墙上的楼橹防具，并假称蒙古军命令，亲自鞫审随金哀宗出逃的官员妻女，随意奸污，日乱数人。

崔立还把梁王及其近亲囚禁于宫中，入皇宫私取珍宝无数，运载填充于他在京城的大宅子里。日后，他指使兵人，在城中帮助蒙古兵搜掠金银，拷打折磨官员百姓，百毒备至，使城中百姓生不如死。

五月间，崔立催逼金国两宫皇太后、梁王、荆王以及诸宗室五百多人北行，送俘蒙古，以三十七辆大车装载，把金国皇族端个底儿掉。然后，他派兵劫持三教、医流、工匠、绣女，皆押送蒙古。凡此种种，同1128年北宋皇族的悲惨情状如出一辙，唯一的区别，是当时的金朝皇帝奔逃在外。

金朝覆亡在即，北中国一片喧沸骚动。金朝大诗词家元好问对金朝“国难”有过深刻的描述：

癸巳五月三日北渡三首

道旁僵臣满累囚，过去旃车似水流。

红粉哭随回鹘马，为谁一步一回头。

随营木佛贱于柴，大乐编钟满市排。

虏掠几何君莫问，大船浑载汴京来。

百骨纵横似乱麻，几年桑梓变龙沙。
只知河朔生灵尽，破屋疏烟却数家。

续小娘歌

太平婚嫁不离乡，楚楚儿郎小小娘。
三百年来涵养出，却将沙漠换牛羊。

金军大败之后，蒙古兵烧杀掠夺，满载子女玉帛而去。金国人民颠沛流离，文物流失，田园荒废。官军只知龟缩城内，任百姓受苦，美丽姑娘也成为蒙军用来换取牛羊的商品，终老沙漠。

此情此景，似一百多年前北宋汴京沦陷时的惨剧重演。

蒙古兵入城后，恰值崔立在城外为蒙古人催迫金室皇族上路。不料想，蒙古兵冲入崔立家中，尽夺其妻妾宝物。

崔立闻讯大哭，也无可奈何，真正的立时报应！

不久，崔立这个贼人也被属下斩杀，汴京军民上前，争剖其心，生啖解恨。

金亡国“三部曲”之三：蔡州之战

1233 年 4 月，金哀宗逃到归德后，随驾亲军及河北溃军渐集。

一直驻守归德的金国主将石盏女鲁欢怕兵士太多粮不够，建议把这些聚集的金军遣出城去，分别往徐州、陈州、宿州等地就食。

金哀宗不情愿，身边好不容易有了这么多兵士，如果遣散他们，以后再聚也难。但他此时又不敢得罪石盏女鲁欢，只得留下元帅蒲察官奴的忠孝军四百五十人和马用部下七百人在城中，其余诸军皆遣出城去。

趁旁边无人，金哀宗悄声对蒲察官奴说：“石盏女鲁欢把朕的卫兵尽数遣散，爱卿你要小心。”

蒲察官奴一直看不起石盏女鲁欢和马用，认为这两个人不过是归德地方军将，没资格和自己平起平坐。现在听金哀宗这样讲，顿起相图之心。

当时，蒙古将领忒木碍围攻亳州，且天天派出部队向归德进攻。蒲察官奴劝金哀宗北向渡河，召集金军以图恢复。石盏女鲁欢自然不同意，皇帝在自己的地盘，他可以“奉天子以令诸侯”。

蒲察官奴不悦，私下劝金哀宗出城到海州，金哀宗不知就里，没有答应。蒲察官奴积愤，顿起杀心。

大臣李蹊知道归德城内这个大将心怀鬼胎，连忙报知金哀宗。金哀宗非常忧虑，暗地派马军总领纥石阿列里合等人暗中监视蒲察官奴，岂料，阿列里合转头就告诉蒲察官奴皇帝对他起了疑心。

金哀宗害怕蒲察官奴和马用两个人在城中兵戎相见，就命大臣以皇帝的名义置酒为两人说和。马用欣然前往，不料蒲察官奴在酒席上忽然拔刀把马用当场砍死，然后派五十名士兵严守金哀宗所居屋舍，把随行大臣尽数拘捕。随后，蒲察官奴把石盏女鲁欢捆上，亲自押回他家，逼他交出所有金银财宝后，一刀砍死，屠灭其家。

接着，蒲察官奴遣军士杀掉金哀宗随行的大臣李蹊等三百人，混乱中还杀掉马用和石盏女鲁欢手下军士三千多人。

如此自相残杀，金国最后一丝元气丧尽。金哀宗无奈，下诏任蒲察官奴为“权参知政事”。

蒲察官奴在归德窝里反的时候，金将武仙与唐州、邓州的守将一起，商议想把金哀宗迎入蜀地，于是集兵猛攻南宋的光化。结果，偷鸡不成蚀把米，他们被南宋守将孟珙打得狼狈而逃，死伤惨重。

后来，孟珙又在马蹬山大败武仙，破其九寨重兵，降七万金军，武仙本人仅率六七人逃走。由此，金哀宗入蜀的希望也成泡影。

穷守归德的金哀宗、蒲察官奴等人，大忧中有小喜，竟能在6月间以少胜多，打赢一仗。

原来，卫州大溃时，蒲察官奴的母亲为蒙军捉住，金哀宗便指示蒲察官奴“因其母以计请和”。于是，蒲察官奴就写信给蒙古将领忒木碍，表示自己要劫金哀宗投降。蒙将信以为真，认定此非“苦肉计”，派人送还蒲察官奴的母亲，暗中往来相约。

蒲察官奴就与蒙将往来讲议，有时候乘舟中流，欢谈会饮。

眼看蒙军十分麻痹大意，金哀宗与蒲察官奴定下斫营之计。

端午节那天，蒲察官奴率忠孝军四百五十人登船，自东而北，直奔蒙将忒木碍设在王家寺的大营。当时，金哀宗在归德北门系舟待发，如果金军失败，他就逃往徐州。

结果，蒲察官奴及其手下忠孝军勇战，持火枪于半夜突入蒙军营中，放枪烧营，冲荡斩杀，忒木碍慌忙逃跑，蒙军大溃，掉入河里淹死的就有三千五百人，被杀又有两三千人。蒲察官奴焚烧蒙军军营而还。

金哀宗立拜浦察官奴为参知政事、左副元帅，权兼将相。由此可见，蒲察官奴虽跋扈，心中还无背金降蒙之意。

得胜之后，蒲察官奴更加暴横，派人把金哀宗软禁一样“守卫”于照碧堂，禁止任何大臣未经允许前往奏事。

金哀宗天天以泪洗面，对近侍说：“自古无不亡之国，不死之君，但恨我不知人，为此奴所困耳！”

几个禁卫军士见皇帝如此，就暗地商议杀掉蒲察官奴。听说蔡州城坚池深，兵众粮广，皆劝金哀宗弃归德奔蔡州。

待蒲察官奴入宫，金哀宗告知他自己有幸蔡州之意，蒲察官奴扼腕顿足，力陈不可，并趋出大喊：“如有敢言南迁者，定斩不饶！”

蒲察官奴私心很重，当然不肯让皇帝离开归德和亳州这一带自己的势力范围，蔡州兵将皆非他的“自己人”，金哀宗到那里，肯定再不会听任自己摆布。

众侍卫忙劝金哀宗动手。于是，趁蒲察官奴入见之机，金哀宗自拔佩剑，当头就劈。侍卫兵士左劈右砍，终于把蒲察官奴“解决”掉。

怕忠孝军造反，金哀宗亲自出面慰谕，讲明蒲察官奴是谋反被杀，余皆不问。

金哀宗设计在归德杀蒲察官奴时，金国的洛阳失守。

本来，洛阳守将强伸数战有功，曾以数百人抗御了蒙军的第一次围城进攻。蒙军二次攻洛阳时，强伸率军士死战，总帅乌林答胡土却招呼也不打一声，自率一群金兵携妻子出奔蔡州。洛阳金军见总帅逃跑，惶惧之下献西门投降蒙军。强伸力战，突围而出，转战至偃师，力竭被俘。蒙军说降，强伸不屈，被杀。

杀掉跋扈的蒲察官奴后，金哀宗经亳州往蔡州，随行只有二三百人，50 匹马而已。堂堂大金国天子，沦落到如此可怜的地步。在双沟寺避雨时，见满目蒿艾，人迹罕见，金哀宗悲从中来，大恸道：“生灵尽矣！”

进入蔡州，当地父老罗拜于道。看见大金皇帝身边这么稀稀拉拉的人马，仪卫萧条，父老皆大为感泣，哀宗本人也唏嘘不已。

其实，蔡州相比于归德，地理位置非常不利，迁蔡之前，金国山东行省的大臣王用安就遣人持秘信劝谏，主要内容如下：

“第一，归德环城皆水，卒难攻击，蔡州无此险；第二，归德虽乏粮储，而鱼茨可以取足；蔡（州）若受围，廪食有限；第三，蔡（州）去宋境不（过）百里，万一（宋）资敌兵粮，祸不可解；第四，归德（如）不保，（可）水道东行，犹可以去蔡（州）。蔡（州）若不守，去将安之？”

最终，蔡州结局皆为王用安不幸一一言中。

蔡州城内安排停当，金哀宗以完颜忽斜虎为尚书右丞，总领省院事；以张天纲为“权参知政事”（代理副相）；以完颜中娄室（当时有兄弟三人皆叫完颜娄室，与金开国那位名将姓名相同，时人以“大中小”区分三人）负责枢密院事。

金哀宗当时应该把蔡州当跳板，西进秦、巩之地，但哀宗随从侍卫皆娶妻营业，不愿迁徙，都说西幸不便。

由于当时蒙古大军距蔡州很远，蔡州城日渐晏安，金哀宗也松懈下来，竟有心思修建宫舍，派人四处挑选美女。完颜忽斜虎切谏，乃止。

幸亏这位完颜忽斜虎夙兴夜寐，遣使诸道，终于又在蔡州聚集万余精兵，金军兵威稍振。

蒙军也没闲着。1233 年 9 月，蒙古都元帅塔察儿派使节至襄阳约南宋一起合攻蔡州。

襄阳知府史嵩之（史弥远之侄）马上提兵配合蒙古军攻打唐州，金守将战死，城降。宋军进逼息州，当地的金将忙派人向蔡州求援。金哀宗无奈，只得又分出五百名兵士前往息州。士兵临行，他对将士说："北兵（蒙军）之所以常取胜者，恃北方之马力，就中国（中原）之技巧耳。至于宋人，何足道哉！朕得甲士三千，纵横江淮间，有余力矣。"

这一番话，前半截讲得不错，后半截完全是自欺欺人的大话。金宣宗二十多万人南侵也没占得什么便宜，金哀宗三千人就想纵横江淮，简直是痴人说梦。

穷愁之余，金哀宗对南宋仍旧抱有最后一丝幻想，便以乞粮为名，派出宗室为使，到南宋求和。临行，他对金使说：

"宋人负朕深矣。朕自即位以来，戒饬边将无犯南界。边臣有自请征讨者，未尝不切责之。向得宋一州，随即付与。近淮阴来归，彼多以金币为赎，朕若受财，是货之也，付之全城，秋毫无犯。清口临阵，生获数千人，悉以资粮遣之。今乘我疲敝，据我寿州，诱我邓州，又攻我唐州，彼为谋亦浅矣。蒙古灭国四十，以及西夏，夏亡必及于我。我亡必及于宋。唇亡齿寒，自然之理。若与我连和，所以为我者亦为彼也。卿其以此意晓之。"

金使至宋，宋廷"不许"。

求人不成，金哀宗只得求天。他率"群臣"行拜天礼，乞求上苍保佑金国。礼成，金哀宗正赐将士酒，忽然哨探报称，蒙军数百逼近蔡州城。

感奋之下，金兵出城接战，竟大败来犯蒙军。蒙军大帅塔察儿派数百精兵进攻东城，也被金军打败。自此蒙军不再攻城，在城外分筑长垒，紧紧包围。

11月，史嵩之复遣守将孟珙、江海率精兵两万、米三十万石来会，与蒙军一起夹攻蔡州。

蒙帅塔察儿大喜，与宋军“积极”配合，双方在城外大修攻具。

至此，蔡州城中益恐，士兵往往窃议投降。

多亏完颜忽斜虎四处游说，激以忠义，军民感奋，始有固志。

蒙宋联军修治好攻具后，开始轮番攻城。金军守城壮丁不够用，便在城中搜抓体格壮健的女子，给她们穿上男子服装，送上城墙处运送木石充当壮丁。

金哀宗不敢怠慢，亲自临城抚谕。

一日，金军忽开东门出战，想杀出重围，被孟珙宋军击败。

审问俘虏后，孟珙得知蔡州城内已经断粮，认定金军要拼命，嘱诫宋军：“当尽死守住阵地，严防金军突围。”

塔察儿遣蒙古的汉将张柔率五千精卒奋力攻城，被蔡州守城的金军抵挡住，万矢齐发，张柔身中数箭，从高处摔落于地。危急之下，多亏孟珙并宋朝前锋军冲出，努力拼杀，终于救得张柔一命。

假使张柔当时死掉，日后也生不出“杀才”张弘范（张弘范乃张柔第九子，生于1238年）。正是这个张弘范，后来率蒙军屡屡进攻南宋，擒文天祥，败张世杰，最终在厓山逼得陆秀夫背负宋末帝跳海，灭亡南宋。

转天一大早，宋将孟珙率宋军忘死冲杀，夺取战略要地柴潭楼，并派人挖掘柴潭入汝水。同时，蒙军派兵掘开练江，蒙宋两军皆济河。

柴潭水涸，蔡州已失天然屏障。在蒙宋联军的合攻下，蔡州外城很快被攻陷。

守城金军急红眼，驱城中老弱孩童入大锅，熬成热油，以此为防御武器，往下浇烫蒙宋士兵。夜间，金将率五百名死士出西门想偷袭蒙宋营寨，被蒙军发觉，以强弩射死大半。

蒙宋联军合力攻西城，并攻陷西城城楼。

由于完颜忽斜虎事先已经命人在内城墙内又挖深壕，故而蒙宋联军一时间未能乘胜深入。他们凭高据险，朝城内不停发射箭弩。

金哀宗深知大势已去，对侍臣叹息道："我为金紫光禄大夫十年，当太子十年，当皇帝十年，自知没有什么大的过恶，死无恨矣。所恨祖宗传祚百余年，至我而绝，与自古荒淫暴君同为亡国之主，只是这一点让我耿耿于怀……自古以来，没有不亡的国家，亡国之君往往为人辱囚，或被绑缚献俘，或跪于殿庭受辱，或关闭于空房。朕绝对不会到这个地步！众爱卿你们看着，朕志决矣！"

其间，金哀宗曾想连夜率兵从东城突围，却被蒙宋联军所设的鹿角战栅所阻挡，杀斗而还。

孟珙与蒙军在城外搞"心理战"。深知蔡州城内乏食缺水，蒙宋联军在城外大开盛宴，歌舞鼓吹，军士们欢呼豪饮，大吃美食。城中金军兵士饥窘，皆叹息流泪。而且，守城的金军闻见肉香，几乎要发神经病。

蔡州金军偶尔有出降者从城上缒城而下，告知宋军说，城内绝粮3个月，能吃的都已经吃尽，鞍靴甲革包括军鼓鼓皮，都煮熟吃掉，早先军人们每天吃城内的老弱，后来人肉也不够吃，只能把人畜骨和芹泥混杂一起吃。

为了补充军粮，金军常常斩杀败军全队，割其肉以食。蔡州城内，简直又是一个活地狱。

见时机已到，孟珙下令对蔡州城发起总攻。蒙军也凿西城为五门，整军而入，准备与宋军同时杀入城去。

1235年正月，戊申夜，金哀宗召集百官，传位给东面元帅完颜承麟（完颜白撒之弟）。

完颜承麟固辞，哀宗说："朕体素肥，不便于鞍马驰突。爱卿平日敏捷有将略，万一得免，能保我大金国祚不绝，就了却朕的心愿了。”

完颜承麟不得已，即皇帝位。

大礼刚毕，南城已树敌帜。顷刻之间，四面杀声震天，蒙宋联军攻入蔡州内城。

金哀宗自缢于幽兰轩。

金末帝完颜承麟闻金哀宗死讯，竟还能率群臣入哭，谥曰“哀宗”。哭奠未毕，城溃。

诸人忙投火烧焚金哀帝尸首。金末帝泪眼未干，也被乱兵杀死。

这位完颜承麟是中国历史上在位时间最短的皇帝，总计只有一个多小时的为帝时间。

“区区生黎，图存于亡，未尽乃毙，可哀也矣。虽然，在《礼》，‘国君死社稷’，哀宗无愧焉”。

灭金的元国史臣，也叹惋金哀宗的为人。思其亡国之惨，方比于北宋；而国君之烈，当胜出徽、钦二帝几倍！

清朝历史学家赵翼认为，金、元二朝对待两宋亡国之君厚薄不同，报应也不同。

北宋二帝昏庸失国，寄命仇邦，困辱虽是自取，金国对他们父子宗族困饿污辱乃至杀戮，毕竟太过分；元世祖平灭南宋，免去宋帝系项牵羊的俘囚之礼，并授上司徒，封“瀛国公”，对于宋氏皇族，日支羊肉一千六百斤，供奉甚厚。即使日后有宋人以宋帝为旗号反叛，蒙古也没有加害宋朝宗室。

但对金室后裔，据窝阔台诏令，“除完颜氏以外，余皆赦免”，可见，金室皇族一个都没剩下。

元顺帝遁归沙漠后，其宗室子孙数百年绵延不绝，如果按照因果之说，应该是元朝祖先优待宋室的回报吧。

赵翼又讲，宋太祖定天下，未尝杀一降王，传位于其弟赵光义后，太宗毁约，逼杀侄子赵德芳，立己子为皇储，坏尽阴德。同时，又毒杀被俘的南唐后主李煜。李煜七月七日生，七月七日死；钱俶八月二十四日生，八月二十四日死。后人往往以为上述两人贵为国主，生死同日是富贵非凡的异征。其实，这个现象恰恰说明了这样一个阴谋：两人生日这天，宋太宗赵光义派中使赐酒果，按礼仪，两人跪谢后要与使臣共饮皇上所赐御酒。毒酒落肚，肯定会一命呜呼，正是赵光义斩草除根之计，才有二王生死同日之果。

阴毒如此，致使作为宋太宗子孙的徽、钦二帝倍受“报应”。南渡之后，南宋高宗立宋太祖赵匡胤后嗣为帝，故而直至亡国，这一支皇脉也没有灭族杀身之惨辱。“君子观于此，不能不信天道之有征也。”

种种“因果报应”，在笔者看来，其实也是偶然而已。何者？观清朝皇族之结局就昭然若揭！

清军入关，有“扬州十日”“嘉定三屠”，杀汉人无算。对于明室直系后裔，也几乎是抓一个杀一个，甚至到了康熙中后期，抓住已经隐姓埋名几十年、年逾古稀、已成大清“顺民”的朱明皇族，依旧全家凌迟，斩草除根。当然，清廷也不知从哪捞了个朱明远支做样子（估计是平灭台湾后从那里捕回的），派这支朱氏弱宗年年去明陵进献冷猪肉，直到溥仪时英国人庄士敦还看见过一个破衣烂衫的朱姓男子进“宫”谢恩。留此明朝皇族远支一脉，不过是作“政治秀”的工具。

以屠戮之惨、灭种之酷来说，爱新觉罗的子孙们的“报应”应该更惨，但近代史赫然在目：爱新觉罗的凤子龙孙们个个安然无恙，即使是给日本人做过傀儡的溥仪，祸害过东北那么多百姓人民，最后仍然能保善终，以新中国一介平民身份老死床箦。

这些，皆拜人类文明的进步所赐。当然，也有一些小规模的仇杀事件，但比起金朝女真在河北“种人之祸”中的惨状，清朝遗民简直太幸运了。

说回当年。蒙宋联军破城后，完颜忽斜虎率最后的一千多金兵巷战，终于不支，边杀边退。得知金哀宗自缢的消息，完颜忽斜虎仰天叹息："吾君已崩，吾何以战为！吾不能死于乱军之手，将投汝水自溺以从吾君！诸君可善自为计。"话一说完，完颜忽斜虎奋身一跃跳入水中自杀。余下金军将士血满身，泪满脸，相顾言道："完颜相公能死国，难道我辈不能吗！"于是上至参政、总帅、元帅，下至兵丁，五百多人皆一时跳入汝水自杀，大有田横五百将士殉主之风。

唇亡齿必寒

南宋"端平入洛"的失败

历史经验告诉我们：我们从来不会汲取历史的经验！

金朝灭亡后，如同一百多年前辽朝灭亡后一样，宋朝君臣发现，他们面前微笑的友人面孔逐渐变得狰狞，比起从前的敌人来，更加强大和可怕。

当然，刚刚灭金之后，南宋君臣感觉不错。

特别是宋理宗，趁史弥远新死之际，国权回落己手，终于可以细细品味真正当权的美好滋味。此前，1234 年，新人新气象，宋理宗改元"端平"，任郑清之为相，准备大有为一番。于是，宋廷以赵葵、赵范兄弟为主要军事指挥，率大军收复了三京：南京归德、东京汴京以及洛阳城。其实，说是"收复"，其实是占据蒙军无人留守的空城。

此举政治意义重大，宋朝国境可以由此实现"据关守河"的宏大设想，即把边防从淮河、大散关一线扩延至黄河、潼关一线。

高兴没多久，宋军就在洛阳遭受蒙古军队伏击，伤亡惨重，最终不得不撤出洛阳。

蒙军在四川大举进攻，一度攻陷五十四个州郡，杀掠甚巨。坐镇襄阳的赵范指挥不力，蒙军势如破竹，克襄阳，下九郡，已经饮马长江边。关键时刻，幸亏名将孟珙出马，连连击退蒙军进攻，才使京湖战场转危为安。

大致上讲，南宋“端平入洛”完全是短命的、虚假的胜利，为时仅仅两个月，昙花一现。不仅没有捞到任何好处，还白白损失数十万军民，物质方面的损失更不可计数。

同时，南宋在心理上也输给了蒙古，双方皆大体摸清了对方的虚实。自此，宋蒙开始处于战争状态。

值得庆幸的是，当时窝阔台正亲自率兵西征欧洲，他的注意力还没有转向南宋，所以，自嘉熙二年（1238年）庐州之战蒙古攻城失利后，蒙古方面数年内没有再发动大的进攻，南宋君臣暂时得到了喘息的机会，“安享”了暴风雨来临前的平静期。

亲政之始，宋理宗还小有振作，在罢黜史弥远党徒的同时，清整吏制，纠理台谏，理财顺政，即所谓的“端平更化”。

当然，这场小打小闹的“改革”治标不治本，而宋理宗最大的兴趣很快转向意识形态方面，即把程朱理学当作国家哲学加以崇奉，并下诏在各地学宫以周敦颐、程颢、程颐、张载、朱熹五人从祀孔子，提高《大学》《论语》《孟子》《中庸》四书的地位，“发扬光大”朱熹的道学理论，并追赐朱熹为太师，封为国公。

宋理宗召见朱熹儿子朱在时，对朱熹的四经注释大为赞赏，说：“朕读之不释手，恨不与之（朱熹）同时。”

在崇奉道学的同时，宋理宗大批特批王安石，特别抨击王安石的“三不足”之说（天命不足畏，祖宗不足法，人言不足恤），认定老王是“万世罪人”。

不顾眼前亡国在即、大敌当前的残酷现实，宋理宗君臣30年间高喊“正心诚意、克己复礼”，可谓迂腐至极。

“亡天下时代”的关键词

钓鱼城·鄂州和·贾似道·襄樊失·临安降

小时候，祖母喜欢看京剧，总带着我去戏院和电影院，当时我对于那些脸谱、唱腔、念白、布景什么的皆不感兴趣，更分不清曹操、严嵩或者贾似道——凡是“奸臣”总是一张大白脸，外加三角眼，耸着两个大肩踱方步，确实没什么意思。

不过，电影《李慧娘》给我留下深刻的印象：貌美的女主人公不过是看见玉人一样的书生娇赞了一声“美哉呀少年”，就被“大白脸”（贾似道）把脑袋切下，装在一个托盘（或者匣子）里给众人“观赏”以示“警诫”。

少年时代的我，是非观念不是很强，只是觉得那颗美丽的脑袋又吓人又刺激。至于那“大白脸”，当时根本记不住他的名字，反正不是曹操。

后来读史，才知道“大白脸”是贾似道，南宋亡国的祸首之一，乃宋理宗妃贾贵妃的弟弟，也是宋度宗得立的“恩公”。

正是他把持朝政，扣押元使，隐瞒败报，才使得南宋的国势一日不如一日，终于走到亡国的尽头。

贾似道杀美人割脑袋之事，最早见于小说体的宋元间笔记《钱塘遗事》，原文很短，兹录于下：

贾相居西湖，尝倚楼望湖，诸姬皆从。适二人道装羽扇，乘小舟由湖登岸。一姬曰：“美哉二少年！”（贾）似道曰：“尔愿事之，当令纳聘。”姬笑而无言。逾时，令（仆人）持一盆，（贾似道）唤诸姬至前曰：“适为某姬纳聘。”（众人）启视之，则姬之头也。诸姬皆战栗。

原文寥寥，只有数十字。到了明朝万历年间，剧作家周朝俊有《红梅记》一剧，其中有一个女主角名李慧娘，为贾似道相府侍妾，游湖时春心荡漾，看中美才子裴禹，心生情愫……

此时，数十字的“小说笔记”，已被衍化成有名有姓、有男女主人公、有细致情节的戏文，特别是李慧娘那几句“道情”，现在听上去那么大胆、露骨、“反封建”：“俺和他欢会在西廊下，行了些云雨，勾了些风华！”

到了清代，又有无名氏撰写《鬼神传》，书中第十二回已经详详细细勾勒出完整的故事。

《鬼神传》第十三回中，详细地描述了李慧娘被杀后到阎王面前诉冤，最后为鬼为魂，救了穷书生，杀了贾平章，报仇雪恨。

当然，新时代的京剧中删除了不少“封建糟粕”，只突出了李慧娘这位“被压迫妇女的复仇精神和反抗性格”。

戏剧、小说毕竟是虚构，李慧娘真那么刚烈也不会到相府去做妾。真实的贾似道，既不是丑恶的“大白脸”，也并非被李慧娘率阎罗殿小鬼勾魂致死。

历史上的贾似道，仪表堂堂，长身玉立，相貌酷似北宋名臣韩琦。他最后的下场，是被押送官郑虎臣虐杀于流放途中，非死于美女之手。

钓鱼城：蒙古大汗的“鬼门关”

宋理宗是个好色喜佞的昏庸之君。他继位后，虽然立前宰相谢深甫的孙女谢道清为皇后，真正的“心头肉”却是贾妃。由此，贾妃的弟弟（异母弟）贾似道当然也少年“得志”，平步青云，为京湖制置使，方面大帅，独当一面。

贾妃本人命薄，受宠没几年就病死了。继任的阎贵妃知冷知热知软知硬，继贾妃后成为宋理宗的宠妃。

理宗皇帝末期，特别宠信奸臣丁大全和太监董宋臣，二人表里相通，把朝政搞得一塌糊涂。鬼貌色蓝的丁大全别看长相不好，但能把大小太监哄得开心，狗仗狗势之余，竟然敢率兵逐出当朝宰相董槐，因此深为正人君子所嫉。

蒙古大举入侵，丁大全、董宋臣二人隐匿不报，南宋各地败报频传。国危势倾之际，台谏官上书理宗皇帝，告知蒙军已经大军深入，并言丁大全“绝言路，坏人才，竭民力，误边防”，宋理宗不得已，把丁大全外贬为贵州团练使。

丁大全在当地贼心不死，私造弓矢与蛮部阴谋不轨，为人告发，宋廷下诏将他远贬海南。过藤州时，老丁被押送官故意挤入水中淹死。

至于太监董宋臣，得悉元兵迫近，他慌忙建议宋理宗外逃。时任签判的文天祥上疏，请斩董宋臣，但理宗皇帝回护他。秘书少监汤汉上疏，说董太监“十余年来声焰薰灼，其力能去台谏、排大臣，至结凶渠以致大祸，中外惶惑切齿”，力请逮捕董宋臣下狱。理宗皇帝不允。不久，董大公公惊吓病死，宋理宗还追赠其为节度使。

自宋理宗宝祐四年（1256年）始，蒙古的蒙哥汗留弟弟阿里不哥居守和林，自率大军南侵，自西蜀向南宋进攻。

蒙哥汗出军前，已命忽必烈（蒙哥汗之弟）、张柔等人攻鄂州，兵锋指向杭州，塔察儿攻荆山，又命兀良合台自交州、广州引蒙军与忽必烈会军鄂州，李全之子李蟺攻海州。蒙哥汗本人统4万精兵，号称10万，分三路直杀蜀地。

一路之上，蒙军攻城陷地：渡嘉陵江至白水，杀宋将张实；克长宁山，降清居、石泉、龙州等城；又克隆州、雅州、阆州。

宝祐五年年初，蒙哥汗一军攻陷利州、隆庆、顺庆等郡，可称是势如破竹。到了八月间，蒙军围攻合州钓鱼城，在此遇到了宋军前所未有的顽强抵抗。

在此，先要交代一下铁木真死后蒙古继承人的情况以及合州钓鱼城的由来。

蒙古汗位，自铁木真于宋理宗宝庆三年（1227年）八月暴死于六盘山后，暂时由其第四子拖雷"监国"（代理大汗）。

铁木真共有六个儿子，分别是长子术赤（早死），二子察合台，三子窝阔台，四子拖雷，五子兀鲁赤，六子阔列坚。拖了两年，窝阔台才继承蒙古汗位。窝阔台得立，主要归功于大臣耶律楚材，正是他力劝"监国"拖雷以（铁木真）遗诏召诸王，在和林奉窝阔台为大汗。

窝阔台在位十二年，1241年因饮酒过度而死，庙号"太宗"。

窝阔台死前，本想立自己四儿子曲出的儿子失烈门为汗，但窝阔台的老婆乃马真不听耶律楚材劝谏，不遵遗诏，自己临朝称制。为此，被削去实权的耶律楚材没过几年就忧愤而卒。乃马真皇后（又号"六皇后"）称制掌权，宠信佞臣奥都剌合蛮，乃马真皇后竟然把盖有玉玺的一大堆空白制诏交予这个能敛财的床上相好，内容任他填，一时之间朝政大坏。

1246年秋，在蒙古诸王的推拥下，乃马真皇后不得不把自己与窝阔台所生的长子贵由立为大汗，但实际的朝权仍把持在乃马真氏之手。贵由才立一年多即病死（庙号"定宗"）。

以后的三年，蒙古汗位竟然一直空置。

其时，贵由的皇后斡兀立海迷失怀抱窝阔台第四子曲出的儿子失烈门临朝听政，由于厌倦了“太后临朝”，诸王、大臣多不服。

1251年，在大将兀良合台与宗室木哥等人的推立下，蒙古王公把拖雷的儿子蒙哥拥为大汗，并追封先前死去的拖雷为帝（庙号“睿宗”）。

蒙哥汗很有魄力，他一方面培植自己的势力，以其弟忽必烈总治漠南事宜；一方面诛杀不服诸王，连定宗皇后和失烈门之母也以“厌禳”之罪赐死，清除后患。

所以，率军猛攻南宋四川的蒙古大汗，正是这位“刚明雄毅”的蒙哥汗（庙号“宪宗”）。

说到合州的钓鱼城，肯定要言及南宋大将余玠。

1143年，即宋理宗淳祐三年，余玠以兵部侍郎的身份任四川制置使。宋理宗召见余玠，这位文武全才奏对得体，理宗皇帝表示：“卿人物议论，皆不寻常，可独当一面。”立授四川宣谕使，后加制置使，并知重庆府。余玠入蜀后，理钱财，复号令，礼贤明，特别是得到冉琎、冉璞兄弟相助。他们建议把合州城守徙至钓鱼山，二冉兄弟认为：“若任得其人，积粟以守之，胜于十万师远矣！”余玠大喜，言听计从，在钓鱼山附近依山据险，起筑钓鱼、青居、大获、云顶、天生等十多个城堡群，屯兵聚粮，为必守之计。

余玠时时主动出击，以攻为守，把四川经营得有条有理。官治方面，利州都统王夔残悍跋扈，为免于日后再出一个“吴曦”，余玠设计斩杀了这个外号“王夜叉”的悍将，清除了蜀地的后患。

余玠在四川雷厉风行，自然得罪了不少既得利益者。戎州统制姚世安与当朝宰相谢方叔的子侄辈一直往来交结，诸人于京城广播谣言。谢方叔也在皇帝面前斥余玠有“专制一方”之心。犹疑之下，宋理宗召余玠还朝，以原知鄂州的余晦去取代他的位置。

余玠本人闻诏，疑惧不安，竟服毒自杀，蜀人莫不悲之。

余晦到任后，大力清除余玠心腹，逮捕利州西路安抚王惟忠，诬以通敌罪名斩杀。不久，宋廷追削余玠官秩，这位忠臣死后还被算账。南宋如此自毁长城，可谓祸不远矣。但是，余玠在四川一带的十年经营，却牢牢巩固了南宋在蜀地的军事防御。

所以，蒙哥汗攻至合州钓鱼城，自然遇到了一大块难啃的骨头。

钓鱼城位于今天的合川区以东10里的钓鱼山。此城三面环水，正处涪江、渠江、嘉陵江交汇处，城周十余里，石墙高耸，易守难攻。钓鱼城内不仅储粮甚多，又有水井近百眼，绝无缺水之虞。所以，钓鱼城下瞰重庆，上控三江，实为四川最重要的战略堡垒。

宋理宗开庆元年（1259年）三月，蒙哥汗遣南宋降将晋国宝携书到钓鱼城招降，被守将王坚当众斩杀。

蒙哥汗闻讯震怒，立命大将浑都海率二万兵守六盘，乞台不花守青居山，派大将纽璘自涪州到兰市之间造浮桥以堵截南宋援军，而他本人自鸡爪滩（今钓鱼城东北部）渡江，直杀合州城下。

蒙军合师之后，把钓鱼城围成铁桶一样。七月，南宋的四川制置副使吕文德率水军猛攻蒙军架设的浮桥，血战后冲破蒙军防线得入重庆，率领千余艘艨艟舟，溯嘉陵江而上赶往钓鱼城去支援，途中却遭遇蒙军汉将史天泽。

蒙军分军为两翼，顺流纵击，吕文德所率水军不能抗，被打得大败而走。

八月，蒙军全力攻城。蒙军汉将汪德臣为前锋将，身先士卒，自率精卒连夜杀上钓鱼城外城，被宋守将王坚死命拒守，最终得不到任何便宜，灰头土脸丢下数百蒙古兵尸首退去。

黎明时分，蒙军的“大狼狗”汪德臣单骑立于城下，向上高呼劝降：“王坚，我特意来救你一城军民，投降不杀！”

语音刚落，数块大石从城上抛下，汪德臣被砸中胁部，慌忙纵马逃回。不久，这名对蒙古人忠心耿耿的“汉奸”伤重死于营中。

此时的四川，暑气蒸腾，时雨时晴，本来蒙古兵最怕热，赶上军营瘟疫蔓延，即使不开战，每天也有数十上百的人员死亡，战斗力愈来愈弱。

急怒之下，蒙哥汗自骑骏马，立于城下督战。

进攻之中，钓鱼城上的宋军滚石放箭，不时扔下几个“震天雷”，又在城下新添了一批蒙军血肉模糊的尸首。

忽然，宋军从城上抛下的一块巨石在蒙哥汗附近的观察台上碰碎爆裂，几块碎石瞬间嵌入蒙哥汗体内。即使身着黄金甲，也抵抗不住石块锐利的锋棱，蒙哥汗大叫一声，摔于马下。

蒙古诸将疾驰会集，把蒙哥汗抬回营帐。由于创口过大，时值溽暑，很快感染，蒙哥汗没挺多久就死去，时年五十二岁。

蒙军秘不发丧，只得从钓鱼城下撤围。蒙古人一直对蒙哥汗之死讳莫如深，日后对外宣称他是病死。

王坚之功真是大如天，竟然能把一个蒙古大汗打死。

闻捷，宋廷加王坚为宁远军节度使。

以后的二十年间，钓鱼城经历了无数次蒙古（元）兵的进攻，傲然屹立，杀伤敌兵无数，成为中国古代军事史上最佳防守案例之一。

可叹的是，天时人事，二十年后，又一位姓王（王立）的宋将见抵抗无望，开城投降，钓鱼城的传奇终于画上了句号。

钓鱼城一战，延南宋国祚二十年，不可谓不重要。

蒙哥汗之死，一时清除了蒙古三次西征的巨大威胁，欧、亚、非三块大陆的诸多君王终于能擦把冷汗喘口气。至此，蒙古人对外扩张的热潮终于冷却。

幸，抑或不幸，天道冥冥。

鄂州和子虚乌有的"胜利"

蒙哥汗在钓鱼城下被巨石击死，身在江南的忽必烈并不知道，他正率诸路军大举进攻南宋军。

忽必烈手下的汉人学士郝经对蒙古人忠心耿耿，他劝告忽必烈说："国家（指蒙古）奋起朔漠，灭金源（金国），并西夏，蹂荆襄，克成都，平大理，躏跞诸夷，奄征四海，垂五十年……诸国既平之后，（应）创立法制，敷布条纲，任将相，选贤能，平赋足用，屯农足食，内治既举，外御亦备。"

郝经是自以为是、死命效忠的小人，他上述一席话，全然是把凶残的蒙古人当成真命之主，为他们出谋划策，以"柔仁"治汉地，并建议忽必烈分蒙军为数道，分行而进。

忽必烈很听劝，会兵渡淮水后，他率军趋大胜关（今河南罗山），派张柔率军趋虎头关（今湖北麻城），分为数路追击遁逃的南宋军队。

1259 年 10 月间，身在行伍的忽必烈才接到哥哥蒙哥汗的死讯，宗室莫哥派人送信劝他马上北还"以系人望"，实际是催他赶紧回去争夺汗位。

忽必烈依旧迟疑："我奉命南来，岂可无功遽还？"他很想打赢一大仗后，再乘胜率大军北还夺汗位。

忽必烈手下汉人心腹董文炳知道主子心焦，表示："长江天险，宋人恃之，势必死守，待臣为您一战，以夺其气！"于是，董文炳与其弟董文用、董文忠三人，率死士百余人乘轻舟，并不理会南宋扼江的巨大战船，直冲上对岸，杀向南宋陆军，果然把宋军打得大败，当时岸上有宋军八万，被这百十号蒙军一冲，竟然一下子惊慌溃乱，自然被跟进的蒙军当成试刀的肉靶。

转天，忽必烈率军渡江，进转鄂州（今武汉市武昌区）。

南宋朝廷震惊。无奈，宋理宗只得下诏任贾似道为右丞相兼枢密

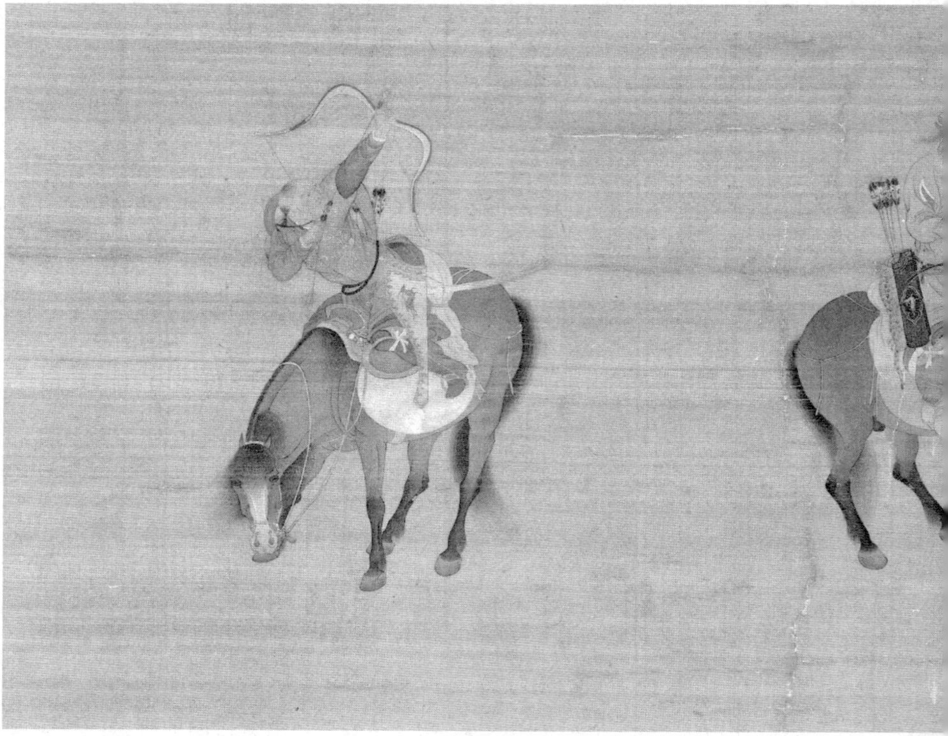

使，率军驻汉阳以援鄂州。

惊惶之下，南宋有病乱投医，四处招募新兵，在平江、绍兴、庆元增筑堡垒，加强临安左右的防御。太监董宋臣胆小，劝宋理宗逃往四明以避兵锋。幸亏被大臣劝阻："陛下鸾舆一动，则三边之将士瓦解，而四方之盗贼蜂起，绝对不能跑！"

年底，蒙古军围鄂州几十天，攻城无望，胶着之时，鄂州守城的南宋都统张胜上城，哄骗蒙军说："此城已是你们掌中之物，但子女玉帛皆在将台（汉阳），你们应该往那里去取。"

蒙军信以为真，焚烧城外民居，将要退兵。

《元世祖出猎图》（局部） 元 刘贯道

不料，恰值宋将高达率军赴援，贾似道又自汉阳亲率军队入鄂州，蒙古军重新开始进攻。

忽必烈久攻不下，派遣蒙军将领苫彻拔都儿率一支军队以及数百南宋降军抵城下喊降。

张胜武将气勇，大开城门，一箭把喊降的南宋降将射死，率数百宋军冲出与蒙军交战。

可惜的是，张将军运气不好，混乱中战死，出城宋军大部分阵亡。至此，鄂州守战，南宋军一方已经有一万多人战死。

由于守城宋军人数众多，鄂州城坚墙厚，宋将高达指挥得当，蒙军一时间攻克不了此城。

宋将高达是勇猛武将，情商却不高，总不拿身为使相的贾似道（总理兼国防部长）当回事，每次出兵，望见贾似道骑马督战，他都笑对手下人讲："巍巾者（高帽文官）何能为哉！"而且，只要宋军出城血战，他一定要贾似道本人出门劳军，否则就派大批兵士齐集军门喧哗起哄。

与高达相比，宋将吕文德很懂人情世故，常常控马而出，呵斥军卒："宣抚在此，怎敢如此无礼！"然后他又面见贾似道寒暄。

守城几位主将中，曹士雄、向士壁二人木讷，凡事从未向贾似道请示过，所以，贾丞相暗恨高达和曹、向三人，与吕文德关系最为友善。

由于当时南宋诸路重兵全部在鄂州一带集结，宰执吴潜在御史饶应子建议下，以理宗皇帝的名义要贾似道转至黄州（今湖北黄冈）指挥军事。黄州虽处下游，实当兵冲。估计吴潜等人想置贾似道于死地。

贾似道没办法，只得让宋将孙虎臣率精骑七百人护送自己前往黄州。

行至青草坪，侦察兵慌忙来报，说前面有一大股蒙军，贾似道大惧，连呼"奈何"。孙虎臣把贾似道藏起来，自己率兵出战。老贾哀叹："此次死定了，可惜没死得光明磊落、轰轰烈烈！"结果，宋兵迎前，发现所谓的"蒙军"其实是一大群被掳的南宋百姓，为首骑牛的"蒙将"正是南宋的江西降将储再兴，此人身边仅有数十个手拿兵器的老弱蒙古兵。

见此，孙虎臣拍马而进，活捉储再兴，杀掉了押送百姓的蒙古兵，拥贾似道入黄州。

史书对这段事情的记载，因断句问题出现歧义："至青草坪，侯骑白前有兵，似道愕曰：'奈何？'虎臣匿似道出战（此处也可断句为'虎臣匿，似道出战'）。似道叹曰：'死矣！惜不光明俊伟尔。'既而鞑兵乃老弱部止掠金帛子女而回，江西降将储再兴骑牛先之。虎臣出擒再兴（此处也可断句为'虎臣出，擒再兴'，即孙虎臣看见对方势弱，才从藏身地冲出），遂入黄州。”

无论如何，贾似道表现还不错，抱有必死之心，并非十足的怂包软蛋。

此时，蒙军另外由乌兰哈达率领的近两万士兵攻破横山防线，连克宾州、象州，又下长州、辰州、沅州，直抵潭州城下。

蒙宋双方胶着间，忽必烈老婆派人送密信，告知和林的蒙古王公正准备拥立阿里不哥（忽必烈之弟），让他立即北还。

犹豫之间，忽必烈向郝经问计，这位汉人谋士劝说道：“如果阿里不哥称遗诏即位，大王您即使手握重兵也不能成事，金朝完颜亮即是前车之鉴。待阿里不哥正位后，下诏中原，行敕江上，天下正统所归，派一介使臣即可到大营卸掉大王您手中军权。方今之计，大王应以社稷为念，与宋议和，定疆界岁币，同时您自率轻骑，立刻趋燕都，先取得汗位再说。”

人算不如天算。忽必烈大营诸人正如热锅上的蚂蚁急得乱窜，贾似道方面心虚，先派人来议和，表示要以长江为界，年奉岁币银绢 20 万给蒙古。此次和议，也是贾似道临时抱佛脚，事先并未向南宋“中央”请示，其实是他为延缓蒙古攻势的私自议和。

忽必烈正要拔营解围而去，见宋方派来使人议和，顺坡下驴，遣学士赵璧登鄂州城与宋人谈判，嘱咐道：“你登城后，注意我的帅旗。大旗一动，你要速归。”于是，赵璧上城，与宋使“讨价还价”。

宋使表示要以长江为界，岁奉银绢二十万。赵璧嘴硬：“大军先前到濮州，还可应从你们的条件。今已渡江，这样的条件我们不能接受。贾制置（贾似道为制置使）何在，我要与他面谈。”

正说话间，赵璧回头，望见城下忽必烈帅旗移动，知道蒙军开始撤围，急忙对宋使说：“待他日复议，我回营禀命。”

于是赵璧慌忙下城返回蒙古军营，随军北撤。

所以，贾似道此次“和议”，根本没有任何结果，双方也没有任何文字上的条款。

忽必烈布置有方，他一边后撤，一边留一部偏师等候攻入湖南的乌兰哈达部蒙军。这一支蒙军正猛攻潭州，闻退兵令下，急忙解围，引兵趋北。

至此，贾似道上报宋廷鄂州围解，朝廷以为是打了胜仗，马上论功行赏。

新年新气象。正好"胜利"消息传来就要过新年，宋理宗便改元"景定"。

景定元年（1260年）三月，贾似道听从刘整的建议，派宋将夏贵追击从湖南北撤的乌兰哈达部蒙军，杀掉殿后蒙军一百七十人，以"大捷"上闻。

五月，宋理宗下诏，进贾似道为少师，封"卫国公"，并手诏褒赞："贾似道为吾股肱之臣，隐然殄敌，奋不顾身，吾民赖之而更生，王室有同于再造！"

贾似道还京时，理宗下令百官郊迎。

忽必烈为夺汗位拔军北还，倒成了老贾"肃清江汉"的大功。

参与鄂州会战的宋将也都升官：吕文德为检校少傅，高达为宁江军承宣使，刘整知泸州兼潼川安抚副使，贾贵知淮安州兼京东招抚使，孙虎臣任和州防御使，范文虎任黄州诸军都统制……

其实，鄂州防战，高达功最高，但由于老高一直在鄂州凌侮自己，贾似道进言宋理宗，想以"跋扈"的罪名杀掉他。还好，宋理宗知道高达有功，未听贾似道之言，但推功时就把他列为第二。由此，也造成了日后诸将之间以及将相之间的嫌隙：总有要老贾好看的那一天。

贾似道：好运气不会“永远”

南宋这边分钱封官真忙，蒙古一方却在景定元年（1260 年）五月派郝经为使，在向南宋通知忽必烈即位消息的同时，索要贾似道私许的“岁币”。

南宋方面，贾似道还朝后立刻派手下“枪手”们撰写《福华编》大册子，洋洋洒洒，吹嘘他守鄂退敌的“丰功”。当时，南宋举国上下皆不知与蒙古有“议和”之说，都认为是贾少师手摇羽扇指挥有方赶走了蒙军。

不久，宋理宗听说有蒙古使节来，对宰执大臣讲：“北朝使来，事体当议。”

贾似道连忙上奏：“既然蒙古人派使，肯定是来讲和，怎能这么容易就让他们的使臣入朝面圣！”

理宗皇帝正陶醉于鄂州“大捷”，想想也对，就拥着美女去后宫玩耍，基本把此事忘掉。

景定三年（1262 年）三月，蒙古的江淮大都督李璮叛蒙附宋。

李璮本是盗贼李全之子，降蒙古后，总管山东行省，攻陷海州、涟水军等处，杀害无数宋军。蒙哥汗死后，李璮见蒙古陷入内讧，为求自保，向宋朝“投降”，并尽歼余留的数千蒙古戍兵，以三城归附。

宋廷大喜，授李璮为保信、武宁军节度使，封“齐郡王”。李璮还攻益都后，入淄州坚守。

听闻山东乱起，忽必烈忙遣丞相史天泽以及行军总管张弘范（张柔之子）率军前往镇压。

蒙军中这些汉人将相如狼似虎，把李璮打得龟缩于济南城中不敢动弹。宋廷下发五万两白银犒师，并派军队增援，但援军走到山东边界就不敢再往前行。

蒙将董文炳在城下招降，李璮的大将田师都缒城投降。蒙军日夜猛攻，断绝粮路，济南城内出现人吃人的惨象。

城破在即，李璮亲手杀掉妻妾，自己驾船入大明湖想投水自杀。水浅不得死，为蒙古军所获。他被切剐成碎片，折磨而死。

济南被攻破后，益都的李璮部下守军开门投降。当时，李璮手下宋军还有沂、涟两部精兵两万多人，这些人勇而善战。他们投降后，皆被蒙古将领哈必赤两三千人地分拆开，分配给诸军后暗中被集体屠戮，最终只有分配给董文炳的两千汉人劲卒未被杀害。

至此，折腾半年，山东复为蒙古所得。

平定李璮后，史天泽为表忠心，请忽必烈从他史家开始，削夺汉人大族军将的兵权。如此“慎始慎终”，这条蒙古鹰犬可谓用心良苦。

忽必烈一直忙于在蒙古内地平息诸军的反叛，也没腾出手来进一步向南宋发动大规模进攻。

贾似道方面，入朝之后，趁宋理宗因立储及迁都等事把吴潜罢相的机会，痛打“落水狗”，最终把吴潜贬至岭南的循州，并派人毒死了这个政坛对手。

老贾大权在握后，对朝中的丁大全、吴潜党人逐个清算，贬逐一空，进而又清除了后族外戚势力，完全把持了朝政。

其实，贾似道上述“政治手腕”也无可厚非，政坛污秽，仔细算算谁也不是什么“好人”，清除异己，党同伐异，任谁当政都少不了来这套。

缺德的是，贾似道与宋理宗卸磨杀驴，大行“打算法”，在军队中开始清除昔日卖命抗蒙的将领，想展开新一轮“释兵权”运动。

南宋军队虚报兵员、占用公帑等情况确实严重，贾似道的“打算法”，名义上是严核军队支出费用，其实是想通过在军中搞运动清除异己。一下子，高达、向士璧、史岩之、赵葵等大将皆被指斥为军队中的“贪污”坏分子，最终连向士璧这样在潭州与蒙军浴血奋战的人都被斩首，此举大失军卒士民之心。

最最糟糕的是，身在泸州的宋将刘整由于与其顶头上司四川制置使俞兴以及吕文德不和，也被诬贪污军款。

刘整惶恐愤怒之下，竟以手下十五州之地向蒙古投降，裹胁士民数目达三十万户之多。刘整足智多谋，能征善战，他的投降，不仅使南宋在蜀地失去一大块战略要地，最重要的是这位高级将领深谙宋军虚实，出主意教唆蒙古军使用水陆并进之策，在日后的灭宋过程中屡献“奇计”，成为元朝灭南宋的“大功臣”之一。

在打击军将势力的同时，贾似道与理宗一起，大力“弘扬”程朱道学。在全国上下尊儒的风气下，置危亡在即于不顾，士大夫个个正襟危坐，大谈“修身养性”。而且，官僚机构日益庞大，一百余郡的财赋，竟养活两万四千多名冗官。更有甚者，南宋末期，理学已经浸透到儿童教育，《三字经》这部童蒙教材即成书于彼时。由此，南宋君臣“万事不理”，终至“丧身亡国”。

经济方面，贾似道大行“公田法”，即按官员品级限定占田限额，两浙、江东、江西等地官户有超过限制的田地，皆从中三抽一，由政府买回，然后当作公田来出租。

“买公田”的愿望是善良的：“可免和籴，可以饷军，可以铸造楮币（停印纸币），可平物价，可安富室，一事行而五利兴。”确实，此法使南宋政府得到一千万亩公田，收租米六百多万石，全部纳于临安的咸淳仓储积。但是，由于各级官员贪污腐败，舞弊繁多，大批小地主破产，农民受剥削的情况更加严重，南宋国内的社会矛盾更加深化，怨气毒恨，深植于心。

特别是在理宗皇帝死后，贾似道发行第十八界会子（交子），称“金银关子”，废止先前十七界会子，命令民众以三比一的比例来折换新币。由于没有足够的现银作储备，滥发钞票，致使物价飞升，米价高涨，使得原本繁荣的南宋工商业遭受惨重损失，经济濒于崩溃。

不仅如此，由于南宋军士待遇极低，腹空身弱，满身病痛，让这些人去抵拒如狼似虎的元军，显然是勉为其难。

南宋景定五年（1264 年），宋理宗病死。

宋理宗崇理学，天天嘴上仁义道德，私下荒淫纵乐，朝廷内外也皆是这样一些言行不一的无耻士大夫，所以，天下之亡，已见征兆。

宋理宗本人无子存活，继位的赵禥是他的侄子（理宗同母弟赵与芮之子），是为宋度宗。史臣的记载很有意思，说这位宋度宗“资识内慧，七岁始言”，也就是说，把一个七岁才会说话的低智儿，说成是“内秀”的天才。

先前，宋理宗“家教”甚严，把一直当作“皇储”来养的大侄子折腾得够呛，度宗当太子时常常被唤入宫中，理宗问他当天所学。傻小子偶尔答对，则被“赐茶赐座”；常常答不对，则被皇伯父反复教谕，逼他死记硬背，几乎把青少年时代智商本来不高的宋度宗闹成精神病。

宋度宗继位时，虽然已经二十五岁，但孱弱无识，凡事皆以贾似道为主心骨，加贾似道为太师，封“魏国公”。

老贾挺会整事，咸淳元年（1265 年）度宗皇帝即位不久，他打报告辞去相位撂挑子，返回绍兴私第，同时，他唆使心腹大将、时任京湖制置使的吕文德谎奏蒙军来攻下沱，吓得度宗皇帝多次亲发“御笔”请贾爷回京议事。

由于贾似道对自己有拥立之功（吴潜曾反对理宗立度宗为皇储），度宗皇帝对老贾每朝必答拜，言必称之为“师臣”。满朝文武很会看脸色，皆呼贾似道为“周公”。

特别好玩的是，贾似道在朝上玩“辞职”，吓得度宗皇帝从龙椅上弹身跳下给老贾下拜，得亏大臣谢万里赶忙挽起度宗，说：“自古无此君臣礼，陛下不可拜，似道不可复言去！”

贾似道见皇帝给自己跪下，仓促间不知所为，下殿后向谢万里道歉：“如无谢公，似道几成千古罪人。”嘴上这么说，他由此益忌这位谢公，不久就把他排挤出朝。

贾似道凭其漂亮姐姐在理宗宫中得宠，年轻时代要风得风，要雨得雨，听上去是个无行的轻狂衙内，其实，贾似道出身官宦之家，其父乃制置使贾涉，是权倾一方的军队高官。贾涉之父贾伟，也是宋朝忠臣。特别是贾涉，为南宋朝廷坚守淮西，半生血战，厥功甚伟，操劳病死之后，获赠龙图阁学士、光禄大夫。所以，贾似道是响当当的高士（加烈士）子弟。

贾似道年轻时，恃宠不检，整日流连妓家。但青年荒唐，也不算太出格。淳祐元年，贾似道二十余岁即为湖广总领；淳祐五年，以学士身份为治江制置副使；又迁京湖制置使，调度赏罚，中规中矩，显示出他是很有才干的人才；淳祐十年，他以端明殿学士身份移镇两淮时，才三十多岁。青年得志，一路陡升，虽然少不了姐姐宫中受宠的因素，但贾似道本人绝非草包，镇治一方，很有成效。

掌握中央大权后，贾似道见新帝易欺，总爱玩“乞退”的游戏。咸淳三年刚刚过完春节，老贾又上书“乞归养”，一方面表示自己不恋权，一方面回家奉养老母又显得自己有大孝之心。

宋度宗开始时一天四五次派侍从“传旨固留”，后来，竟然派中使一天内十多次到老贾府门，赐物赐钱无算。就这样，还怕贾太师跑了，一大帮内侍夜间在贾府宅外露宿，唯恐贾太师连夜回老家。

此次“乞退”的结果，老贾获赐西湖葛岭豪华别墅一座，五日才乘湖船入朝一次，官吏拿着案牍到他家里让他签字办事。大小朝政，全为贾似道的幕僚廖莹中和堂吏翁应龙二人签决。

到了咸淳六年，贾似道“又称疾求去”，吓得宋度宗“涕泣留之”，最终，下诏让贾似道六日一朝，几乎把老贾当太上皇了。

大概宋度宗心中还觉得不踏实，很快又下诏老贾“十日一朝”，并可以“入朝不拜”。每退朝，宋度宗一定要起立避席，目送贾似道出殿庭，才敢坐下，真把老贾当成诸葛亮加姜太公的二合一圣人。

当其时也，南宋襄阳、樊城被蒙军围困，情势危急。主管军国大事的掌门人贾似道，日坐葛岭别墅中，大起楼阁亭榭，建“半闲堂”，广交道士，塑自己的座像于其中，祈福长生不老。他还娶宫人叶氏以及几个美貌尼姑为妾，日肆淫乐，天天与一帮人一起，以赌博为乐。

这位自恋的贾大人，真不知其胸中何以如此安泰，把自己当成了可以“谈笑净胡沙”的谢安石。

半闲堂落成后，马上有一个帮闲文人献《唐多令》小词，巴结老贾。“天上谪星班，青牛初渡关，幻出蓬莱新院宇，花外竹，竹边山。轩冕倘来间，人生闲最难。算真闲，不到人间，一半神仙先占取。留一半，与公闲。”

老贾捧词大笑。

此外，贾似道有一大癖好——斗蟋蟀。他常常与一群美貌妾侍趴在地上斗蛐蛐玩，童态可掬，以至于他身边的老友拍着他肩膀笑问：“此乃相国之军国重事耶？”

除此嗜好外，老贾还是个文物爱好者和收藏者，自建宏丽的多宝阁一座，一日一登玩，整日摩挲古玩宝器。昔日在蜀地兴建钓鱼城的功臣余玠最倒霉，老贾听闻余玠有条宝玉腰带已经随其入葬，就派人发其冢盗取，得后拂拭一新，成日把死人玉带系在自己腰上。

玩乐日久，贾似道有时几个月不上朝。

一次，宋度宗召见，问：“襄阳已经被围三年，怎么办呢？”

老贾一惊，对答道：“北兵已退，陛下何以得知此事？”

度宗皇帝大傻一个，说：“有一女嫔讲给我听。”

老贾愠怒，暗诘其人，然后找碴儿赐死。

先前有大臣言边事，老贾也都一一加以贬斥。从此，外边战事，再无人敢言。

贾似道以太平宰相自居，周围一帮无赖文人终日簇拥，吃酒品茶打秋风，并纷纷呈上阿谀诗词，其中一首《声声慢》尤为老贾所喜：“捷书连昼，甘洒通宵，新来喜沁尧眉。许大担当，人间佛力须弥。年年八月八日，长记他、三月三时（贾似道逃黄州时所谓的“大捷”正值三月三）。平生事，想祇和天语，不遣人知。一片闲心鹤外，被乾坤系定，虹玉腰围。阊阖云边，西风万籁吹齐。归舟更归何处？是天教、家在苏堤。千千岁，比周公、多个彩衣。”

贾似道词文半通，见此词把自己比为圣尧，比为周公，比为佛力护佑的宰辅，满心欢喜。但他并不知晓“老莱子彩衣娱亲”（寓其孝顺老母）的典故，假装谦虚，对门客说：“此词固佳，但失之太俳，安有身穿彩衣的周公？”外间人闻之而笑。

贾似道贪图逸乐，罢斥正人，却也无秦桧之大狡巨奸之心，无史弥远阴险凶戾之情。在其晚年当政时，为收买士人之心，他还想出“置士籍”这样的“文治”，把读书人的乡里、姓名、年纪、三代、妻室等严加勘察，查验他们的身份于科举条例无碍，方许纳卷赶考，显示出贾似道近乎愚憨的小智。当时边事危急，朝臣束手无策，竟然还有心思琢磨科举，悖谬荒唐。

咸淳十年（1274 年）春，贾似道之母胡氏病死，朝廷下诏：“以天子卤簿葬之，起坟拟山陵。”这在以“礼制”闻名的宋代，真乃骇人听闻之事。

文武百官皆孝服赴吊，呆立大雨中，无人敢擅自退场，可以说上上下下对贾似道敬畏到了极点。

贾母既葬，皇帝赶忙下诏起复贾似道，让他还朝主持政务。

如果贾似道趁母死之际真的留于家乡守孝，或许还能逃避日后的政治责任。但权力的滋味，一经品尝，就绝不会轻易遗忘，度宗君臣迫切的目光，葛岭多宝阁中炫人眼目的宝藏，西湖间柔和轻风中盛大的排场，以及仙堂秘阁中四方佳丽的曼妙眼波，不能不让贾平章魂牵梦绕，于是他鬼催一样地从无锡奔返杭州。这一去，凶多吉少。

襄樊失：浴血苦战的迷惘

早在宋度宗咸淳三年（1267 年）年底，忽必烈在清除了蒙古诸王的反抗势力后，采纳汉人郭侃的建议，准备大举兴兵灭宋。灭宋的关键第一步，就是先要攻取南宋最重要的军事堡垒襄阳、樊城（今湖北襄阳）。于是，忽必烈派大将阿术主持侵宋攻打襄阳事宜。

忽必烈下定灭宋的决心，最主要的进谋者倒不是郭侃，这位秀才的建议只属“纸上谈兵”的范畴。南宋降将刘整，才是为忽必烈出谋划策的真正主心骨。

本来，蒙古内部多事，众大臣廷议，并未通过伐宋之谋，正是这位刘整以言相激：“自古帝王，非四海一家，不为正统。圣朝有天下十七八，何置一隅不问，而自弃正统耶？”

一席话，说得忽必烈雄心大起，大呼：“朕意决矣！”定下灭宋战略。

通过这位前南宋骁将，忽必烈尽得南宋国事虚实，南伐之谋益决。不仅仅向蒙古君臣详细通报南宋的山川形势和内政详情，刘整还懂得“魔鬼在细节”，亲言于忽必烈道：“南人（南宋）唯恃吕文德能战，然此人可以利诱。请主上派人向他贿以贵重玉带，争取能在襄阳城外置榷场。”

吕文德如此大将，得到价值连城的玉带后，贪图能从与蒙古人的交易中取利，同意蒙方在樊城附近设置榷场，一时间全然忘记南宋与蒙古处于准战争状态。

蒙军不敢怠慢，趁宋人不备，在鹿门山筑土墙，外通互市，内筑堡垒，实际上不费一兵一将，便一举在襄阳与樊城之间设置了有阻碍作用的军事堡垒和工事。

待吕文德醒过味儿来，已经无可奈何了。

见一计已成，刘整又向忽必烈献策：“攻宋方略，应先从襄阳下手。

贾似道、谢太后、宋度宗、宋恭宗绣像

本来我军先前已得襄阳，弃之勿守（宋朝于1239年收复襄阳），使南宋得以筑为强藩。如得襄阳，自可浮汉水入江，定能一举平灭宋国。”

刘整此计，真乃一剑穿心之策。襄阳、樊城处于南阳盆地之南，岘首山交峙两边，汉水流于其间，东可至江淮，西面临关陕要地，不仅控扼南北，又跨揽河南、湖北两地，为南宋边陲最重要的军事重镇。

蒙古大将阿术得旨，率大军于白河口设置堡垒，用以断绝南宋增援的粮道。

吕文德之弟吕文焕闻讯，大惊失色，忙遣军卒化装持蜡书驰报吕文德。

吕文德大怒，对弟弟派来的送信人骂道：“你不要妄言敌情以希功赏，即使蒙军真派人在二地筑城，也是虚筑的假城。襄阳、樊城城池坚深，兵储粮草可支持十年，有何可惧！你回去告诉吕六（吕文焕），但坚守樊城，假若刘整狂妄发军来攻，待春水一至，我自将大军攻之。恐怕我本人未到，刘整届时率蒙军早已遁逃！”

如此昏庸短识，识者闻之窃笑。

其实，在白河口筑城，是刘整与阿术两人一拍即合的计议。刘整认为：“我们精兵劲骑，在陆上所向无敌，唯水战不如宋军。如果我们造战船，练水军，则敌失所长，必为我擒！”

因此，在赶筑白河城的同时，刘整为新主子紧忙活，督建五千艘精舰，练水兵七万人，日夜操训，雨天不能出练，他画地为船，教习蒙古诸将。刘整为蒙古可谓用心良苦。

咸淳五年（1269年）春，蒙古军包围樊城，在鹿门筑城，以为长久相持之计。

这一年中，宋将张士杰率兵与蒙军战于樊城的赤滩圃，宋将夏贵在新郢进袭蒙军，宋将范文虎在灌水滩与蒙军交战，但三人均遭败绩。

张士杰乃范阳人，与蒙古的汉人鹰犬张柔是同族，并曾在其手下做事。张柔叛金投蒙后，张士杰跑到南宋，为吕文德所荐拔，在鄂州守战中跟随宋将高达屡建战功，又随贾似道入黄州，在青草坪一战中也出过死力。

老将夏贵就是当初骗杀韩侂胄的那位殿中武将，当时他还只是个御林军中下级军官。日后史弥远搞宫廷政变，拥立本不应继承皇位的宋理宗，当廷狠按本是皇嗣的济国公赵竑向新帝下拜的，正是这位夏贵。虽是“帮凶”出身，夏贵也不乏战场经验。

至于范文虎，乃贾似道女婿，草包一个。

年底，吕文德病死。老吕临终深恨自己当初贪小便宜允许蒙军设置榷场，死前常抚床长叹：“误国家者，我也！”后悔药没得吃，忧愤而死。

转年，即咸淳六年（1270年），宋廷以李庭芝为京湖制置大使，督军赴援襄阳、樊城。本来，夏贵、范文虎接连大败，听闻新帅上任，范文虎怕李庭芝破敌立功自己脸上过不去，忙写信给老丈人贾似道：“我将兵数万入襄阳，希望不要让我受李庭芝节制指挥，如此，大功告成后，则全归恩相您一人！”

贾似道私心重，很希望女婿给自己争脸，出诏命范文虎一军横亘于中，不给李庭芝与蒙古军交手的机会。

而范文虎呢，并非真想打仗立功，天天与妓妾、食客们击鞠饮宴为乐。

这一年年底，蒙古大将张弘范很有计谋，苦思冥想之后，经过详细的实地考证，他向上司史天泽建议：“我们大军包围襄阳，一直围而不攻，本意是想坐待襄阳粮绝人疲使其自毙。但江水有规律地上涨，宋将夏贵时时可以派遣战船趁涨水时运粮入襄阳，况且襄阳通往江陵、归州、峡州等地的通道畅通无阻，宋兵可以往来轮休，困毙之策显然不成。现在，我们应该在万山筑城以断其西，在灌子滩立栅以断其东，如此，才可断绝襄阳城对外的联系。”

史天泽听计。自是襄阳、樊城道绝，宋军粮援被切断。

1271年6月，忽必烈下诸道兵进围襄阳，并命令诸道蒙军并力进兵以牵制宋军援军。

诏令一下，蒙古秦蜀行省平章政事赛典赤·瞻思丁率诸将水陆并进，郑鼎出嘉定，汪良臣出重庆，札剌不花出泸州，顺流纵筏，拆断浮桥，沿途连败宋军，俘获不少战舰、兵卒。

7月间，草包范文虎率宋军十万水陆兵卒及千艘战舰进至鹿门，很想仗恃兵力优势各个击破。

蒙军主帅阿术命军队东西夹江为阵，派出一支别动队直趋会丹滩，攻击宋军前锋，蒙古诸将顺流鼓噪。

范文虎没有任何严密的军事部署和预备方案，迎战稍稍失利，登时败走，丢弃旗鼓、铠仗无数，乘夜遁去。蒙军大胜，获兵卒、战船、甲仗无算。

也就是在这年年底，蒙古改国号为“大元”，“盖取《易经》‘大哉乾元’之义”。

此后行文，笔者对“蒙古”就以元军、元将、元帝来加以称呼。

延至咸淳八年（1272年）夏，一直受贾似道、范文虎掣肘的李庭芝终于下决心率军进发，准备救援襄阳被围的宋军。

此时，襄阳已经被围五年，主将吕文焕（吕文德之弟）一直竭力拒守。所幸城中稍有积粟，但奇缺盐薪布帛。

宋朝的樊城守将张汉英招募两个潜水高手，藏蜡书于头髻之中，让他们躲于几大堆浮草之下，趁势蒙混出外送情报。不巧的是，元军兵卒见河面漂下几大堆柴草，就用铁钩钩取准备晾干了当柴火用，这样一来，藏于草下的送信人被元兵抓获。由此，元军得知了这样一个讯息：由于元军驻守鹿门，樊城宋军希望外来援军自荆州、郢州来援。

军事意图一暴露，元军加紧了封锁，郢州、邓州之路也被隔断。在这种危急情况下，李庭芝移屯郢州，派遣手下将领驻兵新郢及均州（今湖北丹江口市）河口，严守要津。

李庭芝研究地形地理，得知襄阳城西北有一条清泥河，发源于均州、房州一带，于是命人在当地遣轻型战舟百余艘，三舟联为一舫，只在中间的船上装载兵士，两边的船装载物资。然后，李庭芝出重赏招募死士，得骁悍者三千人，又选拔其中绝勇者张顺、张贵二人为都统。此二人忠勇多智，深为诸将所服，人称张贵为“矮张”，称张顺为“竹园张”。

李庭芝派二人率三千名敢死队，乘夏天汉水暴涨之时，前往襄阳运送守军所缺的盐布等物资。

出发前，二张宣言：“此行只是一死，你们有谁心中发虚不敢去，现在说还来得及，马上离队，切勿随军坏大事！”令下，三千勇士人人感奋，握刀称诺。

于是，宋军勇士启行，顺利而进，经团山，抵至高头港口，结成船舰方阵，每船置火枪、火炮、炽炭、巨斧、劲弩。待夜幕降临，宋军敢死舰队起锚，红灯为号，乘风破浪，冲进元军重围之中。

元军在江上防御严密，舟船蔽江，无隙可入。他们在江中安放数道铁链，可以说是天罗地网。

二张奋不顾身，指挥敢死队兵士，顺流纵击，冲破铁链密网，自靡洪滩开始攻击，转战苦斗一百二十里，杀得元兵望风披靡以避其锋。

黎明时分，二张终于抵达襄阳城下。

城中宋守军绝援已久，突然看见自己人的队伍，喜出望外，欢呼跳跃，勇气陡增。

援军入城后，才发现不见了张顺。数日后，有浮尸溯流而上，依旧披甲胄，手执弓矢。宋军细看，正是战死的张顺尸体，他身中四枪六箭，怒气勃勃如生。诸军惊以为神，结冢殓葬。张顺大丈夫，终为大宋忠义之鬼。

吕文焕见张贵勇猛过人，竭力挽留他待在襄阳共同守城。张贵自恃骁勇，还想率其所部还归郢州。于是，张贵从部下中选中两个善泅水的兵士，持蜡书密信由水路潜水到郢州范文虎部要求接应。

由于先前水路被二张突破，元兵增守益密，水中连锁数十里，列撒星桩，虽鱼虾不能渡。张贵两个手下真神，最终竟然泅水得渡，一路游水一路锯柱，将密信送达范文虎。大草包范文虎也叹二卒神勇，遣两人还报，约定要发兵五千人前往龙尾洲接应，以助夹击。

二卒历千辛百死，又泅回襄阳把消息送达。张贵大喜，在约定的日子告别吕文焕，准备东下郢州。

临行点兵，忽然发现帐前一卒不见，此人日前犯军法被施杖刑，因怨生叛。张贵心惊："大计可能被泄漏，马上出发，敌军或许还未知晓我们的计划。"于是，张贵率敢死军团登舟鼓噪，乘流而下，断铁索，破重围，拼死前进，元兵看见如此强兵，皆胆怯辟易。所谓"横的怕愣的，愣的怕不要命的"，遇上张贵这支不要命的宋兵，元军心中也生怯意。

在暴露了行军意图的情况下，张贵敢死军仍然能冲出险地，辗转前行，直抵小新河。元军将帅阿术、刘整各派军舰邀击，均不能抵挡张贵一军的锐勇之势。

深夜时分，张贵舟舰行至勾林滩。此地已距与范文虎相约的龙尾滩地点很近。望见沿岸束荻列炬，火光烛天，张贵大喜。他隐约望见有军船旗帜，便认定是范文虎一军在此接应。殊不料，范文虎所遣军队在两日前已经因惧退走，驻扎龙尾滩的倒是元朝兵船。

元军得知张贵手下逃兵带来的讯息后，知道此地是张贵必经之地，早已在此设伏，"以逸待劳"。

张贵所率军船无备，驶近元军军船，当头就是一阵箭雨弩炮"迎接"。由于事出不意，张贵的敢死队伤亡惨重，船只大部被烧毁，人员烧溺殆尽。张贵死拼，身被十余创，最终力不能支被元军生俘。

元帅阿术得知张贵被擒，立命军士送其入营，亲自劝降。张贵大骂不屈，被杀。

于是，阿术命四个宋军降卒抬着张贵尸体，直送襄阳城下，元将在稍远处立马驻定，向城上遥呼："认识矮张吧，这具尸体就是！"

守城宋军望之皆恸哭，城中人闻之皆气沮。

吕文焕命兵士出城，当即斩杀四个送尸的宋军降卒，把张贵与张顺葬于一处，立双庙一起祭祀。

一直苦撑到咸淳九年（1273 年）春，樊城终于被元军攻陷。被围困的 4 年多时间里，宋朝樊城守将范天顺、牛富一直死力拒敌，从未懈怠，并坚持与坚守襄阳的吕文焕相为唇齿，配合防守，诚为艰难。

后来，主攻樊城的元朝大将阿里海牙得到西域回族人所献威力巨大的抛石机（阿里海牙本人就是"畏吾儿"人），巨石遍天飞，终于攻破樊城外郭。

元朝的汉人鹰犬张弘范虽然胳膊中箭，但战胜心切，他束创面见元军统帅阿术，进劝道："襄阳在江之南，樊城在江之北，我们对樊城进行陆攻，襄阳会从小道派舟师来救，这样下去根本不能攻克樊城。如果我们截断江道，断绝襄阳方向的援兵，水陆夹攻，樊城必破。樊城破，襄阳也随即能被攻下。"

于是，元军先派人拼死命烧毁连接襄阳、樊城的军事浮桥，由此襄阳宋军不能由桥上赶至赴援。元军出锐师遍布江上，堵住襄阳水上援军。接着，元军集中优势兵力猛攻樊城。

宋守军不敌，城破。守将范天顺见大势已去，仰天长叹："生为宋臣，死为宋鬼！"手刃数个元兵后，跑入城楼自缢殉国（这位凛然殉节的范将军，乃日后降元的范文虎亲侄。范家一门有此忠逆二人，也算一奇）。

副将牛富将军拼死抵拒，城破后仍率死士百余人与元军巷战，杀死元军不可胜计，他渴饮血水，转战而进，最终因身负重伤不能再战，以头触柱，赴火而死。其手下兵将悉数赴火自杀。

攻陷樊城后，元军屠城，全城人民被杀得一个不剩。

金庸在两部小说《神雕侠侣》与《射雕英雄传》中，几次提到襄阳保卫战，但从未提及与襄阳夹江而峙的樊城。

樊城一失，襄阳岌岌可危。没过多久，吕文焕思前想后，绝望之余，竟然开襄阳城向元军投降。

吕文焕守襄阳数年，浴血死拼。吕文焕每次巡城，都南望恸哭，希望朝廷能派兵来救。可恨的是贾似道在朝中仍玩弄权术，他一方面“自告奋勇”要亲自率军“行边”，一方面又唆使充当自己爪牙的台谏官上疏“挽留”自己。

特别是樊城被元军攻陷，情势万分危急之际，贾似道仍演这套把戏，逗留于杭州。

南宋君臣商议良久，终于决定留贾似道“居中以运天下”，以为老贾可以运筹帷幄，决胜千里。

本来，廷臣多认为可以派大将高达去襄阳救援，御史李旺亲自哀求贾似道要他派出高达领军，被老贾以高达与吕氏兄弟不和为借口推辞：“吾用高达，奈吕氏何！”

李旺叹道：“吕氏安则赵氏（宋室）危矣！”

其实，不仅吕氏兄弟与高达不睦，先前鄂州守战时，贾似道也深恨高达不尊敬自己，当然不想给对方立功的机会。更让人嗟叹的是，城破在即，吕文焕仍持重重私心，听闻朝廷要派高达来援，快快不乐。其门客见状，忙出馊主意：“朝廷遣高达来，正因襄阳危急，如我们以大捷上闻，朝廷必不会再遣高达来。”

吕文焕大以为然，马上捆起截俘的数名元兵送示杭州，表称自己获得“大捷”，他并不知朝中根本没有下定决心派人来援襄阳。

不久，阿里海牙等人把攻克樊城所用的全部攻具调至襄阳，重试新型抛石机的威力。一炮巨响，声如震雷，谯楼崩垮。城中汹汹，宋军诸将，有多人逾城投降。

由于此种抛石机所抛巨石中嵌有火药，给宋军以极大心理威慑，守军肝胆俱碎。

参与围城的宋降将刘整先前劝降时曾被吕文焕所设伏弩射中，怨毒满心，一心一意想攻毁襄阳，抓住吕文焕千刀万剐以快其心。

元将阿里海牙有远略，他单骑至城下，以忽必烈名义向吕文焕“宣诏”：“尔等拒守孤城，于今五年，宣力于主，固其宜也。然势穷援绝，何不顾数万生灵性命。如能投降，大元悉赦不杀，且对诸将加以擢迁！”

吕文焕犹豫。阿里海牙向城折箭为誓。

于是，吕文焕终于出降，先献管钥，次献城邑。

特别令人慨叹的是，前一刻还是大宋忠臣，归降元朝后吕文焕连一口气也不歇，马上向元军献进攻郢州宋军的计策，并自告奋勇求为先锋。

阿术受降后，移军入襄阳，南宋最重要的防御体系终于被攻破，从此刻起，南宋腹地的沦陷，只是迟早的事情。

当然，元军并未马上任用吕文焕为“先锋”，而是派阿里海牙与他一起北上燕京朝见忽必烈。忽必烈果然赦而不杀，并升迁吕文焕的官职。

襄阳失陷的消息传至杭州，贾似道还得便宜卖乖，向宋度宗抱怨：“为臣我屡请帅兵行边，陛下不许；如早听臣出，何至今日！”

吕文焕的三个身在庐州为官的哥哥以及在静江府（今广西桂林）为官的侄子“上表待罪”，均为贾似道庇护，度宗皆下诏不问罪，仍在原地任原官。这些人日后均以土地、人民降于蒙古，完全成为一个叛主投敌家族。

朝臣中有人弹劾范文虎，认定襄、樊之失皆由他怯懦逃避所至，请斩之以儆效尤。贾似道当然不肯下令杀自己的女婿，只象征性地予以降官，仍令这草包知安庆府。

宋度宗真拿贾似道当须臾不可离的主心骨。襄阳沦陷后，他仍舍不得派老贾外出领兵，在中书设“机速房”，一切军政大事皆听贾似道节制。

八月间，宋度宗因酒色过度暴崩，时年三十三岁。这位爷当太子时就以好色闻名，登基后，创有夜御三十余女的纪录。

宋度宗崩，遗有三个娃娃儿子，全皇后所生的赵㬎四岁，杨淑妃所生的赵昰七岁，俞妃所生的赵昺三岁。

老贾很“正统”，经与宋理宗皇后谢氏商量，立嫡不立长，以赵㬎为帝，是为宋恭帝，谢氏以太皇太后身份临朝听政，改元“德祐”。

如此江河日下之势，贾似道不思救国之策，天天忙于欺上压下，并于秋天罢免了上任不久的京湖制置使汪立信。汪立信忧于国事，写信给贾似道，言辞中肯，语意沉痛。

贾似道接书大怒，扔之于地，大骂道：“瞎贼，竟敢如此狂言乱语！”汪立信一目微眇，故老贾以“瞎贼”诟之。中书得令，马上下诏废贬了汪立信。

襄阳失陷后，李庭芝暂被罢官，但在年底又被任命为淮东安抚制置使，老将夏贵被任命为淮西安抚制置使。

临安降：残阳如血浴江南

咸淳九年（1273年）八月，忽必烈派出伯颜率军增援阿术。本来，忽必烈把伯颜和汉人史天泽同拜为中书左丞相，统领荆湖行省。史天泽是汉人，深知韬晦之策，又怕元军“号令不一”，上表请示忽必烈应该专任伯颜。于是，忽必烈下诏以伯颜“领河南等路行中书省，所属并听节制”。

陛辞时，忽必烈对伯颜说：“古之善取江南者，唯曹彬一人。汝不嗜杀，是吾曹彬也。”这位“不嗜杀”的伯颜，不仅率军灭掉了南宋，也使血雨腥风笼罩了江南地区，终究没有做成“曹彬”。

其实，元据襄阳后，忽必烈当时有暂时休兵之意。阿里海牙进言：“荆襄自古用武之地，汉水上流已为大元所有，顺流长驱，必可平灭宋国。”阿术也上奏：“臣率军略地攻城于江淮之间，观宋兵战斗力已经大不如前。今若不取，是违天时也。”由此，忽必烈才下定决心，复遣伯颜提十万生力军大举南侵。

元帅伯颜军事天分很高。1273 年 10 月，元军在襄阳会师后，他把元军分为两道：伯颜本人与阿术从襄阳入汉水济江，命南宋降将吕文焕统水军为先锋；博罗懽从东道直趋扬州，以南宋降将刘整统骑兵为先锋。所以，二道先锋，皆是熟知地理地形的汉人。

伯颜把自统大军分为三路：派唆都领一军由枣阳趋司空山；派翟招讨将一军自老鸦山趋荆南；而伯颜与阿术两人率一部主力统领张弘范等军水陆并进，直杀向郢州。

元军势盛，旌旗延袤，前后数百里。

当时，屯兵郢州拒元的是宋将张世杰。郢州在汉水北，新郢城在汉水南，二城之势，颇似襄阳与樊城。二城城墙皆以石砌，牢固坚实。同时，宋军又在水中树立木桩，遍亘铁锁，战舰密布，两岸弩炮林立，严阵以待。

元军袭城，自然不能得手。张弘范以同乡、同族之义劝降，均为张世杰严拒。

元军踌躇不前之际，倒是一个被元军抓来充当役夫的汉人献计：“宋军沿江九郡的精锐部队和防具，均集中在二郢之地，如果由水路进攻，骑兵不能护岸，很可能被宋军打败。不如舍郢州不取，先夺下流的黄家湾堡。此堡西面有一大沟，南通藤湖，可从其中拖船入湖，再行三里水路，即可使舟师入江。”

吕文焕是刚刚降附的汉将，听后深以为是。元朝诸将勇武好斗，纷纷叫嚷：“郢城乃咽喉要地，如不攻取，日后我大军还归，岂不成为心腹大患！”

吵嚷多时，最后还是伯颜拍板：“用兵缓急，我深知晓。大军倾力而出，岂止为争一城一州之地！”他下令诸军舍郢州不攻，顺流而下，派一支军队直扑黄家湾堡，果然一战即攻拔。

此举聪明，倘若元军在郢州坚城下持久消耗，师老兵疲，难保日后会有大作为。

伯颜行军有法，大军开拔，他仅与阿术率百余骑殿后。南宋郢州副都统赵文义率精骑两千人追击，殊不料反遭早有准备的元军迎击。力战多时，宋军被杀五百余人，赵文义在交战中也被擒，为伯颜亲手杀掉。可见，宋军的战斗力，真是十仅当一。当然，此种记载也是《元史·伯颜传》为伯颜脸上贴金，以一百名元兵能敌宋军两千人来凸显伯颜“神勇”。真实情况是，伯颜佯以少数兵力殿后，埋伏大队人马，突然掉头迎击宋军，出其不意，故而大胜。

此后，元军旗开得胜，连下沙洋和新城（二地均在今湖北钟祥以南）。

刚到沙洋，伯颜派降卒持黄榜入沙洋堡，向宋朝守将王虎臣、王大用招降。

二王忠勇，斩俘焚榜。伯颜大怒，趁着大风天，向沙洋猛掷“金沙砲”，即一种使用火药弹的抛石机，焚毁了沙洋的防御工事。元军登城击杀，王虎臣、王大用苦战被擒，士卒多战死，城陷。而后，元军屠城，在沙洋堡大开杀戒，鸡犬不留。

接着，元军立刻南行五里，直杀新城。吕文焕一马当先，派元兵把上万血淋淋的人头堆在城前，遣人喊话让宋朝守将边居谊投降。边居谊表示：“我想和吕参政（吕文焕）面谈。”吕文焕以为边将军要向自己投降，兴奋得驰马奔至垒下，结果伏弩齐发，一支大箭正中吕文焕右臂。如非元军力救，吕文焕几不得脱。

吕文焕堆人头搞心理战的计谋真管用，新城远不如沙洋城堡坚厚，不少宋军将校缒城降元。边居谊一面拦截逃跑兵士，一面指挥守城。

气急败坏之下，吕文焕指挥元兵攻城，边居谊亲自在城上掷火迎敌，毕竟寡不敌众，元兵蚁附登城，新城被攻陷。见事不成，边居谊拔剑自刎，当时不死，猛将军瞋目高呼，赴火自杀。其属下 3000 余人力战至最后一刻，皆为国殉难。

伯颜闻知后，心壮其勇，亲至边将军被烧焦的尸体前观瞻。可见，义士豪胆，连敌酋也不得不佩服。

伯颜元军降复州（今湖北沔阳）后，在蔡店（今武汉汉阳）以西大会诸将，克期渡江。

当时，宋军老将夏贵率战舰万余艘分据长江各处要口，都统制王达屯守阳逻堡（今武汉汉阳以东），京湖宣抚使朱禩孙率机动军扼制中流，元军一时遇遏不得进。

阿术手下的宋军降将马福向新主子献计，表示说应该从沦河（今府河）走湖中，可从阳逻堡西沙芜口（今武汉汉阳东北）入长江。

伯颜听计，派侦骑窥探，发现宋将夏贵早已分精兵在沙芜口守候。伯颜灵机一动，先挥兵进围汉阳，对外放言，佯称要攻取汉阳渡江，夏贵不知是声东击西之计，连忙移兵援汉阳。由此，沙芜口兵力空虚，被元军一举攻下。元军水陆兵力大集，战舰近万，一齐驶至，并以数千艘泊于沦河湾口，陆路蒙汉兵约三十万人，屯兵江北。

至此，元军下一个目标就是阳逻堡。伯颜仍旧先遣人招降。宋朝守将王达大义凛然，对手下将官说："我辈世受厚恩，当勠力为国死战，安有叛逆归降之理！今日我大宋天下，犹如赌博孤注，输赢在此一掷！"

元军集精舰"白鹞子"千艘，猛攻阳逻堡三日，没有占到任何便宜。眼见阳逻堡城坚壁厚，强攻不可能得手，伯颜便派人以三千骑连夜乘舟直趋上流为捣虚之计，突袭南岸。

阿术表示赞同："攻城，下策也。如分一半军船循岸西上，泊青山矶（今湖北武汉东北方长江南岸）下，伺机而动，可以击破宋军。”

计定，伯颜派阿里海牙与张弘范率军进逼阳逻堡。夏贵闻讯，马上率军赴援。阿术率一支精锐，溯流四十里至青山矶。是夜大雪如鹅毛，元军行踪诡秘，未被宋军侦觉。黎明时分，阿术在舟上下令诸军先下船上岸，战马随后而行。元军前锋史格刚刚上岸，就遭到宋军都统程鹏飞的迎击，一下子被杀掉三百多人。

阿术见势危急，立刻麾兵继战，双方大战，程鹏飞寡不敌众，稍稍后撤。

元军凭借近岸的数处沙洲，纷纷攀岸，人越集越多。不久，战马也涉水上岸。元军上马后，战斗力更强，宋将程鹏飞身中七创，不支败走。

阿术乘势猛击，得守船千余艘，并于江中架起浮桥，元军成列得渡。

伯颜闻讯大喜，立即指挥诸将猛攻阳逻堡。赴援的宋将夏贵听说元军已经渡江，大惊失色，急引手下军船三百艘率先遁逃，沿流东下，败还庐州。

孤立之下，阳逻堡终被元军夹攻而破，宋将王达及手下八千人皆勇战而死。

本来，元军诸将想先取蕲州、黄州，阿术老将稳重，表示：“若赴下游，退无所据。不如上取鄂州、汉阳，虽迟旬日，可以万全。”

伯颜听劝，率军直扑鄂州，又施以火攻，烧毁宋军舰只三千余艘，烟焰涨天，城中大恐。

宋朝的朱禩孙本来率军正在援鄂州的道上，听说阳逻堡已经被攻陷，吓得连夜奔逃回江陵。

没等鄂州守军反应过来，汉阳的宋军主将王仪怂人一个，首先开城投降。如此，恃依汉阳以为屏蔽的鄂州顿成一座孤城。

吕文焕在鄂州城下列兵，耀武扬威，向城上高喊：“汝国所恃，江、淮而已。今我大元军驰骋江、淮如平地，汝辈不降何待！”

守城主将张晏然“识时务”，估摸着自己守不住鄂州，遂开门迎降。

先前与元军死战的程鹏飞无奈，也以其部向元军投降。

除元军势盛外，宋军守将投降的另外一个关键因素还在于有吕文焕这样的“榜样”，昔日如此“忠勇”的宋朝能将都向元军投降，自己才德均不如他，投降也罢。

武将皆降，鄂州唯有文人幕僚张山翁不屈，坚决不降。诸元将纷纷要杀此人，伯颜叹道：“此义士也。”释而不杀。

于是，伯颜任宋降将程鹏飞为荆湖宣抚使，把宋军降卒分隶诸将，从寿昌运取四十万斛粮充为军饷。又命阿里海牙率四万元军留守鄂州这一战略要地，伯颜与阿术统大军东下，直趋南宋都城临安。

元将阿里海牙以“不好杀”著称，严禁元军暴掠当地民众，鄂州宋民总算喘口大气。

元朝大军南进扑往临安之时，已是1274年的岁尾。

程鹏飞降元后很卖命，亲至黄州招降当地宋军守将，黄州不战而降。不久，蕲州守将也以城来降，有样学样。当时沿江诸郡皆吕氏（吕文德兄弟）的部属，望风归附。

贾似道庇护吕氏子弟，又不把这些人从这些战略要地调任。所以，元军一到，时在江州的吕文焕侄子吕师夔马上献城向伯颜投降。

紧接着，德安府、六安军、南康军的宋朝主将皆降于元军。

特别无耻的是，吕师夔在江州掠得两个美貌的宋宗室妇女，盛饰以献伯颜。结果，碰了一鼻子灰。伯颜大怒斥道：“我奉天子之命，帅义师吊民伐罪，岂敢以女色沮我志！”把两个美女斥遣回江州。

鄂州既破，宋廷内外大惧，群臣纷纷上疏（这回不是暗中受指派），强烈要求“师相”贾似道亲自指挥作战。

不得已，也找不到任何推辞的借口，贾似道只得在临安开都督府，以孙虎臣（当年鄂州守战时“护送”他去黄州的那位爷）总领诸军，任黄万石为参赞军事（总参谋长）。同时，老贾从封桩库中调取黄金十万两、白银五十万两以及关子一千万贯充当“办公费”。

德祐元年（1275年）春，元军节节胜利之时，刘整却自己与自己较劲，活活气死。他的死，当然不是悔恨引狼入室而死，而是因自己没有为新主子立头功愤恨而死。

本来，元军大举南侵，首以刘整和吕文焕这两条“大狼狗”打头阵，但不久元廷就命令刘整另率一支军队出师淮南。刘整雄心勃勃，很想先渡江占个先机，他对伯颜讲：“大军从襄阳、樊城方向东下，宋朝会拼出老本西拒，其东部防线一定空虚，假使我们出一军径直打向临安，肯定大功告成！”

伯颜稳重，表示说：“我受诏而来，不想分散太多兵力，现在渡江为时尚早。”

无奈，刘整只得依照元军统帅的命令率骑兵队伍进攻南宋的无为军，日久不克。得到吕文焕单骑降鄂州的消息，刘整惭怒异常，叹道：“统帅（伯颜）约束我，使我不能立首功。善作者不必善成，果然如此！”

老家伙气恼成疾，突发脑出血就离开人世。

元军刚死了一个刘整，又迎来一位新的补充人员——时知安庆府的贾似道女婿范文虎，大草包以州城守军向元军投降。这位爷在南宋与元朝打仗是草包，降元后一下子变得忠勇卖力外加高效率。当然，他最精彩的“大功”是元朝第二次侵倭时一仗损失十万余兵士的巨败，不过那属于元史范畴，在此不表。

其实，伯颜克鄂州后，得知安庆城地处山顶，城坚池深，兵精粮足，认定此地将是元兵付出代价最大的地方，整日为此忧心忡忡。结果，没等派出信使入城招降，范文虎主动派人送密信，表示：“（元朝）行枢密院临城招谕，众心不从，（我范文虎）愿俟丞相（伯颜）。”

天上掉下如此大馅饼，真让伯颜喜出望外。

贾似道方面，本来心中最忌惮的是刘整。听到刘整死讯，老贾顿时来了精神，大叫“天助我也！”，马上出师临安，从诸路抽调精兵13万随行，金帛辎重，舳舻相衔百余里。

行至安吉州，贾似道所乘超豪华指挥巨舰忽然搁浅，士兵千人牵拽，纹丝不动，老贾只能换乘他船悻悻而去。师出船搁浅，显然不是什么吉兆。

贾似道一行浩浩荡荡由新安池口往前推进，在芜湖扎营。如此“盛勇”而来，老贾想到的不是打仗，安营后首件事就是派人到降元的吕文焕之侄吕师夔处，让此人拉皮条与元朝“议和”。

不久，见小吕方面没什么回音，贾似道又找来一个受伤被俘的元兵，好吃好喝金银招待，派此人携荔枝、黄柑等土产馈送伯颜，并派人入元军大营，表示南宋要向元朝“奉岁币，称臣”。

阿术当即劝伯颜：“宋人无信（指贾似道扣使不履约之事），唯应速速进兵。如果舍贾似道不击，恐怕已降附的州郡会接连反叛。”

伯颜认可，派人回复贾似道说：“我大军未渡江时，还可商谈入贡议和之事。现在，沿江州郡皆降附大元，果真有和意，（贾似道）应亲自来大营面议。”

贾似道当然不敢来。

元军首先进攻池州（今安徽贵池）。大军未到，宋朝池州知州王起宗早已率家属逃走，临跑也不打招呼。通判赵卯发代理州政，修城备粮，准备固守。待元兵临城，城内的宋军都统张林胆怯，屡次示意赵卯发出降。赵通判愤气填膺，瞠目怒视，张林不敢再言，但私下派人向元军表示自己将率守军投降。

赵卯发发觉后，知道事不可免，就设宴招待故旧亲友与大家诀别。席间，赵通判对妻子雍氏说：“州城将破，我为守臣，义当死之，你可先行出走。”雍氏泣言：“君为忠臣，难道我不能为忠臣之妇吗？”赵卯发笑道：“临难一死，非妇人女子所能也。”雍氏刚烈，表示：“我要死在您之前！”

转天早上，元军薄城，都统张林投降。

赵卯发从容不迫，冠服一新，用笔写下：“君不可叛，城不可降。夫妻同死，节义成双。”然后夫妇二人以一带在厅堂自缢殉国。

伯颜闻讯，大为叹息，命人厚葬赵氏夫妇，亲祭其墓。

贾似道方面，把七万最精锐的宋军交由孙虎臣统掌，自己先在池州下游丁家洲驻扎。不久，命老将夏贵统战舰两千五百艘横亘于江中，老贾自率后军在鲁港（今芜湖西南）屯军。

可叹的是，夏贵自鄂州败后，特别怕贾似道的督府兵取胜，一来彰显自己的败迹，二来宋军大胜后肯定秋后算账要治他的败军之罪，加上孙虎臣资格远逊于自己，现在竟成“总指挥”，夏贵更是怏怏不乐。由此，夏贵不仅没有斗志，而且心怀鬼胎。

大战之前，先前被罢的汪立信又被委任为江淮招讨使，派去建康募兵以援江上诸郡。至芜湖，汪立信与贾似道相遇，老贾执其手而哭：“不用公言，以至于此！”汪立信答道：“平章，平章，瞎贼（自称）今日更说一句不得！”

贾似道问汪立信此行有何打算，老汪说：“今江南无寸土干净，我去寻一片赵家地去死，只为死得有义有节！”行至建康，见守军悉溃，四面皆元兵，汪立信知事不成，只得率其所部千人至高邮，想就此控引淮南，再做打算。

本来，如果贾似道主动出击已经久斗疲惫的元军，还有取胜的可能。伯颜狡猾，虚张声势，派人在江上摇摆数十只大筏，载满柴薪等引火之物，佯称要烧毁宋船，吓得宋军“昼夜严备”，根本忘了自己到此是来与元军打仗的。

休整后，元军发起猛攻。伯颜分步兵与骑兵夹岸而进，指挥战舰合势直冲孙虎臣军。当时，与孙虎臣对阵的是阿术所统元水军，闻令下，元军首先连发巨炮，先对宋军展开一番炮击，宋军辎重营帐登时被毁不少。

接着，阿术指挥轻型划船数千艘，乘风直进，呼声震动天地。

孙虎臣手下先锋姜才勇敢，持枪率军与元军接战。

身为统军的孙虎臣不仅没有坚守岸上大营擂鼓指挥，反而慌忙跑向岸边，爬软梯登上他爱妾所乘的快捷小舟，仓皇而去。宋军将士见状，大呼“步军统帅跑了”，一时间军乱，不可复制。

夏贵方面，面对数千元军蚂蚱小船，本可以奋力抵击。坚船大舰，其实在水面占有很大的优势，但夏贵私心甚重，不战而逃，他自乘一叶扁舟，飞也似的狂逃。

夏贵败至鲁港水面，正好掠过贾似道的指挥舰，夏贵大呼道：“敌众我寡，势不支矣！”

惊闻此言，贾似道惊惶失措，不仅没有下令组织迎击元军和阻遏溃军，反而令人鸣金收兵。

元军从水陆杀至，老贾又鸣金，宋军一哄而散，杀溺而死者不可胜计，军资器械，尽为元军所获。

狂逃一百多里，贾似道才敢喘口气。正好夏贵小舟已先到，老贾便招其上船议事。没说几句话，孙虎臣也登船，进门就拊胸大哭：“我军无一人用命抵敌。”完全不讲他自己未战先逃之事。

夏贵见这位步帅的狼狈样，禁不住笑道：“我可是血战一场抵挡了好大一会儿！”

贾似道此时不敢追究二人败绩，只得向二人问计。夏贵扔下一句话：“诸军皆胆落心寒，不能复战。您可入扬州招溃兵，迎圣驾于海上，我本人会死守淮西。”言毕，夏贵扬长而去。

于是，贾似道、孙虎臣二人单舸走扬州。转天，宋军溃兵蔽江而下，贾似道忙派人登岸，扬旗召唤，竟无一人响应报到，不少人还冲船上高声大骂。

至此，南宋十三万精军，除被杀和淹死水中以外，全部解体。

贾似道跑到扬州，上书谢太后要求迁都，并发檄要诸州郡“海上迎驾”。

谢太后与大臣商议后，没有应从。宋廷下诏各地派兵勤王，多不至，唯郢州守将张世杰率兵入卫，沿路收复饶州。不久，有湖南提刑李芾率三千人入援。

勤王诏下，身在赣州的文天祥捧诏泣涕，召集郡中豪杰及当地土蛮，集众万人入卫，被授予江西安抚副使、赣州知州。

有人劝他：“今元军三道大入，君以乌合之众万人赴之，何异驱羊群而搏猛虎！”

文天祥表示：“我也知此情，但国家养育臣庶三百余年，一旦有急，征天下之兵，无一人一骑入关者，令人深恨！我不自量力，决心以身殉之，希望天下忠臣义士可闻名而起，如此，社稷庶可保全。”

本来，文天祥出身当地豪族，平生自奉甚厚，常常声伎满前。但一闻国难，他马上尽出家资，以为军费，为国效力。

得悉贾似道大溃消息，身在建康的汪立信置酒与宾僚诀别，又向朝廷上绝命表，然后自杀殉国。留守宋将以城降元。太平州、和州、无为军、涟州等宋朝守臣相继降元。

1275 年 4 月，伯颜大军占领建康。

先前依附贾似道得以一路猛升的陈宜中以为贾似道已死于乱军，便上书谢太后，要朝廷下诏诛杀贾似道，以正其误国之罪。宋朝不杀文臣，谢太后表示不忍以败军之罪诛士大夫，认为此举“失待大臣礼”，只下诏罢贾似道在朝的官职。

至此，老贾终于开始了他倒霉的运程。同时，陈宜中开始清理朝中贾似道之党羽，尽皆窜逐于外。

陈宜中执政后，先放还被贾似道拘禁十多年的元使郝经回国，同时以朝廷名义诏谕叛将吕文焕、范文虎等人，让他们“协助”与元朝通和。

可悲的是，宋廷一面要讲和，一面又无力约束各地将官，几拨元使走到半路，均被宋军杀掉，犯了“外交”大忌。

夏日将临，忽必烈下诏伯颜，认为时方暑热，已经取得关键性胜利，可俟秋后再举大兵。

伯颜马上回奏：“宋人之据江海，如兽保险。今已扼其吭，纵之则逸而逝矣。”

忽必烈深觉有理，诏伯颜以行中书省驻建康，阿术驻扬州，绝宋朝淮南之援。

于是，伯颜分兵四出，一步一步收紧对临安的包围。其实，忽必烈当时暂对南宋停战的想法绝非因为天气，而是因为蒙古内部统治不稳，他的注意力主要放在北方，准备彻底搞定诸王后再灭宋。伯颜一席话，使忽必烈决定先南后北。

一时之间，平时大读圣贤书、放言“天理人心”的宋朝各地官员纷纷降元，广德、岳州、滁州、宁国府等州军皆投降，最终连镇守江陵的南宋京湖宣抚使朱禩孙和湖北制置副使高达也献城降元。如此战略大郡，不战而降，对南宋各地的文武守臣心理震撼甚巨，朱禩孙又发檄各部号召“归附”，于是归、陕、郢、复、鼎、澧、辰、沅、靖、随、常德、均、房诸州，相继降元。

本来，阿里海牙一支孤军守鄂州，元朝一直忧心江陵宋军会合军进攻。至此，荆南大定，元军再无后顾之忧。

为此，忽必烈手诏褒奖进攻江陵的阿里海牙，并授叛将高达为参知政事，召朱禩孙入上都“面圣”。朱老混蛋刚刚走到上都地界就病死，无福见到新朝天子的“龙颜”，却落下万世千载降叛之臣的骂名。

元兵东下，“所过皆降”，唯独宋将李庭芝率部固守扬州，并斩杀元朝派来招降的军使，时出金帛牛酒宴犒壮士，誓死守城。

扬州士民人人激奋。其手下姜才（原为孙虎臣前锋）更是频频出城与元兵交战，屡败屡战，身先士卒，身中多创，仍带伤勇斗。

8月间，身为保康军承宣使、总都督府诸军的张世杰领平江都统刘师勇和知寿州的孙虎臣率宋军水军万余艘战船，次于焦山南北广阔的江面。此前，他约张彦从常州率军趋京口，约李庭芝统军出瓜洲，准备三路并出与元军决战。

结果，张、李二人皆因故失期，只有张世杰孤军与元军对阵。

张世杰久处军旅，也很忠勇，但在军事指挥方面却属平庸之才，水战更是外行。为示必死之心，他下令以十船为一舫，铁索互连，沉锚于江，非有军令严禁起锚。如此，给元军留下了火攻的最佳机会。

阿术登石公山眺望宋军水阵，立刻大笑："可烧而走也！"于是，他先遣元军善射者乘巨舰进逼，火矢雨发，宋军战船一时间篷樯俱焚，烟焰蔽江。

宋军兵士死战之余，欲逃不能，多赴江而死。元朝张弘范、董文炳等汉人将领又死命冲杀，张世杰最终不支，与刘师勇、孙虎臣二人分头败走。

元军获宋水军"白鹞子"精舰七百余艘，杀伤宋军无算。

当时元军进攻的态势是：伯颜统主力直杀临安；阿里海牙攻湖南；宋都带等人攻江西并一举断绝南宋的东西纽带；阿术攻扬州方向，阻止宋军从淮东方向增援临安。

危难之际，宋廷把文天祥招至临安，任为兵部尚书。文天祥立刻上书，献计献策：

"本朝惩五季之乱，削藩镇，建都邑，虽足以矫尾大之弊，然国以浸弱，故敌至一州则一州破，至一县则一县破，中原陆沉，痛悔何及！今宜分境内为四镇，建都督统御于其中，以广西益湖南而建阃于长沙，以广东益江西而建阃于隆兴，以福建益江东而建阃于番阳，以淮西益淮东而建阃于扬州。责长沙取鄂，隆兴取蕲、黄，番阳取江东，扬州取两淮；地大力众，乃足以抗敌。约日齐奋，有进而无退，日夜以图之，彼（元军）备多力分，疲于奔命，而吾民之豪杰者，又伺间出于其中，如此则敌不难却也。”

疏上，朝议以为迂阔，没有采纳他的意见，只命文天祥知平江府。

宋廷无人，其实真正迂阔的，正是庸庸执政朝臣。

10月间，伯颜把元朝大军分为三路：伯颜自统中路军，以吕文焕为向导，趋常州、平江；阿剌军为右路，从建康经由溧阳等地进攻独松关（今浙江安吉）；张弘范、范文虎率左路军统水军经江阴等处由海路进攻澉浦（今浙江海盐）。

元军兵锋所向，宋军不支，先前配合张世杰作战的孙虎臣在泰州战败自杀；张彦在吕城也战败，被捕后降元。

元帅阿术攻扬州，广筑长围。城中食尽，死者枕藉满道，但守将李庭芝死志益坚。

伯颜命大将阿塔海为前锋，猛攻常州。常州势急，宋廷派将军张全将兵两千赴援，文天祥自平江也遣部将尹玉、麻士龙、朱华三人各率一千兵共三千军士增援。

结果，麻士龙首先遭遇元军，血战虞桥（今江苏常州东南）。关键时刻，宋将张全见死不救，麻士龙不支战死。朱华一军驻扎五牧（虞桥以东），想掘沟堑筑鹿角抵拒元军，张全又不许。元军很快赶至，双方激战，斗至傍晚，胜负未分。相斗中，元军分出一部绕出山后，直扑尹玉一部宋军，双方恶战，尹玉手下宋兵英勇，杀元兵千余人，打得难解难分。

但是，张全所率两千京兵隔岸观斗，不发一矢相援，最终，尹玉部寡不敌众，不支败走。

诸部败逃宋军争相奔至张全泊在河中的大船想搭船，张全忙下令军士砍断扒船溃军的手指，张帆奔逃而去，宋军溺死者甚众。

宋将尹玉见撤退无望，召集残卒五百人，集合之后，忍饥挨饿，重新冲入战场与元兵激战，自夕达旦，多杀元军人马。尹玉本人虽力竭，仍杀数十元军，最终伤重被执。

元军恨透了这位勇似战神的宋将，横四枪于他的头顶，以棍击杀。

尹玉部下宋军皆苦战而死，无一人投降。

元朝右路军一路皆捷，连克溧水、溧阳、东坝（今江苏高淳）、四安（今浙江安吉以北）。元朝左路军也攻占江阴。

大惧之下，陈宜中急忙在临安籍民为军，召文天祥自平江入卫。

伯颜率军包围常州，宋朝知府姚岩与陈炤等诸将全力固守。见招降不成，伯颜下令攻城。元军驱使常州城外汉人运土为垒。送土至阵地后，残忍的元军立杀运土者，以人尸为填充物，并土筑之，很快建起长围。同时，元军残杀当地居民无数，抛入巨大的铁锅中熬成人油，然后放入陶罐中，将炽热的人油以抛石机抛向常州城墙，烫死烫伤不少宋朝守军。

连攻两个昼夜，元军人海战术成功，常州陷落，知府姚岩战死。

陈炤等宋将不屈，仍率兵巷战。有人劝他们从东门突围，陈炤慨言："去此一步，非死所也！"最终，常州南宋守军除八骑突围外，全部英勇战死。

伯颜见元军损失惨重，大怒，下令屠城，杀掉数万百姓，鸡犬不留。

一周之后，元军攻战独松关，守将张濡（此人是陷害岳飞首谋之一张俊的五世孙）逃跑。由此，邻近宋军皆望风而走。不久，许浦、安吉州（今浙江湖州）皆为元军所破。

文天祥、张世杰上疏谢太后，请帝室出避海上，不听。当时陈宜中主政，他不能筹措一策，只知道上蒙下蔽，最终使得将士离心，郡邑降破。

眼看元军步步逼近，宋廷别无他法，旧伎重施，派出柳岳为使臣，到无锡的元营见伯颜乞和。

柳岳先是对元使被杀之事深深道歉，表示他们是"为盗所杀"，与宋廷无关。接着，柳岳哀乞道："嗣君冲幼，服孝未满，自古礼不伐丧。两国关系发展到今日这种地步，皆奸臣贾似道所为。"

伯颜根本不听这一套，立驳道："汝国执戮我使臣（指拘郝经杀使者等事），大元才因此兴师来伐。钱氏（吴越）纳土，李氏（南唐）出降，皆汝国昔日所为。汝国得天下于小儿（指赵匡胤篡后周柴荣之子恭帝之位），亦失之于小儿（指当今的宋恭帝）。天道如此，尚何多言！"

元人虽蛮横暴戾，此话却不无道理。

柳岳回朝复命，廷臣们长吁短叹，乱成一锅粥。不久，宋廷下诏追封吕文德为"和义郡王"。读者看到此处，肯定以为笔者行文有误，或认为宋廷臣子们大多得了失心疯，何以把一族皆叛的死人吕文德追封为王？而且，先前数月，继吕文焕、吕师夔等人降元后，吕文德另一个弟弟五郡镇抚使吕文福也杀宋使降元，几乎整个吕氏家族皆成为蒙古人的鹰犬，且一路充当向导，为害日益。宋廷在吕文福叛变后，才下令对吕氏家族在临安的资产进行"抄家"，怎么会忽然又追封吕文德为郡王呢？

此举也是事出无奈，宋廷还封没逃掉的吕文德之子吕师孟为兵部侍郎，想借此来打动吕文焕等人，幻想这些人向蒙古主子说好话，答应南宋的乞和之议。

慑于元军的屠戮军声，身在临安的南宋大臣之中有数十高官皆悄悄逃离临安，甚至主管军事的签枢密院事文及翁、倪普也脚底抹油。这两人先让与自己关系好的台谏官弹劾自己，想以被贬逐为由出走临安。

害怕之下，弹劾章疏未上，两个人就携家眷翻蹄亮掌绝尘而去。

谢太后闻知此事，又悲又气，派人在朝堂上立大榜，诏示如下：

> 我朝三百余年，待士大夫以礼，吾与嗣君（宋恭帝），遭家多难，尔大小臣工，未尝有出一言以救国者。内而庶僚，畔官离次；外而守令，委印弃城。耳目之司，既不能为吾纠击，二三执政，不能倡率群工，方且表里合谋，接踵宵遁。平时读圣贤书，自许谓何？乃于此时，作此举措，生何面目

对人，死亦何以见先帝！天命未改，国法尚存，其在朝文武官，并转二资，其畔官而遁者，令御史台觉察以闻，量加惩谴。

谴责声中，也泄露出寡母孤儿的无奈与悲怆。

无奈之余，文天祥被任为签枢密院事，收拾残局。

临安高官纷纷而逃，宋朝地方文臣武将中却不乏忠勇报国之人。

坐镇江西的方面大官、先前一直排抑文天祥的宋臣谢万石降元，其属下都统米立率众苦战，力竭被俘。元人看重这位好汉子，派谢万石亲自去狱中劝降。老谢无耻，对米立说："你看我，权高位重，所任官职之多，在一张牙牌上都写不完，现在也向大元投附。你一个小小军将，何以不降呢？"米立凛然答道："侍郎您（谢万石兼兵部侍郎）乃国家大臣，米立只是一名小卒。但我自思数世皆食宋禄，赵氏危亡，我有何面目苟且求活。加之我力战不支被擒，本应死国，与您这样的投拜之人不同！"谢万石惭愧，又不得不劝。

米立终不屈，为元兵残杀。

至于潭州方面，先前与文天祥一起响应勤王的李芾以湖南安抚使及潭州知州的双重身份死守潭州，苦战苦撑，固守了三个多月。元将阿里海牙气急败坏，射书城中威胁："速开城门投降，否则屠城！"宋军将士以箭雨"回复"。

阿里海牙怒甚，派兵挖掘潭州护城河堤，待水半干后大竖攻具，指挥元兵拼死登城。激战之中，宋军抛石发弩，一箭正中阿里海牙胁下，此回将凶悍勇猛，督战益急，杀数名从城墙下撤回的元兵，促逼军士拼死进攻。

城中大窘，力不能支。宋军诸将见势急，泣请道："潭州城将不保，我们军将为国而死不敢辞，但城内百姓怎么办？"李芾双眼冒火，骂道："国家平日厚养汝辈，正为今日！汝等只管死守，勿思其他，再有敢言降者，定杀不饶！”

此时，正值德祐二年（1276年）大年初一。新年伊始，原本应该张灯结彩过大年的潭州军民，却在冒矢雨，临刀刃，拼死守城。

南宋的衡州知州尹穀当时全家皆在潭州城，得知元兵蚁附登城，他仍旧为两个儿子行成人冠礼。有军将见此，劝说道：“现在都什么时候了，还行此迂阔之事！”尹穀回答：“正是想使儿子辈以冠带礼服见先人于地下啊！”礼毕，尹穀积薪遍户，身穿朝服，望临安方向跪拜后，纵火自焚。全家老幼数十口，壮烈殉国。

李芾闻讯，驰马赶至，以酒祭奠，慨言道：“尹务实（尹穀字），真男儿！先我就义。”于是，他连夜大会宾佐幕僚，纵酒诀别，仍以“尽忠”为当夜口令。

凌晨时分，元军已经杀入城。李芾唤其帐下将沈忠，对他说：“我守城力竭，应当死国。我一家人也不可为俘囚受辱，你先为我尽杀之，最后杀我！”沈忠伏地叩首，表示自己下不去手。李芾厉声要沈忠执行命令，沈忠泣而允诺。

李芾集全家于庭院，告知众人殉国之意，然后以酒相劝。尽醉之后，沈忠依命杀掉李芾全家。最后一刀，含泪砍掉李芾头颅。而后，沈忠纵火，火葬了忠臣一家。

沈忠自己纵马回家，手刃爱妻与两个儿子。然后，他又回到正熊熊燃烧的李芾府宅，大恸之后，拔剑自刎。

李芾的幕僚多人，闻讯皆自杀。潭州人民闻之，多举家自尽，致使城无虚井，缢于林木者累累相望。感于忠烈之气，潭州人民意气慷慨，大多以身殉国。

一直有“不嗜杀”之名的阿里海牙本想遍屠潭州之民，因附近诸城未下，经汉人僚属劝告，暂忍杀心。由此，袁、连、衡、永、郴、全、道诸州及桂阳、武冈皆降。

元军诸路克捷，诸将很想抢东西，争着要杀往临安。

元朝的汉人郎中孟祺劝伯颜："宋人之计，唯有窜往闽地。如马上大兵压境，宋帝室肯定立即逃窜。临安无主，城内可能盗贼四起。如此，临安三百年之积蓄，将焚荡无余。不如先以计策安抚宋室，令其不会因惧而逃，相待时日，可全取临安。"

伯颜称是。

宋廷方面，已经是惊惧至极。陈宜中派陆秀夫去平江见伯颜，表示可以向元朝称侄或称侄孙，哪怕最后"奉表求封为小国"，只要元朝能止兵，一切都答应。

伯颜仍不答应，非坚持要宋"称臣"。

陆秀夫归临安复命，谢太后泣言："苟存社稷，称臣也可以。"当时，谢太后等人还存幻想，以为对元朝奉表称臣，上尊号，献岁币，还可以保存原有境土。

文天祥有远虑，他深知元人无信，上疏请谢太后允许宋恭帝的一兄一弟出临安，吉王赵昰赴闽，信王赵昺赴广。谢太后同意，进吉王为益王，判福州；信王为广王，判泉州。以驸马都尉杨镇和二王的两个舅舅"提举二王府事"。由此，两个娃娃王爷，即将开始他们颠沛流离的生活。

陈宜中见元人不允和议，计无所出，只得率群臣入宫见谢太后，请迁都避祸。

谢太后开始不允，陈宜中等人"恸哭以请"，太后终于答应，回内宫立命宦者、宫人收拾行装。结果，等到夜晚，却不见陈宜中等人来接驾。谢太后大怒："我本不想迁都，大臣数以为请。今我欲行，众人又不至，是骗我这个老妇人吗？"急怒之下，谢太后闭门在宫，不见大臣。其实，陈宜中本来是想转天一早成行，情急仓促之下，忘了告知谢太后出发时间，使得太后因空等大发雷霆。

元军方面，在正月十八已经三路会师，扎营于临安以北的皋亭山，真正是兵临城下。

文天祥、张世杰上疏请帝室入海避兵锋，表示他们二人将率守军背城一战。陈宜中不许，经与谢太后商量，派人携传国玉玺出城交与伯颜，准备投降。

至此，宋廷由议和，变成了议降。

伯颜让人译读宋朝降表，对以宋恭帝名义上呈的降表内容非常满意：

“宋国主（赵）㬎谨百拜言：㬎眇焉幼冲，遭家多难。权奸贾似道，背盟误国，至勤兴师问罪。㬎非不欲迁避以求苟全，奈天命有归，将焉往！谨奉太皇太后命，削去帝号，以两浙、福建、江东西、湖南、二广、四川、两淮见存州郡，悉上圣朝，为宗社生灵祈哀请命。伏望圣慈垂念，不忍三百余年宗社遽至陨绝，曲赐存全，则赵氏子孙世世有赖，不敢弭忘！”

本来，身为国相的陈宜中应亲自出城到元营议降，但此人奸诈胆小，竟然在定下投降“大计”后置帝室及临安于不顾，连夜逃走，跑到温州清澳躲避。

张世杰见宋廷不战而降，率所部离去，屯军定海，以观形势。

文天祥等人出城，在明因寺见伯颜。

文丞相状元出身，起初还想以口辩说服伯颜退军，以保全残宋社稷。“本朝承帝王正统，衣冠礼乐之所在，北朝（指元朝）将以本国为属国呢，还是想毁我社稷宗庙呢？”

伯颜说：“社稷必不动，百姓必不杀。”

文天祥说：“北朝若有意保存本朝，请退兵平江或嘉兴，然后再商议岁币与犒师之事。如此，北朝可全兵而返，此为上策；如果北朝想毁我宗庙，灭我国家，则淮、浙、闽、广等地大多未下，成败还不可知，如此，兵连祸结，胜负难料！”

出乎伯颜意料，文天祥这个“亡国宰相”如此抗言直陈，让人愠怒。

于是，伯颜语气强硬，威吓文天祥。

文天祥怒曰：“我乃南朝状元宰相，但欠一死报国，刀锯鼎镬之逼，又有何惧！”

一句话，噎得伯颜辞屈。在座元朝诸将面面相觑，个个按剑而起，大有杀文天祥之意。

伯颜见文天祥风仪俊爽，举止不凡，心知此人定是豪杰，便遣返其他宋使，独留文天祥于元营。

文天祥大怒，数次请归，诘问伯颜："我来此议两国大事，为何扣留我？"

伯颜笑称："请君勿怒。君为宋大臣，今日之事，正当与我共之。"话虽如此说，伯颜令元军两名大将率军卒严加看守文天祥。

临安方面知事不妙，驸马都尉杨镇等人忙乘间奉益王、广王两个孩童出走婺州。伯颜闻讯，立刻派范文虎率军追赶。

德祐二年二月初五，宋恭帝率百官诣祥曦殿，向元阙方向跪拜上表，正式举行了投降仪式。

伯颜取南宋谢太后手诏，晓谕天下州郡降附。南宋臣子汪元量为此有诗讽曰：

醉歌

乱点连声杀六更，荧荧庭燎待天明。

侍臣已写归降表，臣妾签名谢道清。

而后，宋廷罢遣文天祥等部勤王兵，以贾余庆为右丞相兼枢密使（此举并无实际意义，只是表示宋廷告降官员品级之高），刘岊同签枢密院事，与吴坚等人并充"祈请使"，准备诣元大都告降。贾余庆凶狡残忍，刘岊狎邪小人，乘时得窃美官，他们心想使毕即归，洋洋不以为意。

伯颜引文天祥与即将前往大都告降的宋臣共座。文天祥悲愤至极，面斥贾余庆等人卖国，并指责伯颜失信。陪坐的吕文焕充好人，从旁劝解。

文天祥瞋目斥之："汝吕氏家族世代受国厚恩，不能以死报国也罢，竟肯阖族为逆，岂不羞乎！”言毕，离席而去。

惭怒之下，吕文焕与贾余庆等人共劝伯颜拘押文天祥，把他押往大都拘禁。

受降当日，元朝大军屯于钱塘江沙岸上。临安宋人皆希望时节潮至，可把元兵“一洗空之”。

奇怪的是，本该生潮的钱塘江，竟然大潮三日不至，真让人怀疑是否天道冥冥，听任宋朝亡国。

伯颜遣人入临安，尽收宋朝衮冕、圭璧、符玺及宫中图籍、宝玩、车辂、辇乘、卤簿、麾仗等宫廷禁物，催促全太后、宋恭帝、宗室高官以及宫人皆北行大都，去“入觐”忽必烈（谢太后因病暂不行）。

为此，汪元量有诗叹曰：

谢了天恩出内门，驾前喝道上将军。
白旄黄钺分行立，一点猩红是幼君。

伯颜入临安，建大将旗鼓，观潮于浙江，又登狮子峰，观临安形势，可以说是志得意满。

对于伯颜而言，又传来一个好消息：宋将夏贵以淮西之地归降元朝。

夏贵这个老匹夫，时年已过八十岁。由于他降元，在《宋史》中无传；他降元后，又无事迹，故《元史》中也无传。

夏贵人品虽不好，但二十年间东奔西走，南来北往，终日与元军争战，攻略八方，战阿术，败董文炳，斗刘整，敌伯颜，南宋半壁河山之苟延，实有他一大份功劳。当然，比起吕文焕、范文虎、刘整等人，夏贵至宋亡后方降，似乎有可取之处，但五十步岂可笑百步！此人不能守义殉节，保全初志，致使数十年功业付之东流。入元后，夏贵才苟活两三年，即生病而死。时人讥讽他为臣不忠，作诗曰：

享年八十三，何不七十九！
呜呼夏相公，万代名不朽。

另外一首诗更直白，指斥他在元人许其以淮西一道“养老”的利诱下投降的丑恶：

节楼高耸与云平，通国谁能有此荣。
一语淮西闻养老，三更江上便抽兵。
不因卖国谋先定，何事勤王诏不行。
纵有虎符高一丈，到头难免贼臣名。

相比文天祥、李庭芝、李芾等忠烈，夏贵老将白忙了半世，最后关头晚节不保，确实让人可发一叹。

李庭芝在扬州闻知宋帝、宗室被掠北去，涕泣誓师，率四万人夜捣瓜洲，准备夺回被俘的少帝及全太后等人，由于元军防备严密，他没能成功。

宋恭帝北迁大都后，被忽必烈封为“瀛国公”。1282 年，他又被元人迁往上都（今内蒙古正蓝旗）。青年时代，为避免被害，赵㬎自求为僧，往吐蕃习学佛法，终成一代高僧，翻译修订了《百法明门论》等不少佛经。至治三年，思宋亡国旧事，赵㬎（时法名合尊）作诗云：

寄语林和靖，梅花几度开？
黄金台下客，应是不归来！

结果有人持诗上告，元廷认为赵㬎有复国招贤之意，下诏把他赐死，时年五十二岁。宋朝以文教而兴，以文过于武而亡。可叹的是，其末帝之死，也缘于一首诗，真让人扼腕低回，思索久之。

益王、广王被转移途中，范文虎将兵追之甚急。

杨镇一时间奋不顾身，让杨淑妃的哥哥杨亮节掩护二王及杨淑妃先逃，自己断后，表示："我将死于彼，以缓追兵。"途中诸人狼狈不堪，无马无轿，皆徒步而逃。最危急时刻，二王等人躲于山中七日，断水绝粮，几乎饥渴而死。凑巧的是，统制张全（先前援常州见死不救的那位）与数十军卒恰好往南逃，于是众人会合，一同逃奔温州。不久，宋臣陆秀夫等人闻讯追至，并召陈宜中来见。

众人推益王赵昰为天下兵马都元帅，檄召诸路忠义，共辅王室。

张世杰在定海接报，率军来赴。

本来，元朝已经在实际上灭亡了南宋，元军诸将皆不愿再驰往南荒战斗，元朝行省官员也大多想放弃肇庆、德庆、封州、梧州等地，认为那里地处僻远，没有太大的军事、政治价值。

史天泽的长子史格当时任广西宣慰使，力排众议，坚决不同意在两广一带弃戍，并上疏忽必烈，分析天下形势，认定穷寇必追。结果，元朝最终向当地增兵益戍，致使南宋最后一丝复国的希望很快破灭。

本章结尾，还须交代一下贾似道的结局。

贾似道被贬后，不仅陈宜中想杀他，台谏、皇宫侍从以及太学生均上书指斥其误国当诛。由于与李庭芝关系不错，贾似道一直逗留扬州，不敢他往。由于朝臣施加的压力太大，谢太后不得不下诏命贾似道前往婺州安置。不久，宋廷又下诏，贬贾似道为高州团练副使，循州（今广东龙川）安置，并派人对他抄家。

为置老贾于死地，陈宜中等人寻找贾似道的仇人监押。当时，会稽县尉郑虎臣的父亲曾因罪被贾似道下令发配充军，郑虎臣很想报仇，便欣然报名充当监押官。

贾似道寓居佛寺，身边尚有侍妾数十人。郑虎臣一到，把这些美女驱逐一空，撤去轿盖，使贾似道曝于秋日中，狼狈而行。郑虎臣又让轿夫唱杭州歌，对他百般讥谑。

行至南剑州（今福建南平）黯淡滩，郑虎臣说："此处水甚清，何不自投其中以死！"

贾似道连连摇头："太皇太后许我不死。"

一路受辱，走到漳州木棉庵，气息奄奄的贾似道得了痢疾。他一日大泻数十次，仍旧不死。

郑虎臣也恼，自言道："我为天下人杀贾似道，虽死无憾！"于是，他冲入小屋，对正蹲踞在虎子（坐便器）上狂拉的贾似道一阵拳打脚踢，把老贾活活打死。

素有洁癖且富贵荣华了大半辈子的老美男子，最终死于自己的一摊稀屎之上。

寺僧举火焚其尸，付其子归葬会稽。

自被贬到被杀，贾似道迁延了七月有余。

时人闻其死，作诗讽叹：

楼台突兀妓成围，正是襄樊失援时。
王气已随檀板尽，江声流入玉箫悲。
姓名不在功臣传，家庙徒存御赐碑。
误国误民还自误，渚庭秋草露垂垂。

杀贾似道的郑虎臣，后被逃至福州主政的陈宜中派人逮入狱中，以"擅杀大臣"的罪名杀死。当初千方百计欲置老贾于死地的，正是陈宜中。郑虎臣杀掉了贾似道，陈宜中又以"国法"杀郑虎臣，奸人之心，真是叵测。

明末清初的"贰臣"钱谦益人品不好，见识却很高。对于南宋亡国，他有独到的评判："宋家三百年社稷，一旦不血食，所由来者甚渐，亦非（贾）似道一人之过。"

确实，南宋末期士大夫寡廉鲜耻，见利忘义；军人贪黩，纪律废弛；经济凋敝，人民流离；穷富悬殊，赋税不均……所有种种，如全归贾似道一人身上，似欠公允。

所以，忽必烈在元大都召见南宋一些投降的大将，问："汝等为何那么容易就投降？"诸将回奏："贾似道专国，总是优礼文士而轻我辈武臣，臣等久积不平，故望风降附。"忽必烈闻言，轻蔑一笑，说："贾似道确实看不起汝辈，但只是他一人之过。宋国国主又没有做过对不起汝辈之事，何以如此轻易辜负宋恩！依朕所见，贾似道看不起汝曹，理所当然！"

鼙鼓扬天繁华歇　丹心万古名不灭

李庭芝·文天祥·张世杰·陆秀夫

2006年1月28日，农历乙酉年除夕。是夜，在物欲炽盛的中国南方城市深圳，我手持一卷宋诗品读。信手翻来，深感不少宋诗书卷气过于浓厚，多数作品用典繁复，诗意平凡。特别是南宋末年的诗作，境界狭小，诗风浮弱，诚无大可观之句。

忽然，文天祥一首《除夜》赫然入目：

乾坤空落落，岁月去堂堂。
末路惊风雨，穷边饱雪霜。
命随年欲尽，身与世俱忘。
无复屠苏梦，挑灯夜未央。

此诗作于元朝至元十八年，即1281年的除夕夜，是文天祥平生度过的最后一个除夕夜。这首诗诗句冲淡、平和，没有“天地有正气”的豪迈，没有“留取丹心照汗青”的慷慨，只表现出大英雄欲与家人共聚一堂欢饮屠苏酒过春节的愿望，字里行间透露出一丝寂寞、悲怆的情绪。

恰恰是忠义男儿这一柔情的刹那，反衬出钢铁意志之下人的生命的真实性，这种因亲情牵扯萌发的“脆弱”，更让我们深刻体会到伟大的人性和铮铮男儿的不朽人格。

于是，时隔七百二十五年，我，一个客居岭南的天津士子，在一个岑寂的除夕夜晚，为这位江西籍的中华伟男子洒下数滴热泪。

《除夜》一诗，没有雕琢之语，没有琐碎之句，更无高昂的咏叹，可是，我们的心灵仍旧感受到强烈的震撼。无论时光逝去多久，无论民族构成如何增容扩大，无论道德是非观念如何嬗变，文天祥，作为我们民族精神的象征，作为忠孝节义人格的伟大典范，万年不朽，颠扑不灭，将在无数个世代继续激励一辈又一辈的中国人。

苦战扬州的英雄

李庭芝

文天祥被元军押解大都的途中，至镇江，趁看守不备，又有手下侠客杜浒等人相助，连夜逃出，跑到真州（今江苏仪征）。

时为安抚使的苗再成闻讯开城迎接，喜极而泣，表示说："两淮之兵足以兴复国家，只因二帅关系不睦（二帅指李庭芝和夏贵，当时苗再成还不知夏贵已降元），如能合纵连横，一心抗敌，取胜不难。"

文天祥闻言也很兴奋，问："苗安抚您有何计策？"苗再成答："当今之计，先约淮西兵直趋建康，元军闻知必调集部队阻挡。我趁此机会可指挥淮东诸将，以通州、寿州之兵攻袭湾头，以高邮、宝应、淮安兵攻扬子桥，以扬州兵攻瓜步，再以水军直捣镇江，同时举兵，大张声势。如此，湾头、扬子桥一带，元兵留守不多，当地人又多盼我大军反攻，肯定能一举克之。然后，三面合攻瓜步，我本人指挥水军自水上进逼，瓜步必能攻下。如取瓜步，以淮东兵入京口，淮西兵入金陵，扼断元军归路，定可擒其主帅，收复失地。"

文天祥闻言，非常赞许，忙写信给死守扬州的李庭芝，并派出信使四处约集未降的宋将。

可惜的是，由于当时战乱四起，信息不通，文天祥先前参加过与元军的“议和”，致使李庭芝对他存有极大的戒心和误解。宋军又有败兵逃归扬州，报告说元军派一个丞相到真州说降。

接到文天祥书信，李庭芝认定说降的“丞相”肯定是文天祥，并忖度文天祥是以计诱他出扬州，然后趁机让元军来攻。于是，李庭芝派人送密信，命令苗再成杀掉文天祥。

苗再成不相信文天祥是元人派来诱降的奸细，又不敢违背李庭芝的命令，就亲自把文天祥骗至真州城外，示以制置司“格杀勿论”的命令，让文天祥自寻出路。

回城后，苗再成不放心，怕文天祥真是元军招降的奸细，派出两路人试探文天祥，嘱咐那些人，只要文天祥劝说投降，就立时把他杀死。

两路人佯装出城降元的溃兵，向文天祥打招呼。文天祥不知是苗再成试探他的“计谋”，以忠义苦劝那些要外出“降元”的士兵为国尽忠，两路士兵大受感动，他们不仅没有杀文天祥，反而为他们一行人带路直到扬州城下。

四鼓时分，文天祥诸人抵至扬州城门，赫然见到四周贴了数张宋朝悬赏捉拿“文丞相”的告示，写明了“死活皆赏”。

众人相顾吐舌，只得窜身向东，准备从海道逃走。途中，他们遇到络绎不绝开拔的元兵，一行人慌忙躲入烧毁的墙壁中潜伏。藏了两三天，几个人差点饿死，幸亏遇见几个樵夫，乞得几口干粮得以幸免。

逃至板桥，元军忽至，一行人又窜入灌木丛中。元兵看得真切，往灌木丛中射了一阵乱箭，并活捉了杜浒等三四个人。

幸亏捉人的元兵是汉军，得了杜浒等人的银两后就偷放了他们。几个人回到原地，把饿得已经奄奄一息的文天祥用木棍制成的简单担架抬至高邮稽家庄。当地庄主是位义士，派人护送文天祥等人先至寿州，然后由通州入海，一行人终于到达温州。

对于此次嫌猜、历险，文天祥有《出真州》诗十三首感怀，真实再现了当时的仓皇和狼狈。

1276年6月，陈宜中、张世杰在福州拥立益王赵昰为帝，改元景炎。小朝廷进封皇弟赵昺为卫王，升福州为福安府，以陈宜中为丞相兼枢密使，都督诸路军马，张世杰为枢密副使，陆秀夫为直学士。

不久，文天祥赶至，诏拜右丞相兼枢密使，都督诸路军马。由于陈宜中主持国事，怕引起内部纷争，文天祥固辞不拜。小朝廷便授文天祥为枢密使同都督。

众人出计献策，下诏各地，以图兴复。恰于此时，留于江南的南宋故相留梦炎“响应”元朝召唤，自动出降，充当新朝鹰犬爪牙。

扬州方面，李庭芝凛凛忠臣，一直浴血死守。

李庭芝是汴梁人，十二世同居一门，号“义门李氏”。北宋末期战乱起，李氏家族迁至应山。金国被灭后，襄汉之地兵戈四起，李氏又徙随州。宋将孟珙守江南时，李庭芝乡试不中，弃文就武，谒见孟珙。由于李庭芝相貌魁伟，孟珙一见奇之，马上提拔他充当军中将校，才能尽显。淳祐年间，李庭芝考中进士，得功名后，复入孟珙府幕，成为高级参谋。孟珙去世前，上表朝廷荐贾似道代替自己的军职，又向贾似道推荐李庭芝。由此可见李庭芝与贾似道渊源不浅，但不能以此来判别李庭芝的品行。

感念孟珙的知遇之恩，李庭芝弃官不做，扶孟珙灵柩归葬，并为其守墓三年。

贾似道掌国后，李庭芝得展大才，一直为南宋效力疆场。鄂州第一次解围，宋理宗亲自下诏任李庭芝为两淮制置使，开府扬州。

后来，大草包范文虎一败再败，襄阳失陷，李庭芝曾一度被贬。由于元军咄咄逼人，形势紧迫，宋廷很快就重新启用李庭芝，诏令其制置两淮。

为了专心守淮东，不存私心的李庭芝上书请夏贵分任淮西事务。

德祐初，贾似道兵溃芜湖，沿江诸郡宋军守将逃的逃，降的降，李庭芝不为所动，多次斩杀元朝劝降的使人，固守扬州。

元军攻陷临安后，命谢太后与宋恭帝相继“下诏”，派人持至扬州城下喊话，让李庭芝开城投降。

李庭芝登城高呼：“我奉诏守城，从未听说过有诏旨要臣子献城投降的！”不久，宋恭帝等人北迁，谢太后写亲笔诏书，表示：“先前诏谕爱卿向大元纳款，日久未报，不知是否明悉吾意。今吾与嗣君既已臣伏大元，爱卿固守扬州，不知是为谁守城？”

李庭芝立于城头，静听城下使者宣诏已毕，并不答应，下令城上守军以劲弩向使者一行人发射，立毙一人，余皆慌忙退走。

不久，他派姜才出军，想夺取少帝及全太后，不果，回城固守。

宋朝守将夏贵降元后，元军统帅阿术玩心理战，尽驱身着宋朝军服的淮西降卒至扬州城下，旌旗蔽野。

当时的场面既壮观又令人气愤，数万宋军降卒身着军服，排列整齐，在扬州城下立定，一言不发望向扬州城头。在他们身后，是一眼望不到边际的元军骑兵，皆手执利刃，虎视眈眈。

见此情状，李庭芝惨然一笑，对身边幕僚说：“我只有一死报国！”

阿术见扬州城上没动静，忙遣使者持忽必烈诏书招降。李庭芝命士兵开城门，迎入使者。

然后，李庭芝命人把元军使者押上城头，当着数万淮西降兵与元军骑兵的面，一刀砍落使者的人头扔下，并焚烧了招降的诏书。

阿术无奈，只得暂挥兵回返。

不久，见元军势盛，宋朝知淮安州的许文德、知盱眙军的张思聪、知泗州的刘光祖等人，皆以粮尽为由向元军投降。

李庭芝在扬州城内括粟以充军食。胶着相持之际，食尽粮绝，宋军将士中甚至有杀子充食者，依旧力战不屈。

元朝统帅阿术不仅从水路断绝高邮方向的宋军运粮船，又在陆路邀击宋军运粮兵卒，杀死宋军数千，最终完全断绝了扬州守军的粮草供应。

在此情况下，为了能使扬州降附，阿术派人从大都的忽必烈处取得特赦诏书，表示赦免李庭芝焚诏、杀使之罪。当然，元军这次不敢再派人送入城中，只敢在城下喊话，以箭射诏书于城上。李庭芝看也不看，命人立焚诏书于城上。

听闻赵昰即位消息，李庭芝响应勤王诏，留制置副使朱焕守扬州，他自己与大将姜才率七千兵士突围奔泰州，想取道通州入海，南下福州。

孰料，李庭芝刚刚率兵出城，朱焕就以扬州向元军投降。

阿术一面分派精兵入扬州，一面指挥劲骑追击宋军，沿路杀掉千余人。

李庭芝所率宋军腹空体乏，好不容易进入寿州，被元军团团包围。

阿术入扬州后，俘虏了李庭芝的妻儿，命人押至寿州城下，向城头喊话招降。大将姜才因病重不能出战，宋军只得死守孤城。

李庭芝本人对妻儿被俘并不理会，仍在城内指挥抵抗。结果，泰州裨将孙贵等四人知扬州不守，又见元军四涌如潮，大惧之下，这几个败类开北门纳元兵入城，向元军投降。

知事不济，李庭芝情急之下冲出户外，投入府院的莲花池中自杀。水浅，李庭芝自杀未成，被元军生擒。病重之中的大将姜才也被活捉，与李庭芝一起被押回扬州。

阿术见二人，责斥二人坚守不降，姜才大骂道："胡奴，不降者我也！"

这句话说得不假，扬州被围的最后关头，李庭芝曾召姜才一人议事，大概是想商量以诈降之计突围，姜才大呼："相公您不过忍片时之痛耳！"坚决不同意诈降，要光明磊落去赴死。

李庭芝自有大帅风度，傲立一旁不言。阿术爱惜二人才勇，仍想劝降，姜才骂不绝口。

最终，站在一旁的以扬州献降的叛贼朱焕上前进言：“扬州自用兵以来，积尸遍野，皆李庭芝与姜才所为，不杀之何待！”

于是，元军命军士押二人于扬州闹市。李庭芝首先被斩首。临刑，大英雄神色怡然。

姜才被剐杀，仍旧骂不绝口。剐刑严酷，时间又长，期间，降元的老匹夫夏贵也来看热闹，姜才切齿瞋目，骂道：“见我如此，老贼你能不愧死！”

两位英雄慷慨就义之时，扬州人民感动，莫不泣下。

破扬州后，元兵集中兵力猛攻真州。

元兵与宋军众寡悬殊，趁天降大雾，宋军参谋赵孟锦率少数宋兵忽然袭击元军大营，趁乱杀死不少元兵。可叹的是，大雾不久即散，元军望见宋军人少，立刻来了精神，组织反攻，赵孟锦登舟败走之际失足落水而死。元军乘势攻城。城破后，安抚使苗再成血战，力竭而死。此后，通州、滁州、高邮军等相继降元，淮东尽失。

江西的游击苦战

文天祥的最后努力

文天祥到福州后，本来提出要回温州组织舟师，由海道而进收复两浙。陈宜中不同意，文天祥只得作罢。

陈宜中的想法是放弃温州，把大本营全移至闽地，欲依靠张世杰收复两浙以自洗先前弃都亡命之罪。出于这种私心，他当然不想与自己平起平坐的文天祥立功。于是，陈宜中就把文天祥外派，让他在南剑州开府，招募士兵。

在福州短暂的准备期间，九死一生的文天祥把先前所写的诗歌编为一集，名《指南录》，皆为向南奔君的纪实诗：“臣心一片磁针石，不指南方不肯休。”诗文字字带血，句句含悲，特别是文天祥所写的《指南录后序》，形象地概括了他自德祐二年（1276年）元军兵临城下至他最终逃往永嘉的整个过程：

德祐二年二月十九日，予除右丞相兼枢密使，都督诸路军马。时北兵已迫修门外，战、守、迁皆不及施。缙绅、大夫、士萃于左丞相府，莫知计所出。会使辙交驰，北邀当国者相见，众谓予一行为可以纾祸。国事至此，予不得爱身；意北亦尚可以口舌动也。初，奉使往来，无留北者，予更欲一觇北，归而求救国之策。于是辞相印不拜，翌日，以资政殿学士行。

初至北营，抗辞慷慨，上下颇惊动，北亦未敢遽轻吾国。不幸吕师孟构恶于前，贾余庆献谄于后，予羁縻不得还，国事遂不可收拾。予自度不得脱，则直前诟虏帅失信，数吕师孟叔侄为逆。但欲求死，不复顾利害。北虽貌敬，实则愤怒。二贵酋名曰馆伴，夜则以兵围所寓舍，而予不得归矣。

未几，贾余庆等以祈请使诣北；北驱予并往，而不在使者之目。予分当引决，然而隐忍以行。昔人云：“将以有为也。”

至京口，得间奔真州，即具以北虚实告东西二阃，约以连兵大举。中兴机会，庶几在此。留二日，维扬帅下逐客之令。不得已，变姓名，诡踪迹，草行露宿，日与北骑相出没于长淮间。穷饿无聊，追购又急，天高地迥，号呼靡及。已而得舟，避渚洲，出北海，然后渡扬子江，入苏州洋，展转四明天台，以至于永嘉。

呜呼！予之及于死者不知其几矣！诋大酋当死；骂逆贼当死；与贵酋处二十日，争曲直，屡当死；去京口，挟匕首以备不测，几自刭死；经北舰十余里，为巡船所物色，几从鱼腹死；真州逐之城门外，几徬徨死；如扬州，过瓜洲扬子桥，竟使遇哨，无不死；扬州城下，进退不由，殆例送死；坐桂公塘土围中，骑数千过其门，几落贼手死；贾家庄几为巡徼所陵迫死；夜趋高邮，迷失道，几陷死；质明，避哨竹林中，逻者数十骑，几无所逃死；至高邮，制府檄下，几以捕系死；行城子河，出入乱尸中，舟与哨相后先，几邂逅死；至海陵，如高沙，常恐无辜死；道海安、如皋，凡三百里，北与寇往来其间，无日而非可死；至通州，几以不纳死；以小舟涉鲸波，出无可奈何，而死固付之度外矣！呜呼！死生，昼夜事也，死而死矣；而境界危恶，层见错出，非人世所堪。痛定思痛，痛何如哉！

不久，文天祥转战至汀州（今福建长汀），派赵时赏率一部军士取宁都（今江西境内），派吴俊章取雩都（今江西于都）。同时，在江西坚持抗元的刘洙等人闻文天祥开府，纷纷提兵来会。

景炎二年（1277 年）五月，文天祥集结部队，自梅州出江西，吉州、赣州坚持抗元的宋军皆来赴，合军收复会昌县。八月间，文天祥部下赵时赏等人分道攻取了吉、赣周围的不少地区，把赣州包围起来。

听闻文天祥在江西声势大震，衡山、抚州等地的残余宋军也纷纷加入，一时间士气高昂。

元廷闻报，非常紧张，忙在江西置行中书省，以塔出为右丞，敏珠尔丹（又译“麦术丁”）为左丞，李恒为参知政事，下决心扑灭江西的反元宋军。

九月间，在元军诸道四出江西的同时，元将李恒自将一军精骑，出其不意地向身在兴国的文天祥发起进攻。

文天祥没有料到李恒这么快就杀到，猝不及防，慌忙应战，首战不利。听说邹沨部宋军有数万屯于永丰，文天祥携败兵向永丰方向败退。

结果，行至半路，正遇上被元军杀得大败而逃的邹沨部队，双方相遇，便又汇合一处，夺路接着跑。

逃至方石岭（今江西吉安东南），率少数兵士殿后的宋将巩信与元军短兵相接，殊死格斗，力战多时。元将李恒疑有伏兵，鸣金收兵。良久，见山后并无声息，李恒才敢率元兵呐喊杀入。结果，见巩信端坐一巨石之上，仅剩的十余名残兵立其左右，瞋目怒视元军。

李恒忙命放箭，箭雨密集，巩信等人屹立不动，中箭如猬，至死不仆。

文天祥逃至空坑（仍在吉安境内），军士多散，身边只有杜浒、邹沨等几个人相随。

宋将赵时赏为使文天祥等人有时间逃走，故意令人用肩舆把自己抬上，大摇大摆、不慌不忙地行走。元军大队士兵追至，持枪挺刀，喝问肩舆之上是何人，赵时赏朗声答言：“我姓文。”元军大喜，以为生擒了文丞相。忙令数百人看守，把赵时赏押至隆兴。

一路上，多有五花大绑的文天祥僚属被押至肩舆前，元军迫使赵时赏（以为他是文天祥）辨认，皆被赵时赏“不屑”叱喝：“小小牙官，抓这种人做什么！”由此，得脱者甚众。即使如此，文天祥的妻子和两个儿子仍被元军抓住，被李恒送往大都。途中，文天祥二子皆不堪折磨，病死于道中。

不久，得知被抓的“文天祥”乃赵时赏，李恒气恼，立即斩杀。赵时赏乃宋朝宗室子弟，临刑大笑，慷慨就义。

文天祥逃脱后，辗转至南岭（今广东紫金），重新集结队伍。

身在石冈州的小皇帝赵昰因奔波惊吓，患病而死，时年十一岁。众臣便拥卫王赵昺为帝，时年八岁。

文天祥闻新主即位，上表自劾江西败兵之罪，并请入朝觐见。恰值军中发生瘟疫，文天祥身边刚刚聚集的残军一下子病死不少，其老母与长子也相继染病而亡，雪上加霜，亡国丧亲，大英雄痛不可堪。

帝昺祥兴元年（1278 年）年底，文天祥屯军于潮阳，邹㵯、刘子俊等人率众相会。由于当地盗贼陈懿、刘兴为害一方，形同割据，文天祥便先向这两个巨盗发动进攻，杀掉了刘兴，却漏跑了另一个匪首陈懿。

陈懿海盗出身，马上投降了正率舟师由海路入潮州的元军大将张弘范。熟门熟路，这个强盗头子为元军充当向导，在潮阳大举登陆。寡不敌众，文天祥败走海丰。

张弘范之弟张弘正率一部精骑，穷追不舍。逃至五坡岭（今海丰以北），文天祥一行人正想吃口饭，张弘正的元军骑兵猝然杀到，宋军来不及接战，多数被杀，文天祥被生擒。情急之下，他忙掏出一直随身携带的冰片自杀，由于存放日久，药效丧失，文天祥自杀未成。

宋将邹㵯刚烈，未待元兵近身，以佩刀自刭而死。

宋将刘子俊在附近被另一部元军抓获，他忙大叫，自称是文天祥，冀以缓兵，使文天祥有机会再逃走。

两部元军抓了两个“文天祥”，相遇于途，各争真伪，都坚称自己抓的是“文天祥”。元将唤来几个宋军俘虏，边问边杀，终于找出真文天祥。

然后，元军在当地架起大锅，烹杀刘子俊。烹刑残酷，使人慢慢煎熬而死，刘子俊一直骂不绝口，至死不屈。

文天祥被押送到潮阳，见张弘范。元兵叱之下拜，文天祥不屈。张弘范虽是元朝得力鹰犬，内心也敬佩这样的铮铮男儿，叹赞道：“真忠义人也！”命左右为文天祥释缚，待以客礼。

文天祥固求一死，张弘范不许。由于宋军还未尽灭，张弘范深知文天祥还“有用”，命人把他拘于军船之上，好吃好喝，严加看管。

静江的誓死抵抗

马塈与娄铃辖

伯颜占领临安后，文天祥、张世杰等人在福州拥立益王赵昰为帝。为了根除南宋流亡政权，元廷一面下令诸将入闽追击二王，一面派大将阿里海牙领数万元军，大举进攻广西。

静江府守乃宋将马塈，他总领屯戍诸军，兼掌广右经略司，一直坚持抗元。

阿里海牙初定湖南，就曾派人携信劝降，被马塈立即杀掉。临安失陷，谢太后派僧人持手诏到静江劝降，也被杀掉。劝降不成，阿里海牙只得率元军对广西进行武力强攻。

进至严关（今广西兴安以西），见大山夹峙，中间窄道已由马塈严加防守，知不可破，阿里海牙只得率一部偏师迂回至平乐，溯漓江而上，过临桂，然后掉头北进，与屯于严关之前、正和宋军相持的元军主力前后夹击。

马塈兵少不支，顽强抵抗后，退守静江。

阿里海牙亲自写信给马塈，答应对方投降后，会立授广西大都督一职，遭到拒绝。

见计不成，阿里海牙又请忽必烈"降手诏谕之"，马塈做事果绝，焚诏斩使，坚决不降。

狂怒之下，阿里海牙指挥元军攻城。静江依水为屏，确实易守难攻。元军猛攻三个月，前后百余战，死伤无数，仍不能克城。

1276年年底，阿里海牙在当地宋民的建议下，筑起大堰，截断大阳、小溶二江，遏阻上流，又掘开东南堤坝引干静江护城河水。由此，元军终于能进抵城下，大竖攻具，展开人海战术进攻。元军蚁附登城，宋军死战，不支，外城被攻破。

马塈率军闭内城拒斗，又被攻破。马塈仍坚持，领数百军士与元军巷战。

杀伤多人后，马塈手臂受重创，依残壁犹斗，被蜂拥而上的元军杀害，头断后，马塈犹握拳奋起，逾时始仆。忠烈之气，难以言表。

城中的宋将黄文政拒战力竭被生俘，大骂不屈。元军残忍，先断其舌，后割其鼻，继之砍断他的双膝。黄文政喷血含混，至死骂声不绝。

邕州（南宁）方面，主将马成旺及其子马应麟胆怯，未待阿里海牙攻城，即以城献降。

最后，唯独马塈部将娄钤辖率二百五十名宋军兵士，坚守月城不降。

阿里海牙见状大笑，对左右讲："小小月城，何足进攻！"下令元军把月城团团包围，准备以饥渴交困的方法逼降娄钤辖。

缺水缺粮十多天后，娄钤辖立于城墙上向外高声呼道："我们饿极，不能出降。如果能送我们一些食物，吃饱后当听汝等处置。"

阿里海牙大喜，忙命人送去活牛数头，米数斛。东西运到城门，宋军一位小校打开月城城门，收取牛和米后，立即又关闭了城门。

元兵元将大讶，均登高临视。但见饿极的宋兵，立刻分取生米，烧火蒸饭。米还未熟，诸士卒军将皆以手抓取，一面吞吃半生不熟的米饭，一面用刀割取活牛身上的肉，啖之立尽。

一顿豪食之后，宋军忽然鸣角击鼓，集结队伍。

元军大惊，以为宋军要出战，整个军营上下立刻束甲持兵，如临大敌。结果，娄钤辖下令两百多名士兵聚集在一个巨炮周围，握手而立，他们堆满火药后，纵火燃之，刹那间，声如雷霆，烟气涨天，震得城堞皆崩，城外围城的元兵也被震死不少。

火熄后，元军入视，娄钤辖等两百多精忠之士壮烈殉国，灰烬无遗。

狂怒之下，阿里海牙下令屠城，把邕州人民杀戮无遗。有七百多人先前在双方交战中逃入西山，阿里海牙派人招降，许以不杀，结果，七百人皆自杀，无一降者。

此后，广南西路十五州，皆由元军占取，但静江、邕州的宋朝守将和人民的英勇抵抗令人感佩。

重庆的五路被围

张珏

德祐元年（1275年），元军在向临安进逼的同时，为防四川宋军出援，忽必烈下令东西川行枢密院统领大军主动进攻四川。

时任宋朝四川制置副使的张珏以钓鱼城和重庆为根据地，拼死抗元。

转年，即1276年，张珏审时度势，派出一支奇军突袭了元朝东川行枢密院的治所青居城（今四川南充），并乘元军回救之机，派猛将张万率水军由水上入重庆增援。

同年夏，趁元朝东、西两川行枢密院矛盾重重、互相观望逗留之机，张珏又派出军队收复了泸州，杀掉降元的原宋将梅应春以及元将熊耳，并俘虏了不少元将家属。

在此情形下，元军不得不从重庆撤围。年底，张珏命手下将领王立守卫钓鱼城，他本人入重庆指挥，并迅速收复了涪州（今四川涪陵）。

景炎二年（1277年），元军重新收取涪州。同年冬，元军又破泸州。

忽必烈深知四川的战略重要性，亲自下诏向四川增兵数万，命西川行枢密院使不花率数万元军再攻重庆。不花抵达重庆附近后，分兵布将，把重庆围个密不透风。

元西川行枢密院副使李德辉亲笔写信招降张珏："君之为臣，不亲于宋之子孙；合之为州，不大于宋之天下。彼（宋朝）子孙已举天下而归我（元朝），汝犹偃然负阻穷山，而曰忠于所事，不亦惑乎！”

这个元廷的汉人鹰犬所述，其实也不无道理。

张珏不答，全力指挥宋军守城。

祥兴元年（1278年）正月，张珏派一部宋军出击，被元军杀个干净。不花抵城下，指挥诸将攻城。元军汉将汪良臣大造云梯、鹅车等攻城器械，亲自冲锋登城。

张珏立于城墙上，指挥守军激战。混战之中，汪良臣身中四箭，元军未能占得任何便宜。

转日，张珏率军出城，与元军猛将也速答儿在扶桑坝（今重庆以东）激战，不料汪良臣等人带兵从后夹击，宋军不支，大溃，张珏率残兵复入重庆城死守。

当夜，宋军都统赵安向元军献城投降。张珏闻讯悲愤，率余兵巷战，同时派人索取鸩酒想自杀，不得而已。

苦战一夜，张珏只得率几个亲随和家属乘船想奔往涪州方向。船开不久，张珏突然为自己不能死于重庆而后悔，用手中大斧猛砍舱底想举家自沉，被船工夺去斧头扔入江中。张珏又想跳江自杀，为家人所挽持，不得死。

半路，张珏所乘船为不花手下的元军水师邀击，张珏被俘。

攻陷重庆后，元军一鼓作气，齐集大军进攻当年蒙哥汗被打死的地方——钓鱼城。

宋将王立自1276年年底开始守城，奋战两年多，最终不支，在得到忽必烈同意不屠城的允诺下，王立于1279年4月终于出降。

大名鼎鼎的钓鱼城，终于落入元军手中。从此，川蜀广大地区皆落入元朝版图。

张珏被元军押至安西（今陕西西安）赵老庵，他的一名老友前来探望，对他说：“您为宋室尽忠一世，以报国家。今日行至此处，纵然能不死，活下去有什么意义呢？”

张珏闻言颔首。

待老友走后，趁看守元兵不备，张珏解下弓弦，自缢而死，以身殉国。

从窝阔台开始，蒙古军队就多次攻入四川。端平年间，蒙军曾陷成都等五十四州郡，铁骑到处，屠城放火，杀人无算，流血有声，仅成都一地就曾杀汉人一百四十万。“城外荡荡为丘墟，积骸飘血为田里”。

经蒙古兵士几十年间的反复入侵，四川到处仅剩遗墟败棘，郡县大半荒残。忽必烈时代，元军虽在屠城方面有所收敛，仍旧杀人无数，把四川大部蹂躏得面目全非。

悲壮的厓山之役

陆秀夫与张世杰

1277年9月，为和当时在江西的文天祥相呼应，张世杰派出10万大军，遣两位都统率领，想克复建昌。结果，宋军遭遇元将李恒，大败。

元军进逼，又破建宁府、邵武军，陈宜中、张世杰等人不得不奉幼帝及卫王与杨太妃登舟逃跑。

当时，宋方有军人十七万，民兵三十万，还有从两淮战场撤退下来的残兵一万多，共近五十万人马，乘战船从海上撤退。

半路，宋船与元军水师相遇，由于当时大雾，又值傍晚，元军竟然没有发现浩浩荡荡撤退的宋军海船。南宋这支残军，终于暂时逃过一次大劫。

行至泉州泊岸，驻守当地的安抚使蒲寿庚前来谒见，并请幼帝驻跸泉州。张世杰不放心，没有答应。这位蒲寿庚乃阿拉伯商人后裔，世居泉州。他掌控市舶司三十多年，不仅有军职，还是当地豪富之首。

当时，张世杰身边的参谋人员就劝说，应该趁谒见之机把蒲寿庚留下，或趁势收取他辖下的数百艘巨大的海船，留作军用。张世杰没远见，不听，很快就放蒲寿庚回泉州。

不久，由于宋朝的撤退人员太多，舟船严重不足，张世杰部下宋军出掠蒲寿庚的船只，并没收了船上的金银财物。闻此，嗜财如命的蒲寿庚大怒，突然宣布降元，并在泉州城内大杀赵宋在当地的宗室以及士大夫几千人。

陈宜中等人着慌，忙拥宋帝乘船逃往潮州。拥军在外的张世杰自将淮兵进讨蒲寿庚，这个狡猾的阿拉伯商人闭城自守，始终不出战。

不久，元军来救泉州，张世杰只得退军浅湾。

元军不依不饶，猛攻浅湾，张世杰不敌，奉宋帝逃往秀山。由于军中流行疫症，兵士病死不少，张世杰又奉宋帝逃往井澳（今广东大小横琴岛之间的海湾）。

陈宜中见势不妙，遁往占城（今越南中部）以避兵锋。

宋少帝赵昰至井澳，忽遇飓风，其所乘巨舟被巨浪击翻，小孩子几乎被淹死，惊悸成疾。过后，张世杰点算兵数，发现死者过半。

由于元军穷追不舍，众人拥宋帝入海而逃，在海上又被元军大败一场，宋帝的舅舅俞如珪也被元军生俘。南宋残军本想拥宋帝入占城，因风大而不行。

1278 年 5 月，宋帝赵昰病死于硇州（今广东吴川西南面一个小岛）。至此，群臣多想散去。陆秀夫挺身而出，劝阻道："度宗皇帝一子尚在，将置其何地！古人有以一旅以成中兴者，今百官有司皆备，士卒数万，天若未欲绝宋，此岂不可立国？"

于是，众人拥立年方八岁的卫王赵昺为帝，改元"祥兴"。

由于当时陈宜中外逃占城不归，陆秀夫与张世杰一内一外，共辅南宋幼帝。

陆秀夫，字君实，盐城人。景定年间，陆秀夫得中进士。当时，状元是文天祥，二甲第一名是日后绝食殉国的谢枋得，陆秀夫名列二甲第二十七名，“忠节萃于一榜，洵千古美谈”。李庭芝闻其名，辟为幕僚。陆秀夫为人才思清丽，本性沉静，故而深得李庭芝器重。

德祐元年，元军侵逼江南甚急，军中文武僚属多遁逃，唯独陆秀夫等数人始终坚守。感动之余，李庭芝荐其入朝，累官至宗正少卿。德祐二年，陆秀夫不畏艰险，亲入元营议和。二王逃温州时，陆秀夫闻讯追从，与陈宜中、张世杰等人在福州拥立益王赵昰。由于陆秀夫久在军中任高级参谋，陈宜中开始时还常常向他咨询行军意见。不久，陈宜中恨陆秀夫耿直，就阴遣言官弹劾他，罢免了陆秀夫。

张世杰闻知，写信斥责陈宜中说：“现在什么时候了，还动不动以台谏罢斥正人！”陈宜中害怕手中握兵的张世杰，慌忙把陆秀夫召还朝中。

当时，君臣在逃亡途中，朝廷草创，陆秀夫每临朝会，俨然持笏正立，如在皇宫大殿。他常常凄然泣下，伤心国事，以朝衣拭泪，衣裳尽湿，左右人等，无不悲恸。此人真正高风亮节，是宋朝具有高尚情操的真士大夫。

7 月间，张世杰等人奉宋帝驻泊于新会的厓山。

厓山位于今天广东新会南端，北扼海港，南连大海，西面与汤瓶山对峙如门，每当大风南起，水从海上涌灌而入，怒涛奔突，浪涌如山，每半日皆有潮，实际上是舟师屯结的险地。

张世杰确实没有什么军事才略，他以为此地天险可守，乃遣人入山伐木，造行宫三十间，军屋三千间。当时，宋朝残存的官民军士尚有二十余万，多居于船上。

时任元朝江东宣慰使的汉将张弘范立功心切，他回大都入觐忽必烈，建议说：“张世杰立卫王（赵昺）于海上。闽、广响应，宜派大军剿灭，免留后患！”

忽必烈大喜，立命张弘范为蒙古、汉军都元帅。

陛辞之日，张弘范这个蒙古鹰犬深知韬晦之策，假意推辞主帅之职：“国朝军制，无汉人典蒙古军者。臣乃汉人，恐乖节度，愿陛下派亲信蒙古大臣为帅，与我一道南征。”

忽必烈深知张氏家族二世为蒙古效命，赐锦衣、玉带以表示对他的绝对信任。

张弘范不要锦衣、玉带，提出：“奉命远征，无所事于衣带也。如能得陛下赐以剑甲，则为臣可仗圣上威灵，令行禁止，无往不克！”

忽必烈闻言壮之，赐张弘范尚方宝剑，表示：“剑，汝之副也。有不用命者，以此处之！”

于是，张弘范荐李恒为自己的副手，至扬州后，发水陆精兵2万，分道南下。

元军舟师四至，从海道攻袭漳州、潮州、惠州等地，数败宋军，并最终在海丰生擒了文天祥。步军方面，元将李恒越过大庾岭，攻占广州。

节节失利之余，张世杰也从潮阳港乘舟入海，退保厓山。

张世杰手下有谋士相劝：“北兵以舟师堵塞海口，则我军进退失据，不如率先主动出击，占据海口要地。如果得胜，国之福也；如果不胜，犹可西走。”

张世杰思之良久，自忖宋军久漂海上，士卒离心，怕主动进攻失败后，会导致军卒立刻溃散，便表示不同意。“频年航海，何时可已！今须与北军正面一决胜负！”

于是，他命人焚毁岸上所建数千间简易房屋，把千余艘大船牢结成一字阵，沉锚于海，中舻外舳，贯以大索，四周起楼栅如城堞状，奉宋帝居于舟中，以示必死之态，想和元军决战。

此前，宋军已被阿术纵火烧船而得惨败，张世杰不汲取教训，仍旧出此下策，真是天时人事，均使宋朝一步一步踏向覆亡深渊。

当然，张世杰已考虑到既是族弟又是敌将的张弘范火攻的可能性，命人在战舰外涂满厚厚一层湿泥。

祥兴二年（1279年）正月，元军统帅张弘范指挥元军进攻。

厓山以北水浅，元军怕大舟搁浅，便从厓山以东转而南驶。他们进入大海后，从海口进薄宋军水城。同时，元军出奇兵，断绝宋军陆上的汲水之路。

由于宋军船大阵牢，元水军冲撞不成，张弘范就派人在木柴上浇上膏油，乘风纵火。甭说，由于张世杰事先派人在各船外层涂泥，元军火攻并未得手。

猛攻不成功，张弘范派在自己军中任职的张世杰外甥三入宋营，劝降这位族兄。虽与张弘范同族，又有外甥相劝，张世杰仍旧正气凛然，对外甥说："我知道，如果投降，不仅能保命，还能得享富贵荣华。但我已经立下誓愿，定以死报答宋恩，此志难移！"

见张世杰外甥说降不成，张弘范又逼迫被俘的文天祥写信招降。

文丞相不从，表示："我不能捍卫父母社稷，却教人背叛父母社稷，绝对不可能！"

张弘范再三催迫，文天祥便当其面书写《过零丁洋诗》示之。张弘范读到"人生自古谁无死，留取丹心照汗青"之句，不由肃然起敬。

苦笑之余，他不再强求文天祥写招降书。

张弘范仍派人多次临阵向厓山宋军喊话："汝陈丞相（宜中）已逃，文丞相（文天祥）已被执，汝等又欲何为！"

厓山士民皆不答，无一人叛降。

招降不成，张弘范命元水军封锁海口。由于汲水道绝，张世杰手下的宋军只得喝海水，皆困于呕泻，战斗力剧减。即使如此，张世杰仍率宋军与元兵日夜大战不已。

不久，元将李恒也将兵自广州来会，与张弘范一起合攻厓山之北。本来，元军诸将建议居高临下，发炮狂攻宋军水寨。张弘范不同意，怕炮击后宋军舟散，浮海分逃，不能全歼。

李恒观察形势后，建议元军合力，与宋军水师正面对攻。

二月初六早晨，张弘范分元军为四军，相距里许。张弘范与李恒自当一面，乘潮退之时，李恒一军自北而南，顺流乘舟直杀宋军水寨。

张世杰自率淮兵，殊死抵拒。

战至日中，潮水又涨，元军南面一军又乘流而进。

张世杰虽然腹背受敌，死战益力。

李恒虽勇，仍不能胜。

张弘范施计，命人以布障把其指挥大舰的四面遮蔽严实，又令船上将士伏盾埋伏，然后大奏音乐。张世杰误认为元军休军要聚宴，精神上稍稍有些懈怠。

宋军将士刚刚喘了口气，忽然见张弘范的指挥舰冲击宋军左侧水寨。

宋军齐发弩箭，全部射在了大船的布障上。

估计宋军箭矢已尽，张弘范下令撤去布障。埋伏的元兵矢石俱发，压制住宋军气势后，纷纷跳上宋军阵左最大的堡垒大舰，攻陷水寨一角。

元军诸将乘势，呼声震天，纷纷冲入水寨，杀人斩帆，不可遏制。

张世杰见状，知大势已去，便抽调精兵入中军保护皇帝。

见状，宋军诸军大溃，翟国秀等数位宋将解甲向元军投降。

时值薄暮，风雨昏雾四塞，咫尺不相辨。张世杰派军士划小船至小皇帝所在的大船，想接他向外逃走。陆秀夫恐为人所卖，又怕皇帝遭受俘辱，不肯让皇帝下船。

接应之人无奈，只得返回张世杰处复命。

张世杰无奈，率十余艘战船，保护杨太妃突围而去。

喊杀阵阵，烟火四溢，陆秀夫见少帝所居舟船甚大，诸舟环结，逃走难比登天。于是，他先驱自己的妻儿跳海。然后，他入船舱，把小皇帝抱上船头，叩头再拜，泣言道："国事至此，陛下当为国死。德祐皇帝（宋恭帝）辱已甚，陛下不可再辱！"

小孩子惊惶，根本不明白周遭发生了什么事情。

哀号之余，陆秀夫把小皇帝背在身上，毅然纵身蹈海，上演了南宋王朝最后悲壮的一幕。

至此，宋朝终于亡国。

七天之后，厓山一带海上浮尸十余万人。元军乘船在尸堆中觅取财物，发现一小孩尸体，衣黄色衣，身上有玉玺。

军卒忙进呈玉玺，张弘范知是宋朝小皇帝尸体，派人往取，遍寻不获。至此，他才敢上报忽必烈，称宋朝末帝已溺死于海上。

南宋遗民林景熙有《题陆秀夫负帝蹈海图》一诗，对陆秀夫大义殉国表示了无比崇仰之情：

紫宸黄阁共楼船，海气昏昏日月偏。
平地已无行在所，丹心犹存中兴年。
生藏鱼腹不见水，死抱龙髯直上天。
板荡纯臣有如此，流芳千古更无前。

杨太妃逃亡期间得知赵昺死讯，拊膺大恸："我忍死间关至此，只为赵氏一块肉耳。如今绝望矣！"言毕，纵身赴海自杀。

张世杰率残余宋军，本想奔占城，但军中多广东军卒，不愿前往。无奈，张世杰不得不调转船头，收集溃兵，游荡于沿海。

不久，忽遇飓风，将士劝张世杰靠岸。这位豪杰一声长叹，大叫"无以为也！"，于是，他登上舵楼，燃香祈天："我为赵氏，仁至义尽。一君亡，复立一君，今又亡。我当时不死，只望敌兵退后，别立赵氏后人以存社稷。今又遇此，岂非天意！"

飓风狂刮，巨浪滔天，舟船全部倾覆，张世杰及残余宋军均溺水而死。

厓山之战，被囚禁在元军营中的文天祥耳闻目睹了整个过程，心如刀割。事后，他在诗中写道：

羯来南海上，人死乱如麻。
腥浪拍心碎，飙风吹鬓华。

留取丹心照汗青

文天祥的最后岁月

文天祥，字宋瑞，又字履善，江西庐陵人（今江西吉安）。其人“体貌丰伟，美皙如玉，秀眉而长目，顾盼烨然”，是个魁伟白皙的美男子。

二十岁时，文天祥举进士，对策集英殿，以“法天不息”为题，洋洋万言，一挥而就。宋理宗奇其才，大喜，钦点文天祥为第一，成为御题状元。

不久，因丁父忧（为父守丧），文天祥归乡。二十五岁，时为刑部郎官的文天祥直言上书，请斩主张迁都避敌的太监董宋臣。而后，宦海沉浮，因敢言有为，屡屡被罢官。

贾似道秉政要君，文天祥行文中言多讥讽。贾似道大怒，指使台谏罢斥文天祥，迫其“致仕”，年仅三十七岁。

德祐初年，新君即位，诏天下勤王，本来退陷于乡两年之久的文天祥捧诏涕泣，终于踏上了光耀万世的不归之路。

文天祥原字履善，宋理宗钦点其为状元后，叹其名佳，“天之祥，乃宋之瑞也”，故而文天祥又字宋瑞。

厓山大胜后，张弘范在元军大营摆下丰盛的庆功宴，招待“劳苦功高”的诸位蒙、汉等各族将领（包括西夏、女真、契丹、回族等）。同时，也让兵士把文天祥“邀请”来。

席间，张弘范酒酣之际，对文天祥言道："国家已亡，文丞相可谓尽忠尽孝！如能以事宋之心改事大元，仍旧可作丞相。"

一直枯坐不食的文天祥闻言，泫然流泪，表示："国亡而不能救，我为宋臣，死有余罪，又怎敢逃死而怀贰心事人！"

听此言，不仅仅是张弘范，在座的各族军将皆低下头，深为面前这样一个大义凛然的汉族文人丞相所感动。无论是汉族出身的张弘范，还是有西夏皇族血统的李恒，他们自幼或多或少都受过儒家伦理道德教育，所以，功劳再大，事主再忠，也掩饰不了他们内心深处对"胡主"正统性的疑惑。而且，为胡人做鹰犬，灭掉衣冠礼义之国，如此"丰功伟绩"，平添了他们对自己民族身份认同的尴尬。

矛盾之中，为了平衡内心深处的冲突，他们心中对文天祥敬意与恶意相交织：一方面希望这位汉族士人能继续"守忠"，坚守儒家道德；另一方面又希望文天祥在最后关头改弦易辙，投靠新主。

如果这样，宋朝丞相的"投诚"多少会减轻他们内心深处的罪恶感。

就在厓山之战结束的转天，张弘范派人在山崖壁上刻字："镇国上将军张弘范灭宋于此。"这一行炫耀的大字，其实也是这位汉族元将的一种心理鸦片，想以所谓的"不世之功"，抵销他杀戮同胞、灭父母之国的负疚感。

日后明朝儒士陈献章在同一块大石下面刻诗讽刺：

镌功奇石张弘范，不是胡儿是汉儿！

张弘范回朝不久，受到忽必烈的厚赐与嘉奖，但他不久就身染重病，一命归西，年仅四十三岁。他的死，不知是天谴还是真的"瘴疠疾作"，忽必烈的贴身御医也不能把这位浑身沾满同族人鲜血的刽子手从鬼门关拉回来。

论军事方面的才略、武功，张弘范比起他的族兄张世杰不知高出多少倍，但是，论起千秋万世英名，虽然有着平灭一国的不世“功勋”，又有元朝“武烈”的谥号，张弘范却难与宋朝的忠臣张世杰比肩。

同样是死，张世杰惊天动地，张弘范罪有应得。死生，亦大矣！

灭宋后，张弘范派重兵“护送”文天祥回大都。他本意有二：一是送如此高规格的丞相级俘囚邀功；二是希望文天祥到大都后改意事元，此举，正是为“国家”贡献人才。

行至吉州，文天祥亡国之恨陡增，八日不食，想绝食死在家乡附近。英雄真非凡人身，绝食八日，仍旧不死。文天祥若有所思，又开始进食。

1279年冬11月，文天祥终于到达大都。一开始，元人腾出最高级的驿舍给他住，供奉甚盛，但文天祥正身危坐，通宵达旦。其间，他题诗一首：

悠悠成败百年中，笑看柯山局未终。
金马胜游成旧雨，铜驼遗恨付西风。
黑头尔自夸江总，冷齿人能说褚公。
龙首黄扉真一梦，梦回何面见江东。

在此，他明白无误表明自己不易志、不投降的决心。

元人无奈，就把文天祥囚于兵马司，设卒监守，开始以俘囚身份对待他。

元朝的丞相孛罗大集元朝臣僚，在枢密院召见文天祥，想以胜利者的姿态对这位亡国丞相予以精神凌辱，顺便也想煞一煞这位汉族士大夫不可消磨的锐气。

文天祥昂首进入森然堂皇的“掌天下兵甲机密之务”的元朝枢密院，见殿上高坐一人。此人身穿大袖盘领紫罗衣，胸前绣大独科花，腰围玉带，神情倨傲。

知是元丞相孛罗，文天祥很有礼貌地对其施长揖之礼。

孛罗登时大恼，文天祥这样一个亡国之臣竟敢不对堂堂大元宰相行跪拜礼，简直是目中无人。

元廷卫士见状，忙喝文天祥令下跪。

文天祥冷静言道："南人行揖，北人下跪，我乃南人，当然行南礼，岂可对你下跪！"

孛罗更气，叱令左右强把文天祥按伏在地让他下跪。卫士或抑其项，或扼其背。

文天祥始终不屈，仰头高言："天下事有兴有废，自古帝王及将相，灭亡诛戮，何代无之！我文天祥今日忠于宋氏，以至于此，愿求早死！"

孛罗见硬的不行，就想在交谈中以气势压倒文天祥。他哈哈一笑，自忖儒学、历史功底不薄，便语带讥讽地问："汝谓有兴有废，且问盘古帝王至今日，几帝几王？一一为我言之。"

文天祥轻蔑一笑，不屑回答这种小儿科问题。"一部十七史，从何处说起？吾今日非应博学宏词、神童科，何暇泛论。"

孛罗："汝不肯说兴废事，且道自古以来，有以宗庙、土地与人而复逃者乎？"

文天祥正色答道："奉国与人，是卖国之臣也。卖国者有所利而为之，必不去。去之者必不卖国。吾先前辞宰相不拜，奉使军前（指入伯颜元营议和），不久即被拘执。后有贼臣献国，国亡，吾当死，所以不即死者，以度宗皇帝二子在浙东及老母在广之故耳。"

孛罗听文天祥说到二王，觉得终于抓到了话柄，忙问："弃德祐嗣君（投降的宋恭帝）而立二王，此举是忠臣所为吗？"

文天祥义正词严："当此之时，社稷为重，君为轻。吾别立新君，乃出于宗庙、社稷之大计。昔日晋朝，从怀、愍二帝（被匈奴俘掠的二帝）北去者非忠臣，从元帝（逃亡江南建立东晋的司马睿）者为忠臣。而我大宋，从徽、钦二帝北去者非忠臣，从高宗皇帝者为忠臣。”

此语，有理有节，一时间孛罗语塞。

低头思虑半天，孛罗忽然开言指斥：“晋元帝、宋高宗皆有所受命（二帝都有被掠走皇帝的口诏或笔诏令其继位），二王继位非正，无所受命，所以可称是篡位之举。”

文天祥：“景炎（指赵昰）皇帝乃度宗长子，德祐（宋恭帝）亲兄，不可谓不正。且登基于德祐去位（指其降元）之后，不可谓篡位。陈丞相（陈宜中）当时以太皇太后之命奉二王出宫，不可谓无所受命。”

孛罗等人一时无辞，只能支支吾吾，指斥文天祥立二王是非法之举。

当时的情形很是可笑，元丞相孛罗率一帮蒙、汉及诸族元臣，你一言，我一语，又是蒙语又是汉话，指斥驳责半天，绕来绕去也找不出说服文天祥的理由，只能在二王“无所受命”这一问题上强辩。

文天祥心平气和，正气在胸，自然出口成章：“天与之，人归之，虽无传位授统之命，众臣推拥戴立，有何不可！”

孛罗见文天祥依旧口硬，大怒而起，斥道：“尔立二王，竟成何功？”

文天祥闻言，悲怆泪涌，说：“立君以存社稷，存一日则尽一日臣子之责，何言成功！”

孛罗得意：“既知其不可，又何必为之？”

文天祥泪下沾襟：“譬如父母有疾，虽不可疗治，但无不下药医治之理。吾已尽心尽力，国亡，乃天命也。今日我文天祥至此，有死而已，何必多言！”

一席话，噎得元丞相孛罗直翻白眼倒咽气，直欲杀之。可是，杀文天祥这么高级别的人物，孛罗还真没这种权限。

忽必烈及其大臣皆不主张杀文天祥。特别是张弘范，人病得马上要蹬腿儿，还不忘上表要求忽必烈不要杀文天祥。此位蒙古鹰犬，在成全文天祥千秋万世英名方面，不乏让人嘉许称道之处。

孛罗本来想争个大脸挫文天祥的锐气，结果悻悻而归。杀之不能，只得把文天祥关进条件更加恶劣的牢狱之中。

其间，宋朝数位宰执级降臣，包括同为状元宰相的留梦炎，皆入狱中劝降。文天祥或讥，或讽，或骂，这些小人无不灰溜溜地羞惭而去。

万般无奈之下，忽必烈甚至派被俘的宋恭帝亲自劝降。

见小皇帝来，文天祥耸然动容，起身行礼，口中连称“圣驾请回，圣驾请回”，使得年少的宋恭帝根本没有劝降的机会。

两年多时间，文天祥被囚于斗室，心志不移，并写《正气歌并序》，表露了这位“三千年不两见”的耿耿忠臣的拳拳报国忠心：

余囚北庭，坐一土室，室广八尺，深可四寻，单扉低小，白间短窄，污下而幽暗。当此夏日，诸气萃然：雨潦四集，浮动床几，时则为水气；涂泥半朝，蒸沤历澜，时则为土气；乍晴暴热，风道四塞，时则为日气；檐阴薪爨，助长炎虐，时则为火气；仓腐寄顿，陈陈逼人，时则为米气；骈肩杂遝，腥臊汗垢，时则为人气；或圊溷、或毁尸、或腐鼠，恶气杂出，时则为秽气。叠是数气，当之者鲜不为厉。而予以孱弱，俯仰其间，于兹二年矣，幸而无恙，是殆有养致然尔。然亦安知所养何哉？孟子曰：“吾善养吾浩然之气。”彼气有七，吾气有一，以一敌七，吾何患焉！况浩然者，乃天地之正气也，作正气歌一首。

天地有正气，杂然赋流形。下则为河岳，上则为日星。于人曰浩然，沛乎塞苍冥。皇路当清夷，含和吐明庭。时穷节乃见，一一垂丹青。在齐太史简，在晋董狐笔。在秦张良椎，在汉苏武节。为严将军头，为嵇侍中血。为张睢阳齿，为颜常山舌。或为辽东帽，清操厉冰雪。或为出师表，鬼神泣壮烈。或为渡江楫，慷慨吞胡羯。或为击贼笏，逆竖头破裂。是气所磅礴，凛烈万古存。当其贯日月，生死安足论。地维赖以立，天柱赖以尊。三纲实系命，道义为之根。嗟予遘阳九，隶也实不力。楚囚缨其冠，传车送穷北。鼎镬甘如饴，求之不可得。阴房阗鬼火，春院閟天黑。牛骥同一皂，鸡栖凤凰食。一朝蒙雾露，分作沟中瘠。如此再寒暑，百沴自辟易。嗟哉沮洳场，为我安乐国。岂有他缪巧，阴阳不能贼。顾此耿耿在，仰视浮云白。悠悠我心悲，苍天曷有极。哲人日已远，典刑在夙昔。风檐展书读，古道照颜色。

在诗中，他列举了中国古代诸多忠直臣子：春秋齐国不畏死亡直书权臣弑君的太史兄弟；春秋晋国不畏权贵直书历史的董狐；秦末在博浪沙行刺暴君秦始皇的张良；西汉出使匈奴被扣多年始终不背国的苏武；三国时大义凛然的巴郡太守严颜；西晋时以身蔽帝的侍中嵇绍；唐朝“安史之乱”抗击逆贼于睢阳的守将张巡；唐朝宁死不屈临死大骂胡贼的常山太守颜杲卿，等等。接着，笔锋一转，他又列举怀有高洁心志的古人数名：东汉末年避乱辽东不肯同流合污出仕的管宁；誓讨篡国贼的诸葛亮；西晋击楫中流、一心收复国土的祖逖；不肯与朱粲同流合污的唐臣段秀实——所有这些仁人志士的品德、志气，如同支撑天地的道德巨柱，是人生天地之间的根本所在。

所以，虽然是阶下囚，虽然是失败者，虽然是亡国臣，文天祥一腔精忠之气，千年万世，仍不断鞭策后人，使我们在这一代完人的悲歌慷慨之中，感受到我们伟大民族悲壮、雄烈的人格力量。

在《正气歌》的序中，我们可以想见那间囚室冬冻夏蒸、秽气逼人的酷劣环境，而这位先前过惯了奢华生活的美男子能如此安之怡然。这让笔者想起另外一个人，明末的大叛臣洪承畴。他刚刚被清兵生俘时，也曾想学文天祥，为国死节。可是，窥视他的满人从他在牢房中掸扫衣上尘、坐立不安的举动中，认定他不能守其初衷。果然，劝降之下，生性有“洁癖”的洪大人最终没能做成“忠臣”。其实，有无洁癖并不重要，最关键的是心里是否有“洁癖”，是否存有那股冲天而上的“正气”。

同样是朝廷重臣，同样是读书人出身，同样有过奢华放纵的青年时代，“平日慷慨成仁易，事到临头一死难”，生死之际，人格高下立见分晓。

文天祥与洪承畴，只是一念之差！

由于急需治国人才，忽必烈遍访大臣，多数汉人降臣仍推荐文天祥。其实，这种心理也很微妙，似乎文天祥也降了，这些降臣心理上能感觉好过些。中国文人，只要脑袋留在脖子上，就不能不思考“身后事”的问题。

于是，忽必烈派先前以福州献降的王积翁去牢狱，劝告文天祥到新朝为官。

文天祥表示：“国亡之后，我只欠一死。倘若新朝存宽容之心，使我能以道士身份返归家乡，我当可以考虑。如此，他日也可以方外之人的身份得备顾问。如果我现在做元朝的官，平生德业，皆一丝无存，新朝又怎能容下我这种反复之人！”

文天祥此时，其实是动了以道士身份回乡重新组织抗元大业的念头。但在形式上，他坚持原则，决意不搞假降真叛那一套。

王积翁倒相信了文天祥一席话，朝会上，他联合十名宋朝降官上奏，请忽必烈允许释放文天祥归乡，并允许他为道士。

留梦炎智商很高，十分忌讳文天祥被释。他闻奏连忙出班，奏称：“文天祥得释，必定在江南搞恢复宋国的大事，到时，置吾十人于何地！”

忽必烈深觉有理，便暂时压下释放文天祥的事情。隔了一段时间，忽必烈觉得文天祥始终不屈，敬佩他的人品，便又想释放他，想以此成就元朝不杀忠臣的“美名”。

朝议时，曾在江西与文天祥打过仗的宰臣麦术丁坚执不可，认为放文天祥就等于放虎归山。

1282年年底，有闽僧上言忽必烈，说是“土星扰帝座”。元朝诸帝皆是大迷信之人，正惊疑间，又有人报称大都以南的中山一带有人造反，自称是宋朝皇帝，拥众千人，声称要进攻大都来劫“文丞相”。

此前不久，为忽必烈敛财的权臣阿合马刚刚被汉人王著等人所杀，元廷内部诸派斗争激烈。在此情况下，为防止宋朝死灰复燃，忽必烈下令把被俘的宋恭帝及宗室人员皆迁于更北的上都。

然后，他招文天祥入宫，亲自做最后的劝降。

望着殿下面容清癯、一身褴褛囚服的文天祥，杀人不眨眼的忽必烈心中顿生敬意，他以罕有的温和语气，劝文天祥说：“汝以事宋之心事我，当以汝为宰相。”

“我文天祥为宋朝宰相，安能事二姓！愿赐我一死，足矣！”文天祥朗言。

忽必烈叹息，仍旧不忍心下令杀文天祥，令卫士押之回狱。

朝廷之上的蒙、汉各族官员皆纷纷上奏，劝说忽必烈把文天祥杀掉，以绝后患。

思虑再三，忽必烈终于同意。

1283年1月9日，文天祥被押至大都柴市刑场，从容就义。临刑前，由于多年被囚禁于斗室，文天祥已经丧失方向感。于是，他问观刑之人南方故国方向何在。

得到指示后，文天祥南向再拜，礼毕，索笔为诗一首：

昔年单舸走淮扬，万死逃生辅宋皇。
天地不容兴社稷，邦家无主失忠良。
神归嵩岳风云变，气入烟岚草木荒。

南望九原何处是，关河黯淡路茫茫。

写毕，他对执刀的刽子手说：“吾事毕矣。”
微笑间，大英雄伏首受刑。时年四十七岁。
大都观刑百姓上万，皆感动流泪。
死后，刽子手发现文天祥衣带里留有一封绝命书：

死曰成仁，孟曰取义，惟其义尽，所以仁至。读圣贤书，所学何事？而今而后，庶几无愧！

文天祥，以他鲜血淋漓的头颅，为大宋王朝画上了一个惊叹号！

宋辽金夏史大事记

960 年　陈桥兵变后，赵匡胤即位称帝，建国号宋，史称北宋。

971 年　攻灭南汉、南唐。

976 年　宋太祖赵匡胤去世，弟赵光义即位，是为宋太宗。

979 年　攻灭北汉，实现了统一大业。

982 年　西夏李继捧归顺宋朝，李继迁旋即反对并即位。

997 年　太宗赵光义去世，真宗赵恒即位。

1004 年　辽军南侵，寇准力主真宗亲征，宋辽缔结澶渊之盟。

1008 年　真宗先后三次封禅。

1022 年　真宗去世，太子赵祯即位，是为仁宗，刘太后垂帘听政十六年。

1038 年　西夏李元昊称帝。

1043 年　范仲淹任参知政事，推行庆历新政。

1063 年　仁宗去世，子赵曙即位，是为英宗。

1067 年　英宗去世，子赵顼即位，是为神宗。

1069 年　王安石就任参知政事，推行新法。

1076 年　王安石遭受连番打击求退，自此不问政事。

1085 年　神宗去世，标志神宗改制失败，子赵煦即位，是为哲宗，高太后听政，重用旧党。

1093 年　哲宗亲政，又开始启用新党。

1100 年　宋哲宗去世，无子嗣，由弟赵佶即位，是为徽宗。

1125 年　金军南侵，徽宗退位，子赵桓即位，是为钦宗。

1127 年　徽、钦二帝被金人所掳，高宗赵构即位，建立南宋。

1131 年　南宋王朝定都临安。

1141年　宋金达成绍兴和议。

1142年　秦桧以莫须有罪名，冤杀岳飞父子。

1161年　虞允文在采石矶大败南侵金军。

1162年　高宗退位，自称太上皇，孝宗即位。

1163年　宋孝宗北伐失败。

1164年　宋金达成隆兴和议。

1187年　高宗去世，享年八十一岁。

1194年　孝宗去世，子赵惇即位，是为光宗。

1195年　光宗被奉为太上皇，子赵扩即位，是为宁宗，任内权臣韩侂胄、史弥远专权。

1201年　光宗去世。

1224年　宁宗去世，子赵昀即位，是为理宗，任内韬光养晦。

1234年　宋蒙联军灭金，同年出兵河南，遭受惨败。

1259年　蒙古大汗蒙哥西征四川，被宋军击伤，死于军中。

1264年　理宗去世，度宗即位，耽溺声色犬马，权臣贾似道擅权。

1271年　忽必烈建国号元。

1274年　度宗去世，子赵㬎即位，是为恭宗。

1276年　临安陷落，恭宗被俘，南宋灭亡。

1279年　厓山海战，南宋流亡政府溃败，君臣跳海自尽。